FRANZ KREUZER · WAS WIR ERSEHNEN VON DER ZUKUNFT FERNEN

FRANZ KREUZER

WAS WIR ERSEHNEN VON DER ZUKUNFT FERNEN

DER URSPRUNG DER
ÖSTERREICHISCHEN ARBEITERBEWEGUNG
DAS ZEITALTER VICTOR ADLERS

Bund-Verlag

Autor und Verlag danken für die fachliche Beratung
Univ.-Prof. Dr. Rudolf Ardelt, Dr. Wolfgang Maderthaner,
Dr. Rudolf Holzer, Dr. Leopoldine Holzerbauer und Heide-
gunde German. Weiterer Dank gilt den Mitarbeitern
des Vereins für Geschichte der Arbeiterbewegung und
dem Team der MR-TV.

BILDNACHWEIS

Archiv Walter Göhring, S. 49, 66, 67; Archiv Verlag Kremayr & Scheriau, S. 81, 107, 118, 129, 206, 211, 214, 215, 226, 231, 235, 245, 247, 256, 299; Archiv der Wiener Stadtwerke-Gaswerke, S. 95; Europa Verlag Wien, S. 131, 132, 135 (aus: „Vom Tagwerk der Jahrhundertwende" von Franz Stadlmann und Regina Zwerger, 1985); Heimatmuseum Guntramsdorf, S. 94, 165; MR-TV, Martin Kreuzer, S. 271–301 außer 296, 299, 301; Helmuth A. Niederle, S. 205; Österreichische Nationalbibliothek, Bildarchiv, S. 14/15, 20, 21 (2), 23 (2), 24 (2), 25 (2), 27 (2), 29 l., r., 31, 33, 34 l., 35 (2), 36 (3), 37, 40, 41, 42, 44, 47, 53 (3), 54, 55, 56, 58 (2), 59 (2), 65, 83, 85, 86, 91, 93 r., 97, 98, 101, 103, 109, 113, 121 (2), 123, 125 (2), 127, 138, 139, 158, 159, 160 (2), 161, 164, 167, 179 (2), 180, 181 (2), 182, 183, 184 u., 187 (2), 203, 208, 209, 212, 213, 216, 218, 225, 229, 230, 241, 249, 255, 265; Photobusiness, S. 87; Leone Siolis, S. 207; SPÖ-Lilienfeld, S. 137; Stadtbibliothek Wiener Neustadt, S. 68; Technisches Museum, S. 13; Verein für Geschichte der Arbeiterbewegung, S. 17, 26 (2), 28, 29 Mitte, 37 Mitte und rechts, 43 o., 45, 46, 48, 61, 62 (2), 63, 70 (2), 71, 73, 74 (2), 75, 76/77, 79, 93 l., 99, 105, 111, 115, 133, 134, 141–153, 173, 174/75, 184 o., 185, 191, 193, 195, 197, 199, 209, 217, 219, 221, 227, 237, 238, 239, 243, 244, 253, 257, 259, 261, 263, 267, 269, 296 (2); Verein Dr. Karl Renner-Gedenkstätte, S. 218; Verlag Christian Brandstätter, S. 18, 19, 43 u., 51, 57, 89, 110, 169, 223, 224, 233, 301

© 1988 by Verlag Kremayr & Scheriau, Wien
Mitarbeit: Paul Stein (Buchbüro Wien)
Gestaltung: Michaela Trummer
Satz: datacon, Wien
Reproduktionen: Beissner & Co., Wien
Druck und Bindung: Wiener Verlag, Himberg bei Wien
ISBN 3-218-00473-X

Lizenzausgabe für die Bund-Verlag GmbH, Köln
ISBN 3-7663-3152-3

INHALT

Als wir darangingen, eine Fernseh-Spieldokumentation in drei Teilen anläßlich des hundertsten Jahrestages des Gründungsparteitags von Hainfeld zu gestalten, waren wir von einem grundlegenden Motiv bestimmt: daran zu erinnern, daß die Sozialdemokratie utopische Wurzeln hat, die ihre Gedankenwelt mit jener aller großen geistigen und humanistischen Strömungen der Menschheitsgeschichte verbindet, und daß sie im Ringen um die politische Verwirklichung ihres Programms ihre Fähigkeit zur Vision nicht verloren hat und auch niemals verlieren darf.

Diese Sicht des Themas öffnet die Augen für die Gegenüberstellung der Träume von damals mit der Wirklichkeit von heute. Deshalb schien uns der berührende Vierzeiler, den wir zum Motto dieses Buches erwählt haben, so bemerkenswert: Gerade weil er nicht die höchstfliegenden, theoretisch weitestgreifenden, wissenschaftlich tiefstfundierten Zukunftskonzepte zum Gegenstand hat, sondern die einfachen, fundamentalen, unabdingbaren Wünsche der arbeitenden Menschen, die eigentlich *sozialdemokratischen* Zielsetzungen, die wir heute so grandios erreicht oder auch so tragisch verfehlt sehen, je nach dem Blickwinkel, aus dem wir Vergangenheit und Gegenwart betrachten, vor allem wenn wir internationale Maßstäbe anlegen.

Der Blick aus der »Zukunft Fernen«, also unserer Gegenwart, zurück in die Vergangenheit dieser Zukunft macht uns bewußt, daß es auch eine Zukunft der Vergangenheit gibt: daß unsere Kindeskinder in hundert Jahren auf uns zurückblicken werden – und auf die Träume, die wir zu träumen fähig sind.

Nach gründlichem Abwägen erschien es uns richtig, die Aufgabe des Gedenkens an „Hundert Jahre Sozialdemokratie" in unserem Bereich als eine Erinnerung an die Sozialdemokratie vor hundert Jahren zu erfüllen, als den Versuch der zusammenschauenden Belebung der „alten" Sozialdemokratie. Das hat den Zeitrahmen einerseits erweitert und andererseits begrenzt: Die Geschichte der alten Arbeiterbewegung kann nicht 1889 beginnen, sondern muß ihre Entwicklung, ihre Vorgeschichte einbeziehen – jedenfalls zurück bis zum Revolutionsjahr 1848, dem verspäteten, auf 1789 bezogenen Jahr der bürgerlichen Erhebung; in diesem Sinn hat unsere Darstellung einen Zeithorizont von zweihundert, nicht nur von hundert Jahren: Die frühesten Vereine der Arbeiterbewegung singen die Marseillaise, ihre Redner sprechen die Versammlungsteilnehmer mit „Bürger!" an. Auf der Seite der Macht zeigt uns das seltsame Gemälde, das Kaiser Franz Joseph als Kind auf den Knien des damals noch lebenden Napoleon-Sohnes, des Herzogs von Reichstadt, darstellt, die unauflösbare Verschränkung der Ereignisse seit der Erstürmung der Bastille. Daß das Hundert-Jahre-Gedenken an Hainfeld mit dem Zweihundert-Jahre-Gedenken an die Französische Revolution zusammenfällt, ist durchaus kein Zufall: Das Jahr 1889 war unter anderem deshalb ein Jahr der revolutionären Reifung, weil es im Zeichen des damaligen 100. Jahrestages einer Revolution stand, die den Anfang vom Ende des Feudalismus bedeutet hatte; nicht einmal die zeitliche Koinzidenz der Mayerling-Tragödie mit dem damals wenig beachteten Ereignis von Hainfeld kann als Zufall gewertet werden. In diesem Jahr starb die alte Monarchie einen ihrer vielen Tode: den unwiderruflichsten.

Die „alte Sozialdemokratie" ist 1918 unter Schmerzen zu einer neuen geworden. An diesem Punkt haben wir die Darstellung des historischen Umfeldes von Hainfeld beendet. So ist sowohl die dreiteilige Fernsehsendung wie das ihrem Konzept folgende Buch auch eine Biographie Victor Adlers, des Mannes, dessen Name als Synonym für den Tag und das Ereignis von Hainfeld gelten kann. Der Zeitraum 1848 bis 1918 umfaßt siebzig Jahre – und es sind siebzig Jahre seit seinem Ende. Der Beginn der alten und jener der neuen Bewegung liegen jeweils ein volles Menschenalter zurück. In historischem Gleichklang ist die „alte Zeit" die letzte Ära der Habsburgermonarchie und fast genau die Regierungszeit Franz Josephs, die „neue Zeit" die historische Spanne der Ersten und der Zweiten Republik.

Bei der zeitlichen Eingrenzung unserer Arbeit haben wir auf das mediale Umfeld Bedacht genommen: auf die große Sozialdemokratie-Ausstellung und ihr Begleitbuch, die sich die Darstellung des eigentlichen Hundert-Jahre-Zeitraums seit Hainfeld zur Aufgabe gesetzt haben, wie auch auf Hugo Portischs monumentale Fernseh- und Buchdokumentationen der beiden Republiken, die wir beim interessierten Publikum als bekannt voraussetzen können. Die kritische Zusammenschau des Rückblicks auf die alte wie auf die neue Arbeiterbewegung wird alle diese Veröffentlichungen zur Grundlage haben können.

Wir haben uns bemüht, die wesentlichen Inhalte dessen, was man Parteigeschichte nennen kann, im umschriebenen Zeitraum möglichst vollständig und übersichtlich darzubieten, sie aber in die Gesamtgeschichte einzubetten und möglichst klare Querbezüge sowohl zur „Geschichtsbuch-Geschichte" der politischen Macht, der Kriege und Katastrophen wie auch zu Wirtschaft, Technik, Kultur, vor allem aber zum Alltagsleben der Menschen herzustellen. Es schien vor allem für die Spielteile der Fernsehserie wichtig, ein einfaches menschliches Schicksal – quasi als Kontrapunkt zum politischen Leben Victor Adlers – ins Zentrum des Geschehens zu stellen und so die Geschichte „von unten" sichtbar zu machen. Vorerst versuchten wir, ein „synthetisches" Frauenschicksal dieser Zeit zu konstruieren. Dann ergab sich aber sehr bald die geradezu zwingende Chance, die bedeutendste Frau, die die Arbeiterbewegung dieser Zeit hervorgebracht hat, Adelheid Dvořak-Popp, mit ihrem tatsächlichen Leben, das sie mit großem literarischen Talent überliefert hat, an die Stelle einer erfundenen Person zu setzen. Unser Buch gibt, den drei Entwicklungsphasen entsprechend, einen Großteil der originalen Autobiographie Adelheid Popps, deren Höhepunkte für die Fernsehserie verfilmt worden sind, wieder. Wenn die „alte Zeit", die eine Zeit der uneingeschränkten Männerherrschaft in der Politik war, bewußt aus weiblicher Sicht akzentuiert wird, scheint uns dies eine sinnvolle Korrektur bisheriger Geschichtsdarstellung.

Franz Kreuzer

ZUM GELEIT

Wir begehen die 100. Wiederkehr jenes Tages, an dem Victor Adler auf dem Parteitag von Hainfeld die streitenden Fraktionen der noch jungen Arbeiterbewegung versöhnt und das Fundament für ein politisches Reformwerk gelegt hat, das heute in imposanter Größe vor uns steht.

Die österreichische Sozialdemokratie hat viel erreicht. Unsere Erfolge sind unbestreitbar und unbestritten. Und trotzdem macht sich bei dem einen oder anderen Ernüchterung, ja manchmal sogar Enttäuschung breit. Trotz oder vielleicht gerade wegen der Erfolge, die unsere Bewegung erkämpft und erarbeitet hat, fühlen manche von uns Unbehagen, Verdrossenheit oder Irritation. Ich sehe dafür drei Wurzeln:

Die Enttäuschung der Erfüllung, wie Oscar Pollak sie einmal genannt hat. Es ist jene Enttäuschung darüber, daß uns alle materiellen, aber auch kulturellen Errungenschaften selbstverständlich sind, sobald wir sie haben.

Die Enttäuschung des noch Unerfüllten. Wir meinen damit, daß noch immer nicht alles erfüllt ist, was wir uns vorgenommen haben. Wir meinen damit, daß für einen Teil unserer Bevölkerung vieles noch immer nicht, oder schon wieder nicht selbstverständlich ist. Auch die Durchsetzung der Gleichheit von Frau und Mann ist noch immer nicht zur Gänze erreicht. Diese Enttäuschung des Unerfüllten befällt uns besonders, wenn wir an jenen Teil der Menschheit denken, der noch immer in Hunger und Elend leben muß. Zu den bisher noch nicht erfüllten Wünschen kommen all jene, die sich aus der Erfüllung anderer Wünsche ergeben. So bringt längeres Leben neue Krankheiten, die wir früher nicht gekannt haben; die an und für sich glück-lichere Jugend bringt Probleme der Verwöhnung bis hin zur Wohlstandsverwahrlosung; ökonomischer Fortschritt bringt ökologische Probleme, und die industrielle Entwicklung in manchen Ländern der Dritten Welt hat auch dort gigantische Umweltfolgen mit sich gebracht.

Und schließlich gibt es noch die Enttäuschung wegen der Nichterfüllung des Unerfüllbaren. Diese Enttäuschung beruht auf der Einsicht, daß nicht alles erfüllbar ist, was man sich vorgenommen hat. Hundert Jahre politischer Arbeit haben uns ernüchtert. Wir mußten immer mehr Utopien hinter uns lassen und uns mit neuen Realitäten zurechtfinden. Wir wissen heute, daß dem Ideal der Brüderlichkeit, das gerade wir so oft zitieren, in der menschlichen Natur Grenzen gesetzt sind. Und wir zweifeln, ob man den *neuen Menschen* überhaupt schaffen kann.

Die Erfahrung lehrt uns vorsichtig zu sein in der Formulierung von sogenannten Endzielen. Wir müssen einsehen, daß die Zukunft grundsätzlich offen ist und offen sein muß für alle unsere kreativen Kräfte. Die Erfahrung lehrt uns aber auch, daß jegliche Weiterentwicklung, daß jeglicher Fortschritt ohne die Schubkraft von Utopien, von Visionen undenkbar ist. Wer Vorstellungen über die Zukunft entwickeln will, braucht allerdings eine genaue Analyse der Gegenwart, also dessen, was wirklich ist. Nur auf dem Boden einer radikalen Illusionslosigkeit über die Gegenwart können unsere Visionen einer besseren Zukunft gedeihen.

Franz Vranitzky
(Aus der Antrittsrede anläßlich der Wahl zum Partei-
obmann, 11. Mai 1988)

Als die Sozialdemokratische Partei vor 100 Jahren gegründet wurde, war die österreichische Gewerkschaftsbewegung noch klein, schwach und zersplittert. Es gab zwar 1889 bereits 95 Gewerkschaften und 104 Arbeiterbildungsvereine im damaligen Österreich-Ungarn, aber sie zählten zusammen nur rund 60.000 Mitglieder. Die Arbeiter und ihre Familien führten einen täglichen Kampf ums Überleben. 94 von 100 Arbeitern verdienten kaum das Existenzminimum. Der Elfstundentag stand oftmals nur auf dem Papier, der Urlaub war ein ferner Traum. Es gab keine Kollektivverträge, und der soziale Schutz war äußerst gering.

Dank des Wirkens der Sozialdemokratie und der Gewerkschaften hat sich in den vergangenen hundert Jahren ein gewaltiger Wandel vollzogen. Aus den recht- und schutzlosen Proletariern von einst sind politisch gleichberechtigte Staatsbürger geworden, die auch in Wirtschaft und Betrieb mitsprechen können und einen umfassenden Schutz gegen alle Wechselfälle des Lebens besitzen.

Die Sozialdemokratische Partei stand in diesem Ringen um Arbeit für alle, um gerechte Löhne, um menschenwürdige Arbeitszeiten, um ausreichenden sozialen Schutz und um die Mitbestimmungsrechte der Arbeitnehmer immer an der Seite der Gewerkschaften. Victor Adler hat diese enge Bindung von Partei und Gewerkschaft in einem Brief an Anton Hueber, den langjährigen Vorsitzenden der Gewerkschaftskommission, als testamentarisches Vermächtnis hinterlassen: »Die Partei hat in Österreich für die Gewerkschaften so viel getan wie in keinem anderen Lande. Sie hat auch von den Gewerkschaften so viel empfangen wie in keinem anderen Lande. Partei und Gewerkschaft sind bei uns siamesische Zwillinge; das hat seine Unbequemlichkeiten, aber sie zu trennen, wäre eine lebensgefährliche Operation für beide . . .«

Adler konnte nicht vorausahnen, daß es einmal eine einheitliche, überparteiliche Gewerkschaftsorganisation geben wird, in der Arbeitnehmer verschiedener politischer Richtungen vereinigt sind. Für den ÖGB gilt heute, daß er unabhängig von Staat, Regierung und Parteien seine Politik verfolgt.

Für die große Mehrheitsfraktion im ÖGB, die sozialistischen Gewerkschafter, sind Adlers Worte jedoch noch immer eine ernste Verpflichtung.

Fritz Verzetnitsch

Was wir ersehnen von der Zukunft Fernen:
Daß Arbeit uns und Brot gerüstet stehn;
Daß unsere Kinder in der Schule lernen
Und unsere Alten nicht mehr betteln gehn.

PROLOG

Zum Wohlfahrtsstaat

Die Worte der vier Zeilen des Gedichts formulieren den Sinn unserer historischen Partei und machen den Unterschied zwischen ihr und einem Zufallsgebilde aus, das für ein oder zwei Wahlen verwendbar ist. In diesen hundert Jahren Sozialdemokratie hat eine gewaltige historische Entwicklung stattgefunden, natürlich unterbrochen durch den Faschismus und die Kriege: die Entwicklung zum Wohlfahrtsstaat, der zwar von manchen bespöttelt wird, tatsächlich aber den Menschen in den modernen Industriestaaten ein hohes Maß an sozialer Sicherheit gebracht hat und große Aufstiegsmöglichkeiten bietet. Nehmen wir die Zeile »Daß unsere Kinder in der Schule lernen« – sie ist optimal verwirklicht. So haben wir in Österreich um die freie Schulfahrt gerungen, und wir haben allen Kindern des Volkes, also den Kindern der Arbeiter und der Bauern ebenso wie den Kindern der Angestellten und der Beamten, die Möglichkeit gebracht, bis hinauf zu den Hochschulen, den Universitäten offene Tore zu finden.

»Daß unsere Alten nicht mehr betteln gehn«: Noch zu einer Zeit, an die ich mich gut erinnern kann – ich bin ja von den hundert Jahren 63 Jahre in der Arbeiterbewegung gewesen –, da war für die Alten nur sehr wenig vorgesorgt. Die Verwirklichung des Wohlfahrtsstaates: Das war die durchgehende politische Linie, die gemeinsam mit der immer stärkeren Gewerkschaftsbewegung verfolgt wurde.

Zu Victor Adler

Es ist ja nicht neu in der Geschichte, daß revolutionäre Bewegungen, also Bewegungen, die eine Veränderung der Gesellschaftsordnung anstrebten, von Leuten geführt wurden, die der Klasse, die diese Veränderung herbeiführte, nicht angehörten. Das berühmteste Beispiel ist der Graf Mirabeau in der Französischen Revolution. Aber auch die skandinavische Arbeiterbewegung kennt Ähnliches, die französische und die englische. Was ist das Besondere an Victor Adler? Das kann am besten charakterisiert werden durch eine kleine Geschichte. Victor Adler war Arzt, Armenarzt. Und damals gab es draußen am Rand von Wien, in Inzersdorf, die Ziegelöfen. Da wurde er einmal in einen dieser stillgelegten Ziegelöfen gerufen, wo die Frauen Kinder geboren haben, wo die alten Menschen auf feuchtem und schmutzigem Stroh gelegen und hilflos gestorben sind. Dort soll sich, so sagt die Geschichte, eine alte Frau weinend an ihn gewandt haben: »Herr Doktor, so helfen S' uns doch!« Und da stand Victor Adler in seiner schüchternen Art und sagte mit der ihm eigenen stockenden Stimme: »Leitln, euch kann ka Doktor helfen.« Und er zog daraus die Konsequenz, hing seinen Ärztemantel an den Nagel, ging hin und einigte die Arbeiterbewegung.

Zu Adelheid Popp

Das alte Österreich hat zwei große Frauengestalten gehabt – Adelheid Popp, an die ich mich noch sehr gut erinnere, und Bertha von Suttner. Die Bedeutung Bertha von Suttners ist in der Literatur gewürdigt worden, doch die der ganz großen Arbeiterinnen-Führerin Adelheid Popp leider viel zu wenig. Man muß nämlich wissen: Das, was Adelheid Popp vertreten hat, und wofür sie eingetreten ist in einer Männerbewegung, waren Ziele, die auch jetzt erst nahe der Verwirklichung sind und die nur zum Teil schon realisiert sind. Wenn ich zum Beispiel an die Reformpolitik der siebziger Jahre denke, dann war das die Zeit der großen Reformen für die Frauen, für die unehelichen Kinder, für die Mütter unehelicher Kinder – durch die großen Gleichstellungsmaßnahmen der Zweiten Republik. Wir sind erst am Anfang dieser enormen neuen Frauenbewegung, und sie hat sicherlich wie alle jungen Bewegungen gewisse drastische Züge. Aber man muß ja, will man die Menschen aus einem gesellschaftlichen Schlafzustand wecken, etwas schrillere Töne gebrauchen. Adelheid Popp war die bedeutende Vorahnerin einer Bewegung, die heute die gesamte freie Welt umfaßt. Aber auch in manchen Ländern der Dritten Welt springen die Frauen sozusagen gleich in die Geschichte hinein und spielen eine führende Rolle im Befreiungskampf ihrer Völker. Frau Bandaranaike, Frau Indira Gandhi und so manche andere Frau; beim Kampf der Schwarzen in Südafrika spielt Frau Mandela eine wichtige Rolle. Das alles hat Adelheid Popp historisch vorweggenommen.

Bruno Kreisky
(Aus einem Gespräch mit Franz Kreuzer)

11

ZEIT DES SUCHENS

DAS REVOLUTIONSJAHR 1848 IST VORÜBER, die Revolution niedergeschlagen. Die Mächtigen sind wieder an der Macht, ihr Ziel ist die Auslöschung aller Spuren, die an das Jahr 1848 erinnern. Und doch ist die Welt eine andere geworden, und die Klugen unter den Mächtigen wissen das. Nicht aus fortschrittlicher Gesinnung, sondern aus staatsmännischem und wirtschaftlichem Weitblick bauen sie wesentliche Errungenschaften des Jahres 1848 in ihr System der Restauration ein, bemühen sich, starke Triebkräfte für die Revolution als Kraftquelle zu nutzen. Vor allem wollen sie den technischen Fortschritt zu ihrem Vorteil fördern. Die geistige Revolution soll stehen bleiben, die industrielle Revolution weitergehen. Diese zwiespältige Situation vergrößert die Gegensätze: Es entsteht neuer Reichtum von einer Art, wie man ihn bis dahin nicht gekannt hat, und neue Armut von bis dahin unbekannter Härte.

Vorerst Tausende, später Zehntausende verlieren ihre Heimat und tauchen in den Strom einer Völkerwanderung ein, die von einer unbestimmten, bangen Hoffnung vorangetrieben wird. Kaum einer von jenen, die auf die Wanderschaft gehen, kennt die vier Verszeilen, die Gustave Leroy 1848 geschrieben hat und die erst später ins Deutsche übersetzt werden (siehe das Motto dieses Buches), aber alle tragen die Vision in sich, die in diesen Zeilen ausgedrückt ist, die Vision von einer Zukunft, in der es für alle Arbeit und Verdienst gibt, in der alle zu essen haben, die Vision von Schulen, in denen die Kinder das Anrecht auf einen sozialen Aufstieg erwerben können, die Vision von einem menschenwürdigen Alter. Heimatlos, mittellos, vorerst arbeitslos, ja vielfach sprachlos nach dem Überschreiten der Völkergrenzen, so ziehen Mann und Frau, Kind und Kegel einem einzigen Ziel entgegen: der Stadt, die den Glanz zukünftigen Aufschwunges ausstrahlt.

Wie ist diese Völkerwanderung in Gang gekommen? – Ihre wichtigste Ursache ist die größte, aus dem Revolutionsjahr 1848 herübergerettete Errungenschaft, die mit dem Namen des Reichstagsabgeordneten Hans Kudlich verbundene „Bauernbefreiung", die als „Grundentlastung" in die Geschichte eingeht. Kudlich hatte in seinem Antrag vom 26. Juli 1848 die Aufhebung des Untertänigkeitsverhältnisses »samt allen

daraus entsprungenen Rechten und Pflichten« beantragt, also die radikale Beendigung des Feudalismus und der verschiedenen Tribut- und Fronpflichten der Bauern. Dabei hatte Kudlich den Einfluß der Aristokratie unterschätzt. Zwar wurde die Grundentlastung beschlossen, aber mit einer Entschädigung an die Grundherrn verknüpft. Ein letzter Abänderungsantrag Kudlichs verfehlte die Mehrheit um vier Stimmen. Zum Unterschied von vielen anderen Beschlüssen des Revolutions-Reichstages läßt das Nachrevolutionsregime diese Reform gelten, weil sich die erneuerte Monarchie auf die Massen der agrarischen Bevölkerung stützen will. Es ist auch anzuerkennen, daß für die Durchführung der Entschädigung ein ausgeklügeltes Zahlungssystem entwickelt wird, das die Abzahlung über mehrere Jahrzehnte verteilt und somit insgesamt tragbar macht; die Inflation sorgt dann noch für eine geringere Abzahlungslast. Jedenfalls kommt aber so – zu Lasten der eben frei gewordenen Bauern – eine Geldmenge von etwa einer halben Milliarde Gulden in Bewegung. Um dieses Geld werden die Reichsten reicher, die eben Befreiten ärmer. Volkswirt-

schaftlich ist aber nicht zu übersehen, daß diese Hunderten Millionen die Modernisierung der Landwirtschaft, also den allmählichen Übergang zu industriellen Produktionsmethoden und zur Mechanisierung finanzieren. Ein beträchtlicher Teil des Geldes fließt als Investitions- und Spekulationskapital in die neuen Industrien und treibt somit die städtische Entwicklung sowie die Entstehung von Fabrikszentren auf dem flachen Land voran.

Die Modernisierung der Landwirtschaft hat schon lange vorher mit der Umstellung von der alten Dreifelderwirtschaft auf eine neue Fruchtwechselwirtschaft begonnen: Auf die Brachen werden Klee, Rüben, Erdäpfel gepflanzt, die vermehrte Futterproduktion macht die Sommerstallhaltung möglich und verbessert die Fleisch- und Milchwirtschaft. Die Sense hat die Sichel abgelöst. Alle diese Umstellungen bevorzugen die größeren Höfe und verändern die Lebensstruktur: mehr Dienstpersonal, Entpersönlichung der früher familiär-bäuerlichen Lebensform, Abwertung des Kleinbauern zum Keuschler.

»Unser Familienstand hatte sich beträchtlich

15

vermehrt. Neben Vater und Mutter waren damals noch die drei Kinder erster Ehe im Haus und von den eigenen Kindern lebten bereits sieben. (...) Neben den Eltern saßen also zehn Kinder am Tisch, daneben zehn Dienstleute (Knechte, Mägde und Taglöhner), im Stalle standen zwei Pferde – gegen das vorhergehende Jahrzehnt infolge des Ausfalles der Weinfuhren eine verringerte Zahl –, sechs Rinder und etwa ein Dutzend Schweine. Nahrungs- und Futtermittel mußten wegen der Dürre und der militärischen Requisitionen von weit her zugeführt und teuer bezahlt werden. Zum erstenmal sah sich der Vater gezwungen, eine Schuld aufzunehmen und hypothekarisch sicherzustellen. Ein Nikolsburger Geldverleiher namens Spielmann fand sich zu den damals üblichen, überaus hohen Zinsen bereit. Von da an kamen zu den vielen, vielen Wegen, die mein Vater abzulaufen hatte, noch jährlich vier neue schwere Gänge – zur quartalmäßigen Abstattung der Zinsen oder zu deren Zuschlag zum Kapital, die Gänge zum Gläubiger, zum Notar und ins Grundbuch!

Die ersten zwei Jahrzehnte nach der Grundentlastung (1848) waren für die Bauernschaft günstig gewesen. Das freie Grundeigentum hatte die Wirtschaftsenergie der Bauern mächtig angespornt, die rasch wachsende Volkszahl in den Städten und der Ausbau des Verkehrs hatten ihnen lohnenden Absatz verschafft. Dieser Aufstieg wurde jedoch gerade den Begabtesten zum Verhängnis. Die Geldwirtschaft, die immer mehr an Stelle der Naturalwirtschaft trat, verführte sie, ihre Baulichkeiten zu erweitern, ihren Boden zu verbessern und neuartiges Gerät anzuschaffen. Mein Vater war sehr baulustig, baute am Ortsausgang an der Bratelsbrunner Straße einen neuen Weinkeller mit einem Wohnhaus darüber, führte die erste Dreschmaschine – ein übrigens untaugliches Modell – in der Wirtschaft ein und gab dem Vorderhaus ein Ziegeldach. Ohne die Erschütterung von 1866, ohne Krieg und Mißernte, wäre er wohl mit seinen Zahlungen fertig geworden, nun mußte er Kredit suchen. Auf dem Lande aber gab es weder Sparkassen noch Kreditgenossenschaften, und so breitete sich rasch das Übel aus, das die Nationalökonomen unter dem Schlagwort „Wucher auf dem Lande" verzeichnen. Die liberale Gesetzgebung hatte die Zinsenbeschränkung aufgehoben (Gesetz vom 16. Juni 1868)

und das Leihkapital machte sich diese Freiheit zunutze. Das Geldverleihen wurden von Privaten und von Händlern besonders auf dem Lande gewerbsmäßig betrieben und gerade die Weinbauern fielen ihnen häufig zum Opfer, da der Weinbau recht schwankende Erträge aufweist. Solche wucherische Geschäfte mit kleinen Weinbauern machten meines Erinnerns keineswegs nur Nikolsburger Juden, sondern ebenso reiche Weinbauern und christliche Geschäftsleute des Ortes mit jedermann und unter anderen auch ein Oberst des Ruhestandes in Nikolsburg, dem mein Vater noch im Jahre 1878 nicht weniger als 24 v. H. Zinsen zahlen mußte, die Wechselgebühren nicht gerechnet.« (Karl Renner: »Lebenserinnerungen«)

Den Preis zahlen alle jene, die durch die Umstellung der Wirtschaft überflüssig werden. Das neue System begünstigt die Vergrößerung und Modernisierung der großen Güter, der leistungsfähigen Höfe. Die Zahl der Landarbeiter nimmt in diesem Bereich zu, viele Wanderarbeiter und Taglöhner bleiben aber übrig. Die kleinen Keuschler, die sich nach dem alten System gerade noch ernähren konnten, müssen aufgeben. Gleichzeitig, und das ist das Entscheidende, wird der Bedarf an ländlichen Handwerkern geringer, die neuen Fabriken ziehen Produktionen an sich, die früher durch eine über das ganze Land verstreute und ins dörfliche Leben einbezogene handwerkliche Hausindustrie getätigt wurden. Dieser Prozeß hatte, insbesondere im Textilbereich, schon in den zwanziger, dreißiger und vierziger Jahren eingesetzt – die bittere Not der böhmischen Weber war eine der Schubkräfte der 48er-Revolution. Die dörflichen Weber, Leinenspinner, die Schmiede und andere Werkzeughersteller werden brotlos, die neuen Geräte kommen auf den neuen Verkehrswegen, den Bahnlinien, aus den großen Fabriken. Die kleine, dorfnahe Eisenindustrie (vor allem in der Steiermark) verliert ihr Lebensrecht, die Zulieferung von Kohle aus den Bergwerksgebieten macht viele Köhler brotlos. Die überflüssig gewordenen Menschen müssen dorthin ziehen, wo ihre Not die Ursache hat: in die Fabriksregionen, die Städte. Den hellsten Glanz strahlt die Kaiserstadt Wien mit ihren vielen neuen Erwerbsmöglichkeiten aus. Aber auch in den Städten ändern sich die Verhältnisse radikal: Kleine Handwerker können nicht mehr

Der Freiheitstraum der Revolution von 1848 begleitet das Volk in die lange Zeit der Restauration

überleben, die Tüchtigsten oder Glücklichsten von ihnen schaffen den Übergang zu manufakturartigen Großhandwerksbetrieben mit Dutzenden Gesellen, Hilfsarbeitern und viel zu vielen ausgebeuteten Lehrlingen; andere fristen allein, ohne jede Hilfe, eine karge Restexistenz. In diesem Wandel steckt tatsächlich ein Stück Befreiung: Viele geradezu leibliche Abhängigkeiten lösen sich auf wie die Abhängigkeit des freien Bauern vom früheren Grundherrn. Für die Ärmsten, die auf die Landstraße müssen, ist diese Freiheit aber eine Vogelfreiheit. Mit den alten, wenn auch schmerzlichen feudal-patriarchalischen Bindungen gehen auch alte, zum Großteil ungeschriebene Schutzansprüche verloren: Der überflüssige Gelegenheitsarbeiter wird rücksichtslos weggeschickt, wenn man ihn nicht braucht, der Geselle oder Lehrling im übergroßen Handwerksbetrieb ißt und schläft zwar unter immer unmenschlicheren Bedingungen unter dem Dach des Dienstgebers, gilt aber nicht einmal mehr im Entferntesten als Familienmitglied. Krankheit und Alter machen ihn zum absoluten Paria.

Auch jener karge Schutz, den die Zugehörigkeit zu einer Heimatgemeinde bedeutet hat, geht auf der Wanderschaft oder beim häufigen Postenwechsel verloren. Noch eine Generation lang halten die Behörden die früher sinnvolle Fürsorgezuständigkeit der Geburtsgemeinde aufrecht: Hilflose werden erbarmungslos in ihre Heimatgemeinden zurückgeschickt, wo sie mittellos ankommen. Jeder Wirtschaftsrückschlag dreht somit die Richtung der industriellen Völkerwanderung zeitweise um: Der Menschenstrom zieht quer durch das Land oder per Schub in die alte, verarmte Heimat zurück; Gemeinden, die sich nicht mehr helfen können, schicken die wiederkehrenden Fürsorgeanwärter als Bettler auf die Straße. Ohne jede Einsicht betrachtet aber die Obrigkeit den Arbeitslosen, Unterstandslosen, auf Bettelei Angewiesenen als kriminell. Für Tausende endet der umgedrehte Fluchtweg in einem der Arbeitshäuser.

Eine Zeit, in der der Großteil der Menschen noch nicht weiß, was „wohnen" heißt. Wer ein Dach über dem Kopf hat, wer im Winter nicht frieren muß, wähnt sich glücklich, auch wenn er im Massenquartier übernachtet

Im langjährigen Durchschnitt und mit steigender Tendenz überwiegt aber der Zuzug in die Städte über den gegenläufigen Abschub: Die Städte wachsen und saugen das Land aus. Wien hatte um die Mitte des Jahrhunderts etwa eine halbe Million Einwohner, ein Vierteljahrhundert später sind es zweihunderttausend mehr.

Insgesamt wird eine Entwicklung zur Desintegration der Produktion und der Arbeit sichtbar: Was vorher in relativ geringen Entfernungen durch Tausch und nahe Vermarktung von Lebensmitteln und Handwerksprodukten einander ergänzt hat, wird nun über große Strecken mit Hilfe des neuen Transportmittels, der Eisenbahn, wechselweise versorgt. Die Frächter gehören zu den am schnellsten aussterbenden Berufsgruppen. Das Land zerfällt in Produktionsräume: Agrargebiete und Industriezonen. Das Zeitalter der Manufaktur geht ins Zeitalter der Frühindustrialisierung über. Das bedeutet unerträgliche Wohn- und Lebensbedingungen in den Städten. Im Wien der Jahre vor der Schleifung der Stadtmauern wachsen die alten Bürgerhäuser um mehrere Stockwerke, die schlechteren Stadtviertel werden zu Elendsquartieren, Straßen und Plätze sind voller vagabundierender Unterkunftsloser. Der Druck erfaßt die früher dörflichen Vororte. Dort entstehen Fabriken und Arbeiterwohnstätten der primitivsten Art. Die Träume, die die Entwurzelten in die Städte gelockt haben, werden zu Albträumen.

Diese überbelegten Arbeiterwohnhäuser, Notquartiere und Herbergen darf man nicht als Familienwohnhäuser mißverstehen. Die Vorstellung, daß in diesen „alten Zeiten" die Familien, wenn auch in ärmlichen Umständen, so doch aus Gründen der Tradition oder Religion besser intakt waren als in späteren Jahren des wachsenden Wohlstandes, ist irrig: Der drastischste Beweis für die soziale Krise um die Mitte des vorigen Jahrhunderts, verursacht durch den Verlust alter feudal-patriarchalischer Schutzeinrichtungen und das Noch-nicht-Vorhandensein des primitivsten sozialen Auffangnetzes, ist die Krise der Familie, die Krise der Eltern-Kinder-Beziehung. Die meisten arbeitenden Menschen in Stadt und Land kommen entweder erst sehr spät, meist aber überhaupt nicht in die Lage, sich zu verheiraten: Von Knechten und Mägden, jedenfalls von Wander- und Taglöhnern auf Gütern und großen Bauernhöfen, von Lehrlingen, Gesellen und Hilfsarbeitern der städtischen Handwerksbetriebe erwartet man ein lediges Leben; sie schlafen unter dem Dach des Dienstgebers, zusammengepfercht auf engstem Raum; von Wohnen, vom geringsten Anspruch auf eine Privatsphäre kann keine Rede sein. Und einfache, zugewanderte, dauernd auf Arbeitssuche herumziehende Fabriksarbeiter sind froh, in einer Herberge oder als Bettgeher unterzukommen; notfalls in Schichten in einem Bett: Der Fabriksarbeiter geht zur Arbeit, der Bäckergeselle kommt nach

Hause und kriecht in die noch warme Liegestatt. Familiengründung kommt da nicht in Frage.

Das Zusammenleben der Geschlechter spielt sich daher in frappantem Gegensatz zu den strengen religiösen Postulaten ab. Die Mädchen und jungen Frauen sind vorerst Freiwild für den Dienstgeber oder die Vorgesetzten, in Wirtsbetrieben sind sie den Gästen ausgesetzt. Der reale Ursprung der rührenden Legenden von den feschen Wiener Wäschermädeln – sie leisten die härtest denkbare Sklavenarbeit – ist leicht rekonstruierbar. In der Folge werden die Frauen von den Arbeitsgefährten nicht verschont. Soweit Zuneigung im Spiel ist, bleibt sie unlegitimiert. Empfängnisverhütung ist unbekannt. Die phantasiereichen Amulette zur Verhinderung von Kindersegen nützen nur wenig. In den fünfziger Jahren steigt der schon vorher beachtlich hohe Anteil der unehelichen Geburten in Wien auf mehr als fünfzig Prozent. In einzelnen Gemeinden Kärntens und der Steiermark weisen die Taufbücher dieser Jahre Spitzenwerte von achtzig Prozent illegitimer Kinder aus.

Allerdings zeigt die Statistik, daß hier ein schroffer Gegensatz zwischen westlichen und östlichen Teilen der Monarchie besteht. In Ungarn bleibt die eheliche Geburt die Regel, das Heiratsalter ist wesentlich niedriger; nur die Großstadt Budapest macht eine gewisse Ausnahme – ein Hinweis mehr, daß die Flut der unehelichen Geburten eine unmittelbare Folge des sozialen Wandels und der besonderen sozialen Krise des entwurzelten und noch nicht in neue städtische Lebensformen eingegliederten Proletariates ist. Die uneheliche Geburt drückt die Kinder noch eine Stufe tiefer und nimmt ihnen die primitivsten Rechte. Die wenigsten unehelichen Mütter können in ihrer Not, fern von jeder familiären Hilfe, ihr Kind aufziehen. Das Elend der Findelkinder ist nicht zu beschreiben, die bloße Überlebenschance verschwindend gering: Vier von fünf Kindern eines Wiener Findelhauses sterben in den ersten Lebensjahren. Nicht größer ist die Lebenserwartung für ein Findelkind, das in häusliche Pflege genommen wird. „Himmeln" nennt man das Sterbenlassen solcher Kinder: Abtreibung nach der Geburt.

Die Vielstufigkeit des Elends innerhalb der Armut betrifft nicht nur die Findelkinder, sie erzeugt auch eine schmerzlich spürbare Hierar-

Das »Illustrierte Wiener Extrablatt« zeigt die Wohnverhältnisse der Ärmsten

Wohlfahrt statt sozialer Grundrechte: die „Suppenanstalt"

chie unter den Lohnempfängern. Was dem einen ein kaum lebenswertes Vegetieren ermöglicht, muß dem anderen als sagenhafter Reichtum erscheinen. Die Lohnskala der damaligen Zeit ist schwer zu rekonstruieren; es gibt ja keine Kollektivverträge oder Mindestlohnbestimmungen. Erstklassige, gesuchte Facharbeiter können in Wien zehn, ja bis zu 20 Gulden pro Woche verdienen, Hilfsarbeiter und Taglöhner aber nur fünf oder sieben. Ein Gulden im Tag ist also ein durchaus erstrebenswertes Einkommen, möglicherweise ein guter Durchschnitt. Je weiter weg man von der Kaiserstadt lebt, desto schlechter verdient man. Sechs 14-Stunden-Tage pro Woche – manchmal werden auch unbezahlte Extraschichten am Sonntag verlangt – bringen einem Hilfsarbeiter in der böhmischen Textilindustrie nicht mehr als einen Gulden. Frauen sind von vornherein als billigste Hilfskräfte eingestuft – ein Grund, warum manche Branchen vorwiegend oder ausschließlich

Frauen beschäftigen. Kinderarbeit in der Fabrik – in manchen Branchen oder Arbeitsbereichen arbeiten vorwiegend Kinder – bringt nur einige wenige Kreuzer im Tag ein. Heimarbeit wird noch schlechter bezahlt: ein, zwei Kreuzer Ertrag pro Tag in erschöpfender Akkordarbeit.

Und dennoch bangt man um jede mögliche Arbeitsstunde, fürchtet jede Krankheit und Schwäche, zittert von dem wöchentlich drohenden Arbeitsplatzwechsel, der einen auf unbestimmte Zeit auf die Straße schickt. Da sind in den Grenzzonen zwischen Industrie- und Agrargebieten jene Arbeiter gut dran, die noch ein kleines Stück Land bewirtschaften und sich und die Ihren vor dem nackten Hunger bewahren können.

Und was ist das nun, ein Kreuzer, ein Gulden? (Bis zum Jahre 1859 hat ein Gulden 60 Kreuzer, nachher sind es 100; auch die Münzsysteme wechseln.) In der Zeit der alten Währungseinteilung kostet ein Laib Schwarzbrot (umgerechnet etwa zwei Kilogramm) 20 bis 30 Kreuzer, ebensoviel ein Stück (umgerechnet ein Kilogramm) billigstes Suppenfleisch. Ein Gläschen Schnaps, in dem der Arbeiter seinen Kummer ertränkt, statt ihn seiner hungrigen Familie nach Hause zu bringen, kostet 5 Kreuzer. Man kann leicht ausrechnen, daß jene eher Bevorzugten, die in Familien leben, ohne die Arbeit der Frau und der Kinder kaum den Hunger stillen können. Was soll da für Quartier, für Kleider und Schuhe, was gar für Heizung übrig bleiben? Ein Kilometer (umgerechnet) Eisenbahnfahrt in der vierten Klasse – meist in Stehwaggons – kostet nach einer Preisregelung des Jahres 1854 1,6 Kreuzer pro Person. Die erste Klasse kostet 4,7 Kreuzer.

Wer kann da das Honorar eines Arztes bezahlen? Und dabei wären die Ärzte und Medikamente bitter notwendig: In den engen, im Winter oft nur mittels Körperwärme temperierten Quartieren bei primitivsten sanitären Verhältnissen grassieren Krankheiten und Seuchen. Das gefährlichste Lebensjahr ist das erste, nicht nur für Findelkinder. Der Zusammenhang mit der Industrialisierung ist dabei offenbar: In Niederösterreich (unter Einrechnung von Wien) sterben 35 von 100 Kindern im ersten Lebensjahr, im armen, rückständigen Dalmatien sind es 14. Die Todesursache ist meist unklar: „Fraisen" nennt man den Kindertod. Die Amulette, die die Fraisen verhindern sollen, ähneln jenen, die bei der Verhinderung unerwünschten Kindersegens versagt haben.

So lebensgefährlich wie die früheste Kindheit ist das Alter, und es beginnt Mitte der Dreißig. Schwindende Arbeitskraft, schwindender Lohn, also Hunger, Kälte, Hilflosigkeit erzeugen einen Teufelskreis. Bald ist der Kranke invalide, also Todeskandidat. Die Statistik der Kronländer spricht eine deutliche Sprache: Je höher die Säuglingssterblichkeit, umso kürzer die Lebenserwartung überhaupt. Und es muß einem um dieses Leben nicht einmal leid tun. »Nach einem Leben voll Plage und Entbehrung ein Alter des Bettelns und der Entehrung«, schreibt ein zeitgenössischer Wissenschafter. Zwischen den Todesklippen Kindheit und frühes Alter lauern auf die arbeitenden Menschen offenkundig berufsbedingte Gefahren in einer von Gift, Staub, Lärm, Streß, Auszehrung und Unfallsbedrohung geschwängerten Arbeitswelt. Die geschwächten Organismen werden leicht das Opfer der sogenannten Volkskrankheiten – das sind die Epidemien, die an sich niemanden verschonen, die aber nach der Statistik als besondere Geißeln der Arbeitenden zu erkennen sind: Tuberkulose, alle Folgekrankheiten des Alkoholismus, Syphilis, Typhus – und in mehreren furchtbaren Wellen die Cholera: 1848 fordert sie in der ganzen Monarchie 145.000 Tote, 1854 210.000 Tote und zuletzt 1873 436.000 Tote. Die hohe Kinderzahl in den Familien kann die Stagnation der Bevölkerungsentwicklung nicht ausgleichen. Es gibt ja so wenige Familien, und ein Großteil auch der ehelichen Kinder stirbt früh.

Ignaz Semmelweis (1818–1865)

Er brachte Licht ins Dunkel der Spitäler

In diese tiefste Finsternis leuchtet in diesen Jahren nur ein Licht: der aufsteigende Ruhm der Wiener Medizinischen Schule. Vorerst sind es allerdings Durchbrüche in Diagnose und Theorie, aber sie vermitteln die Vision einer Zeit, in der die großen mörderischen Heimsuchungen der Vergangenheit angehören werden. Den ersten Durchbruch erzielt Ende der vierziger Jahre Ignaz Semmelweis – lange vor der Entdeckung der Bakterien – durch die erfolgreiche Bekämpfung des Kindbettfiebers. Semmelweis erkennt als erster den Zusammenhang zwischen Schmutz und Infektion, als ihm auffällt, daß in einer Wiener Klinik, in der Hebammen entbinden, wesentlich weniger Frauen an Kindbettfieber erkranken als in einem vergleichbaren Spital, in dem Ärzte für die Entbindungen zuständig sind. Daraus schließt er, daß die Ärzte, die mit ungewaschenen Händen von anderen Patienten und vom Sezieren der Leichen kommen, die Ansteckung transportieren. Die von Semmelweiß angeordnete Desinfektion bringt eine vollständige Wende: Das Kindbettfieber ist besiegt. Wie furchtbar die Frauen – in diesem Fall durchaus nicht nur die armen – unter dieser Geißel litten, zeigen uns Votivbilder aus den vorangegangenen Jahrzehnten, auf denen sich Männer mit allen ihren Frauen und Kindern zu Ehren der Himmelsjungfrau abbilden ließen: Der grausame Unterschied in der Lebenserwartung ist anschaulich genug.

Ein weiterer Lichtblick: 1847 wird in Österreich die Anästhesie mittels Äther eingeführt. Das Operieren verliert jenen Schrecken, den sich später kaum noch jemand vorstellen kann. Aber vorerst ist die neue Methode natürlich nur in der Großstadt da – und nicht für jeden. Wer nicht zahlen kann, wird noch immer so operiert, wie es üblich war, als man den Chirurgen noch nicht als Arzt betrachtete.

Neben der Völkerwanderung der Entwurzelten aus den Agrargebieten der Monarchie, die in zerrissenem Schuhwerk mit Handkarren unterwegs sind, gibt es um die Jahrhundertwende noch eine zweite, bessergestellte, die die erste Klasse – mitunter auch die zweite oder dritte – der neuen Bahnlinien benutzt: erfolgsuchende Bürgerfamilien, darunter auch viele, die in den Randgebieten des Kaiserreiches ein Leben nahezu proletarischer Bescheidenheit geführt haben, verlegen ihren Wohnsitz in die aufblü-

henden Städte. Wien ist das Traumziel: Die Residenz des Monarchen strahlt mit jedem Jahr der Erweiterung und Verschönerung mehr kulturellen Glanz aus und verspricht den Tüchtigen Wohlstand und Ansehen.

Unter den Zuwanderern sind besonders viele jüdische Familien, die in ihrer ursprünglichen Heimat zunehmend den Druck religiöser Diskriminierung zu spüren bekommen haben und sich im Zentrum des aufstrebenden Liberalismus die Integration in ein tolerantes Weltbürgertum erhoffen. Die Jugend, die in diesen neuen Bürgerhäusern aufwächst, ist von der Familie her auf Leistung, Erfolg und Anpassung gedrillt. Aber gerade dieser Druck, verschärft durch die allgemeine victorianische Enge und Muffigkeit, deren seelische Konsequenzen Sigmund Freud später genial deutet, erzeugt eine kritische Einstellung, einen intellektuellen Drang nach Veränderung, der ein vorerst noch kaum erkennbares Band der Solidarität zu den in materiellem Elend lebenden Massen des arbeitenden Volkes knüpft. Die Familie des Salomon Adler, die mit ihrem dreijährigen Söhnchen Victor aus Prag eingewandert ist, macht in dieser Beziehung keine Ausnahme. Der Heranwachsende nimmt zwar die Ideale des strengen Vaters auf: religiöse Anpassung an das Christentum, Begeisterung für die Parolen des Jahres 1848, also für deutschen Nationalismus und Liberalismus, aber er ist unter dem Druck überfordernder Karriereziele und unbarmherziger Disziplin viel zu unglücklich, um das ihm anbefohlene Leben widerspruchslos akzeptieren zu können. Er hat wache Augen für das Leid, das ihn umgibt.

Die Träume, die Visionen, die rebellischen Wunschvorstellungen in den Studierzimmern der Bürgerhäuser sind nicht die der ausgebeuteten Massen. Ihr Gegenstand ist nicht das Stück Brot, das der nächste Arbeitstag bringen soll, sondern eine andere, eine bessere Gesellschaft. Es ist nicht die erste Intellektuellengeneration, die diesen Traum träumt. In den Bibliotheken der Bürgerhäuser stehen die Werke der klassischen Aufklärungsliteratur – fern vom Zugriff der Zensoren, die Zeitungsredaktionen und Buchläden vom Geist des Jahres 1848 freizuhalten versuchen.

Thomas Morus (1478?–1535)　　　　　　　*Jean Jacques Rousseau (1712–1778)*

DIE GESCHICHTE DER UTOPIEN ist so alt wie die Menschheit, jedenfalls so alt wie ihre mündlich und später schriftlich überlieferte Literatur. Den Utopien des Altertums ist gemeinsam, daß sie zurückblicken: Die versunkene Insel Atlantis des Griechen Platon, das biblische Paradies der Hebräer, das »Goldene Zeitalter« des Römers Ovid waren Schilderungen vergangener, durch menschliche Schuld und göttliche Strafe verlorener Elysien. Die Zukunft konnte nur schlechter werden, Hoffnung lag irgendwo jenseits dieser unvollkommenen, bösen Welt, nach einem jüngsten Tag, für den Einzelnen nach seinem Tod.

Die Neuzeit kam durch die Renaissance, die zwar eine Wiedergeburt des Altertums als Programm hatte, aber einen neuen Humanismus entwickelte: Nicht nur wurde der Mensch ins Zentrum der Beachtung gestellt, er hatte auch eine völlig neue Hoffnung. Die Visionen lagen *vor* ihm, er war, kraft der Vernunft, befähigt, eine bessere Welt zu schaffen. Die klassische Utopie, die dieses Zeitalter ankündigte, schrieb Thomas Morus unter dem Titel »Utopia«, die allen späteren Zukunftsbüchern den Namen geben sollte: „Utopia", „Nirgendwo", lag nicht in einer verlorenen Vergangenheit, sondern in einer zu erstrebenden Zukunft, irgendwo im Irgendwann, irgendwie zu verwirklichen. Dieser Früh-Utopie folgten im Zeitalter der Aufklärung Hunderte Versuche von Real-Utopien: Architektenpläne für eine Welt von morgen.

In fast allen dieser Entwürfe schimmerten die alten Motive der verlorenen Paradiese durch, manche bezogen sich auch wie beim Griechen Platon auf das versunkene Atlantis – aber nun war es eine Insel, die wieder auftauchen konnte. Insbesondere der Fortschrittsphilosoph Jean-Jacques Rousseau, der Gesellschaftsreform durch die Wiedergewinnung der verlorenen Natur anstrebte, verband die uralte Sehnsucht nach dem „Goldenen Zeitalter" mit einem Konzept der Erneuerung. Was allen Utopien gemeinsam blieb, war der Zeichenstift der Vernunft: Der freie Geist sollte die bessere Welt machen. Unter dem Eindruck der Französischen Revolution floß auch Zweifel ein. Die Gegen-Utopie, die Warnung vor dem Fortschritt, kündigte sich an.

Die schönste utopische Parole schrieb Johann Wolfgang Goethe in seinem »Prometheus«, der den Göttervater Zeus höhnt:

Johann Wolfgang von Goethe (1749–1832)

Friedrich Schiller (1759–1805)

Hier sitz' ich, forme Menschen
Nach meinem Bilde,
Ein Geschlecht, das mir gleich sei,
Zu leiden, zu weinen,
Zu genießen und zu freuen sich;
Und dein nicht zu achten,
Wie ich!

Friedrich Schiller erweist sich in seinen Briefen als feinsinniger Utopist, der durch ein Regime der Schönheit die Herrschaft der Vernunft verwirklicht sehen möchte. Aber mit deren Bewunderung ist der Zweifel an ihrer Allmacht verbunden. Der sterbende Feldherr Talbot – er spricht offenkundig für den Dichter – sagt in seinem großen Monolog in der »Jungfrau von Orleans«:

Erhabene Vernunft, lichthelle Tochter
Des göttlichen Hauptes, weise Gründerin
Des Weltgebäudes, Führerin der Sterne,
Wer bist Du denn, wenn Du, dem tollen Roß
Des Aberwitzes an den Schweif gebunden,
Ohnmächtig rufend, mit dem Trunkenen
Dich sehend in den Abgrund stürzen mußt?

Das 19. Jahrhundert bringt die großen utopischen Entwürfe der Franzosen Saint-Simon und Fourier, die man als die Väter des utopischen Sozialismus bezeichnet; ihre Zukunftsgemälde gehen von scharfer Kritik der bestehenden Zustände aus und zielen auf eine drastische Verbesserung der Situation der hauptsächlich Unterdrückten – der Arbeitenden und der Frauen.

»Das industriell organisierte Volk bemerkte sehr bald, daß seine üblichen künstlerischen und handwerklichen Arbeiten überhaupt keinen Zusammenhang mit den theologischen Ideen hatten, daß es von den Theologen keine wirkliche Aufklärung über die Gegenstände seiner täglichen Beschäftigung erhalten konnte; und überall, wo es direkt oder indirekt mit den Wissenschaftlern Kontakt hatte, legte es die Gewohnheit ab, die Priester zu befragen, und gewöhnte sich daran, sich mit denen ins Benehmen zu setzen, die tatsächliche Kenntnisse besaßen. (...) Die industrielle Klasse ist die grundlegende, die ganze Gesellschaft ernährende

Charles Fourier (1772–1837)

Claude-Henri de Saint-Simon (1760–1825)

Klasse, ohne die keine andere bestehen könnte: daher hat sie das Recht, den Wissenschaftlern und, noch mehr, allen anderen Nichtindustriellen zu sagen, wir wollen nur unter der und der Bedingung Euch ernähren, Euch Wohnung geben, Euch kleiden und überhaupt Eure physischen Wünsche befriedigen. (...)

Die Einbildungskraft der Dichter hat das goldene Zeitalter an die Wiege des Menschengeschlechtes, in die Epoche der Unwissenheit und Roheit der Urzeiten gesetzt. (...) Man hätte viel eher das eiserne Zeitalter dorthin verweisen müssen. Das goldene Zeitalter des Menschengeschlechts liegt nicht hinter uns, es steht noch vor uns, es liegt in der Vervollkommnung der Gesellschaftsordnung. Unsere Väter haben es nicht erblickt, unsere Kinder werden eines Tages dorthin gelangen: uns obliegt es, ihnen den Weg dahin zu bahnen. (...)

Sie beweisen, wenn auch indirekt, ganz klar, daß die gesellschaftliche Organisation noch wenig vollkommen ist, daß die Menschen sich noch durch Gewalt und List ausbeuten lassen

und daß das Menschengeschlecht (politisch gesprochen) noch in Unmoral versunken ist: weil die Wissenschaftler, die Künstler und die Handwerker, die einzigen Menschen, deren Arbeiten von wirklichem Nutzen für die Gesellschaft sind und sie nahezu nichts kosten, von den Fürsten und den anderen Regierenden, die lediglich mehr oder weniger unfähige Routinemenschen sind, niedergehalten werden. (...)

Diese Behauptungen lassen erkennen, daß die gegenwärtige Gesellschaft wirklich eine verkehrte Welt ist: weil die Nation zum Grundprinzip hat, daß die Armen den Reichen gegenüber großzügig sein müßten und daß folglich die weniger Begüterten sich täglich einen Teil des Lebensnotwendigen versagen, um den Überfluß der großen Besitzenden zu vermehren. (...)

Das unmittelbare Ziel meines Unterfangens ist, soweit wie möglich das Los der Klasse zu verbessern, die keine anderen Existenzmittel besitzt als ihrer Hände Arbeit. Mein Ziel ist, das Los dieser Klasse nicht nur in Frankreich, sondern auch in England, Belgien, Portugal, Spanien,

Robert Owen (1771–1858)

Wilhelm Weitling (1808–1871)

Italien, im restlichen Europa und auf der ganzen
Welt zu verbessern. (. . .) Man ist sich noch nicht
genügend über den hohen Zivilisationsgrad
bewußt, den die letzte Klasse der französischen
Nation erreicht hat: man hat noch nicht die
tatsächliche Vervollkommnung der Intelligenz
gebührend bewertet, die die Klasse der Proletarier erfahren hat. Sie haben so viel Voraussicht
erlangt, sie sind derartig zum Herrn über ihre
Leidenschaften geworden und über ihre natürlichen Wünsche, daß sie fast alle fähig sind, bei
vollen Scheunen zu hungern. (. . .)
Um das Los der Masse zu verbessern, genügt es
nicht, die Privilegien auf andere zu übertragen,
man muß sie vernichten; es genügt nicht, die
Mißbräuche gegen andere auszutauschen, man
muß sie abschaffen. (. . .)
Die glücklichste Nation ist die, in der es am
wenigsten Müßiggänger gibt. Die Menschheit
würde all das Glück genießen, das sie überhaupt
erstreben kann, wenn es keine Nichtstuer
gäbe.« (Saint-Simon: Ausgewählte Texte)
An späterer Stelle stellt Saint-Simon einen hypo-
thetischen Verlust der »dreitausend besten
Gelehrten, Künstler und Handwerker Frankreichs« dem gedachten plötzlichen Tod von
»dreitausend Menschen« gegenüber, die, vom
König abwärts, »als die wichtigsten des Staates
gelten«. Im ersten Fall würde die Nation »zu
einem Körper ohne Seele; sie geriete sofort in
einen Zustand der Unterlegenheit gegenüber
den Nationen, deren Rivalin sie heute ist«. Im
zweiten Fall aber erwüchse »keinerlei politischer
Nachteil für den französischen Staat«.

Ein anderer Frühsozialist, Charles Fourier, wendet sich an zentraler Stelle seines Werkes den
unterdrückten Frauen zu und sieht jeglichen
Fortschritt mit deren Befreiung verknüpft:
»Um uns über die offenkundige Unvereinbarkeit
der Ehe mit den Leidenschaften hinwegzutäu-
schen, predigt uns die Philosophie den Fatalis-
mus. Sie verbreitet sich darüber, daß wir in
diesem Leben zur Trübsal vorbestimmt sind,
daß man sich bescheiden muß usw. Nichts von
alledem! Man muß nur eine Form der häuslichen
Gesellschaft finden, die dem Willen der Leidenschaften angepaßt ist, und das hat man bisher
niemals versucht oder vorgeschlagen. (. . .)
Kann man auch eine Spur Gerechtigkeit in dem
Los erblicken, das die Frauen getroffen hat? Ist
nicht vielmehr das junge Mädchen eine Ware,
für jeden zum Kauf angeboten, der über ihren
Erwerb und das ausschließliche Eigentum an ihr
verhandeln will? Ist nicht ihre Zustimmung zur
Ehe Spott und Hohn? Wird diese nicht durch die
tyrannische Macht der Vorurteile erzwungen,
die seit Kindheit auf ihr lasten? Man will sie
überreden, sie trüge Ketten aus Blumen. Kann
sie sich aber über ihre Erniedrigung täuschen,
selbst in von der Philosophie aufgeplusterten
Ländern wie England, wo die Männer das Recht
haben, ihre Frau mit dem Strick um den Hals auf
den Markt zu führen und sie wie ein Stück Vieh
dem zu verkaufen, der den Preis dafür zahlt?
(. . .) Allgemein ausgedrückt: Der soziale Fortschritt und der Anbruch neuer Epochen vollzieht sich entsprechend dem Fortschritt der Frau
zur Freiheit, und der Verfall der Gesellschafts-

Immanuel Kant (1724–1804)

Georg Wilhelm F. Hegel (1770–1831)

ordnung vollzieht sich entsprechend der Verminderung der Freiheit der Frau.« (Fourier, in: »Der Frühsozialismus«)

Von gleicher Gesinnung, aber von einem anderen Temperament ist der Engländer Robert Owen. Er ist ein visionäres Genie der Praxis. Als eines von sieben Kindern einer Krämerfamilie arbeitet er sich am Beginn des 19. Jahrhunderts zum erfolgreichen Unternehmer empor und betreibt eine der größten schottischen Baumwollspinnereien. Jedes Pfund, das er verdient, verwendet er, um die utopischen Träume seiner Jugend zu verwirklichen: Er beschäftigt keine Kinder unter zehn Jahren, richtet für sie aber eine Schule ein, an der ohne Prügel und Strafen nach Methoden unterrichtet wird, die ihrer Zeit um ein Jahrhundert voraus sind. Owen baut Wohnhäuser und Speisehäuser für die Arbeiter, gründet einen Konsumverein, eine Krankenkasse und finanziert ein System der Altersversorgung. Die Fabrik Owens in Lenark ist bald weltberühmt. Zwischen 1815 und 1825 besuchen 2000 Menschen das wundersame Dorf, in dem eine Utopie Wirklichkeit geworden ist. 1818 wird Owen sogar zu einem Vortrag beim Aachener Fürstenkongreß eingeladen. 1825 gründet er in Amerika die Kolonie »New Harmony« und versucht ein System gleicher Löhne. Er scheitert am Unverständnis, doch seine Bücher und Ideen überleben seine Experimente.

Ähnlich praktisch wie der erste Kapitalist unter den Utopisten stellt sich ihr erster Arbeiter an, der Schneidergeselle Wilhelm Weitling. Er wirkt zeit seines Lebens als aktiver Agitator und lebt daher ständig auf der Flucht vor der Polizei. Lange Zeit hält er sich in Paris auf, wo er nicht nur Reden hält, sondern auch eine Speiseanstalt für Arbeiter gründet. 1839 ist er beim Pariser Aufstand des »Bundes der Gerechten« beteiligt, später wirkt er in der Schweiz und in Deutschland, vorübergehend gehört er dem »Bund der Kommunisten« an. Seine Bücher zeigen, was ihn mit vielen Utopisten verbindet: eine starke religiöse Motivation. In seinem »Evangelium des armen Sünders« versucht er, das Christentum neu, sozialistisch zu deuten. Er wird als Gotteslästerer eingesperrt. Wie Owen beendet Weitling seinen politischen Weg in Amerika mit der Gründung einer Arbeiterkolonie, »Communia« – und auch er scheitert.

Der religiöse Zugang zum frühen Sozialismus sowie sein praktischer Sinn verbindet Weitling mit Moses Hess: Für diesen ist die Neubegründung der Religion die Voraussetzung der gesellschaftlichen Reform. In seiner »Heiligen Geschichte der Menschheit« verkündet Hess unter Zitierung des Korintherbriefes »das Reich Gottes, in dem der Vater alle Herrschaft, alle Obrigkeit und alle Gewalt aufheben wird«. Er will gleiche Rechte für Mann und Frau, freie Ehe, Abschaffung des Patriarchats, allerdings auch der traditionellen Familie: Der Staat soll die Kinder erziehen. Seine Experimental-Kolonie liegt in der Zukunft, die in der Tat eine seiner Visionen zur Realität machen wird: Hess fordert als erster die Gründung eines Judenstaates in der alten Heimat Israel.

27

Zwischen Utopie und Verwirklichung steht die Zensur. Sie ist der Erzfeind

In der ersten Hälfte des Jahrhunderts verflechten sich zwei Entwicklungsströme ineinander, die man später den utopischen und den wissenschaftlichen Sozialismus nennt. Der große Immanuel Kant postuliert, ohne Sozialist zu sein, den philosophischen Grundgedanken des wissenschaftlichen Sozialismus: Die Geschichte der Menschheit ist Gegenstand wissenschaftlicher Erkenntnis, durch Gesetze bestimmt. Nicht nur die Ziele sind es, die die Geschichte beeinflussen, sondern auch die Ursachen. Die Gesellschaft erscheint als etwas Gewordenes und weiter Werdendes, die Entwicklungen haben mit der dynamischen Kraft der Widersprüche zu tun, vor allem mit dem Antagonismus von Individuum und Kollektiv.

Friedrich Hegel bringt diese Grundgedanken Kants in sein System des Idealismus ein und postuliert eine Weltgeschichte, die durch die Dialektik, durch eine Abfolge von Thesen, Antithesen und Synthesen, voranschreitet. Auch Johann Ludwig Fichte führt im Schatten Immanuel Kants im Geistesbereich des deutschen Idealismus die Idee des willentlichen, planbaren Eingriffs in die Geschichte weiter und zimmert ein utopisches Gesellschaftsmodell.

AUS DEM GEIST DES DEUTSCHEN IDEALISMUS entsteht seine philosophische Nachfolge, die davon überzeugt ist, die historische Wahrheit vom Kopf auf die Füße zu stellen – der historische und dialektische Materialismus Friedrich Engels' und Karl Marx': Sie konstatieren, daß die Geschichte nicht infolge ideeller, sondern aufgrund materieller, ökonomischer Widersprüche voranschreitet, als Geschichte der Produktionsmethoden und der Klassenkämpfe. Das »Kommunistische Manifest« von 1848 leuchtet wie eine Fackel in die zweite Hälfte des Jahrhunderts. Marx und Engels nehmen sich vor, die Utopien zu überwinden, indem sie von der Analyse der bestehenden aus eine nach revolutionärem Umsturz verwirklichbare neue Gesellschaft entwerfen. Ihre Lehre bleibt allerdings selber im wesentlichen Utopie: Sie postulieren eine letztlich fehlerfreie, paradiesische Ordnung, wie es die Utopisten getan haben, die als Instrument des Kampfes die Vernunft, auch das Diktat der Vernunft braucht. Allen Utopien dieser Zeit ist gemeinsam, daß sie den Menschen zu seinem Wohl reglementieren wollen. Die Gegen-Utopien sind noch ferne. Noch wirkt in den Hirnen die Faszination der Aufklärung, bewegt die Herzen der Traum von der schönen neuen Welt. Und der Weg, der in diese neue Welt führt, heißt Revolution.

»Ein Gespenst geht um in Europa – das Gespenst des Kommunismus. Alle Mächte des alten Europa haben sich zu einer heiligen Hetzjagd gegen dies Gespenst verbündet, der Papst und der Zar, Metternich und Guizot, französische Radikale und deutsche Polizisten. (. . .)
Es ist hohe Zeit, daß die Kommunisten ihre Anschauungsweise, ihre Zwecke, ihre Tendenzen vor der ganzen Welt offen darlegen und den Märchen vom Gespenst des Kommunismus ein Manifest der Partei selbst entgegenstellen. (. . .)
Die Geschichte aller bisherigen Gesellschaft ist die Geschichte von Klassenkämpfen.
Freier und Sklave, Patrizier und Plebejer, Baron und Leibeigner, Zunftbürger und Gesell, kurz, Unterdrücker und Unterdrückte standen in stetem Gegensatz zueinander, führten einen ununterbrochenen, bald versteckten, bald offenen Kampf, einen Kampf, der jedesmal mit einer revolutionären Umgestaltung der ganzen Gesellschaft endete oder mit dem gemeinsamen Untergang der kämpfenden Klassen. (. . .)
Unsere Epoche, die Epoche der Bourgeoisie, zeichnet sich jedoch dadurch aus, daß sie die Klassengegensätze vereinfacht hat. Die ganze Gesellschaft spaltet sich mehr und mehr in zwei große feindliche Lager, in zwei große, einander direkt gegenüberstehende Klassen: Bourgeoisie und Proletariat. (. . .)
Die Bourgeoisie hat in der Geschichte eine höchst revolutionäre Rolle gespielt. (. . .)
Die Bourgeoisie hat alle bisher ehrwürdigen und mit frommer Scheu betrachteten Tätigkeiten ihres Heiligenscheins entkleidet. Sie hat den Arzt, den Juristen, den Pfaffen, den Poeten, den Mann der Wissenschaft in ihre bezahlten Lohnarbeiter verwandelt. (. . .)
Die Bourgeoisie kann nicht existieren, ohne die Produktionsinstrumente, also die Produktionsverhältnisse, also sämtliche gesellschaftlichen Verhältnisse fortwährend zu revolutionieren. Unveränderte Beibehaltung der alten Produktionsweise war dagegen die erste Existenzbedingung aller früheren industriellen Klassen. Die fortwährende Umwälzung der Produktion, die ununterbrochene Erschütterung aller gesellschaftlichen Zustände, die ewige Unsicherheit und Bewegung zeichnet die Bourgeoisepoche vor allen früheren aus. (. . .)
Die Bourgeoisie hat durch die Exploitation des Weltmarkts die Produktion und Konsumtion aller Länder kosmopolitisch gestaltet. (. . .) Die geistigen Erzeugnisse der einzelnen Nationen werden Gemeingut. Die nationale Einseitigkeit und Beschränktheit wird mehr und mehr unmöglich, und aus den vielen nationalen und loka-

Friedrich Engels (1820–1895)

Das »Kommunistische Manifest« (1848)

Karl Marx (1818–1883)

len Literaturen bildet sich eine Weltliteratur. (...)
Die Bourgeoisie hat das Land der Herrschaft der Stadt unterworfen. Sie hat enorme Städte geschaffen, sie hat die Zahl der städtischen Bevölkerung gegenüber der ländlichen in hohem Grade vermehrt und so einen bedeutenden Teil der Bevölkerung dem Idiotismus des Landlebens entrissen. Wie sie das Land von der Stadt, hat sie die barbarischen und halbbarbarischen Länder von den zivilisierten, die Bauernvölker von den Bourgeoisvölkern, den Orient vom Okzident abhängig gemacht. (...)
Die Bourgeoisie hat in ihrer kaum hundertjährigen Klassenherrschaft massenhaftere und kolossalere Produktionskräfte geschaffen als alle vergangenen Generationen zusammen. Unterjochung der Naturkräfte, Maschinerie, Anwendung der Chemie auf Industrie und Ackerbau, Dampfschiffahrt, Eisenbahnen, elektrische Telegraphen, Urbarmachung ganzer Weltteile, Schiffbarmachung der Flüsse, ganze aus dem Boden hervorgestampfte Bevölkerungen – welch früheres Jahrhundert ahnte, daß solche Produktionskräfte im Schoß der gesellschaftlichen Arbeit schlummerten. (...)
Die Waffen, womit die Bourgeoisie den Feudalismus zu Boden geschlagen hat, richten sich jetzt gegen die Bourgeoisie selbst.
Aber die Bourgeoisie hat nicht nur die Waffen geschmiedet, die ihr den Tod bringen; sie hat auch die Männer gezeugt, die diese Waffen führen werden – die modernen Arbeiter, die *Proletarier.*
In demselben Maße, worin sich die Bourgeoisie, d. h. das Kapital, entwickelt, in demselben Maße entwickelt sich das Proletariat, die Klasse der modernen Arbeiter, die nur so lange leben, als sie Arbeit finden, und die nur so lange Arbeit finden, als ihre Arbeit das Kapital vermehrt. Diese Arbeiter, die sich stückweis verkaufen müssen, sind eine Ware wie jeder andere Handelsartikel, und daher gleichmäßig allen Wechselfällen der Konkurrenz, allen Schwankungen des Marktes ausgesetzt.
Die Arbeit der Proletarier hat durch die Ausdehnung der Maschinerie und die Teilung der Arbeit allen selbständigen Charakter und damit allen Reiz für den Arbeiter verloren. Er wird ein bloßes Zubehör der Maschine, von dem nur der einfachste, eintönigste, am leichtesten erlernbare Handgriff verlangt wird. (...)

Aber mit der Entwicklung der Industrie vermehrt sich nicht nur das Proletariat; es wird in größeren Massen zusammengedrängt, seine Kraft wächst, und es fühlt sie mehr. (...)
Die wesentlichste Bedingung für die Existenz und für die Herrschaft der Bourgeoisklasse ist die Anhäufung des Reichtums in den Händen von Privaten, die Bildung und Vermehrung des Kapitals; die Bedingung des Kapitals ist die Lohnarbeit. Die Lohnarbeit beruht ausschließlich auf der Konkurrenz der Arbeiter unter sich. Der Fortschritt der Industrie, dessen willenloser und widerstandsloser Träger die Bourgeoisie ist, setzt an die Stelle der Isolierung der Arbeiter durch die Konkurrenz ihre revolutionäre Vereinigung durch die Assoziation. Mit der Entwicklung der großen Industrie wird also unter den Füßen der Bourgeoisie die Grundlage selbst weggezogen, worauf sie produziert und die Produkte sich aneignet. Sie produziert vor allem ihre eigenen Totengräber. Ihr Untergang und der Sieg des Proletariats sind gleich unvermeidlich. (...)
(...) der erste Schritt in der Arbeiterrevolution (ist) die Erhebung des Proletariats zur herrschenden Klasse, die Erkämpfung der Demokratie (...).
Das Proletariat wird seine politische Herrschaft dazu benutzen, der Bourgeoisie nach und nach alles Kapital zu entreißen, alle Produktionsinstrumente in den Händen des Staats, d. h. des als herrschende Klasse organisierten Proletariats zu zentralisieren und die Masse der Produktionskräfte möglichst rasch zu vermehren.
Es kann dies natürlich zunächst nur geschehen vermittelst despotischer Eingriffe in das Eigentumsrecht und in die bürgerlichen Produktionsverhältnisse, durch Maßregeln also, die ökonomisch unzureichend und unhaltbar erscheinen, die aber im Lauf der Bewegung über sich selbst hinaus treiben und als Mittel zur Umwälzung der ganzen Produktionsweise unvermeidlich sind.
Diese Maßregeln werden natürlich je nach den verschiedenen Ländern verschieden sein.
Für die fortgeschrittensten Länder werden jedoch die folgenden ziemlich allgemein in Anwendung kommen können:
1. Expropriation des Grundeigentums und Verwendung der Grundrente zu Staatsausgaben.
2. Starke Progressivsteuer.

Der Kapitalismus ersetzt alte Manufakturen durch moderne Fabriken. Das Proletariat bleibt rechtlos

3. Abschaffung des Erbrechts.

4. Konfiskation des Eigentums aller Emigranten und Rebellen.

5. Zentralisation des Kredits in den Händen des Staats durch eine Nationalbank mit Staatskapital und ausschließlichem Monopol.

6. Zentralisation alles Transportwesens in den Händen des Staats.

7. Vermehrung der Nationalfabriken, Produktionsinstrumente, Urbarmachung und Verbesserung der Ländereien nach einem gemeinschaftlichen Plan.

8. Gleicher Arbeitszwang für alle, Errichtung industrieller Armeen, besonders für den Akkerbau.

9. Vereinigung des Betriebs von Ackerbau und Industrie, Hinwirken auf die allmähliche Beseitigung des Gegensatzes von Stadt und Land.

10. Öffentliche und unentgeltliche Erziehung aller Kinder. Beseitigung der Fabrikarbeit der Kinder in ihrer heutigen Form. Vereinigung der Erziehung mit der materiellen Produktion (...).

Sind im Laufe der Entwicklung die Klassenunterschiede verschwunden und ist alle Produktion in den Händen der assoziierten Individuen konzentriert, so verliert die öffentliche Gewalt den politischen Charakter. Die politische Gewalt im eigentlichen Sinn ist die organisierte Gewalt einer Klasse zur Unterdrückung einer andern. Wenn das Proletariat im Kampfe gegen die Bourgeoisie sich notwendig zur Klasse vereint, durch eine Revolution sich zur herrschenden Klasse macht und als herrschende Klasse gewaltsam die alten Produktionsverhältnisse aufhebt, so hebt es mit diesen Produktionsverhältnissen die Existenzbedingungen des Klassengegensatzes, der Klassen überhaupt, und damit seine eigene Herrschaft als Klasse auf.

An die Stelle der alten bürgerlichen Gesellschaft mit ihren Klassen und Klassengegensätzen tritt eine Assoziation, worin die freie Entwicklung eines jeden die Bedingung für die freie Entwicklung aller ist.« (Karl Marx, Friedrich Engels: »Manifest der Kommunistischen Partei«)

WO SIND DIE „ROOTS", die Wurzeln der österreichischen Arbeiterbewegung? Wer immer sich die Aufgabe stellt, diese in der Mitte des 19. Jahrhunderts, also nach der Revolution um 1848, aufzuspüren, gerät in eine Zone geradezu gespenstischen Dunkels. Einerseits ist es klar, daß damals sowohl geistig-ideologisch wie materiell-gesellschaftlich alle Voraussetzungen für die Mitte der sechziger Jahre geradezu explodierende Entwicklung entstanden sein müssen, andererseits sind diese bedeutsamen Vorgänge kaum belegt, nur spärlich dokumentiert. Die wichtigste Quelle der Historiker sind die Polizeiakten der Vor- und Nachmärzzeit und neuerdings Rekonstruktionen der Produktions- und Lebensverhältnisse.

Sozialismus, Kommunismus – das war in den Jahren vor der Revolution zwar schon ein allgegenwärtiges Phantom, hinter dem die Häscher und Spitzel des Staates sowie die bürgerlichen Blätter her waren, aber keine irgendwie greifbare politische Wirklichkeit. In tragikomischer Weise ist dies etwa durch die recht genaue Observation belegt, die den Wienbesuchen zweier der großen Arbeiterführer des Jahrhunderts zuteil wurde.

Von Wilhelm Weitling wird in den Akten der Metternichpolizei ganz genau berichtet, daß er im Mai 1834 zum erstenmal nach Wien kommt. Zu einer Zeit, in der andere erste Aufrührer – schon der Besitz eines Buches ohne Zensurstempel war ein Staatsverbrechen – mit der Todesstrafe bedroht sind, findet die Polizei an Wilhelm Weitlings Betätigungen nichts Belastendes heraus. Es wird festgehalten, daß er am 23. Mai 1834 beim bürgerlichen Frauenkleidermacher Franz Bayerl, Stadt Nr. 908, in Dienst tritt und, wie es damals üblich ist, Quartier nimmt. Auch seine zwei weiteren Dienstherrn sind registriert. Ebenso ist eine Liebesgeschichte, wie sie einem Dienstmädchenroman entnommen sein könnte, recht konkret festgehalten. Weitling hat eine leidenschaftliche Beziehung zu einer jungen Frau, die gleichzeitig die Geliebte eines hohen Beamten ist. Es kommt zu einem Eifersuchtsdrama, die Frau will aus dem Leben scheiden und Weitling in den Tod mitnehmen, dieser bemerkt aber, daß der Kaffee vergiftet ist, und überlebt. 1836 ist Weitling nach einer Parisreise nochmals in Wien – wieder wegen einer Liebesaffäre. Er arbeitet selbständig an besonders raffi-nierten Schmuckbändern und Kunstblumen, macht eine Erfindung, die ihm einiges Geld einbringt und verläßt Wien wieder, ohne eine politische Spur zu hinterlassen. Gleichzeitig finden allerdings Prozesse gegen einzelne Agitatoren statt, in denen sogar Todesurteile ausgesprochen werden; die Verurteilten werden aber begnadigt und nach einigen Jahren auf dem Spielberg gegen Bewährung freigelassen.

In den Revolutionsmonaten des Jahres 1848 wird diese im frühesten Stadium befindliche Arbeiter-Organisation deutlich: Es bildet sich ein »Erster allgemeiner Arbeiterverein«, es gibt einige sporadisch erscheinende Blätter, von denen eines »Arbeiterzeitung« heißt. Der Stil dieser Monate ist enthusiastisch-pathetisch, die Ziele der Agitation sind utopisch-illusionär, es fehlt jedes erkennbare Programm. Die bürgerliche Revolution wirbt um die aktive kämpferische Mithilfe des »Vierten Standes«, ohne sich politisch zu binden. Es ist daher nicht verwunderlich, daß Karl Marx, als er in der Endphase der Revolution nach Wien kommt und zwei Vorträge hält (am 30. August im Saal »Zum Sträußl« in der Josefstadt über die Revolution in Paris, am 2. September über Lohnarbeit und Kapital), kaum Verständnis und Beachtung findet. Die Niederschlagung der Revolution trifft auch die keimenden Organisationen der Arbeiterschaft mit voller Härte. Danach findet der Chronist für viele Jahre lang nur wenig nachweisbare Spuren einer politischen Bewegung.

Diese Jahre scheinen daher auch Jahre der Führungslosigkeit zu sein. Noch ist es überhaupt nicht klar, wie sich die meinungsbildende und kämpfende Elite der Arbeiterschaft rekrutieren soll. Das breite, seiner Situation bewußt werdende Proletariat des Hochindustriezeitalters gibt es noch nicht, von „unten" kommt also vorerst kein Führungsnachwuchs, aber auch die rebellischen Intellektuellen aus den herrschenden Schichten haben noch keinen organisatorisch verwertbaren Kontakt zu den Entrechteten gefunden. Es ist bezeichnend für diese Phase, daß fast alle frühen agitatorischen Talente Handwerker sind, die die fortschreitende Industrialisierung noch nicht in den Schmelzofen der Fabriksarbeit geworfen hat, die Zeit und Energie zum Lesen, Denken und Diskutieren finden und in den traditionellen Wanderjahren mit den oppositionellen politischen Eliten der europäi-

Frühe Arbeiterversammlung 1868: Das aufgeklärte Bürgertum ist dabei

schen Hauptstädte in Berührung gekommen sind. Privilegierte Berufe, allen voran die Buchdrucker, spielen dabei eine besondere Rolle.

Die Länder der Habsburgermonarchie gehen durch die frühindustrielle Zwischenphase zwischen den Wirtschaftszeitaltern der Manufaktur und der Hochindustrie später und länger hindurch als die großen, reichen Kolonialländer Westeuropas. Der österreichische Vielvölkerstaat ist zwar groß und volkreich, aber im Verhältnis zu den fortgeschrittenen westeuropäischen Staaten Frankreich und insbesondere England ein Agrarland mit kleinen vor- und frühindustriellen Enklaven. Was die Periode der Manufaktur fast hundert Jahre lang auszeichnet, ist eine enge technische, wirtschaftliche und soziale Verflechtung früher fabriksartiger Produktionseinheiten mit Handwerk und Heimindustrie. Dies gilt sowohl für die ländlichen wie für die städtischen Gebiete. Karl Marx hat die Entwicklungsphase der Manufaktur vom eigentlichen Industriezeitalter abgegrenzt, indem er sagt, daß die Umwälzung der Produktion in der

Manufaktur die Arbeitskraft zum Ausgangspunkt nimmt, in der großen Industrie jedoch das Arbeitsmittel. Das heißt: Die Fabriken der Manufakturzeit umfassen noch nicht alle Phasen der Produktion, die meisten Vorprodukte werden von der Hausindustrie und vom Handwerk hergestellt; diese Zubring-Bereiche werden zwar ausgebeutet, aber zunächst nicht umgebracht, sondern vielmehr gefördert. Die Textil-Manufaktur beschäftigt zwar schon Hunderte, ja Tausende Arbeitskräfte, davon mehr als die Hälfte Frauen und Kinder, aber sie verarbeitet Stoffe, die in Handwerksbetrieben und vor allem in der Heimindustrie gesponnen und gewebt worden sind. Über Generationen war diese konfliktträchtige Zusammenarbeit zwischen durch ländliche Traditionen und Zunftwesen einerseits und durch immer größere Konzentration, technische Modernisierung sowie Kapitalanhäufung andererseits gekennzeichneten Bereichen das Hauptthema der gesellschaftlichen Auseinandersetzung. Je mehr Sparten vom Manufaktursystem erfaßt wurden, umso größer wurde die

33

Heinrich Oberwinder (1845–1914)   *Johann Most (1846–1906)*   *Hermann Hartung (1843–1929)*

Spannung. In der ersten Hälfte des Jahrhunderts beherrschte das Manufaktursystem vor allem die Seidenerzeugung. Wien war nach dem Niedergang Lyons durch die Folgen der Französischen Revolution zu einem ersten Seidenzentrum Europas geworden; jeder fünfte Berufstätige arbeitete in der Seidenindustrie. Ihr Zentrum hieß »Seidengrund«, und das Lied vom »Hausherrn und Seidenfabrikanten« hat den Unternehmertypus dieses Zeitalters verewigt.

Die lange Periode der Rivalität zwischen Manufaktur-Industrie und Handwerk hat den Konfliktstoff zwischen Kleinbürgertum und Großbürgertum begründet. Für Gesellen, Lehrlinge und handwerkliche Arbeiter bedeutet ja der allmähliche Abstieg des Handwerks den Verlust aller patriarchalischen Lebensbedingungen ohne den Gewinn der proletarischen Aufstiegschancen einer späteren Ära. Das gilt vor allem für die Gelegenheit der Familiengründung. Der Eintritt in den verhängnisvollen „toten Winkel" zwischen der Zunftgeborgenheit und der hochindustriellen Gewerkschaftssolidarität wird zwar in seinen Ursachen und Zusammenhängen nicht verstanden, aber schmerzvoll erlebt. Die Protestmotive der frühen Arbeiterführer, die die Bewegung in das Übermorgen führen sollten, haben also ihre Wurzel durchaus im Verlust des Gestern.

Das ist einer der Gründe, warum soviel von der pathetischen, religionsbezogenen Ausdrucksweise der utopischen Sozialisten in den Agitationsreden der fünfziger Jahre mitklingt. Im Protest der Handwerkerelite, die die neue Arbeiterschaft aufrütteln will, ist Basis-Christentum, sektiererische Spät-Reformation, aber auch atheistisch und aufklärerisch umgedrehte, dennoch messianisch motivierte Religionssuche. Die Verwurzelung der neuen Widerspruchsmotive in der alten Abwehrhaltung charakterisiert auch die Rolle der frühen christlichen Arbeiterbewegung, die den Konflikt mit der kirchlichen Hierarchie und dem mit der Kirche verbündeten absoluten Staat vermeidet, aber ihre Sozialkritik und ihre Reformvorstellungen aus dem Geist des Christentums herleitet. Das Jahr 1848 gilt auch als das Jahr der Begründung der christlich-sozialen Volksbewegung; der spätere Kardinal von Wien, Josef Anton Gruscha, ein Handwerkersohn, erhält damals vom Begründer der christlichen deutschen Arbeiterbewegung Adolf Kolping den Anstoß zur Gründung des ersten österreichischen Gesellenvereins. Die christlichen Vereine, von der Obrigkeit geduldet, haben somit einen Organisationsvorsprung.

Die Führungsrolle der Handwerker-Intelligenz in der frühen Arbeiterbewegung bedeutet eine enge Verflechtung, ja eine Abhängigkeit vom Ausland. Dies bringt einerseits eine starke Beziehung zu Deutschland mit sich, also zum deutschen, an den Idealen des Jahres 1848 orientierten liberalen Nationalismus, andererseits zu einem großräumigen Internationalismus, der seine Bezugszentren in London, Paris, Basel und Zürich hat und mit der Gründung der Ersten Internationale durch Karl Marx 1864 seinen organisatorischen Schwerpunkt erhält. Der europäische Internationalismus hat innerhalb

34

des österreichischen Vielvölkerstaates eine weitere Bedeutung: Er ist auch ein Motiv zur Einbeziehung aller Völker, Sprachen und Religionen der Monarchie in den Prozeß der politischen Meinungs- und Willensbildung. Vorerst aber überwiegt bei weitem der Einfluß der deutschorientierten Richtung. Die ersten Arbeiterführer der Nachmärzzeit, Hartung, Oberwinder und Most, sind ausnahmslos aus Deutschland zugewandert. Bezeichnenderweise stört das nord- und mitteldeutsche Idiom ihre Agitationstätigkeit in der Habsburgermonarchie keineswegs. Die junge deutsche Arbeiterbewegung ist das Vorbild und die Hoffnung aller, die in Österreich einen Durchbruch erhoffen.

Damit ist aber auch die damals aktuelle Diskussion der deutschen Arbeiterbewegung Hauptthema für die Gespräche in den Wirtshäusern Wiens und Prags, wo sich unter dem argwöhnischen Auge der Polizei die Keimzellen späterer Arbeitervereine bilden. Dieses Thema ist die Auseinandersetzung zwischen den „Selbsthilfe"-Ideen des deutschen Reformers Schulze-Delitzsch und der „Staatshilfe"-Parole des umjubelten Feuergeistes Ferdinand Lassalle.

„Selbsthilfe" – das ist die aus einem philanthropischen Liberalismus hergeleitete Idee, die Arbeiter sollten unter völliger Akzeptierung des Gesellschaftssystems und der Produktionsverhältnisse durch Erwerb von Bildung, durch Organisation von Konsum-, Vorschuß-, Kranken- und Altersversorgungsvereinen ihre

Ferdinand Lassalle (1825–1864)

Hermann Schulze-Delitzsch (1808–1883)

schlimmste Not gemeinsam überwinden, aufgeklärte Unternehmer sollten ihnen im eigenen Interesse dabei behilflich sein. Einiges vom großartigen praktisch-utopischen Sozialismus Owens kommt da zum Ausdruck: Ein Arbeiter, dem humane Arbeits- und Lebensbedingungen zugestanden werden, ist ein besserer Arbeiter, er macht seinen Arbeitgeber nicht ärmer, sondern reicher.

Demgegenüber fordert Ferdinand Lassalle Hilfe durch den Staat, durch die Gesellschaft im ganzen – durch Umorganisation der Produktion, durch Bildungs- und Hilfsorganisationen unter der Verwaltung der Arbeiter selbst, insbeson-

*Vorväter der christlichsozialen Bewegung: Der Bauern-
befreier Hans Kudlich (1823–1917), der deutsche Arbeiterführer Adolf Kolping (1813–1865), der Ideologe Karl
Freiherr von Vogelsang (1819–1890)*

dere aber die Durchsetzung einer neuen, durch die Mehrheit der arbeitenden Menschen bestimmten Demokratie auf dem Weg des allgemeinen, gleichen und geheimen Wahlrechtes. Lassalle hat also das viel radikalere Programm, er predigt allerdings nicht den Klassenkampf und ist kein Marxist: Die echte, vom allgemeinen Wahlrecht getragene Demokratie soll allen Klassen zugute kommen.

Die zwingende Kraft der besseren Argumente, aber auch die überzeugende Persönlichkeit und das rhetorische Talent Lassalles bewirken einen raschen Siegeszug seiner Ideen in der jungen deutschen Arbeiterbewegung. Die in Österreich wirkenden deutschen Arbeiterführer sind stolze Lassalleaner – und werden in Österreich auch deshalb respektiert. Die Frage, wer in diesen Jahren die keimende österreichische Arbeiterbewegung führt, beantwortet sich daher ganz einfach: Der Führer auch der österreichischen Arbeiter ist Ferdinand Lassalle. In seinem Geist werden nach dem Muster des Lassalleschen Arbeiter-Vereins die ersten Vereinsgründungen geplant, Lassalles früher Tod ist ein erschütterndes gemeinsames Erlebnis. Es bezeichnet die Geburtsstunde der Arbeiterorganisation in der Habsburgermonarchie.

Bundeslied für den
Allgemeinen deutschen Arbeiterverein

Bet' und arbeit'! ruft die Welt,
Bete kurz! denn Zeit ist Geld.
An die Türe pocht die Not –
Bete kurz! denn Zeit ist Brot. (...)

Mann der Arbeit, aufgewacht!
Und erkenne deine Macht!
Alle Räder stehen still,
Wenn dein starker Arm es will.

Deiner Dränger Schar erblaßt,
Wenn du, müde deiner Last,
in die Ecke lehnst den Pflug,
Wenn du rufst: Es ist genug!

Brecht das Doppeljoch entzwei!
Brecht die Not der Sklaverei!
Brecht die Sklaverei der Not!
Brot ist Freiheit, Freiheit Brot!

(Georg Herwegh: Werke)

WELCHE TRÄUME ABER TRÄUMEN JENE,
die die bescheidenen Träume des Volkes von
einem menschenwürdigen Leben und die hoch-
fliegenden utopischen Träume der Intellektuellen von einer besseren Welt zensurieren? Was ist
die Vision des Staats? – Es ist die einzige nicht in
die Zukunft, sondern in die Vergangenheit
gerichtete Vision dieser Zeit. Das Utopia des
Kaiserhauses liegt in der Ära des Absolutismus,
in der unumschränkten Macht des von Gottes
und seiner Kirche Gnaden regierenden Monarchen. Nach der Niederschlagung der Revolution
ist die wichtigste Voraussetzung für die Restauration der alten Ordnung wiederhergestellt: Die
Armeen der Feldherrn Radetzky, Windischgraetz und Jellačić beherrschen die Situation, auf
ihre fern der freiheitshungrigen Städte rekrutier-
ten Soldaten ist Verlaß, die inneren Widersprüche der völlig verschiedenen und miteinander
unverträglichen Triebkräfte der Revolution von
1848 sind bloßgestellt. Aber es ist ebenso klar,
daß eine erneuerte Monarchie nicht nur die
Erneuerung ihrer militärischen Durchsetzungs-
kraft, sondern auch die Erneuerung ihrer politischen Aktionsfähigkeit demonstrieren muß; und
das ist ohne ausdrückliche und stillschweigende
Zugeständnisse an die Revolution nicht möglich. Dabei kommt dem Kaiserhaus zustatten,
daß das alte Regime so lange und beharrlich jede
Anpassung an die Notwendigkeiten der Zeit
unterlassen hatte. Schon im März 1848 wurde
die erste Welle der Revolution durch die Entmachtung des Fürsten Metternich und die
widerwillige Kooperation mit dem Revolutions-
Reichstag aufgefangen. Jetzt ist die Zeit reif, das
symbolisch bedeutsamste Stück Ballast abzu-
werfen: Kaiser Ferdinand, für den man sich den
beschönigenden Beinamen „der Gütige" hatte
ausdenken müssen, muß gehen. Die an die reale
Macht gekommenen Militärs, vor allem Fürst
Windischgraetz, haben schon seit längerem das
Konzept für die Erneuerung des Kaiserhauses
parat. Erzherzogin Sophie, Frau des Kronprä-
tendenten Franz Karl, verzichtet darauf, an der
Seite ihres schwachen Mannes Kaiserin zu werden und zieht es vor, als alles überragende
Kaiserin-Mutter die neue Ära zu dominieren. Sie
überredet ihren Mann, die Nachfolge nach seinem Bruder Ferdinand preiszugeben und seinem 18jährigen Sohn Franz Joseph den Vortritt
zu lassen.

*Als Kind saß er noch auf den Knien des Napoleonsohnes
Herzog von Reichstadt, nun will er die Revolution von
1848 und mit ihr die Französische Revolution von 1789
ungeschehen machen: der junge Franz Joseph*

Am 2. Dezember 1848 geht der Thronwechsel in der Ausweich-Residenz Olmütz über die Bühne. Die Monarchie hat nun einen Herrscher, der durch die Schwäche seines Vorgängers nicht belastet ist, der sich also auch scheinbar großzügige Gesten erlauben kann, um die Geschlagenen zu besänftigen und in das neue System einzubinden. Er nützt beide Chancen. Am 4. März 1849 genehmigt er die von seinem Ministerpräsidenten Fürst Schwarzenberg ausgearbeitete neue Verfassung, die eine Art konstitutionelle Monarchie verspricht – und drei Tage später jagt er den im nahen Palais von Kremsier tagenden Reichstag auseinander. Er, der Monarch selbst, gibt vorerst als Gnade, was das Parlament der Revolution nicht hat ertrotzen können. Er gibt natürlich nur einen Teil des Erstrebten. Ein Jahr später, als seine Armeen die letzten Glutnester ausgedrückt und sich die Völker an die neu etablierte Macht gewöhnt haben, kassiert er diese Verfassung als undurchführbar und bekennt sich offen zur Alleinherrschaft. Die Periode des Neo-Absolutismus hat begonnen.

Bald tritt der neue Herrscher aus dem Schatten seiner Berater, setzt ihm völlig ergebene Minister ein und duldet nur noch Ratschläge, keinen Widerspruch. Inwiefern sein Wille tatsächlich sein eigener ist und wie sehr seine Mutter Sophie den Gang der Dinge beeinflußt, läßt sich nur vermuten.

Die Strategie der Teilzugeständnisse bei gleichzeitiger Verschärfung der absolutistischen Herrschaftsstruktur bleibt auch nach Errichtung der Alleinherrschaft erhalten: So sichert sich die Monarchie die Ruhe der überwältigenden agrarischen Bevölkerungsmehrheit, indem sie die Bauernbefreiung gelten läßt und durch das System der Grundentlastung realisiert; so erschmeichelt der Kaiser – mit dem Blick auf den objektiven finanziellen und wirtschaftlichen Nachholbedarf seines rückständigen Reiches – die Mitwirkung des Großbürgertums durch einen von oben forcierten Wirtschaftsliberalismus; die Aristokratie ist durch die Erneuerung und Festigung ihrer Vorrechte ohnedies auf der Seite des Monarchen. Sie rückt in alle Schlüsselpositionen des Staates und der Armee – zum Verhängnis des Staates, wie sich zeigen wird, weil die wichtigsten Entscheidungen nicht immer von den besten, sondern von den höchstrangigen Inhabern großer Namen getroffen werden.

Als Franz Joseph seine eigene Verfassung von 1849 aufhebt, begründet er dies mit der Unverträglichkeit der Nationalitäten, die im projektierten Reichstag proportionale Rechte erhalten sollten. Er sieht keine Möglichkeit, eine Völkergemeinschaft, ein Commonwealth, ein Vaterland bzw. eine Familie von Vaterländern entstehen zu lassen, daher darf es nur Untertanen geben. Einziger Bezugspunkt der Monarchie soll die Loyalität zum Kaiserhaus sein. Tatsächlich ist die Vielvölkerproblematik der Monarchie groß, und sie ist einzigartig in Europa: Die deutschen Länder bilden den Kern der Monarchie, können aber eine widerspruchsfreie Hegemonie nicht erzwingen. Die Ungarn pochen auf ihre Gleichberechtigung, verweigern jede politische Integration an der Spitze des Staates und wollen eine Doppelmonarchie, deren einziges gemeinsames Band der Monarch sein soll. Die Slawen stehen mit ihrer großen Volksmasse sowohl zu den Deutschen wie zu den Ungarn im Widerspruch. Für die Italiener ist die Revolution von 1848 längst nicht zu Ende: Sie bereiten den offenen Aufstand vor. Jeder Versuch, einen Reichsteil zu besänftigen, ist für einen anderen Teil unerträglich. Vor allem scheitert jede Aufwertung der Tschechen und Slowaken an dem in der böhmisch-mährischen Region bestehenden deutschen Führungsanspruch; jede Besserstellung der Süd-Slawen fordert den Widerstand der Ungarn heraus, die die Herrschaft über die Slowenen und Kroaten nicht aufgeben wollen.

Alle diese Schwierigkeiten verdecken zwei Zukunftskonzepte, die noch Mitte des Jahrhunderts für die Habsburgermonarchie zumindest denkmöglich sind. Da ist die zusätzliche Führungsrolle des Hauses Habsburg an der Spitze eines deutschen, jedenfalls süddeutschen Reiches, wie sie vom gesamtdeutschen 48er-Parlament in der Frankfurter Pauls-Kirche angeboten und von den Preußen verhindert worden ist. Dazu müßte aber das Haus Habsburg alle Kräfte auf diese Option konzentrieren, den allmählichen Verlust oder die Autonomisierung der italienischen und slawischen Reichsteile und einen sofortigen Ausgleich mit Ungarn in Kauf nehmen. Aus heutiger Sicht scheint es wahrscheinlich, daß ein Deutschland unter der Habsburgerkrone den Ehrgeiz Preußens hätte zurückweisen und der Weltgeschichte einen anderen Gang geben können.

Und da ist die zweite Option: Abschied von allen gesamtdeutschen Chancen und Übernahme einer konsequenten Führungsrolle in Mittel- und Südosteuropa. Alle Kräfte der Monarchie wären in diesem Fall für die Aufknüpfung oder Durchtrennung des gordischen Knotens der Interessensgegensätze zwischen Deutsch-Österreichern, Ungarn, Nord- und Südslawen zu mobilisieren; es wäre in Kauf zu nehmen, daß diese neue Völkergemeinschaft eine slawische Mehrheit hätte.

Der Kaiser kann sich weder mit der einen noch mit der anderen dieser beiden Möglichkeiten befreunden und gibt auch dem halbherzig in Aussicht genommenen Konzept der Entwicklung zu einer konstitutionellen Monarchie westeuropäischen Typus nicht den Vorzug. Abwechselnd wird das Kaiserhaus in eine der drei potentiellen Entwicklungsrichtungen gezogen oder gedrängt, in keiner jedoch wird aktiv und zielbewußt vorangeschritten. Dabei überstrahlen drei große nationale Visionen den Lebensraum der Habsburgermonarchie und bedrohen ihre Existenz: der Anspruch Preußens auf die Führungsrolle in einem zukünftigen Deutschland, verbunden mit der Absicht, Österreich zu isolieren und damit zu einem abhängigen Verbündeten zu machen; der aufflammende, von Frankreich emsig unterstützte italienische Nationalismus, der nach Einbeziehung der Lombardei und Venetiens in einen gesamtitalienischen Staat verlangt; und schließlich die einen halben Kontinent erfüllende Parole des Panslawismus, die einen Streifen selbständiger slawischer Staaten zwischen Rußland und Kerneuropa erstrebt. Projiziert man die Summe dieser drei gegen den visionslosen Habsburgerstaat gerichteten Ideen auf die Landkarte, zeigen sich in verblüffender Klarheit die Konturen des 20. Jahrhunderts: Das Menetekel an der Wand ist schon zu sehen. Franz Joseph und seine politischen und militärischen Berater haben keinen Blick dafür. Österreich verspielt die südosteuropäische Variante mit scheinbar geschickten, aber letztlich unheilvollen Manövern während des Krimkrieges in den fünfziger Jahren, als Rußland mit England und Frankreich um das Erbe des Osmanischen (türkischen) Reiches ringt: Als Ergebnis hat sich's Österreich mit allen verdorben. Franz Joseph muß vor der italienischen Staatsvision nach der unter seiner persönlichen Verantwor-

tung mit furchtbaren Blutopfern verlorenen Schlacht von Solferino 1859 zurückweichen. Und schließlich setzt sich Preußen unter definitiver Beseitigung aller Möglichkeiten österreichischer Reichsideen in der Schlacht bei Königgrätz gegen Habsburg durch.

Sowohl in den vermiedenen Schlachten des Krimkrieges wie in den verlorenen von Solferino und Königgrätz zeigt sich, daß die Monarchie auch materiell, technisch und strategisch zu einer europäischen Großmachtpolitik nicht mehr fähig ist. Die österreichische Armee ist als Repräsentationsarmee, als Bürgerkriegsarmee zur Verhinderung oder Eindämmung eines zweiten 1848 konzipiert; sie ist der Konfrontation auf internationalen Kriegsschauplätzen nicht gewachsen. In Solferino maschieren die österreichischen Soldaten infolge monströser Schlamperei der Generäle durch dreitägigen Hunger geschwächt in die Bajonette der Franzosen und Italiener, in Königgrätz schießen die Preußen mit dem neuen Hinterlader mit dreifacher Ladegeschwindigkeit auf die Österreicher, die noch immer mit Vorderladern bewaffnet sind; zwanzig Jahre lang ist die Neubewaffnung versäumt worden.

Im familiären Bereich sind die bösen Zeitzeichen vorerst verdeckt von der traumhaften Liebesromanze des jungen Kaisers: Als er von seiner Mutter anläßlich seines 23. Geburtstages mit deren Nichte, der bayerischen Prinzessin Helene, verlobt werden soll, kommt diese mit ihrer 15jährigen Schwester Elisabeth – Sisi – nach Ischl. Einen Tag nach der Begegnung ist nicht mehr daran zu zweifeln, daß die künftige österreichische Kaiserin Elisabeth heißen wird. Ganz Europa begeistert sich am jungen Glück des Kaiserpaares, der Wiener Hof wird geradezu ein Wallfahrtszentrum für hochgestellte Bewunderer, die die Schönheit der kindlichen Kaiserin mit eigenen Augen sehen wollen. Das Glück währt nicht lange: Sisi zerbricht unter dem unbarmherzigen Regime der Kaiserin-Mutter. Ihre exzentrische, eigenwillige Jugendlichkeit steht in unversöhnlichem Gegensatz zum Hofzeremoniell. Elisabeth bringt pflichtschuldigst zwei Töchter und endlich den ersehnten Thronfolger, Rudolf, zur Welt. Dann flüchtet sie 1860 auf ihre erste Auslandsreise und kehrt zeit ihres Lebens kaum noch an den Wiener Hof zurück. Das Liebesglück überdeckt die unheilschwan-

Solferino 1859: Österreichs Soldaten verbluten an der Schlamperei ihres Generalstabs

gere Problematik der Verbindung zweier bereits vom persönlichen wie politischen Schicksal gezeichneter Herrscherhäuser. Bald verweben sich Daten der politischen Mißerfolgskette des Kaiserhauses mit den persönlichen Tragödien. Ein glimpflich verlaufendes Messer-Attentat auf den Kaiser im Jahre 1853, an das die Votivkirche erinnert, ist nur ein erstes Wetterleuchten. 1867, ein Jahr nach Königgrätz, wird der Bruder Franz Josephs, Maximilian, der sich von Frankreich zu einem halsbrecherischen Abenteuer über den Ozean hat locken lassen, als Kaiser von Mexiko von den Republikanern unter Benito Juarez hingerichtet. Die Sterblichkeit des Hauses Habsburg wird wie die Sterblichkeit der Monarchie offenkundig. Aber es wird ein langes Sterben – nicht ohne historischen Glanz.

DIE MONARCHIE SUCHT DEN AUSGLEICH: Der Ausgleich mit Ungarn, der die Doppelmonarchie begründet, gelingt 1867; den Ausgleich mit dem Geist von 1848 sollen eine neue Verfassung und etliche Staatsgrundgesetze bewirken, die in Kraft treten.

Der Kaiser ist bereit, dem aufstrebenden Bürgertum Zugeständnisse zu machen. Er und seine Berater übersehen dabei, daß eine andere politische Kraft, die sie keinesweges zu fördern beabsichtigen, entschlossen und imstande ist, diese dem Bürgertum zugedachten neuen Möglichkeiten zu nutzen – die Arbeiterschaft.

Die Organisation der Arbeiter beginnt nach westeuropäischem Vorbild mit Konsumvereinen: 1856 in Teesdorf, 1868 in Marienthal und Wien. Die Zulassung dieser Konsumvereine ist der Polizei, wenn man die allgemeine Politik dieser Jahre betrachtet, nur „passiert". Generell unterdrücken die Behörden auch den kleinsten Versuch einer Legalisierung der Organisationszellen des arbeitenden Volkes. Insoferne liegt Österreich um Jahrzehnte hinter den westlichen

Königgrätz 1866: Die Armee Franz Josephs wird mit Vorderladern ins Verderben geschickt

Industrieländern: In England ist bereits in den dreißiger Jahren der berühmte Konsumverein von Rochedale entstanden, seither hat sich ein dichtes Netz von Konsum-, Vorschuß-, Kranken- und Altersversorgungsvereinen entwickelt. In Deutschland setzen sich die Selbsthilfevereine nach den Ideen von Schulze-Delitzsch mit Förderung aufgeschlossener Unternehmer und mit Duldung der Behörden allgemein durch. Auch Ferdinand Lassalle kann seinen nichtmarxistischen, aber eindeutig sozialdemokratischen Allgemeinen Arbeiter-Verein etablieren.

Im Jahre 1867, als die neue Verfassung offen zur Debatte steht, bestürmen die Proponentenkomitees die Behörden mit Anträgen. Inhaltlich gehen sie äußerst behutsam vor. Ihr Vereinsziel ist die Arbeiter-Bildung.

In der Denkschrift, die schon im Sommer von den Lassalle-Anhängern Hermann Hartung und Heinrich Oberwinder sowie von einigen Anhängern der Schulze-Delitzsch-Richtung dem Ministerpräsidenten Graf Taaffe überreicht wird, heißt es in schöner Untertanen-Loyalität:

»Wir wissen, daß der Arbeiter, dem jetzt doch Mittel und Gelegenheit fehlen, hie und da etwas zu tun, seine freien Stunden gern im Wirtshaus und bei nutzlosen Vergnügungen zubringt, wo das Geld ebenso hinausgeworfen wird, wie mit der Zeit Sinn und Verstand für Besseres verloren geht. Damit aber der Arbeiter dieser Gefahr möglichst ferngehalten wird, muß man ihm Mittel und Gelegenheit schaffen, sich in seinen freien Stunden in anderer Weise einer nützlichen Tätigkeit hinzugeben. In dieser Überzeugung, bestärkt durch den steten Einblick in diese Verhältnisse, scheint uns der erste Schritt zu einer Besserung die Bildung eines Arbeitervereines zu liegen, welcher sich die Verbreitung von Kenntnissen, die Anregung geistiger Tätigkeit, überhaupt die Befriedigung des Wissenstriebes zum ernsten Zweck setzt.

Wir Arbeiter sind schlichte Leute; wir glauben aber doch am meisten im Sinne einer hohen Regierung zu handeln, wenn wir bestrebt sind, aus eigener Kraft in dem beschränkten Kreise, in welchem es uns möglich ist, auch etwas zu

Die Sorge um Arbeit und Brot – über Jahrzehnte täglich erlebt. Wohltätigkeit ersetzt soziale Rechte

erwirken für die Regeneration unseres geliebten Vaterlandes.« (»Denkschrift der Lassalleanhänger«; zitiert in: Brügel)

Nach dem Inkrafttreten der neuen Verfassung und des Staatsgrundgesetzes über die Grundrechte kann die Regierung die Bewilligung nicht mehr verzögern. Eine erste Gründungsversammlung des »Gumpendorfer Arbeiter-Bildungsvereins« am 8. Dezember 1867 im Saal des Hotels »Zum blauen Bock« muß abgebrochen werden, weil sich in dem Saal für tausend Menschen an die dreitausend Arbeiter drängen. Am folgenden Sonntag, dem 15. Dezember, tritt die Gründungsversammlung, noch stärker besucht, in »Schwenders Colosseum« zusammen. Schon hier wird klar, daß die Meinungsbildung innerhalb der Arbeiterschaft zugunsten der sozialdemokratischen Richtung der Lassalleaner bereits abgeschlossen ist. Die Schulze-Delitzsch-Anhänger werden angehört, Hermann Hartung erhält aber stürmischen Applaus, als er für die Ideen Lassalles plädiert.

In der Versammlung wird auch klar, daß die Entscheidung für Lassalle auch ein Ja zum Internationalismus und innerhalb der Monarchie zur Überwindung der völkischen und religiösen Gegensätze ist. Der Buchdrucker Konrad Groß, der nach Hartung spricht, bekommt begeisterten Applaus für folgende Aussage:

»Unterdrückte und Notleidende gibt es unter allen Nationen, und mit diesen Unterdrückten und Notleidenden laßt uns gemeinsame Sache machen! Ihnen wollen wir die Bruderhand reichen und vereint mit unseren Brüdern in Europa, die alle ein gleiches Interesse haben und alle unter der Last der nationalökonomischen Gesetze leiden, werden wir die größte Frage des Jahrhunderts, die soziale Frage, lösen.« (Brügel)

»Eines Tages fand sich im Briefkasten des Bildungsvereines ein zehnstrophiges Gedicht, unser Lied der Arbeit vor. Andreas Scheu nahm das Manuskript heraus, las es, und weil es ihm gefiel, brachte er es seinem Bruder Josef Scheu,

Das »Lied der Arbeit«

Der Komponist Josef Scheu (1844–1927)

der es sofort komponierte. Das Lied der Arbeit war geboren! Bei einer Totenfeier für Lassalle, verbunden mit einer Fahnenenthüllung des Bildungsvereines, wurde dieses Lied am 29. August 1868 in Zobels Odeongarten im 15. Bezirk zum ersten Male von der (neugegründeten) 90 Sänger starken Liedertafel gesungen.

Die Festgäste – es waren 3591 – lauschten dem neuen eigenen Liede und nahmen es mit lautem Jubel auf. Sein Dichter war anfänglich unbekannt. Erst nach Monaten entdeckte man ihn in der Person des 21jährigen Graveurgehilfen Josef Zapf, einem Mitglied der Liedertafel.« (R. Fränkel: »80 Jahre „Lied der Arbeit"«)

Eintrittskarte zu einer Benefiz-Feier in »Schwenders Colosseum«

Der Dichter Josef Zapf (1847–1902)

Lied der Arbeit

Stimmt an das Lied der hohen Braut,
die schon dem Menschen angetraut,
eh er selbst Mensch ward noch;
was sein ist auf dem Erdengrund,
entsprang aus diesem treuen Bund;
die Arbeit hoch!

Als er, vertiert, noch scheu und wild,
durch schreckenvolles Urgefild
und finstre Wälder kroch,
wer gab dem Arm die erste Wehr?
Die Arbeit war's, noch roh wie er:
Die Arbeit hoch!

Und als er Bogen, Pfeil und Spieß
und den Nomadenstab verließ,
zu eignem Felde zog,
wer schuf den segensreichen Pflug?
Die Arbeit, die nie schafft genug:
Die Arbeit hoch!

Als später der Familie Herd
sich zur Gemeind' und Stadt vermehrt,
wer, unter Sklavenjoch,
begann den Bau der ersten Stadt?
Das ist der Arbeit stolze Tat:
Die Arbeit hoch!

Und als sein Drang nach Hab und Gut
ihn trieb zur wegelosen Flut,
der unbezwungnen noch;
wer stieß das erste Schiff vom Strand?
Der Arbeit ewig tät'ge Hand:
Die Arbeit hoch!

Und als der Denker Geist schon nah
die Geistesfreiheit dämmern sah,
welch' Genius sandte doch
der Menschheit das gedruckte Wort?
Die Arbeit war's, der Bildung Hort:
Die Arbeit hoch!

Sie hat, was noch kein Rom vollbracht,
die Erde sich zum Knecht gemacht
und Herrin ist sie noch.
So hoch ein Paß durch Gletscher führt,
so tief nach Erz ein Bergmann spürt:
Die Arbeit hoch!

Sie ist's, die Meere überwand,
die alle Elemente spannt
ins harte Eisenjoch;
doch ihre Mutter war die Not,
vergeßt nicht, mündig, ihr Gebot:
Die Arbeit hoch!

Die Pyramide Cheops' zeugt,
welch drückend Joch sie einst gebeugt,
die Arbeit brach es doch!
Drum hofft: des Kapitales Joch,
die freie Arbeit bricht es noch!
Die Arbeit hoch!

Und wie einst Galilei rief,
als noch die Welt im Irrtum schlief:
„Und sie bewegt sich doch!"
So ruft: die Arbeit, sie erhält,
die Arbeit, sie bewegt die Welt!
Die Arbeit hoch!

Die Gründungsversammlung des Gumpendorfer Arbeiter-Bildungsvereins, 1867

DER NEUGEGRÜNDETE »GUMPENDORFER ARBEITER-BILDUNGS-VEREIN« versteht sich und agiert von der ersten Stunde an als Gesamt-Wiener Arbeiterverein, als Keimzelle unzähliger Vereinsgründungen in allen Teilen der Monarchie und bei aller formalen Treue zu den Statuten als durch und durch politisch motiviert. Arbeiter-Bildung – das ist von Anfang an Bewußtseinsbildung, Willensbildung. Die Bespitzelungsorganisation der Polizei nimmt dies auch unverzüglich zur Kenntnis und bereitet die Rücknahme der gewährten Freiheiten vor. Die Regierung ist bald alarmiert. Eine Krisensitzung zu diesem Thema folgt der anderen. Der für die Polizei zuständige liberale Minister Dr. Giskra schickt eine Studienkommission in die Nachbarländer; ihr Bericht ist nicht dazu angetan, die Regierung und den Hof zu beruhigen. Der Kaiser billigt ein hartes Vorgehen. Dr. Giskra, seinerzeit bürgerlicher Held auf den Barrikaden von 1848, wird zum Verantwortli-

chen der Abwehraktion. Nun ist es seine größte Sorge wie die seiner Partei, einen Aufschwung des »vierten Standes« zu verhindern und zu verzögern. Wer ein gutes Gedächtnis hat, erinnert sich an den März 1848, als nach dem erfolgreichen Ende der ersten Revolutionsphase die frisch bewaffneten Bürgergarden die Proletarier-Krawalle in den Vorstädten rücksichtslos unterdrückten.

Die Bewegung in den Ländern ist jedoch nicht aufzuhalten. Am 10. März 1868 findet in Graz in der Puntigamer Bierhalle die erste Arbeiterversammlung statt: Tausend Proletarier nehmen daran teil; Graz kündigt sich als zweites Zentrum der österreichischen Arbeiterbewegung an. Am 12. April 1868, dem Ostermontag, findet in Wiener Neustadt, im neuen Industriegebiet, unter freiem Himmel eine erste Arbeiterversammlung mit Massenbeteiligung statt. Noch bezeichnender für den geistigen Sturm, der

45

Pathos erfüllt die frühen Kampfjahre

Lassalleschen Allgemeinen Deutschen Arbeitervereins übernimmt. Darin wird also ein Staat mit vollständig demokratischer Grundlage gefordert, dessen Grundbedingung das allgemeine, direkte Wahlrecht sei. So, hofft man, können die Arbeiter die Produktion in die Hand nehmen, statt mit kärglichem Lohn abgefunden zu werden. Denn steigende Kapitalherrschaft auf der einen und Massenarmut auf der anderen Seite machten wahre Freiheit sowie die Emanzipation der arbeitenden Klassen vom Kapital unmöglich, führten zu Despotismus. Agitation und Aufklärung würde planlosen Kämpfen vorbeugen, was schließlich allen Klassen zu wahrem Vorteil gereichen werde. Ferner wird auf die wünschenswerte gegenseitige Unterstützung der Völker in allen Reichsteilen hingewiesen sowie gegen die Aufwärmung abgetaner Nationalitätssonderzustände polemisiert, die lediglich auf der Tagesordnung der Reaktionäre stehe und Befreiung verhindere.

Einige Tage nach dem 5. Arbeitertag überreicht eine Delegation das Manifest dem Innenminister Dr. Giskra und ersucht ihn, sich für die Verwirklichung der Arbeiterforderungen einzusetzen; es seien ja im Grund auch liberale Forderungen. Das Gespräch verläuft aber keineswegs so, als habe dieses Solidaritäts-Argument den liberalen Politiker beeindruckt. Es ist schon klar, daß die Liberalen die schärfsten Gegner der Arbeiterbewegung geworden sind, seit diese Lassalleanisch, also sozialdemokratisch denkt.

Die Regierung berät endlos über die Frage, ob das im Manifest vom 10. Mai angekündigte und für den 6. bis 8. September geplante Verbrüderungsfest der Arbeitervereine bewilligt werden soll. Die Dauer und Intensität der Beratungen läßt schließen, daß es in dieser Frage „Tauben" und „Falken" gegeben haben muß. Schließlich fällt, offenkundig auch unter dem Druck des Kaisers, die Entscheidung: Das Fest wird verboten.

Die Bewegung ist aber inzwischen Schritt für Schritt weitergegangen. Der 9. Arbeitertag am 22. August erweitert das Manifest vom 10. Mai zum Programm einer künftigen Sozialdemokratischen Partei. Insbesondere die Forderungen nach vollständiger Presse- und Religionsfreiheit kommen dazu; alle stehenden Heere sollen abgeschafft, die allgemeine Volksbewaffnung soll eingeführt werden. Ein sozialdemokrati-

durch die Monarchie weht, sind aber die vielen Arbeiterbildungsvereine, die in den Industriezentren Böhmens und Schlesiens, Vorarlbergs, aber auch kleinerer Industriebereiche entstehen, etwa in Krems am 11. September, in Goisern am 29. September, in Bozen am 21. Dezember. Am schnellsten reagieren die Arbeiter von Reutte in Tirol (am 14. Jänner 1868) und die Salinenarbeiter von Hallstatt: 1868, wenige Wochen nach der Initialzündung in Wien-Gumpendorf, gründen sie am 28. Jänner ihren Verein. Der Polizei hilft es wenig, wenn sie Schulze-Delitzsch-Anhänger fördert und lobt, Lassalleaner aber behindert.

Nun soll die Zusammengehörigkeit der Bewegung und damit ihr politischer Charakter demonstriert werden. Der Wiener Arbeiterbildungsverein geht voran und hält in kurzen Abständen »Arbeitertage« ab – Basisparlamente, in denen die wichtigsten politischen Forderungen diskutiert werden. Der 5. Arbeitertag in Zobels Bierhalle beschließt am 10. Mai ein Manifest, das im wesentlichen die Grundsätze des

sches Parteigründungskomitee wird eingesetzt – und sofort von der Regierung aufgelöst.

In dieser Zeit des raschen Überganges von der behutsamen Organisationsform des Bildungsvereines zum Prototyp einer Parteiorganisation tritt ein wichtiger neuer Mann in die Spitzengruppe der Parteiführung ein: Der Wiener Geschichtsdozent Dr. Hippolyt Tauschinski. Er fühlt sich von den Zielen der jungen Arbeiterbewegung angezogen, und er bewährt sich bald als blendender Versammlungsredner.

»Das wichtigste Gut der Menschen aber ist die Freiheit, denn „sie ist die Grundlage der Gesellschaft". Ohne sie seid ihr Sklaven, seid wandelnde Leichname. Euer Magen ist vielleicht voll, eure Lenden sind geschwellt von der Geilheit; aber euer Herz ist kalt und öde, und das Leben, es kommt ja nur vom Pulsschlag des Herzens. Die Freiheit ist das heilige Erstgeburtsrecht eines Jeden; wehe ihm, wenn er es für das Linsengericht einer elenden Abfütterung verkaufe! Oft und vielfach sind die Gelegenheiten zu Verbesserungen im socialen Leben, rufet aber hierbei immer und immer: Vor Allem wollen wir die Freiheit!« (Hippolyt Tauschinski, in: »Der Bote«, 30. April 1869)

Tauschinski ist der erste politische Führer der Monarchie, der „von oben", aus dem Bereich der idealistischen Intellektuellen, seinen Weg zu den Arbeitern findet. Seine faszinierende Persönlichkeit ist allerdings nicht problemlos: Tauschinski ist seinem geistigen Habitus nach ein Epigone der utopischen Sozialisten, im besonderen ist er von religionskritischen und religionsreformatorischen Ideen erfüllt. Er sieht sich als eine Art Messias und nimmt daher bereitwillig die Märtyrerrolle auf sich, als er wegen seiner politischen Gesinnung seinen Posten als Dozent an der Akademie für angewandte Kunst verliert. Insgesamt erweist sich aber, daß die Arbeiter mit der seltsamen Mischung aus anarchistischer Utopie und intellektueller Führungsqualität, wie sie an sich dringend gebraucht würde, noch nichts anfangen können. Es ergibt sich eine Abstoßreaktion, die Tauschinski enttäuscht und verbittert. Im Dezember 1868, vor Beginn des eigentlichen Kampfjahres der Bewegung, zieht sich Tauschinski aus seiner Führungsposition zurück und verlegt seinen Wohnsitz nach Graz, wo er wieder wissenschaftlich arbeiten kann. Dort tritt seine religiöse Neigung in den Vorder-

Hippolyt Tauschinski (1839–1905)

grund; er versteht sich als Begründer einer neuen, atheistischen Religion.

Es gibt Ministerialbelege, aus denen hervorzugehen scheint, daß Tauschinski nach seiner Resignation von der Regierung eine Unterstützung von 800 Gulden erhielt. Einige Interpreten der frühen Geschichte der Arbeiterbewegung betrachten ihn daher schlechthin als hochrangigen Spitzel oder als Verräter. Es bleiben aber einige Rätsel ungelöst: Warum hat die Regierung Tauschinski bezahlt, nachdem er politisch vorerst uninteressant wurde? Wäre er ein Polizeiagent gewesen, hätte man ihn nicht vorteilhafter als Konfident in der Führung der keimenden Partei belassen? – Das größte Rätsel ergibt sich aus dem Umstand, daß Tauschinski wenige Jahre später ein kurzes, aber wichtiges Comeback in der Arbeiterbewegung hat und zuletzt eine lange Gefängnisstrafe abbüßen muß.

Die Führung der Arbeitervereine hat Anfang 1869 allerdings andere Sorgen, als sich über die eigentlichen Motive Dr. Tauschinskis den Kopf zu zerbrechen: Mit dem Jahr 1869 beginnt die systematische Repression durch die Regierung. Ein Verbot folgt dem anderen. Die Begründung bezieht sich auf die Überschreitung der Vereinsstatuten; denn tatsächlich sind aus den Arbeiter-Bildungsvereinen politische Organisationen geworden, die das klare Ziel haben, sich zu einer Partei zusammenzuschließen – ganz nach dem Muster der deutschen Sozialdemokraten unter Bebel und Liebknecht und in Verbindung mit der 1864 von Karl Marx gegründeten Internationale, die ihren Sitz in Genf hat.

Als wirksamstes Gegenmittel gegen die Repressionswelle stärkt die Bewegung ihre geistigen Grundlagen durch die Herausgabe einer allerdings nur sporadisch erscheinenden Zeitung, der »Volksstimme«. Hartung ist der Herausgeber, Oberwinder der bestimmende Mann in der Redaktion. Zwei Monate später hat das Blatt tausend Abonnenten. In der Folge wird der Name der Zeitung auf »Volkswille« verändert; Oberwinder ist nun der eigentliche Chef und sorgt auch für die Finanzierung. In dieser Zeit taucht ein neuer Name auf: Andreas Scheu. Er ist Redakteur der neuen Zeitung, zieht durch brillante Artikel die Aufmerksamkeit auf sich und bewährt sich auch als Versammlungsredner. Bald gehört er dem inneren Führungskreis der Bewegung an. In einer Streikbewegung in Reichenau erweist er sein Talent zum Volkstribun.

Noch älter als die Wiener »Volksstimme« ist die Wiener Neustädter »Gleichheit«. Sie vertritt vom Tag ihres Erscheinens an eine eher radikale und internationalistische Richtung und etabliert

sich daher von vornherein als zweites publizistisches Zentrum der Partei.

Die Arbeiterbildungsvereine sorgen aber auch dafür, daß der Kontakt zu den sozialdemokratischen Druckwerken Europas nicht abreißt. In den Lesestuben liegt insbesondere das Organ der Internationale für den deutschen Sprachraum, der »Vorbote«, auf, ferner das »Felleisen« (Zürich), die »Tagwacht« (Genf), der »Volksstaat« (Leipzig), der »Sozialdemokrat« (Berlin), der »Proletarier« (Augsburg), die »Hamburger Reform«, die »Rheinische Arbeiterzeitung« und viele andere.

Der Zorn über die Unterdrückung staut sich gegen Ende des Jahres 1869 dramatisch auf. Die Regierung, die bei der schikanösen Unterbindung der einzelnen Vereinsaktivitäten äußerst gründlich und konsequent war, ist völlig verblüfft und wie gelähmt, als für den 13. Dezember – im Reichsrat steht das Koalitionsrecht zur Debatte – zu einer ersten Straßendemonstration aufgerufen wird. Obwohl die Polizei seit Tagen von allen Vorbereitungen informiert ist, geschieht nichts: Am 13. Dezember stehen 20.000 Arbeiter auf dem großen Platz zwischen dem Parlamentsgebäude und der Schottenbastei. Sie sind voller politischem Kampfesmut, dabei aber völlig diszipliniert. Gewaltfreiheit ist die oberste Parole. Eine Delegation unter Führung Hartungs übergibt dem Ministerpräsidenten Graf Taaffe eine Resolution. Die Aussprache ist hart, aber es kommt zu keinem Zusammenstoß: Nach einem Bericht der Delegation ziehen die Demonstranten triumphierend durch die Mariahilfer Straße.

Das Ziel, mit dem Hochverratsprozeß die Arbeiterbewegung zu unterdrücken, wird nicht erreicht: Die Verurteilten gehen bald frei, die Organisationen stehen wieder auf

Unmittelbar nach der Demonstration beschließt der Reichsrat ein verbessertes Koalitionsrecht. Das sieht wie ein Erfolg aus.

Tatsächlich findet sich die Regierung aber nicht mit ihrer Niederlage ab: Am Tag vor dem Weihnachtsfest werden die Teilnehmer der Delegation, die beim Grafen Taaffe vorgesprochen hatten, als Hochverräter verhaftet. Hermann Hartung, der mit Oberwinder zusammen wohnt, gelingt es, im Dunkel der Nacht über einen Hinterausgang zu fliehen. Er entkommt in die Schweiz. Die Flucht wird Hartung in der Bewegung übelgenommen. Man hätte von ihm, dem führenden Mann nach Tauschinskis Ausscheiden, erwartet, daß er zusammen mit seinen dreizehn Gesinnungsfreunden die Konfrontation mit den Richtern nicht scheuen würde. Hartung bekommt auch keine Chance mehr:

Innerhalb kürzester Zeit hat die Bewegung den zweiten Führer verloren.

Die Angeklagten des Hochverratsprozesses werden schon in der Haft zu Volkshelden. Ganz Wien ist auf ihrer Seite, auch prominente Bürgerliche unterzeichnen Petitionen. Johann Most, der bejubelte Satiriker der Arbeiter-Versammlungen, schreibt im Gefängnis zum Spaß eine Zeitung mit dem Titel »Nußknacker«, Untertitel »Organ für hochverräterische Interessen« und »Betriebskapital: Humor«. Johann Most war jener Versammlungsredner, der am Beginn der Kampfzeit das Verbot einer politischen Rede mit einer Rede über die Anwendung von Buchbinderleim beantwortete: Die »Leim-Rede« ist gespickt mit politischen Gleichnissen und Anspielungen, das Publikum lacht und die Polizei ist wehrlos – so wie jetzt die Kerkermeister, die seine Gefängniszeitung beschlagnahmen und selber mit Schmunzeln lesen.

Im Juli 1870 beginnt der für 22 Tage anberaumte Hochverratsprozeß im Landesgericht. Polizei und Militär sind in Alarmzustand. Im Saal, der 60 Personen faßt, sind, dem Gesetz entsprechend, 30 von den Angeklagten nominierte Zuhörer anwesend. Einer der Höhepunkte des Prozesses:

»Präsident: Diese Demonstration vom 13. Dezember war aber schon ein Teil jener Gewaltakte, welche durch das Eisenacher Programm in Aussicht gestellt werden.

Oberwinder: Ich begreife gar nicht, was der 13. Dezember mit dem Eisenacher Programm zu tun hat. Das Programm der Demonstration stimmt überein mit dem Programm des Wiener Arbeitertages, welches seit langem besteht und verbreitet wurde, ohne daß dagegen Anstand erhoben wurde.

Scheu: Die Annahme, daß unter freiem Volksstaat die Republik verstanden werden müsse, ist eine irrtümliche. Ich verstehe unter freiem Volksstaat dasjenige Gemeinwesen, in welchem die speziell angeführten Programmpunkte durchgeführt sind. (...) Die sozialen Forderungen der Arbeiter stehen für mich in erster Linie.

Präsident: Erkennen Sie in der Demonstration, welche am 13. Dezember 1869 in Szene gesetzt wurde, nicht einen Gewaltakt?

Scheu: Ich glaube, in ganz Europa wird bekannt sein, daß am 13. Dezember 1869 kein Gewaltakt von uns unternommen wurde. Die Demonstration war meiner Ansicht nach eine ganz gesetzliche und friedliche.

Präsident: Ja, weil man dem gewalttätigen Beginnen der Arbeiter keine Gewalt entgegengesetzt hat. Das Verdienst kommt wohl nicht Ihrer Partei zugute. Es wäre vielleicht anders ausgefallen, wenn die Polizei oder das Militär eingeschritten wäre, um die Ansammlung zu verhindern.

Scheu: Ein Beweis, daß ein Einschreiten nicht notwendig war, liegt wohl darin, daß nicht die mindeste Ruhestörung vorgefallen war.

Most: Ich bin auch einer der Ausländer, welche nach Österreich gekommen sein sollen, um die Fahne der Sozialdemokratie aufzupflanzen. Ich muß vorläufig nur bemerken, daß in dem Moment, als ich nach Österreich kam, daselbst eine bedeutende Arbeiterbewegung schon existierte ... Ich glaube, daß der Herr Staatsanwalt durch seine Behauptung, daß diese Agitation durch Ausländer hervorgerufen worden ist, das österreichische arbeitende Volk geradezu beleidigt, denn der Herr Staatsanwalt spricht mit diesen Worten der österreichischen Arbeiterbewegung geradezu die Befähigung ab, einen großen, gesunden Gedanken zu haben, denn daß die Prinzipien, welche die Sozialdemokratie aufstellt, daß die Forderungen, welche in der Arbeiterbewegung auftauchen, gewiß nicht ungerecht sind und von den größten Gelehrten dieses Jahrhunderts anerkannt wurden, ist eine feststehende Tatsache.«

Das Urteil lautete:
»Im Namen Seiner Majestät des Kaisers!
Das k. k. Landesgericht in Wien hat in der Untersuchungsangelegenheit gegen Heinrich Oberwinder und Genossen wegen des Verbrechens des Hochverrats, rücksichtlich der Verbrechen der öffentlichen Gewalttätigkeit und der Vorschubleistung, nach der am 4. Juli 1870 begonnenen und am 15. Juli zu Ende geführten Verhandlung zu Recht erkannt:
Heinrich Oberwinder, Andreas Scheu, Johann Most und Johann Pabst sind des Verbrechens des Hochverrats im Sinne des § 58 lit. b St.-G. schuldig und werden nach § 59 lit. b zweiter Absatz unter Anwendung des § 286 St.-P.-O. verurteilt, und zwar:
Heinrich Oberwinder zu sechs Jahren – (Große Bewegung im Auditorium, Zeichen der Sensation.)
Präsident (mit erhobener Stimme): Nur ein Symptom, nur ein Hauch, und der rückwärtige Teil des Saales ist geräumt! (Nach einer Pause fortfahrend:) Heinrich Oberwinder zu sechs Jahren schweren Kerkers, verschärft mit einem Fasttag in jedem Monat; Andreas Scheu, Johann Most und Johann Pabst zu je fünf Jahren schweren Kerkers, verschärft nach dem Gesetz vom 15. November 1867 mit einem Fasttag in jedem Monat. Gleichzeitig hat der Gerichtshof beschlossen, die Akten, Andreas Scheu, Johann Most und Johann Pabst betreffend, dem hohen Obergericht zur weiteren Milderung vorzulegen, weil dem Landesgericht die Befugnis, die Strafe weiter herabzusetzen, nicht zusteht.«
(»Der Wiener Hochverratsprozeß«)

Der Bau der Semmeringbahn als Demonstration industriellen Fortschritts. Über das Elend der Steinklopfer schreibt Ferdinand von Saar die erste Sozial-Novelle dieser Zeit (siehe auch Seite 13)

DAS 25JÄHRIGE REGIERUNGSJUBILÄUM FRANZ JOSEPHS naht heran. Der Kaiser lebt hinter einer Mauer des Zeremoniells, die ihn glauben läßt, daß sich seit 1848 nichts verändert hat. Tatsächlich hat sich die Monarchie in einer Weise konsolidiert, die man im Revolutionssturm nicht für möglich gehalten hätte. Aber im Bereich der realen Politik ist der Neoabsolutismus längst einem Regime des hinhaltenden Nachgebens gegenüber den konstitutionellen Notwendigkeiten gewichen. So wie die Monarchie eine entscheidende Schlacht nach der anderen und damit ihren Rang als europäische Großmacht Zug um Zug verliert, weicht sie gegenüber den Selbständigkeitsansprüchen ihrer Völker und den Legitimitätsansprüchen der aufstrebenden sozialen Schichten Schritt für Schritt zurück. Die Kräfte, mit denen sie nicht fertig wird, hat sie selbst geweckt – wecken müssen nach den einleuchtenden Erkenntnissen jenes Karl Marx, dessen Bücher die Zensur noch immer unter den Ladentisch verbannt.

Franz Joseph hat nach der Revolution den Rückschritt in jedem geistigen Bereich angestrebt und durchgesetzt: Wiederherstellung des Metternichschen Polizeisystems, Wiedereinführung der Prügelstrafe, Konfessionalisierung der Erziehung durch ein Konkordat mit dem Vatikan. Im wirtschaftlichen Bereich muß aber der Fortschritt gesucht werden, will die Monarchie nicht von vornherein aus dem Wettbewerb der Industrialisierung ausscheiden. Die Position des österreichischen Wirtschaftsraumes in Europa ist trotz seiner großen Fläche und seines beachtlichen Bevölkerungsanteils deprimierend und bleibt es trotz aller Anstrengungen. Der Vergleich der wirtschaftlichen Daten zeigt die Monarchie im Schlußfeld des Kontinents.
Österreich ist ein Agrarstaat mit wenigen Industrie-Inseln, liegt in bezug auf jede wirtschaftliche Meßzahl hinter den westeuropäischen Kolonial- und Seemächten weit zurück und hat ein auf der Überholspur befindliches Preußen als scharfen Konkurrenten. Die Monarchie hat

51

keine Wahl: Der Fortschritt wird unter dem Neoabsolutismus von tüchtigen kaiserlichen Ministern, insbesondere vom Finanzminister Freiherr von Bruck, von oben angekurbelt. Auch der Wirtschaftsliberalismus wird nun bewußt gefördert: ein neues Handelsgesetzbuch, Ausbau der Handels- und Gewerbekammern, Beitritt zum Münz- und Postverein, 1855 Gründung der Creditanstalt als potentes Finanzierungsinstrument aller Großinvestitionen und 1859 die neue Gewerbeordnung.

Der Ausbau der Eisenbahn wird vorangetrieben: Von 1848 bis 1873 steigt die Transportleistung der Eisenbahn von 1,5 auf 41 Millionen Tonnen Güter und von 3 auf 43 Millionen Personen pro Jahr. Die Länge des Eisenbahnnetzes vervielfacht sich, insbesondere seit die Bahnen 1854 nach einer längeren Phase staatlicher Intervention wieder privatisiert werden: Eisenbahnfinanzierung wird eine einträgliche Spekulation. Prächtige Kopfbahnhofbauten in der Hauptstadt markieren den Fortschritt. Das technische Paradeprojekt ist der Bau der Semmeringbahn, motiviert aus dem strategischen Bedürfnis, die Hauptbahn mit Triest und dem damals noch vorhandenen Süden des Reiches ohne Streckenführung durch das rebellische Ungarn zu verbinden. Der Bau wird mit horrendem finanziellen Aufwand und großen Menschenopfern zustandegebracht. 1856 wird der Verkehr aufgenommen. Die Härte der Arbeit am Bahnbau motiviert Ferdinand von Saar zu seiner ersten Novelle: »Die Steinklopfer«.

Die Begeisterung über den Einstieg ins Eisenbahnzeitalter kommt 1864 zum Ausdruck, als der erste Vergnügungszug nach Dornbach fährt. Johann Strauß hat für diese Premiere eine eigene Polka komponiert. Für das Kaiserhaus werden Repräsentationshallen in den neuen Bahnhöfen gebaut und Luxuszüge eingerichtet. Gleichzeitig mit dem Ausbau der lokomotivbetriebenen Eisenbahn beginnt das Zeitalter der Pferdetramway in den Städten – Vorwegnahme der kommenden Elektrifizierung, deren technische Voraussetzungen schon entwickelt werden.

In ähnlich explosiver Weise entwickeln sich die anderen Verkehrs- und Verständigungsmöglichkeiten: Hunderte Postämter werden errichtet, das Telegraphennetz in der ganzen Monarchie ausgebaut; seit 1852 gilt ein einheitliches Morsealphabet. Die Briefmarken werden nun auch in Österreich so populär wie in den westlichen Industrieländern, mit der Korrespondenzkarte gelingt Österreich sogar eine weltweit übernommene Innovation: Sie wird mit einer Ein-Kreuzer-Marke frankiert und in den Zentren der Monarchie mehrmals am Tag ausgetragen.

Österreich macht sich auch in der Binnenschiffahrt und auf den Weltmeeren stärker bemerkbar: 1857 gibt die Fregatte »Novara« mit einer Weltumseglung eine Abschiedsvorstellung der Vergangenheit, 1866 demonstriert Admiral Tegetthoff österreichische Flottenpräsenz bei Lissa in der letzten Schlacht, die die Monarchie gewinnt. 1872 dringen die Österreicher Payer und Weyprecht in die Arktis vor und geben einer neuentdeckten Inselgruppe des äußersten Nordens den Namen Franz Joseph-Land. Ein ungarischer Forscher stößt in diesen Jahren ins Innere von Kenya vor und benennt das größte Binnengewässer dort zu Ehren des österreichischen Thronfolgers Rudolfsee.

Der vorerst von oben inszenierte wirtschaftliche Fortschritt macht sich selbständig: In den Jahren von 1848 bis 1873 findet in Österreich die eigentliche industrielle Revolution statt, der Übergang von den mit dem Manufaktursystem konkurrierenden Frühformen der Industrialisierung zu den ersten Ansätzen hochindustrieller Perfektion. Eine neue Maschinengeneration bezieht auch die Vorproduktionsphase in die industrielle Fertigung ein, die Zubringerarbeit der Hausindustrie wird weitgehend unnötig. Fabrik, das heißt nun nicht mehr wie in der Manufaktur rationalisierter arbeitsteiliger Einsatz menschlicher Arbeitskraft, sondern deren zielgerichtete Verdrängung durch immer perfektere Technik. Dafür wird immer mehr Kapital mobilisiert und ins Verdienen gebracht: Der eigentliche Kapitalismus kommt in Gang. Die »Gründerzeit« geht in zwei Schüben vor sich: ein Anlaufstadium in den fünfziger Jahren und sechziger Jahren, ein sich überhitzendes, krisenschwangeres Endstadium am Beginn der siebziger Jahre.

Der Übergang zur Industrie verändert alle regionalen und sozialen Gegebenheiten. Die neuen, voll technisierten Fabriken haben in den alten Großstädten keinen Platz mehr, die Unternehmer fürchten auch die beginnende organisierte Widerstandskraft der städtischen Werktätigen. Die Industrie geht daher hinaus in die Vororte und in die bereits florierenden industriellen Zentren auf dem offenen Land, vor allem im Süden von Wien. Schon in der Manufakturperiode hatten große Betriebe den Vorteil verfügbarer Wasserkräfte und billig mobilisierbarer ländlicher Überschuß-Arbeitskraft genutzt. Nun setzt eine Industrie-Abwanderung in diese dislozierten Regionen ein. In Wien und den anderen großen Städten schrumpfen große Produktionsbereiche, vor allem die Seidenindustrie.

Zwei neue Entwicklungen zeichnen sich ab: In und um Wien wachsen jene Industrien, die Maschinen für die neuen Fabriken sowie Lokomotiven und Waggons für die neuen Verkehrswege bauen. Sie nutzen die hochqualifizierten Arbeitskräfte, die durch die Schrumpfung des Handwerks freiwerden. Ein qualifizierter Arbeiterstand entsteht: die Mechaniker. Andererseits bekommt das Kleingewerbe neuen Auftrieb. Der wachsende bürgerliche Wohlstand und die Konsumkraft der aufsteigenen Arbeiterschichten bringt neue Nachfrage nach Kleidung, nach Schuhwerk. Der Umbau Wiens in den Gründerjahren beschäftigt Tausende kleine Baugewerbebetriebe.

Der Wachstumsschub der eigentlichen Gründerjahre, der 1866 erkennbar wird, ist paradoxerweise durch die schwerste Niederlage der Monarchie 1866, gegen Preußen, ausgelöst worden. Das Ende außenpolitischer Träume setzt innere Energien und Finanzquellen frei, der Ausgleich mit Ungarn und das zufällige Glück einiger Rekordernten in Jahren westeuropäischer Mißernten läßt einen Strom von Devisen ins Land fließen. Der Sieg Bismarck-Deutschlands über Frankreich 1870 bringt einen Teil der französischen Reparations-Millionen als Investitionsgeld nach Österreich. Den Rest tut die Spekulation. In den Jahren von 1866 bis 1873 verdoppelt sich die Länge der Eisenbahnlinien abermals; alle Industrieanlagen wachsen in diesem Tempo. In extremen Spekulationsbereichen verzehnfacht sich der Kapitaleinsatz. Im Überschwang der Profiterwartung entsteht der Plan, mit einer Weltausstellung endlich Anschluß an den Entwicklungsboom der europäischen Wirtschaftsgroßmächte zu finden.

Die österreichischen Polarforscher Julius Ritter von Payer (1842–1915) und Karl Weyprecht (1818–1881) legen mit ihrer Expedition ins ewige Eis Zeugnis von geistigen und unternehmerischen Kräften ab, die die alte Monarchie nicht mehr zu nützen versteht

Die Schleifung der Basteien Wiens schafft Spekulationswert von Hunderten Millionen Gulden

DER AUFBRUCH INS HOCHINDUSTRIELLE ZEITALTER, der sich in den fünfziger und sechziger Jahren ereignet, muß dem Betrachter dieser Geschichtsepoche aus Statistiken, aus Rekonstruktionen der wirtschaftlichen und sozialen Wirklichkeit, aus Deutungen der realen Landkarte sichtbar gemacht werden. Der „Überbau" dieser historischen Epoche ist hingegen leicht zu erkennen, ist gut dokumentiert und steht noch heute hell in unser aller Erinnerung, beziehungsweise ist steingewordene städtebauliche Wirklichkeit.

An die zehn Jahre brauchte Franz Joseph, um sich zu jenem Beschluß durchzuringen, der das kulturelle Geschehen seiner Haupt- und Residenzstadt fast die ganze fünfzigjährige vor ihm liegende Regierungszeit bestimmen sollte: 1857 verfügt der Kaiser nach langen Auseinandersetzungen mit seinen strategischen und wirtschaftlichen Beratern die Schleifung der Festungsanlagen Wiens und die Planung einer monumentalen Prachtstraße mit neuen Bauten auf dem Boden des bisherigen Glacis, des im wesentlichen gebäudefrei gehaltenen Umfelds der Stadtmauern.

Denn das alte, von Mauern und Basteien umgürtete Wien ist längst ein Anachronismus geworden. Strategisch waren die Befestigungen zu nichts mehr nütze, sie schnürten aber die Stadt in ein quälendes Korsett, in dem alle drängenden Entwicklungen zu ersticken drohten. Das befestigte Wien war überdies ein Symbol der Rückständigkeit, denn seit einigen Jahren ist die großzügige Modernisierung der französischen Hauptstadt unter dem Präfekten Haussmann im Gang. (Die breiten Boulevards dort haben aber vor allem einen unmittelbar praktischen Zweck: Sie sollen die militärische Zernierung aufständischer Stadtviertel erleichtern.)

Die Verzögerung hat aber für den Kaiser und seinen immer in äußersten Geldschwierigkeiten befindlichen Finanzminister einen großen Vorteil: Der freiwerdende Grund hat, wie sich in den folgenden Jahrzehnten erweist, einen Wert von mehr als 200 Millionen Gulden. Spekulanten zahlen für die begehrtesten Baugründe bis zu 1000 Gulden pro Quadratklafter – das ist mehr als der bestbezahlte Facharbeiter in einem Jahr verdienen kann.

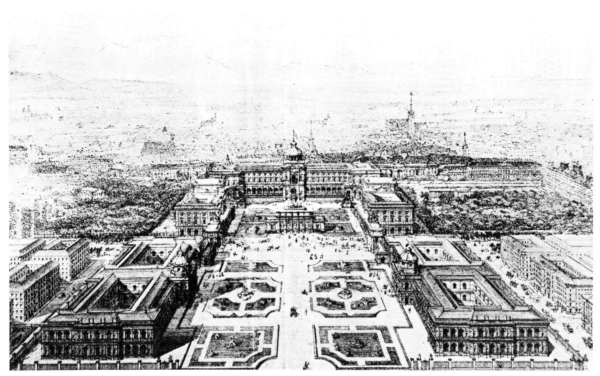

Großartigster, nicht ausgeführter Traum der Ringstraßenarchitektur: Sempers »Kaiserforum«

Den Neureichen der Gründerjahre ist jeder Preis für einen gesicherten Platz im Umfeld kaiserlicher und staatlicher Repräsentation recht; mit diesem Geld werden die öffentlichen Prachtbauten finanziert. Auch insoferne ergibt sich zwischen der Industrierevolution und ihrer glanzvollen Widerspiegelung auf der Wiener Ringstraße und den vergleichbaren nachfolgenden Bauten in den anderen Zentren der Monarchie ein äußerst realer Zusammenhang: Der Profit, den der expandierende Kapitalismus abwirft, setzt sich ein Denkmal. Die bis zum Weltkrieg florierende Riesenbaustelle ist natürlich, rückwirkend betrachtet, ein wesentliches Element des wirtschaftlichen Aufschwunges: Jede Sparte des Gewerbes findet hier Beschäftigung. In einer Zeit der Abwanderung großer Industrieproduktionen, die auf dem flachen Land neue Proletariermassen rekrutieren, entsteht durch den Bauboom ein neuer Magnet, der Zehntausende Arbeitssuchende nach Wien und in die großen Städte der Monarchie zieht.

Die geschmackliche Entscheidung über die baukünstlerische Form der Ringstraßenbauten teilen sich der Hof, die Bauherrn des neureichen Großbürgertums und die Elite der anerkannten Künstler und ihrer etablierten Kritiker, die natürlich die Motivationen ihrer Auftraggeber in ihre stilistischen Programme einbeziehen. Und da zeigt sich, daß sich der „Zeitgeist" dieser Jahre bei aller hektischen Aktivität und Unternehmungsfreude, bei allem materiellen Fortschrittsglauben und entsprechender liberaler Gesinnung doch als der Geist einer stehenbleibenden, ja einer zu Ende gehenden Epoche versteht. Die Kunst bietet noch keine Vision an, die den wissenschaftlichen, den technischen, den sozialen und politischen Aufbrüchen der Zeit entsprechen kann: Jules Verne beschreibt den Flug zum Mond, Karl Marx veröffentlicht den ersten Teil des »Kapital« in diesem Jahrzehnt. In Wien wird das erste Teilstück der Ringstraße dem Verkehr übergeben und ein Wettbewerb für die Gestaltung ihres Museumsteiles ausgeschrieben. Es ist ganz unbestritten, daß hier nur Bauten in Frage kommen, die sich in perfekter handwerklicher Qualität an den großen Stilrichtungen der Vergangenheit orientieren. Jeder Stil wird mit einer historisch hergeleiteten Funktion in Beziehung gesetzt: Klassi-

55

zismus und Anlehnung an die Renaissance für die Oper, die Universität, die Hofmuseen und für die Hofburg selbst, die Wilhelm Semper als »Kaiserforum« mit den Museen vereinen will. Die Renaissance soll als Glanzzeit der Künste und der neuen Staatskunst assoziiert werden. Hellenismus ist für das Parlament in Anlehnung an das „Mutterland der Demokratie" vorgesehen, Gotik für das neue Rathaus als Beschwörung der blühenden Stadtentwicklung des Mittelalters. Historismus nennt man in der Folge diesen Gesamtstil, diesen Gesamt-Nicht-Stil, wenn man es anders sehen will. Die Monarchie und das neue Besitzbürgertum der Ringstraßenpalais am Höhepunkt seiner politischen Machtergreifung blicken in die Zukunft durch einen Rückspiegel.

Der Bau der ersten großen Ringstraßenpaläste fällt in die Endphase der Gründerzeit: Die nervöse Überbeanspruchung der kreativen Kräfte wird offenbar, als die Erbauer der Staatsoper knapp nacheinander aus dem Leben scheiden: Eduard van der Nüll durch Selbstmord, August von Siccardsburg durch Herzschlag; beide können die Kritik an ihrem Lebenswerk nicht überwinden. Die Oper hätte die anderen Bauten mächtig überragen sollen, doch wurden diese um einen Meter höher gebaut als ursprünglich vorgesehen.

Aber nach dem Schaffensleid der Künstler fragt man ebensowenig wie nach dem Arbeitsleid der Proletarier. Was zählt, ist der Glanz, der von der Residenzstadt ausgehen soll. Und es sind tatsächlich glanzvolle Jahre voll prangender Schaustellung des Reichtums, voller glanzvoller Feste und Bälle, in denen die alte Klasse, die Aristokratie, mit der neuen Klasse, der Hochbourgeoisie, wetteifert.

In diesem Sinn geht das Konzept auf: Wien kann neben Paris und London als Weltstadt bestehen und wird ein Begegnungsort internationalen Geistes und internationaler Kultur. Ein Jahr

Die glanzvollste Periode der Gründerzeit wird nach dem Maler Hans Makart (1840–1884) benannt

nach Königgrätz hebt Johann Strauß den Taktstock zur Erstaufführung des Donauwalzers; Franz von Suppé hat die Wiener Operette aus der Taufe gehoben, Brahms und Bruckner schaffen ihre großen Werke. Am bestechendsten bringt allerdings der Pracht- und Historienmaler Hans Makart die Talente seiner Epoche und die Bedürfnisse seines Publikums zum Ausdruck. Die Präsentation seines Gemäldes »Caterina Carnaro« wird ein Hauptereignis des ereignisreichen Jahres 1873. Weniger gefeiert setzen österreichische Wissenschafter, allen voran die Begründer der Wiener Medizinischen Schule, Marksteine des Fortschritts. Völlig unbeachtet entdeckt in einem stillen Kloster Gregor Mendel die Grundgesetze der Genetik, die zusammen mit der etwa gleichzeitig formulierten Theorie des Engländers Charles Darwin die Wissenschaft des nächsten Jahrhunderts beherrschen werden.

Das Erfolgserlebnis der Hochgründerzeit steigert sich zu Beginn der siebziger Jahre zu einem Taumel. Wien plant die Weltausstellung 1873, um definitiv den Anschluß an die Fortschrittsseligkeit des westlichen Europa zu finden. Die erste Weltausstellung war 1849 in London abgehalten worden, die folgenden in Paris, London und wieder Paris. Die Ringstraße soll bis zum Weltausstellungsjahr in ihren repräsentativen Teilen fertiggestellt sein, die Hotels Imperial und Bristol warten auf die Creme des Weltreichtums, die Stadt Wien stellt die Hochquellenwasserleitung fertig und eröffnet sie zugleich mit dem Hochstrahlbrunnen, die Donauregulierung ist abgeschlossen, im Prater entsteht rund um die Rotunde, einem Demonstrationsbau technischer Extremleistungen, ein riesiges Ausstellungsgelände.

In den Jahren vor der Weltausstellung überhitzt sich durch die grenzenlose Entwicklungs- und Gewinnerwartung das Geschäft an der Wiener Börse, die nach dem Rückschlag der Pariser

Die Rotunde ist Höhepunkt des Baubooms – und wird zum Symbol einer monströsen Pleite

vor und **nach dem Krach.**

Beißender Spott trifft die Spekulanten – die Folgen tragen alle

Börse durch den verlorenen Deutsch-Französischen Krieg zum bedeutendsten Institut dieser Art geworden ist. Die Spekulationssucht greift von den begüterten Schichten auf das Kleinbürgertum und das Proletariat über, wird zu einer Art Lotterie mit scheinbar sicherem Haupttreffer. Unzählige zweifelhafte Banken und Makler versprechen ihren Kunden raschen und mühelosen Profit. Als schon längst klar sein sollte, daß die Summe der im Umlauf befindlichen Eigentums- und Gewinnansprüche längst nicht mehr durch die wirtschaftliche Substanz gedeckt sein kann, wird aller Zweifel durch die Faszination des Jahres 1873 überstrahlt. Die Weltausstellung wird viele Millionen Besucher nach Wien bringen, das Geld wird in Strömen fließen, auch die Börse wird geradezu ein Ausverkaufsjahr erleben. Tausende riskieren ihr letztes erspartes Geld, um bei diesem großen Spiel, bei dem man angeblich nur gewinnen kann, dabei zu sein.

Es gibt allerdings auch Warnungen und Proteste: Der Wiener Bürgermeister Cajetan Felder erkennt, daß Wien trotz aller Vorkehrungen einem Ansturm, wie ihn die Veranstalter der Weltausstellung erhoffen, gar nicht gewachsen sein kann. Er fürchtet die Benachteiligung der Bevölkerung durch steigende Preise, durch Verknappung von Waren und Wohnmöglichkeiten. Auch der Kulturkritiker Hanslick, der schon die Weltausstellungen in London und Paris verrissen hat, ist skeptisch. Am entschlossensten setzt sich die junge Arbeiterbewegung zur Wehr. Mit Ausnahme einer kleinen Elite von Spitzenfachkräften in den neuesten Maschinenfabriken hat die Arbeiterschaft an den Segnungen der Gründerjahre keinen Anteil gehabt: Die Konjunktur hat die Unternehmer noch anmaßender gemacht, hat die Arbeitszeiten verlängert und die Löhne gedrückt; der hohe Beschäftigungsstand war nicht als Errungenschaft zu erkennen. Nun fürchten die einsichtigen Funktionäre der Arbeitervereine, daß die Nachfrageexplosion der Weltausstellung das Proletariat noch tiefer in

Der Kaiser führt die Monarchen durch die Weltausstellung, aber der wirtschaftliche Ruin ist nicht mehr abzuwenden

Hunger und Obdachlosigkeit stürzen werde. Eine Zeitlang wird eine Streikaktion diskutiert; die organisatorische Kraft reicht aber nicht zur Verwirklichung aus.

Die Weltausstellung wird bei strömendem Regen glanzvoll eröffnet – und alle schlimmen Vorhersagen erfüllen sich. Tatsächlich übertrifft die Teuerung alles bisher Dagewesene; die Mietzinse steigen in bestimmten Gegenden auf das Vierfache. Der Rückschlag ist aber schon zu Beginn der Ausstellungszeit zu bemerken: Der Ansturm der Besucher ist viel schwächer als erwartet.

Als erstes ist von der erkennbaren Pleite die Börse betroffen. Schon in den ersten Tagen nach der Eröffnung bemerken die Spekulanten, daß sie auf ihren bereitgestellten Aktienpaketen sitzen bleiben. Die ersten Panikverkäufer treten die Lawine los: Am 9. Mai, dem »schwarzen Freitag«, bricht die Börse zusammen. Gute Papiere fallen in der Folge auf ein Drittel ihres Wertes, die schlechten Spekulations- oder Schwindelaktien werden zu Makulatur. Von den zwischen 1867 und 1873 gegründeten etwa tausend Aktiengesellschaften und an die zweihundert Banken gehen die meisten in Konkurs. Niemand weiß die Zahl der Verzweifelten, die wegen ihrer Verluste Selbstmord begehen. Wie jeder Bankkrach macht natürlich auch dieser die Reichen noch reicher: Sie kaufen die Anteile der Panikverkäufer zu Billigstkursen auf.

Sicherlich nicht zufällig – die Verschlechterung der Wohnverhältnisse hat die Elendsquartiere noch elender gemacht – bricht in diesem Sommer die letzte und schwerste Choleraepidemie des Jahrhunderts aus und fordert Abertausende Tote. Das gibt der Weltausstellung den Rest: Sie schließt mit einem Defizit von 19 Millionen Gulden, obwohl sie inhaltlich respektable Leistungen geboten hat. Der Besuch zahlreicher Staatsoberhäupter, die aus Anlaß der Exhibition nach Wien kamen, hat der Habsburgermonarchie Ruhm eingetragen, aber auch die Blamage verschärft.

DER HOCHVERRATSPROZESS VON 1870 ist für das Regime der Vorwand für die Auflösung sämlicher Arbeitervereine. Eine Welle der Empörung geht durch das Land. Die Regierung hat sich das Argument zunutze gemacht, die Arbeitervereine hätten durch ihre politische Tätigkeit, insbesondere durch die Vorbereitung einer Parteigründung, ihre Statuten verletzt. Als die erste Aufregung abgeklungen ist, besinnen sich die Arbeiterführer darauf, daß man die formale Gesetzeslage auch zum eigenen Nutzen umfunktionieren kann. Die geltenden Gesetze haben das Verbot der bisher agierenden Vereine ermöglicht, ermöglichten aber auch die jederzeitige Gründung neuer Vereine. Fast überall, wo ein Arbeiterverein verboten worden ist, wird eine Neugründung versucht. Zwischendurch existieren sie in halber Illegalität doch lebendig weiter: Die Vereinslokale werden weiterhin als Wirtshäuser frequentiert, in denen man vorsichtiger als bisher, aber ebenso „staatsfeindlich" diskutiert. Die Polizei stellt Bataillone von Spitzeln auf, verfaßt dicke Berichte für das Innenministerium, findet aber keine Handhabe, die Keime der nächsten Organisationswelle auszumerzen. Phantasie kommt ins Spiel: In der warmen Jahreszeit werden Ausflüge in die Umgebung der Städte organisiert. Die Wanderer tragen rote Fahnen mit, bestreiten aber deren politische Bedeutung, wenn sie von der Polizei gestellt werden. Von einem solchen Ausflug nach Mauer bei Wien wird berichtet, daß eine rote Fahne mit der Aufschrift »Ohne Politik« mitgetragen wurde. Zwei Kapellen spielten, es wurde gesammelt und der Reinertrag den Familien der eingekerkerten „Hochverräter" übergeben. Allmählich geben die Behörden auf: Neugründungen werden erlaubt.

Inzwischen haben die Liberalen politisch abgewirtschaftet, während der Liberalismus in der Wirtschaft auf die große Krise zusteuernd noch zu einem hektischen Totentanz aufgeigt. Im Februar 1871 setzt der Kaiser eine katholisch-konservative Regierung unter dem Ministerpräsidenten Hohenwart ein; dieser soll Ordnung schaffen. Der neue Regierungschef will sich das erleichtern, indem er den Ballast seiner liberalen Vorgänger abwirft und die im Hochverratsprozeß verurteilten Arbeiterführer begnadigen läßt. Sie werden im Triumph eingeholt.

In dieser Situation – Oberwinder und Scheu kehren wieder in die Redaktion des »Volkswillen« zurück – zeigt sich aber der seit langem schwelende tiefgehende Auffassungsunterschied über die zukünftige Strategie der Arbeiterbewegung. Die Geschlossenheit unter der Fahne Lassalles, die die Vereine der österreichisch-ungarischen Monarchie nach der Abkehr von der Richtung Schulze-Delitzsch geeinigt hat, reicht nicht mehr hin, um eine gemeinsame Politik zu motivieren. In Deutschland haben die Arbeitervereine nach dem Tod Lassalles einen Weg eingeschlagen, der die Konfrontation mit dem Staat vorsieht und sich immer mehr der marxistischen Richtung, also der Internationale, annähert. Die besondere Bindung der gesamten österreichischen Arbeiterbewegung an Deutschland kann nun zweierlei bedeuten: eben die radikale Entschlossenheit, eine sozialdemokratische Partei in enger Kooperation mit der Internationale zu errichten, oder aber im Sinne des alten Lassalleanismus eine Emanzipation innerhalb der bestehenden Machtkonstellation, insbesondere in ideologischer Nähe zum Liberalismus, zu suchen. Für das immer bedeutsamer werdende Verhältnis der deutschen und der anderssprachigen Teile der Monarchie zueinander bedeutet der erste Weg auch einen Internationalismus nach innen, also konsequente Einbeziehung der Slawen, der Ungarn und aller anderen Völkerschaften der Monarchie in die neue Partei; der zweite setzt auf die rasche politische Entwicklung und Anerkennung des deutschen Elements der Arbeiterschaft und läßt die anderssprachigen Proletarier links liegen.

Das radikal-internationale Denken wird daher umso stärker, je stärker die Arbeiterorganisationen in den nichtdeutschen Ländern der Monarchie werden; dieses Denken herrscht aber auch in den relativ jungen, doch rasch erstarkenden Organisationen außerhalb der Residenzstadt Wien vor: Die Wiener Neustädter »Gleichheit« wird allmählich zum Organ, Graz zum Zentrum der internationalen Richtung. In Wien geistert die neue Meinung im Fünfhauser Lesezimmer, bald aber auch in anderen Lesezimmern umher. Oberwinder, der sich seit dem Ausscheiden Hartungs als Führer der Partei sieht, glaubt jedoch diese Strömung als Episode abtun zu können. Er wird von seinen Gegnern immer härter wegen seiner Nähe zur Regierung, insbesondere wegen seiner Bereitschaft zur Koopera-

So sieht sich die Arbeiterbewegung: Prometheus an den Fels geschmiedet

tion mit dem Handelsminister Professor Schäffle kritisiert, der sich zwar tatsächlich als Kritiker des Kapitalismus einen Namen gemacht hat, dessen Einflußmöglichkeit Oberwinder aber offenbar überschätzt. Am 11. März 1871 begrüßt Oberwinder in einem Artikel den Amtsantritt Professor Schäffles mit höflicher Ironie.

»Wir entbieten dem neuen Minister und durch ihn dem neuen Ministerium unsern Gruß. Wir thun es mit um so größerer „Ehrerbietung", weil wir so selten in der Lage sind, diesem Höflichkeitsdrange Genüge zu leisten. Diese Herren kennen uns in der Regel nicht und wir wären vielleicht schon oft darüber verdrießlich und betrübt geworden, wenn sich nicht diese Unkenntnis unserer Wenigkeit in jenen Regionen in so naive Formen kleiden würde, daß der Schmerz sofort in Rührung, die Verdrießlichkeit

in lachenden Humor umgewandelt wird.« (H. Oberwinder in: »Volkswille«, 18. Februar 1871)

Die Entwicklung wird durch den Deutsch-Französischen Krieg von 1870, durch die Niederlage Frankreichs und die Gründung des Bismarck-Reiches vorangetrieben. Angesichts dieses Vorgangs spalten sich die Sympathien der beiden rivalisierenden Richtungen. Vorerst ist man sich einig, daß der Sturz des französischen Kaisers einen Fortschritt bedeutet, sobald sich der Krieg aber gegen das französische Volk selbst richtet, stellen sich die Anhänger der Internationale gegen das neue Deutschland. Die Nachrichten über den Kampf und schließlichen Untergang der Pariser Kommune tragen ebenfalls zur Profilierung der Meinungen bei: Man singt die »Arbeiter-Marseillaise«:

Wohlan, wer Recht und Wahrheit achtet,
Zu uns'rer Fahne steh' zu Hauf';
Wenn auch die Lüg' uns noch umnachtet,
[:Bald steigt der Morgen hell herauf!:]
Ein schwerer Kampf ist's, den wir wagen,
Zahllos ist uns'rer Feinde Schaar,
Doch ob wie Flammen die Gefahr
Mög' über uns zusammenschlagen –
Nicht zählen wir den Feind, nicht die
                                                    Gefahren all':
Der kühnen Bahn nur folgen wir,
Die uns geführt Lassalle!

Der Feind, den wir am tiefsten hassen,
Der uns umlagert schwarz und dicht,
Das ist der Unverstand der Massen,
[:Den nur des Geistes Schwert durchbricht.:]
Ist erst dies Bollwerk überstiegen;
Wer will uns dann noch widersteh'n?
Dann werden bald auf allen Höh'n
Der wahren Freiheit Banner fliegen!
Nicht zählen wir . . .

Das freie Wahlrecht ist das Zeichen,
In dem wir siegen; – nun, wohlan!
Nicht predigen wir Haß den Reichen,

[:Nur gleiches Recht für Jedermann.:]
Die Lieb' soll uns zusammenketten,
Wir strecken aus die Bruderhand,
Aus geist'ger Schmach das Vaterland,
Das Volk vom Elend zu erretten!
Nicht zählen wir . . .

Von uns wird einst die Nachwelt zeugen,
Schon blickt auf uns die Gegenwart.
Frisch auf, beginnen wir den Reigen!
[:Ist auch der Boden rauh und hart.:]
Schließt die Phalanx in dichten Reihen!
Je höher uns umrauscht die Fluth,
Je mehr mit der Begeist'rung Gluth
Dem heil'gen Kampfe uns zu weihen!
Nicht zählen wir . . .

Auf denn, Gesinnungskameraden,
Bekräftigt heut' auf's Neu' den Bund,
Daß nicht die grünen Hoffnungssaaten,
[:Geh'n vor dem Erndtefest zu Grund.:]
Ist auch der Säemann gefallen,
In guten Boden fiel die Saat:
Uns aber bleibt die kühne That,
Heil'ges Vermächtniß sei sie Allen!
Nicht zählen wir . . .

Arbeitergesang macht Mut

Arbeitergesang schafft Einigkeit

Das Lied als Waffe im politischen Kampf: der Gesangsverein »Nordbahnbund«, 1875

DER DEUTSCH-FRANZÖSISCHE KRIEG und die Kommune haben auch die Aktivitäten der Internationale in ein grelles Licht gesetzt. Das „Gespenst", das Karl Marx 1848 in seinem »Kommunistischen Manifest« umgehen hatte lassen, nimmt vor den Augen der Polizei dämonische Größe an. Es bildet sich eine Gegen-Internationale der verängstigten Regierungen. Das Problem der Eindämmung der sozialdemokratischen Organisationen beherrscht das Gespräch zwischen dem deutschen Fürsten Bismarck und dem österreichischen Ministerpräsi-

denten Graf Beust im Sommer 1871 in Bad Gastein. Danach folgen Konferenzen und Enquêten auf Minister- und Beamtenebene. Die beteiligten Regierungen sind sich einig, daß der Arbeiterbewegung in der Hauptsache nicht nachgegeben werden darf: Weder ist das allgemeine Wahlrecht zu gewähren, noch kommt eine echte Beschneidung der Unternehmerwillkür in Frage. Allerdings entdecken die aufgescheuchten Machthaber bei dieser Gelegenheit die soziale Frage. Qualifizierte Beamte bringen in den Fachsitzungen durchaus ernsthafte Vorschläge für ein Paket sozialer Reformen vor, die als „flankierende Maßnahmen" neben der polizeilichen Unterdrückung der Arbeiterorganisationen wirksam werden sollen.

Zum erstenmal ist eine solche Einsicht bei der Erlassung der neuen Gewerbeordnung im Jahre 1859 ins Spiel gekommen. Damals wurde bei gleichzeitiger Entfesselung aller unternehmerischen Freiheiten die Arbeit für Kinder unter zehn Jahren verboten, die Arbeit für Jugendliche unter 14 auf zehn, für Jugendliche unter 16 auf zwölf Stunden festgesetzt; die Unternehmer wurden in vagen Worten für die Unterstützung der Arbeiter bei Unfällen und Krankheiten verantwortlich gemacht, es gab seither sogar so etwas wie eine 14tägige Kündigungsfrist. Das meiste, was diese Gewerbeordnung für die Arbeitnehmer brachte, blieb jedoch auf dem Papier. Nun wird wieder ein Papier verfaßt, das die Produktion von Gesetzespapier anregt – es bleibt aber bei der Anregung. Immerhin enthält diese Anregung Punkte über Selbst- und Staatshilfe zur Verbesserung der Arbeiterlage, billige und gesunde Nahrungsmittel durch Konsumvereine, Teilnahme am Unternehmergewinn durch Produktivgenossenschaften, Gründung von Arbeiterhandwerkvereinen, Bildung von Gewerkvereinen zur Organisierung des Arbeitsangebotes, von Arbeitszeit und Lohn, Herstellung gesunder und billiger Wohnungen zur Miete, besonders aber zum Eigentum, Errichtung von Kost- und Logierhäusern für Unverheiratete, Gründung von Kranken-, Unfall- und Invaliditätsversicherungs-, von Witwen-, Waisen- und Versorgungskassen, Bildung von Vereinen zur Kinderpflege und zur Förderung weiblichen Erwerbes, Fabrik- und Fortbildungsschulen, Volksbibliotheken und Lesezirkel, Freiheit der Niederlassung und Assoziation, Regelung der Frauen- und Kinderarbeit in Fabriken, Normalarbeitszeit, Verbesserung der Fabrik- und Arbeitsräume, Kontrolle der Fabrikordnungen, Fabrikinspektoren, Arbeiterkammern, gewerbliche Schiedsgerichte, obligatorische Unterstützungskassen – aber auch über Repression »sozialdemokratischer Agitationen«.

Ausbreitung der Vereine der Arbeiterbewegung 1873

	Vereine	Mitgliederzahl
Wien	51	35.368
Böhmen	36	11.707
Ungarn, Kroatien, Slowenien	18	9.793
Niederösterreich	28	4.616
Mähren	21	4.667
Kärnten	14	1.156
Oberösterreich	7	922
Schlesien	7	760
Salzburg	6	469
Krain	6	468
Tirol	5	356
Galizien	1	200

Weiter gab es:

67 Arbeiterbildungsvereine		16.365
29 Kranken- und Invalidenkassen		32.680
101 Gewerkschaftsvereine		37.600
7 Produktivgenossenschaften		584
2 Arbeiterinnenbildungsvereine		500

(Quelle: »Arbeiterkalender«, Wien 1873)

Stürmische Sitzung der kurzlebigen Pariser Kommune: Alarm für die Machthaber, Ermutigung für die Arbeiter Europas

IN DER RAUHEN WIRKLICHKEIT hat die Arbeiterbewegung neben dem politischen Kampf um Wahlrecht und reale Koalitions- und Meinungsfreiheit den Kampf um Besserstellung in den Werkstätten und Betrieben aufgenommen. Fast parallel mit den Arbeitervereinen bilden sich an den Arbeitsstätten »Gewerke«, die sich branchenweise zusammenschließen und sogar übergeordnete und über die Sprachgrenzen hinausgehende Kommissionen bilden: Die Gewerkschaftsbewegung ist im Wachsen. In den ersten heißen siebziger Jahren breitet sich eine Stimmung der Kampfbereitschaft aus, eine Art Streikfieber grassiert im Land. Es sind allerdings zumeist lokale und auf einzelne Ziele gerichtete Arbeitsniederlegungen. Zu großen politischen Streiks reicht es nicht.

In den Jahren des großen wirtschaftlichen Umschwunges durch Weltausstellung und Börsenkrach erlebt die Arbeiterschaft ihr beklagenswertes Schicksal dramatisch und einschneidend:

Die überhitzte Hochkonjunktur macht die Besitzenden noch wohlhabender und die Spekulanten zumindest vorübergehend reich. Die Arbeiter geraten dabei in immer größere Bedrängnis: Der reale Wert ihrer Löhne wird geringer, die Wohnungsnot größer, die Zinse höher. Den zusätzlichen Heimsuchungen vor der Weltausstellung folgt nach dem großen Krach die Arbeitslosigkeit. In Wien verlieren 35.000 Arbeiter ihre Existenz, 15.000 ziehen aufs Land hinaus. Schlagartig lernt die ganze Arbeiterschaft eine grausame Lehre: Wenn es den Kapitalisten gut geht, geht es den Arbeitern schlecht, wenn es den Kapitalisten sehr gut geht, geht es den Arbeitern sehr schlecht – und wenn es den Kapitalisten schlecht geht, dann geht es den Arbeitern noch schlechter. Jetzt sind die Zeichen der Zeit für einen ernsten Anlauf zur Gründung einer Arbeiterpartei gesetzt. Das schwerstwiegende Hindernis auf diesem Weg ist das alte Übel der Bewegung: die Führungslosigkeit.

Das Leithagasthaus in Neudörfl. Hier fand zu Ostern 1874 der Gründungskongreß der österreichischen Sozialdemokraten statt

DER ZWIST DER FRAKTIONEN eskaliert. Die »Zentralisten« um Oberwinder verlieren an Boden, die erstarkenden Organisationen der deutsch- wie der anderssprachigen Länder stellen sich gegen sie, die »Sezessionisten« werden auch in Wien immer stärker. Oberwinder macht sich auch durch den Versuch verdächtig, mit Hilfe finanzstarker Geldgeber eine Tageszeitung herauszugeben. Andreas Scheu, der in der Bewegung immer größere Reputation erlangt hat, stellt sich offen gegen Oberwinder, von dem er auch nach langen Jahren der Zusammenarbeit menschlich enttäuscht ist. Er beschuldigt ihn der Packelei mit Regierung und Unternehmerschaft sowie unkorrekter finanzieller Gebarung bei der Verwaltung des »Volkswillen«. Zuerst wird versucht, eine Art Parteischiedsgericht zu installieren, aber Oberwinder lehnt jede Schlichtung ab. Schließlich ist er gezwungen, Andreas Scheu auf Ehrenbeleidigung zu klagen. Der Prozeß wird in Wiener Neustadt vor Geschworenen geführt. Die Laienrichter halten die Argumente und Beweismittel Scheus für stichhältig. Scheu wird freigesprochen, somit ist Oberwinder verurteilt. Sein Abstieg ist nicht mehr aufzuhalten.

In Graz, wo sich die neue Zentrale der Bewegung etabliert, ist in der Zwischenzeit der verschollene Hippolyt Tauschinski wieder aufgetaucht. Er hat von seinen Religionsgründungsprojekten Abschied genommen und begeistert sich und seine ehemaligen Anhänger wieder voll für den Kampf um das nahe Ziel: die Parteigründung. Die gespannte Situation zwischen Oberwinder und Scheu läßt Tauschinski in einer Art Vermittlerfunktion auftreten, obwohl er inhaltlich völlig auf der Seite Scheus steht.

Nach langen Monaten der Vorbereitung ist es zu Ostern 1874 endlich so weit: In erstaunlicher Übereinstimmung mit den Organisationen in allen Teilen der Monarchie wird der Gründungsparteitag nach Neudörfl eingeladen. Man hat den unauffälligen Ort gewählt, weil er jenseits der Grenze zu Ungarn, aber in unmittelbarer Nähe der Arbeiterhochburg Wiener Neustadt liegt. Pläne, den Parteitag in Baden abzuhalten, müssen fallengelassen werden.

Bis zuletzt versucht Oberwinder das Zustandekommen des Parteitages zu verhindern. Schließlich disponiert er einige Delegierte, die auf ihn hören, nach dem ursprünglichen Tagungsort Baden um. Der Parteitag wartet, Tauschinski fährt nach Baden und holt wenigstens einige der geographisch irregeleiteten Funktionäre nach Neudörfl. Erst am Abend des Ostersonntags beginnen die Beratungen. Es wird eine heiße, aber erfolgreiche Nacht. Nach einer offenen Diskussion – die Abwesenheit Oberwinders macht seine Meinung zu einem eher abstrakten Thema – einigen sich die 74 Delegierten auf ein Programm, das im wesentlichen dem jahrelang vorbereiteten Entwurf und dem Eisenacher Programm der deutschen Sozialdemokratie entspricht.

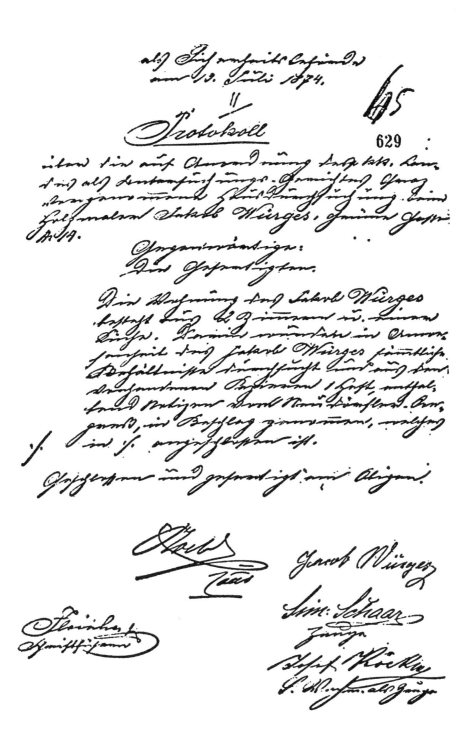

Das Protokoll eines Verräters sichert der Geschichtsforschung eine wichtige Information über den Neudörfler Parteitag

»1. Allgemeines, gleiches, direktes Wahlrecht für alle Staatsbürger vom 20. Lebensjahr an, für das Parlament, die Landtage und die Gemeindevertretungen sowie für alle Körperschaften, welche die Rechte und Pflichten der Gesamtheit wie der einzelnen Bürger zu wahren haben. Allen so gewählten Volksvertretern sind entsprechende Diäten zu gewähren.

2. Vollständige Presse-, Vereins-, Versammlungs- und Koalitionsfreiheit.

3. Trennung der Kirche vom Staat und Trennung der Schule von der Kirche.

4. Obligatorischer Unterricht in den Volksschulen und unentgeltlicher Unterricht in allen öffentlichen Lehranstalten.

5. Errichtung der Volkswehr anstelle der stehenden Heere.

6. Unabhängigkeit der Richter, Wahl der Richter durch das Volk, Einführung des unentgeltlichen und mündlichen Gerichtsverfahrens und unentgeltliche Rechtspflege.

7. Einführung eines Normalarbeitstages, Einschränkung der Frauen- und Abschaffung der Kinderarbeit in den Fabriken und industriellen Werkstätten, Einführung der Institution unabhängiger Fabriksinspektoren und Beseitigung der durch die Zuchthausarbeit den freien Arbeitern geschaffenen Konkurrenz.

8. Abschaffung aller indirekten Steuern und Einführung einer einzigen, direkten, progressiven Einkommens- und Erbschaftssteuer.

9. Staatliche Förderung des freien Genossenschaftswesens und staatliche Kredite für die freien Arbeiter- und Produktivgenossenschaften unter demokratischen Garantien.«
(Programmpunkte von 1874)

Der genaue Hergang des Parteitages ist der Nachwelt gut erhalten: Der steirische Delegierte Würges hat ein genaues Protokoll angefertigt – für die Polizei, die ihm dafür 200 Gulden versprochen hat.

Die Delegierten wissen nichts von dem Verrat, der der neugegründeten Partei überdies nicht schadet. Unausgeschlafen, aber glücklich ziehen sie durch die Straßen von Wiener Neustadt. Die Polizei hört sich zähneknirschend das Spottlied von Andreas Scheu an, das die Arbeiterfunktionäre singen:

Der Staat ist in Gefahr! Der Staat ist in Gefahr,
Der ja noch niemals sicher war, –
Niemals sicher war, – der Staat ist in Gefahr.

Wen fürchtet denn der Staat? Wen fürchtet
denn der Staat?
Das Volk, das er betrogen hat, – geplündert,
Ja betrogen hat, das fürchtet jetzt der Staat.

Doch nicht der Staat allein, doch nicht der
Staat allein,
Es müssen mehr Verbrecher sein.
Mehr Verbrecher sein, – 's ist nicht der Staat
allein.

Pfaff, Adel, Kapital! – Pfaff, Adel, Kapital.
Die stehlen alle auf einmal, zu gleicher Zeit.
Stehlen auf einmal, – Pfaff, Adel, Kapital!

Man ruft die Polizei, man ruft die Polizei.
Die steht den hohen Lumpen bei.
Steht den Lumpen bei – die hohe Polizei.

EIN SCHATTEN LIEGT ABER DOCH ÜBER DEM FREUDENTAG: Andreas Scheu hat in seiner Parteitagsrede angekündigt, er werde alle Funktionen zurücklegen und nach England auswandern. Scheu sieht sich in einer ausweglosen Situation. Wegen seiner Parteiarbeit kann er seinen Brotberuf nicht ausüben, von der Partei will er kein Geld nehmen. Wieder verliert die Bewegung ihren ersten Mann.

Vorerst scheint das Problem durch das Wiederauftauchen Tauschinskis gelöst zu sein: Die Partei hat ihre Zentrale nach Graz verlegt, die Wiener Neustädter »Gleichheit« ist ihr Zentralorgan, in Wien tagt nur die Kontrollkommission.

Aber noch im folgenden Sommer wird die Repression des Staates voll wirksam. Tauschinski wird in Graz zusammen mit 31 Mitangeklagten wegen Hochverrat verurteilt. Noch zweimal steht er vor Gericht. Insgesamt wird die Strafe mit anderthalb Jahren Gefängnis bemessen. Als er entlassen wird, ist er ein gebrochener Mann. Er nimmt endgültig von der Arbeiterbewegung Abschied. In späteren Jahren macht er als bürgerlicher Journalist Karriere und wird Chefredakteur des angesehenen »Prager Tagblattes«. Gerüchte über eine von der Polizei ausgeschüttete Pension für Tauschinski, die ihn im Nachhinein als gekauft disqualifizieren würden, geben so wie die entsprechenden Hinweise auf eine Abschlagszahlung bei seinem ersten Ausscheiden aus der Arbeiterorganisation unlösbare Rätsel auf. Warum sollte die Habsburgermonarchie einen hochrangigen Spitzel dafür lange Zeit bezahlen, daß er keinerlei nützliche Arbeit leistet? Wäre eine solche Abhängigkeit nicht ein zwingendes Motiv gewesen, den redegewandten und argumentationsstarken Tauschinski so lange und in so hoher Position wie möglich in der Sozialdemokratie zu halten? Viele andere Beispiele zeigen, daß die Polizei beim Honorieren von Spitzeln immer nach dem Prinzip vorging: „Der Mohr hat seine Schuldigkeit getan, der Mohr kann gehen."

Tauschinski wäre der einzige Polizeiagent gewesen, bei dem von diesem Prinzip aus unerfindlichen Gründen abgegangen worden wäre. Daß er moralisch gebrochen war, steht hingegen außer Zweifel:

Er, der lebenslange Messias einer atheistischen Religion, tritt zuletzt wieder in die katholische Kirche ein, kriecht also im wahrsten Sinn des Wortes zu Kreuze.

Der Abschied Oberwinders aus der Sozialdemokratie ist ebenso enttäuschend und bedrückend. Als eines der letzten relevanten Dokumente seines politischen Lebens wird ein Brief an den Ministerpräsidenten Hohenwart überliefert, in dem er seine Kooperation anbietet.

Auf dem Weg in die schweren Jahre des Kampfes ist die österreichische Arbeiterbewegung ohne erkennbare Führung. Niemand kann ahnen, wer der Retter aus der Not der Verwirrungen und Entzweiungen werden wird.

»Der literarische Gymnasialverein hatte sich 1870 aufgelöst, und an seine Stelle trat ein „Sozialpolitischer Verein". Als wir im Herbst 1870 die Wiener Universität bezogen, war Victor Adler als stud. Phil. eingetreten. Er und ich waren bei Professor Schäffle eingeschrieben. Victor Adler trat bald zur Medizin über. In jene Zeit fällt ein für ihn bedeutsames Studium Schopenhauers, das für seine Entwicklung und sein philosophisches Denken von größtem Einfluß war. Als der „Sozialpolitische Verein" sich nach einem Jahr auflöste, blieben doch die Sonntagszusammenkünfte bestehen. Sie waren auf der Universität vielen als der „Adlerhorst" bekannt. In diesem Zirkel verkehrten viele später bedeutend gewordene Leute. Der Jüngling Victor Adler war in dieser ganzen Zeit der sichere Freund seiner Freunde, der gute Kamerad seiner Kameraden geblieben. Mir war er mehr. Denke ich an die Zeiten meiner Buben- und Jünglingszeit, so leuchtet sein Bild als das geliebteste zu mir herüber. Seine Zuneigung, die den Charakter unbeschreiblich liebenswürdiger Zärtlichkeit annehmen konnte, bewährte sich im ganzen Zuge jener Zeit und in jeder Einzelheit. Es war ein Verhältnis innigster Vertraulichkeit, ungetrübtester Sicherheit, fröhlichsten Einheitsbewußtseins. Wenn in späteren Zeiten, in den Wirklichkeiten des Lebens und bei einer so tiefen inneren Verschiedenheit der Naturen, wie sie bei uns besteht, manche Wolken sich vor dieses Bild lagern wollten – sie konnten nie dicht und schwarz genug werden, daß es durch sie hindurch nicht mit leuchtendem Glanz gestrahlt hätte.« (Engelbert Pernerstorfer, in: A. Tesarek [Hg.]: »Zeitgenossen berichten über Victor Adler«)

Wenn wir einen großen Charakter sehen, so möchten wir gerne etwas über sein Entstehen wissen, uns mit denen bekannt machen, denen er Art und Wesen verdankt. Von seinen Großeltern väterlicherseits weiß ich nur weniges über seinen Großvater. Er war ein zarter stiller Mensch, ein armer Tuchmacher in einem schlesisch-galizischen Orte Lipnik bei Bielitz-Biala. Er lebte zu einer Zeit, in der Juden weder Fabriken besaßen noch besitzen durften, wo das Ghetto noch existierte, jedenfalls hatte er seine Jugend noch darin verlebt. Er war ein frommer Jude, was aber nicht hinderte, daß er Voltaire liebte und sogar französisch las.

Der Vater Victors war ein äußerst interessanter, höchst begabter, selbstbewußter Mensch. Er hatte auch die Tuchmacherei erlernt, aber dann nicht als Beruf ausgeübt. Er kam früh als Angestellter in ein Handlungshaus. Gerne erzählte er von den Kämpfen um das tägliche Brot und wie schwer er es hatte. Nach und nach kaufte er sich eine Matratze und Bettzeug, doch konnte er sich kein Bett anschaffen und schlief lange Zeit hindurch auf drei Sesseln, auf denen er sich seine Schlafstelle herrichtete. Der Posten war gut und es schien, als ob er dort Aussicht gehabt hätte, eine dauernde Stellung zu finden. Doch eines Tages machte der Chef Bemerkungen, derenthalben er sich in seiner Ehre verletzt glaubte, und ohne Überlegung kündigte er sofort und gab den Posten auf, er ließ sich nicht halten, trotzdem Not und Elend ihm drohten.

Im Jahre 1848 gehörte er der polnischen Totenkopflegion an, worauf er sein Leben lang stolz war.

Französisch hatte er daheim bei seinem Vater gelernt. Er konnte es nicht leiden, wenn man sich auf derlei Kenntnisse etwas einbildete, und liebte einen merkwürdigen Vergleich. Die Kenntnis einer fremden Sprache, besonders des Französischen, schien ihm so selbstverständlich wie die Tatsache, daß man eine Nase habe, nur das Fehlen der Nase sei auffallend, meinte er bei diesem Vergleich.

Der Vater war ein schöner Mensch, eine mächtige Stirne zeugte von seinen großen Geistesgaben, hätte er Jus studiert, so wäre er gewiß ein hervorragender Rechtsanwalt geworden. Seine Augen waren lebhaft und sprechend; so streng sie blicken konnten, so voll Milde und Güte erglänzten sie auch wieder. Seine große stattliche Gestalt war aber schon in jungen Jahren gebeugt, er meinte es sei dies ein Erbteil von Urvätern her, von den armen Juden, die nicht seßhaft sein durften und ihr Hab und Gut, jedenfalls ihre Waren auf dem Rücken von Ort zu Ort schleppen mußten. Diese gebückte Haltung hat sich weiter in die dritte und vierte Generation vererbt.

Die Mutter Victors war eine zarte Frau von auffallend kleinem Wuchs. Eine Frau von wahrster Bescheidenheit, so anspruchslos – man könnte sagen asketisch. Das Überirdische beschäftigte und interessierte sie jedenfalls mehr wie das Irdische. Sie bewunderte alle, die ein höheres, nicht auf Geldgewinn gerichtetes Streben hatten.

Victor war ihr liebstes Kind, aber sie verwöhnte ihn nicht mit Worten und Liebkosungen. Als sie Renan's Leben Jesu gelesen, war ihr Bruch mit dem Judentum ein völliger. Sie war einst eine fromme Jüdin, ja das war sie, sie

Hannerl Adler

Salomon Adler

Emma Braun als junges Mädchen mit ihren Brüdern Heinrich und Adolf

war dann eine fromme Christin, das war sie sicher; alles was sie war, war sie ganz aus dem Wunsch heraus, sich dem Höheren zu nähern, das Transzendentale war ihr Bedürfnis, um melancholische Schatten zu bannen und das Leben und die Menschen zu ertragen.

Bezeichnend für Vater und Mutter war ihre Verlobung. Eines Tages kam der Vater und hielt um die Hand der Mutter an, sie benahm sich schüchtern und zögernd. Da zog der junge Mann eine Uhr aus der Tasche und sagte resolut: »Es ist jetzt halb drei Uhr – ich werde um sechs Uhr wieder kommen, mir Ihr Jawort holen.« Er kam pünktlich zur angegebenen Zeit – und erhielt das Jawort. Dieser Vorgang war für ihr späteres Leben und ihre Beziehungen symbolisch – es geschah immer alles wie er es wollte.

Nach ihrer Verheiratung lebten sie etwa vier Jahre in Prag, wo ihre zwei ältesten Söhne Victor und Sigmund geboren wurden. Die Geschäfte gingen schlecht, und die Familie beschloß, nach Wien zu ziehen, wo auch bemittelte Verwandte von ihnen lebten und sich bessere Aussichten boten. Doch Not und Entbehrungen aller Art sollten noch Jahre hindurch die Familie bedrücken. Sie lebten anfänglich auf dem Salzgries, man könnte diesen Stadtteil, wie er damals noch bestand, das Ghetto ohne abgesperrte Tore nennen. Das Elend und die Unkultur, die dort herrschten, erfüllten besonders die zartfühlende Mutter mit Entsetzen und legten den Grund zu ihrem Abscheu für alle jüdischen Gewohnheiten und Unsitten. Mit Sorge dachte sie an die Zukunft ihrer Kinder und fürchtete, daß ihnen ein ähnliches Los beschieden sein könnte. Sie ruhte und rastete nicht mehr und setzte es nach einer Zeit durch, daß sie in eine bessere Straße des zweiten Bezirks zogen.

Im ganzen hatte das Ehepaar vier Söhne und eine Tochter. Die Söhne kamen in das Schottengymnasium. Die

71

Mutter fühlte sich dadurch beglückt, es schien ihr ein Schritt fort von den gefürchteten Gefahren, vor denen sie ihre Kinder behüten wollte.

Die Kinder wurden geradezu spartanisch erzogen. Spielzeug gab es fast nicht, und sonstige Zerstreuungen sehr selten und nur ausnahmsweise. Es kam vor, daß der Vater aus pädagogischen Gründen manchen Ausflug, auf den sich die Kinder gefreut hatten, im letzten Augenblick verhinderte, um sie den Ernst des Lebens lernen und einsehen zu machen.

Als Victor dreizehn Jahre alt war, erkrankte sein Vater lebensgefährlich. Er hatte die Blattern, auch die Augen waren völlig verschwollen, so daß er wie blind im Bett lag. Er glaubte sein Ende nah. Als er einmal allein mit Victor im Krankenzimmer war, rief er sein Kind ans Bett und sprach mit ihm, als wäre es ein Erwachsener. Er schilderte seine Krankheit, sprach von der Möglichkeit seines baldigen Todes und nahm dem kleinen Knaben das Versprechen ab, als „Ältester" sich seiner Mutter und seiner Geschwister anzunehmen. Das arme Kind kämpfte tapfer gegen die Tränen und versprach alles, was der Vater von ihm forderte. In diesen schweren Wochen mußte Victor viele Geschäftsgänge machen, und so schwierig sie auch waren, führte er alles pünktlich zur Zufriedenheit seines Vaters aus.

Der Ernst und die Strenge seiner Kinderjahre hatte eine Art Schatten über sein ganzes Dasein geworfen. »Man ist nicht zum Vergnügen auf der Welt«, wiederholte er oft und gern. Auch hat er eine gewisse spartanische Einfachheit immer beibehalten. Als es nach vielen Jahren den Eltern besser ging, hatte sein Vater einen eigenen Wagen und Pferde, aber Victor genierte sich, den Wagen zu benützen.

Victor stotterte in der Jugend, dieser Sprachfehler verursachte ihm schmerzliche, verzweifelte Stunden in der Schule. Wenn er aufgerufen wurde, steigerte sich seine Erregung derart, daß er kein Wort hervorbringen konnte, wenn er auch das Gefragte sehr gut wußte, aus Verzweiflung zerriß er in solchen Augenblicken, was er gerade in der Hand hatte.

Im Schottengymnasium herrschte damals ein patriarchalischer Ton. (...) In diesem katholischen Gymnasium waren in Victors Klasse im Ganzen drei Juden. Es war eine stark deutsch-christliche Strömung, Victor lehnte sich dagegen auf, und als Pernerstorfer gar verlangte, die Juden sollten sich für etwaige Streitigkeiten einen eigenen Sachwalter wählen, protestierte Victor dagegen und verfaßte ein „Flugblatt". Dieses „Flugblatt" aus der Jugendzeit hat Pernerstorfer pietätvoll fast fünfzig Jahre hindurch unter seinen Papieren aufbewahrt, und in einer Festschrift zu Victors sechzigstem Geburtstag erschien es faksimiliert veröffentlicht.

Es war rührend, wie Victor um die Freundschaft und Liebe Pernerstorfers warb. Pernerstorfer beachtete ihn im Anfang der Gymnasialzeit kaum. Eines Tages ging Victor in der Währingerstraße, vor der ehemaligen Gewehrfabrik stand Pernerstorfer, malerisch in seinen blauen Radmantel gehüllt. Victor ging auf ihn zu, redete längere Zeit mit ihm und bat ihn schließlich, ein Buch von ihm anzunehmen. Von jenem Tage datiert ihre Freundschaft.

Die Matura war glücklich überstanden, und Victor war seines Sprachfehlers wegen entschlossen, Apotheker zu werden. Ein glücklicher Zufall wollte es, daß der Vater, der zur Kur in Karlsbad weilte, von einer Sprachschule für Stotterer hörte, die große Erfolge aufzuweisen hatte. Diese Anstalt war in Westfalen in einem kleinem Orte: Burgsteinfurt. Rasch entschlossen und sehr beglückt wurde Victor hingeschickt. Der Lehrer Feldtrupp hatte eine leicht faßliche Methode, die hauptsächlich in Atemübungen bestand, und bald zeigte sich bei Victor auch eine derartige Besserung, daß er auf eine baldige, völlige Heilung des Übels hoffen konnte und er sich sehr beglückt fühlte.

Im Anstaltshause lebte auch ein junges, gutes Mädchen, mit dem Victor sich verlobte. Aber kaum heimgekehrt, sah er ein, daß ein Mensch von neunzehn Jahren ohne Stellung unmöglich einen solchen Schritt tun könne und so wurde dieses Verlöbnis ohne großen Schmerz von beiden Seiten gelöst.

Da Victor nun vom Stotterübel befreit war, gab er den Gedanken, Apotheker zu werden, auf und studierte zuerst Chemie, später Medizin.

Im Gymnasium und an der Universität hatte ihn sein Judentum bedrückt. Er fühlte keinen Zusammenhang mit den überzeugten Juden, er fühlte sich als Deutscher und strebte nach deutscher Bildung und Erkenntnis. Die Burschenschaft »Arminia«, der anzugehören er stolz war, nahm er so ernst wie alles, was ihn wahrhaft interessierte. Er fühlte deutsch-national. (...) Seine deutsch-nationale Gesinnung und sein Übertritt zum Protestantismus wurden ihm oft zum Vorwurf gemacht. Aber all das hing in seiner Vorstellung mit Kultur zusammen. »Der Taufzettel ist das Entreebillet in die europäische Kultur«, liebte er, Heine zitierend, zu sagen.

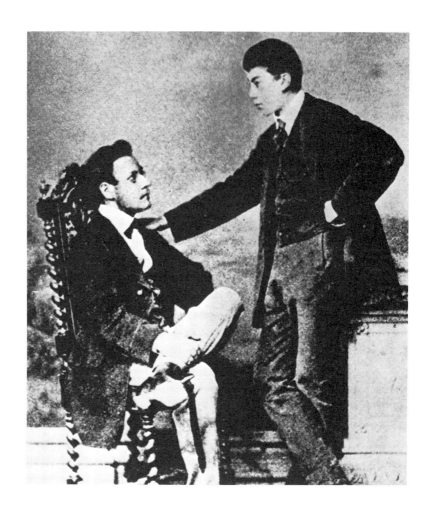

Victor Adler und Engelbert
Pernerstorfer als Maturanten

Das Judentum erschien ihm eine unübersteigliche Mauer, um sich mit den Kulturmenschen assimilieren zu können. Sport, was damals Sport hieß, Bergtouren und Fußwanderungen, Fechten, klassische Musik, Philosophie, alles trieb er weit über seine Kräfte, um so zu werden, wie er sich die Andern in seiner idealistischen Vorstellung dachte; das Judentum sollte und durfte ihn daran nicht hindern.
Victors Freundeskreis bestand zuerst aus sechs Freunden: Victor, Pernerstorfer, Gruber, Zemann, Oberhauser, Neumann. Später kamen noch die Freunde von Victors Bruder Sigmund hinzu und zwar Katzer, Bondi, Friedjung und Frey. Dieser Freundeskreis wurde der »Adlerhorst« genannt. In den ersten Universitätsjahren hatten diese jungen Leute, besonders Victor, melancholische Anwandlungen, sodaß sie lange mit dem Gedanken spielten, ein Mönchsleben zu führen und einen der strengsten Orden, den der Trappisten, wählen wollten. Victors Vater besaß damals ein altes Landhaus auf dem Kahlenberg, es grenzte an ein ehemaliges Kloster, und sie besuchten gern die Zellen und dunklen Gänge, ja sie teilten sich diese für ihre Zwecke ein und zeichneten Pläne, um Veränderungen anzubringen. Doch diese Stimmung verging mit der Zeit wie so manche andere. Victor hatte zwei Jahre hindurch ein Liebesverhältnis mit einer um zwölf Jahre älteren Frau, das seinen Eltern viel Kummer bereitete, sie lebten in fortwährender Angst, der idealistische Sohn könnte sich zu einer Ehe mit dieser höchst talentierten Künstlerin entschließen. Victors Vater war es überhaupt unverständlich, wie sein knabenhaft aussehender Sohn diese weißhaarige stattliche Frau zu lieben vermochte. Victor war damals für Musik begeistert und nichts mißfiel ihm so sehr wie junge ungebildete Mädchen. Was Wunder, daß er sich zu dieser geistig hochstehenden Frau hingezogen fühlte, ihr Alter und die Diskrepanz ihrer gegenseitigen Erscheinung gar nicht bemerkte.

73

Victor Adler

Emma Braun

Es war ein Sonntag Vormittag, wir gingen ins philharmonische Konzert. Kaum hatten wir Platz genommen, als mein Bruder Heinrich im Mittelgang Victor Adler erblickte, der mit einem Freunde im lebhaften Gespräch stand. Heinrich sagte mir, ich solle hinsehen. Ich wurde verlegen, das Blut stieg mir zu Kopf. (...)

An jenem Mittwoch-Abend ging ich wie immer siegesbewußt in den Salon, als die Gäste bereits versammelt waren. Alles, was ich sagte, gefiel den jungen Leuten, und mochte ich noch so alberne Witze machen, sie fanden alles höchst geistreich. Aber zum erstenmal war es an jenem Mittwoch ein wenig anders. Doktor Victor Adler war in ein Gespräch mit dem Archäologen Doktor Klein vertieft und ließ sich durch mein Erscheinen nicht im geringsten stören. Ich wurde von den Andern wie immer sehr laut und fröhlich begrüßt, aber Doktor Adler sprach weiter über Archäologie. Heinrich benützte ein Satzende und stellte uns einander vor. Doktor Adlers Verbeugung war sehr steif und formell, der Händedruck eisig.

Ich verbarg meine Verstimmung hinter lautem Lachen und Geistreichtum, aber innerlich tobte ich gegen diesen Hochmut, gegen ein Benehmen an, das ich nicht gewöhnt war, da mich Heinrichs Freunde so freundlich behandelten. Endlich richtete auch Doktor Adler einige freundliche Worte an mich, und ich antwortete sehr schnippisch, alle lachten und der Ton war nun ungezwungener. (...)

Ich dachte nicht, daß Doktor Adler je wieder zu uns kommen würde. Aber ich hatte mich geirrt. Kaum waren einige Tage nach dem ersten Besuch vergangen, kam er den Arm voll Bücher lachend in mein Zimmer und tat, als wären wir seit Jahren bekannt. Merkwürdig: Es fiel mir gar nicht auf, daß er von da an fast täglich kam. Immer wieder brachte er Bücher, rühmte seine Lieblingsschriftsteller mit wahrem Feuereifer und ließ sich mit mir immer in gelehrte und belehrende Auseinandersetzungen ein (...)

Es war das erste Mal, daß ich mit Doktor Adler allein war. Um meine Verlegenheit zu verbergen, begann ich über die Bücher zu sprechen, die ich eben ausgelesen hatte; aber er ließ mich den ersten Satz nicht vollenden und sagte, er möchte heute nicht über die Bücher sprechen . . . Ich erschrak. Ich glaubte zu erraten, was er mir sagen würde. Er wolle mich fragen, ob er mir alles aus seinem Leben erzählen dürfe, denn er liebe mich und möchte wissen, ob auch ich ihn näher kennen lernen wolle. Als er das sagte, war er sehr erregt und wollte mich in seine Arme schließen. Mich überlief es eiskalt. Ich stand steif und starr vor ihm, endlich fand ich die Sprache wieder und sagte: »Wenn sie mich näher kennen würden, möchten Sie gewiß nichts von mir wissen wollen.« Doktor Adler erschrak sichtlich und schaute mich so traurig, so verzweifelt an, daß ich meine Fassung ganz verlor und sagte: »Bitte geben Sie mir Bedenkzeit.« (...)

Emma schreibt nun einen Brief an Victor Adler, in dem sie ihm – dem Nervenarzt – ein böses Kindheitstrauma beichtet: Sie war das Opfer eines Sittlichkeitsüberfalles, der ihre ganze Jugend überschattet und sie mit Todesgedanken erfüllt hat.

Mit ausgebreiteten Armen kam Victor auf mich zu und drückte mich an sein Herz. Er war nicht weniger aufgeregt als ich. Dann blickte er mir mit himmlischer Güte in die Augen und sagte: »So, aber von nun an darfst Du nicht mehr daran denken, nicht mehr davon reden. Die Sache existiert nicht mehr.« Zum erstenmal in meinem Leben fühlte ich mich ganz glücklich. Es war, als ob die drückende Last von mir abgefallen wäre, es war, als ob ich meine Unschuld wiedergewonnen, ja, als hätte ich sie nie verloren.

Eine so große suggestive Kraft vermochte seine Liebe auf mich auszuüben, daß die ganze grauenvolle Vergangenheit wie in einen Abgrund versank und ich mich so leicht fühlte, als schwebte ich, von aller irdischen Schwere erlöst. Ich war vollkommen glücklich. (...)

Ich war in meinem Zimmer und mußte, ob ich wollte oder nicht, die Unterredung zwischen Doktor Adler und meiner Mutter mitanhören, trotzdem die Türe verschlossen war. Doktor Adler schien sehr erregt, seine Stimme vibrierte, als er sagte: »Ich bitte Sie um die Erlaubnis, Ihr Haus zu besuchen, um Ihrer Tochter Gelegenheit zu geben, mich näher kennen zu lernen.« Worauf eine kurze Pause entstand, und dann sagte er: »Denn ich liebe Ihr Kind.« Meine Mutter antwortete sehr kühl und gemessen; sie hätte noch gar nicht daran gedacht, ihre Tochter zu verheiraten, sie fände sie noch zu jung ... Doch sei sie dafür, in dieser Angelegenheit ihre Tochter selbst entscheiden zu lassen. Dann wurde ich in den Salon gerufen und spielte in der von mir inszenierten Komödie meine Rolle. Meine Mutter wiederholte das Ansuchen Doktor Adlers und fragte mich, ob es auch mein Wunsch sei, Doktor Adler näher kennenzulernen. Wie ein ungezogenes trotziges Kind sagte ich: »Ja, es ist auch mein Wunsch.« Dann kam mein Vater in den Salon, begrüßte den Sohn seines Jugendfreundes herzlich und benahm sich viel entgegenkommender und freundlicher als meine Mutter. Scherzend sagte mein Vater: »Schauen Sie halt, daß Sie sie kriegen, sie hat zwei gute Eigenschaften, sie kann kochen und vergeudet nicht überflüssige Zeit bei der Toilette.« Dieser Spaß milderte die kühle Spannung. Meinem Vater schien der Sohn seines Jugendfreundes ein erwünschter Gatte für seine Tochter.

Ich sandte im Geheimen an das damalige »Berliner Volksblatt«, den späteren »Vorwärts«, folgende Verlobungs-anzeige:

Mitzi Braun
Sozialdemokratin vom reinsten Wasser
Dr. Victor Adler
Verlobte.

Diese Annonce war der Vorwand zu einer Haussuchung in der Redaktion des »Volksblatt«.

Im ganzen waren wir drei Monate verlobt. Wenn ich jetzt an diesen wichtigen Zeitabschnitt in unserem Leben zurückdenke, muß ich finden, daß wir diese Monate sinnlos vergeudeten. Kein Ernst, keine Vorbereitung für den künftigen Haushalt. Wie zwei fröhliche Kinder lebten wir in den Tag hinein und dachten nur an Zerstreuungen, an Kunstgenüsse, an schöne Bücher.

Das Leben, die Zukunft lag wie ein blühender Garten vor mir. Nach der Hochzeitstafel wechselten wir unsere Brautanzüge gegen unsere Reisekleider. Im Gang stand Victors Mutter, um sich von uns zu verabschieden, jetzt in der Erinnerung kommt es mir vor, als hätte sie damals über Zeit und Raum hinausgeblickt – sie rang wie hilfesuchend die Arme und rief: »Wie wird es werden?« Worauf Victor sie lachend in seine Arme schloß und sagte: »Gut wird es werden.«

ZEIT DES FINDENS

DER *ARBEIT *

GLEICHHEIT
FREIHEIT
UND BRUDER

DER ARBEIT
MAI-TAG-1891

NATIONALE FEIER DES 1 MAI 1891
GEWIDMET

DAS ENTSETZEN über die dramatischen Folgen der nach dem Börsenkrach 1873 einsetzenden Wirtschaftsdepression – Massenarbeitslosigkeit, Verlust auch des jämmerlichsten Obdachs, Schubhaft und Abtransport ins Bettlerelend der Heimatgemeinde, Hunger und Krankheit, jedenfalls aber Lohnkürzung und tägliche Angst um das immer knappere Einkommen – reichte unter den noch relativ günstigen organisatorischen Umständen aus, die Kraftleistung der Beschlüsse von Neudörfl zustandezubringen. Die akute äußerste Not ließ den ersten Keim einer sozialdemokratischen Partei aller Völker der Habsburgermonarchie entstehen. Nun aber zeigen sich in der andauernden Wirtschaftskrise deren demoralisierende Wirkungen. Die Belastung für den einzelnen ist einfach zu groß, um Hoffnung, Kampfesmut und solidarischen Idealismus aufrechtzuerhalten. Die Zusammenschlüsse zerbröckeln.

Vor allem die Kraft der bisher rasch aufblühenden Gewerkschaftsorganisationen schwindet dahin. Von der Wiener Schuhmachergewerkschaft etwa wird berichtet, daß sie 1873, vor der Wirtschaftskrise, 962 eingeschriebene Mitglieder hatte, drei Jahre später sind es nur noch 186; die Mitgliederzahl der Grazer Holzarbeitergewerkschaft geht von 600 im Jahre 1873 innerhalb von drei Jahren auf 150 zurück.

Ähnlich schrumpfen die Organisationen in allen anderen Berufszweigen, in allen Teilen der Monarchie. Die Auflagen der sozialdemokratischen Zeitungen gehen zurück, ihre Existenz ist in Frage gestellt.

Vereinzelt kommt es zu Verzweiflungsausbrüchen, die in Streikaktionen münden. So streiken im Sommer 1875 in Brünn, wo es in der Textilindustrie zu Lohnkürzungen um 40 Prozent gekommen ist, zweitausend Arbeiter. Sie erreichen sogar geringfügige Zugeständnisse, aber schließlich wird der Streik mit massivem Polizei- und Militäreinsatz gebrochen. An die tausend Arbeiter verlassen in der Folge die Region, Hunderte werden arbeitslos, 40 inhaftiert. Ähnlich brutal gehen in den nächsten Jahren Unternehmer und Behörden gegen alle Streikaktionen vor. Die geschwächte Organisation kann die isoliert Kämpfenden nicht unterstützen. Die Staatsmacht wird übermütig: Überall kommt es zur Unterdrückung von Arbeitervereinen, zu Verbot und Auflösung von Veranstaltungen, zu Verhaftung und Einkerkerung von Arbeiterführern.

Auch die Frauen und Kinder werden in den Einzelkämpfen nicht geschont; sie stellen sich mitunter in die vorderste Front. Vom Brünner Streik wird berichtet, daß Frauen bei der größten Demonstration, als die Soldaten bereits ihre Gewehre mit scharfer Munition laden, diesen ihre Kinder vorhalten – mit dem Ruf: »Schießt doch!« Eine ähnliche Szene spielt sich Jahre später während einer anderen großen Streikaktion in Böhmen ab: Die Gendarmerie verhaftet eine Anzahl Frauen, die Steine auf Streikbrecher geworfen haben. Kurz darauf bringen andere Arbeiterinnen die Kinder der Verhafteten; als die Gendarmerie die Übernahme verweigert, werden die Kinder auf die Stiegen des Amtsgebäudes gelegt. Schließlich müssen die Kinder zu den Müttern gebracht und diese freigelassen werden.

Gerade in dieser kritischen Zeit steht die Bewegung ohne organisatorisches Zentrum und ohne Führung da. Hat der Neudörfler Parteitag die Parteizentrale aus Mißtrauen gegen die in Wien vorherrschende opportunistische Linie nach Graz verlegt und die Wiener Neustädter »Gleichheit« zum Zentralorgan erklärt, so geht in der Folge die Parteiführung nach Reichenau, werden die »Gleichheit« und andere sozialdemokratische Blätter zusammengelegt, bekommen neue Namen – aber auch neue Konkurrenz, weil die verschiedenen Richtungen eigene Zeitungen drucken. Nach dem Sturz Oberwinders, der Resigantion Tauschinskis und der Emigration Andreas Scheus sucht die Bewegung jahrelang vergeblich nach einer starken, vertrauenswürdigen Führungspersönlichkeit.

In der wirtschaftlichen und organisatorischen Misere geistert noch einmal in neuer Gestalt der Meinungsgegensatz aus der Zeit vor Neudörfl durch die Diskussionen: Gibt es einen Weg der Verständigung mit anderen demokratischen Kräften des Staates oder bleibt nur der Weg des eigenständigen Kampfes? – Mehrere, von der Polizei unterdrückte, zersprengte und jedenfalls überwachte Arbeitertage, die auch als „Parteitage" bezeichnet werden, schlagen sich mit dem Thema herum. Schließlich bleibt es aber bei der Linie von Neudörfl: Die Arbeiterbewegung muß ihren Kampf allein führen.

Diese Linie hat bis in diese Jahre als die „radikale" gegolten, zum Unterschied von der „gemäßigten", die sich Vorteile von einem Zusammengehen mit den angeschlagenen Liberalen oder gar durch eine Verständigung mit den zur Regierungsmacht drängenden Konservativen erhofft. Der Kern des „radikalen" Denkens war das konsequente Festhalten an den Grundideen des Lassalle-Sozialismus: durch Erkämpfung des allgemeinen und gleichen Wahlrechtes zur Verwirklichung der wirtschaftlichen und sozialpolitischen Forderungen. Mit dem Festhalten an dieser Strategie wurden zuerst die Anhänger der »Selbsthilfe« nach Schulze-Delitzsch und dann die Befürworter Oberwinders aus der Bewegung verdrängt. Die Linie war einfach und klar: Sobald das allgemeine und gleiche Wahlrecht errungen ist, müssen ja die arbeitenden Menschen die Mehrheit im Staate und daher die Macht zur Durchsetzung von Wirtschafts- und Sozialgesetzen haben; ob man das eine Revolution oder eine umwälzende Reform nennen sollte, ist nicht so wichtig – den Machthabern jedenfalls gilt dies als Revolution, die sie entgegen allen verfassungsmäßig zustehenden Freiheits- und Koalitionsrechten zu unterdrücken gewillt sind. Die „gemäßigte" Versuchung, die zweimal überwunden werden muß, hat ein einziges Motiv:

mangelndes Vertrauen in die Durchsetzbarkeit der großen Wahlrechtsreform.

Dieses Motiv des Vertrauensverlustes in das Hauptziel des Parteiprogrammes beginnt nun, in tiefer Verzweiflung, im anderen Flügel der Bewegung um sich zu greifen. Und damit beginnen sich die Begriffe „radikal" und „gemäßigt" zu verändern, sich umzukehren. „Gemäßigt" sind nun allmählich jene, die daran glauben, daß die Gewerkschafts- und Parteiorganisation trotz aller staatlichen Repression wiedererstarken, daß sie ihren Kampf erfolgreich fortsetzen und beenden kann, kämpferisch, kompromißlos, aber mit friedlichen Mitteln auch gegen Rechtsbruch und Gewalt von oben. Als „radikal" sondern sich diejenigen ab, die an diesen friedlichen Weg nicht mehr glauben, die zur Überzeugung gelangen, man müsse staatliche Gewalt mit Gewalt beantworten. Seltsamerweise drehen sich auch die politischen Akzente, die mit den verschiedenen Zentren der Partei verbunden zu sein schienen: Die Länderorganisationen sind eher bereit, die Linie von Neudörfl zu halten; in Wien jedoch, wo die Nähe der Arbeiterorganisationen zu bürgerlichen Gruppierungen immer wieder opportunistische Neigungen hat aufkeimen lassen, kristallisiert sich nun in Proteststimmung ein harter Kern des neuen „Radikalismus" heraus.

DER NEUE GEGENSATZ, der von Jahr zu Jahr bedrohlicher für die Einheit der unterdrückten Partei wird, gibt auch dem immer bedeutsamer werdenden Marxismus einen neuen Stellenwert: In der alten Auseinandersetzung waren die „Gemäßigten" im allgemeinen eher deutschnational und hatten wenig für die nicht-deutschen Nationalitäten und für die internationale Arbeiterbewegung übrig; die „Radikalen" hingegen waren in jeder Weise international eingestellt und somit offener für den Marxismus. Die gewaltgläubigen „Radikalen" neuen Typs jedoch, die nun das Wort ergreifen, sind alles andere als Marxisten; sie glauben ja eben *nicht* daran, daß die historische Entwicklung der Produktionsbedingungen zum Sieg der Arbeiterklasse führen wird. Es ist daher nicht verwunderlich, daß die erbitterte Diskussion mit den neuen „Radikalen" die neuen „Gemäßigten" immer enger mit dem Marxismus verbindet. Die problematischen letzten Ziele des Marxismus spielen dabei noch lange keine Rolle: Die Erkenntnisse von Marx und Engels bieten einen plausiblen Schlüssel zum Verständnis der Situation und ein andauerndes Motiv der Hoffnung und Zuversicht. Mit der Aneignung des marxistischen Gedankengutes werden überholte Ideen aus der Lassalle-Zeit abgeschüttelt, wie etwa die Vorstellung von der Entwicklung von Produktionsgenossenschaften, die mit der kapitalistischen Wirtschaft konkurrieren sollen. Es ist klar geworden, daß die Überwindung der kapitalistischen Wirtschaft nur durch die Machtübernahme im Staat möglich ist.

Die bittere Erfahrung, daß wirtschaftliche Stagnation auch die Entwicklung der Arbeiterbewegung stagnieren läßt, machen die Völker der Monarchie nicht allein. Überall in Europa sind die Jahre der Depression Jahre des Rückschlages für die sozialistischen Organisationen. Neben dem Tief des Kapitalismus spielt dabei ein Hoch des Nationalismus eine ausschlaggebende Rolle. Das Schlüsselerlebnis ist der Deutsch-Französische Krieg und der mißglückte Aufstand der Pariser Kommune. Die französische Republik tritt mit einem doppelten Haßkomplex ins Leben: Das regierende Bürgertum will Rache an den Deutschen und will Rache an den Proletariern. Gegenstück auf der östlichen Seite des Rheins: Das von Bismarck gegründete „kleindeutsche" Reich unter preußischer Führung schwelgt im Gefühl einer doppelten Überlegenheit – die Besitzenden genießen den kurzen Milliardenregen der französischen Reparationszahlungen und fühlen sich stark genug, die Arbeitenden zur Raison zu bringen. Bismarck-Deutschland ist, wie der Dichter Herwegh sagt, ein »Reich der Reichen«. Bismarck hat alle Spekulationen aufgegeben, er könne die Arbeiterschaft unter Nutzung ihrer alt-lassalleanischen Staatstreue in sein System einbinden. Die erstarkende Sozialdemokratie hat ihm bereits einen zu großen Schrecken eingejagt, zuletzt durch die klaren Beschlüsse des Gothaer Parteitages von 1875, bei dem der Übergang vom alten Lassalle-Verein zur einheitlichen, auf marxistischer Basis stehenden Partei konsequent vollzogen wurde. Die Kraft dieser Partei will Bismarck nun brechen. Er wird mit dieser Haltung ein Vorbild für die Mächtigen in ganz Europa.

Das in Gotha beschlossene Programm hat folgende Punkte:

»Die Arbeit ist die Quelle allen Reichtums und aller Kultur, und da allgemein nutzbringende Arbeit nur durch die Gesellschaft möglich ist, so gehört der Gesellschaft, das heißt allen Gliedern, das gesamte Arbeitsprodukt, bei allgemeiner Arbeitspflicht, nach gleichem Recht, jedem nach seinen vernunftgemäßen Bedürfnissen. In der heutigen Gesellschaft sind die Arbeitsmittel Monopol der Kapitalistenklasse; die hiedurch bedingte Abhängigkeit der Arbeiterklasse ist die Ursache des Elends und der Knechtschaft in allen Formen. Die Befreiung der Arbeit erfordert die Verwandlung der Arbeitsmittel in Gemeingut der Gesellschaft und die genossenschaftliche Regelung der Gesamtarbeit mit gemeinnütziger Verwendung und gerechter Verteilung des Arbeitsertrages. Die Befreiung der Arbeit muß das Werk der Arbeiterklasse sein, der gegenüber alle anderen Klassen nur eine reaktionäre Masse sind.

Von diesen Grundsätzen ausgehend, erstrebt die Sozialistische Arbeiterpartei Deutschlands mit allen gesetzlichen Mitteln den freien Staat und die sozialistische Gesellschaft, die Zerbrechung des ehernen Lohngesetzes durch Abschaffung des Systems der Lohnarbeit, die Aufhebung der Ausbeutung in jeder Gestalt, die Beseitigung aller sozialen und politischen Ungleichheit. Die Sozialistische Arbeiterpartei Deutschlands, obgleich zunächst im nationalen

Otto von Bismarck (1815–1898)

deutschen Arbeiterführer gerade darauf berufen:

»Ich komme zu der Frage zurück, wann und warum ich meine Bemühungen um soziale Verhältnisse aufgegeben habe und wann überhaupt meine Stellung zu der sozialen Frage eine andere geworden ist, sozialdemokratische mochte ich sie damals nennen. Es stammt dies von dem Augenblick her, wo in versammeltem Reichstag (...) ich weiß nicht, war es der Abgeordnete Bebel oder Liebknecht, aber einer von diesen beiden, in pathetischem Appell die französische Kommune als Vorbild politischer Einrichtungen hinstellte und sich selbst offen vor dem Volke zu dem Evangelium dieser Mörder und Mordbrenner bekannte. Von diesem Augenblicke an habe ich die Wucht der Überzeugung von der Gefahr, die uns bedroht, empfunden; (...) und von diesem Augenblick an habe ich in den sozialdemokratischen Elementen einen Feind erkannt, gegen den der Staat, die Gesellschaft sich im Stande der Notwehr befindet.« (Bismarck: Werke in Auswahl)

Die neue Internationale des erstarkenden Nationalismus unter reaktionärem Vorzeichen ist das Ende der Arbeiter-Internationale. Nach zwei Kongressen, die die Ausweglosigkeit der Situation zeigen, erlischt die ehrwürdige, als unmittelbare Gesinnungsgemeinschaft um Marx und Engels entstandene Organisation im Jahre 1876. Der Historiker der österreichischen Arbeiterbewegung Ludwig Brügel schreibt darüber:

»Der Zusammenbruch der ersten großen Internationalen Arbeiterassoziation wurde vom Unternehmertum und seinem Anhang in allen Landen mit hellem Jubel aufgenommen; unter dem Halali der Treiber und Jäger des Kapitalismus und der ihm verbündeten Mächte war das Edelwild zur Strecke gebracht ...«

Die sterbende Internationale sorgt aber mit ihren letzten Diskussionen, vor allem beim Kongreß in Den Haag 1872, für eine vorwegnehmende klare Abgrenzung von jenem neuen, verführerischen „Radikalismus", der anstelle der roten Fahne des Fortschritts die schwarze Fahne der Gewalt erheben will.

Der Stammvater der anarchistischen Abspaltung ist der Russe Michail Bakunin, seit den vierziger Jahren geistig reger, wenn auch irrlichternder Mitstreiter der um Marx und Engels in London zentrierten Gruppierung, aus der die erste Inter-

Rahmen wirkend, ist sich des internationalen Charakters der Arbeiterbewegung bewußt und entschlossen, alle Pflichten, welche derselbe den Arbeitern auferlegt hat, zu erfüllen, um die Verbrüderung aller Menschen zur Wahrheit zu machen. Die Sozialistische Arbeiterpartei Deutschlands fordert, um die Lösung der sozialen Frage anzubahnen, die Errichtung von sozialistischen Produktivgenossenschaften mit Staatshilfe unter der demokratischen Kontrolle des arbeitenden Volkes. Die Produktivgenossenschaften sind für Industrie und Ackerbau in solchem Umfange ins Leben zu rufen, daß aus ihnen die sozialistische Organisation der Gesamtarbeit entsteht.« (Zitiert in: »Programme der deutschen Sozialdemokratie 1863–1963«)

Solange das Programm lediglich auf dem Papier stand, mochte es ja noch hingehen; wirklich „rot" sieht Fürst Bismarck erst, als in Paris der erste Versuch gemacht wird, solcherart Prinzipien auch in die Tat umzusetzen und sich die

nationale hervorging. (Bakunin war der Übersetzer der ersten russischen Ausgabe des »Kommunistischen Manifests«.) Im menschlichen Bereich gibt es sehr frühe, sehr bedenkliche Haarrisse, die auf grundsätzliche Animositäten schließen lassen. In einer von Karl Marx redigierten Publikation wird auf eine nicht recht erklärbare Weise eine unbelegte Nachricht abgedruckt, daß Michail Bakunin ein vom zaristischen Staat bezahlter Spitzel sei. Es läßt sich nicht aufklären, ob sich Bakunin in der Folge seine politische Weltanschauung in emotioneller Konzentration auf das persönliche Feindbild Karl Marx aufgebaut hat oder ob er auf der rein ideologischen Ebene in immer größere doktrinäre Gegensätze zum Marxismus und damit in schärfsten Gegensatz zu Marx selbst geraten ist.

Marx sieht in Bakunin einen Dilettanten, und tatsächlich hat Bakunin den eigentlichen, als wissenschaftlich deklarierten Marxschen Denkansatz gegenüber den utopischen Sozialisten niemals ernsthaft verarbeitet. Die geistigen Wurzeln Bakunins reichen zu den weniger beachteten sozialistischen Utopisten zurück. Er bezieht sich auf Fichte und dessen Gleichsetzung von Liebe und Freiheit, auf Proudhon (»Eigentum ist Diebstahl«), auf Max Stirner (1875: »Der Einzige und sein Eigentum«). Man kann den Bakuninismus überhaupt vereinfacht als eine Weiterführung des utopischen Sozialismus betrachten.

Bakunin und seine Mitstreiter negieren, ja ignorieren den Marxschen Ansatz einer materialistischen Geschichtsschreibung. Seiner Meinung nach ist nicht das durch die Bourgeoisie mit Hilfe der rapiden Entwicklung von Naturwissenschaft und Technik akkumulierte Eigentum an den Produktionsmitteln, das Kapital, der Hauptfaktor der modernen Geschichte und die Voraussetzung der unvermeidlichen Machtergreifung des vom Kapitalismus hervorgebrachten Proletariats; vielmehr sei das Kapital ein Produkt des Staates, ein Klumpen Reichtum, den der Staat der Bourgeoisie überläßt, ohne daß weiter untersucht wird, wo dieser Reichtum herrührt und wie er zustandekommt.

Aus dieser Negierung oder, wenn man will, diesem Nicht-verstehen-Können der marxistischen Theorie ergibt sich eine gegensätzliche politische Strategie: Marx will den Kapitalismus überwinden, was dessen hohes wirtschaftlich-technische Reifestadium voraussetzt; das Proletariat bemächtigt sich durch Aufhebung der kapitalistischen Produktionsform des Staates (»Diktatur des Proletariats«), überwindet damit aber erst dann den Staat selber und kann somit eine kommunistische Gesellschaft errichten. Bakunin ist davon überzeugt, daß durch die rasche, voraussetzungslose Abschaffung des Staates der Kapitalismus aus der Welt geschafft werden kann.

Aus diesem Strategiekonflikt ergibt sich eine völlig verschiedene Wertung der Organisationsformen. Marx sieht die Industriearbeiterschaft als die bewirkende Vorhut der unvermeidlichen Revolution, gibt also ihren Kadern vor allem in ihrer internationalen Kooperation eine elitäre Führungsrolle; das Vehikel des politischen Kampfes ist der Ausbau von Arbeiterparteien und ihr internationaler Zusammenschluß. Bakunin glaubt, daß alle Klassen ohne Rücksicht auf die ökonomische Entwicklung am Sturz des Staates beteiligt sein und durch die Aufhebung des Staates befreit werden müssen; andererseits befürwortet er im Kampf gegen den Staat Geheimbündeleien der verschiedensten Art. Er bekämpft also das Hauptquartier der Marxschen Internationale als eine Hochburg des Zentralismus, beschimpft Marx als den »roten Bismarck« und zieht geheimnisvolle revolutionäre Kommandostellen vor, von denen nicht recht einsichtig ist, wie sie durch ihren Sieg jegliche freiheitsbeschränkende Autorität aus der Welt schaffen sollen.

Aus dem allen ergibt sich eine völlig verschiedene Einschätzung der historischen Aufeinanderfolge von revolutionären Entwicklungen und ihrer geographischen Placierung: Marx kann sich den Beginn der proletarischen Revolution nur auf dem Höhepunkt industrieller Entwicklungen und somit nur in den höchstentwickelten westeuropäischen und amerikanischen Industriezentren vorstellen. Im genauen Gegensatz dazu setzt Bakunin seine Hoffnungen in die zurückgebliebenen Agrar- und Frühindustrieländer, in Rußland, Italien, Spanien. Vor-Proletarier und Proletarier ohne Klassenbewußtsein (»Lumpenproletarier«, wie Marx sagt) sollen die Revolution tragen und den Staat beseitigen. Damit ist eine wichtige Chance für die Popularisierung und den relativen Erfolg der Bakuninschen Lehre gegeben: Sie greift überall dort, wo die Voraussetzungen für eine marxistische

Kampfesform materiell und geistig noch nicht gegeben sind.

Der eigentlich gewaltsame, terroristische Aspekt des Bakuninschen Anarchismus tritt erst relativ spät unter dem Einfluß anderer Dogmatiker auf. Bakunin paßt sich dieser Tendenz eher an, als daß er ihr Wortführer ist. Es sind seine Schüler und Epigonen, die das Attentat, den Mord zum Hauptkampfmittel erklären.

»Es ist die alte Geschichte: Macht korrumpiert selbst die intelligentesten und hingebendsten Männer. Marx, Engels und einige andere heute im Londoner Generalrat dominierende Männer sind gewiß (der Sache) ergeben und intelligent.(...) Marx hat auch seine Fehler. Es sind folgende:

1. Zuerst hat er den Fehler aller Berufsgelehrten, er ist doktrinär. Er glaubt absolut an seine Theorien, und von der Höhe dieser Theorien herab verachtet er alle Welt. (...) Er betrachtet sich dadurch ganz ernstlich als Papst des Sozialismus oder vielmehr des Kommunismus, denn er ist seiner ganzen Theorie nach ein autoritärer Kommunist.(...)

2. Zu dieser Selbstanbetung in seinen absoluten und absolutistischen Theorien tritt als natürliche Folge der Haß dazu, den Marx nicht nur allein gegen die Bourgeois hegt, sondern gegen alle, selbst gegen die revolutionären Sozialisten, die ihm zu widersprechen und einer von seinen Theorien verschiedenen Ideenrichtung zu folgen wagen. Marx ist, – etwas Sonderbares bei einem so intelligenten und so aufrichtig ergebenen Mann, etwas, das nur durch seine Erziehung als deutscher Gelehrter und Literat und besonders durch seine nervöse Art als Jude erklärt werden kann, – Marx ist äußerst eitel, bis zum Schmutz und zur Tollheit. (...)

3. Seine Theorie bietet dazu großen Anhalt. Als Chef und Inspirator, wenn nicht als Hauptorganisator der deutschen Kommunistischen Partei – im allgemeinen ist er wenig Organisator und hat mehr das Talent, durch Intrigen zu spalten, als zu organisieren – ist er autoritärer Kommunist und Anhänger der Befreiung und Neuorganisation des Proletariats durch den Staat, folglich von oben nach unten, durch die Intelligenz und das Wissen einer aufgeklärten Minderheit, die sich natürlich zum Sozialismus bekennt und zum eigenen Besten der unwissenden und dum-

Michail Bakunin (1814–1876)

men Massen eine legitime Autorität über dieselben ausübt.(...)

Diese ganze jüdische Welt, die eine ausbeuterische Sekte, ein Blutegelvolk, einen einzigen fressenden Parasiten bildet, eng und intim nicht nur über die Staatsgrenzen hin, sondern auch über alle Verschiedenheiten der politischen Meinungen hinweg, – diese jüdische Welt steht heute zum großen Teil einerseits Marx, andererseits Rothschild zur Verfügung. Ich bin sicher, daß die Rothschild auf der einen Seite die Verdienste von Marx schätzen, und daß Marx auf der anderen Seite instinktive Anziehung und großen Respekt für die Rothschild empfindet. (...)

Solange es einen Staat gibt, muß es auch Herrschaft geben und folglich auch Sklaverei; ein Staat ohne offene oder verborgene Sklaverei ist undenkbar – das ist der Grund, weshalb wir Feinde des Staates sind. Was soll das heißen, das zur herrschenden Klasse erhobene Proletariat? Soll etwa das ganze Proletariat an der Spitze der Regierung stehen? Es gibt ungefähr vierzig Millionen Deutsche. Sollen etwa alle vierzig Millionen Regierungsmitglieder werden? Das ganze Volk wird regieren und es wird keine Regierten geben. Dann wird es keine Regierungen, keinen Staat geben, denn wenn es einen Staat gibt, dann gibt es auch Regierte, gibt es Sklaven.« (Michail Bakunin: »Staatlichkeit und Anarchie«)

Dazu bemerkt Marx: »Schülerhaft Eselei! Eine radikale soziale Revolution ist an gewisse historische Bedingungen der ökonomischen Entwicklung geknüpft; letztere sind ihre Voraussetzung. Sie ist also nur möglich, wo mit der kapitalistischen Produktion das industrielle Proletariat wenigstens eine bedeutende Stellung in der Volksmasse einnimmt. Und damit es irgendeine Chance zum Sieg habe, muß es wenigstens fähig sein, soviel unmittelbar mutatis mutandis für die Bauern zu tun, als die französische Bourgeoisie in ihrer Revolution für die damaligen französischen Bauern tat. Schöne Idee, daß der Arbeit Herrschaft einschließt Unterdrückung der ländlichen Arbeit! Aber hier kommt der innerste Gedanke des Herrn Bak. heraus. Er versteht absolut nichts von sozialer Revolution, nur die politischen Phrasen davon; die ökonomischen Bedingungen derselben existieren nicht für ihn.« (Karl Marx/Friedrich Engels: Werke, Bd. 18)

Und Engels: »Bakunin hat eine aparte Theorie, ein Sammelsurium von Proudhonismus und Kommunismus, wobei fürs erste die Hauptsache ist, daß er nicht das Kapital, den durch die gesellschaftliche Entwicklung entstandenen Klassengegensatz von Kapitalisten und Lohnarbeitern, für das zu beseitigende Hauptübel ansieht, sondern den Staat. Während die große Masse der sozialdemokratischen Arbeiter mit uns der Ansicht ist, daß die Staatsmacht weiter nichts ist, als die Organisation, welche sich die herrschenden Klassen – Grundbesitzer und Kapitalisten – gegeben haben, um ihre gesellschaftlichen Vorrechte zu schützen, behauptet Bakunin: der Staat habe das Kapital geschaffen, der Kapitalist habe sein Kapital bloß von der Gnade des Staats. Da also der Staat das Hauptübel sei, so müsse man vor allem den Staat abschaffen, dann gehe das Kapital von selbst zum Teufel; während wir umgekehrt sagen: schafft das Kapital, die Aneignung der gesamten Produktionsmittel in den Händen weniger, ab, so fällt der Staat von selbst. Der Unterschied ist wesentlich: die Abschaffung des Staats ist ohne die soziale Umwälzung ein Unsinn. Die Abschaffung des Kapitals *ist* eben die soziale Umwälzung, und schließlich eine Umänderung der gesamten Produktionsweise in sich.« (Zitiert in: K. Kautsky: Briefwechsel mit Friedrich Engels)

DER RÜCKSCHLAG, den die Sozialdemokratie durch die Wirtschaftskrise erlitten hat, trägt den Keim eines neuen Aufstiegs in sich. Für die Liberalen hingegen bedeutet die Depression das Ende ihrer Ära. Zu eindeutig war der Bankrott der ungehemmten Profit- und Spekulationswirtschaft, zu hoch der Preis, den das ganze Land dafür zu bezahlen hatte. Das liberale Kabinett Auersperg, dem der Kaiser eine letzte Chance gab, den verfahrenen Karren flott zu machen, muß scheitern. Der wirtschaftliche Rückschlag ist zu tief und nachhaltig, die neuen Chancen, die sich für das durch den Börsenkrach konzentrierte Hochkapital in der nächsten Industrialisierungswelle ergeben, können nicht mehr als politische Chancen der Liberalen erkannt werden. Es ist den Liberalen auch nicht zuzutrauen, mit den neuen Problemen, die das rasch wachsende Industrieproletariat, aber auch die überwältigende Bevölkerungsmehrheit in den Agrargebieten betreffen, fertig zu werden. Die Liberalen haben in jeder Hinsicht den Nimbus verspielt, den sie lange Zeit, als die Partei der Revolutionäre des Jahres 1848 und als die Triebkraft des konstitutionellen Fortschritts, bewahren konnten.

Die spätere Ablöse der Liberalen durch die Klerikal-Konservativen ist schon 1871 abzusehen, als der Monarch das Kabinett Hohenwart einsetzt. Diese Regierung scheitert allerdings beim ersten Versuch, in der Nationalitätenfrage, die sich noch vor der Wirtschaftskrise als Hauptthema der siebziger Jahre ankündigt, einen neuen Kurs einzuschlagen. Franz Joseph hat den grollenden Tschechen und Slowaken Hoffnung auf eine Anerkennung ihrer nationalen Eigenständigkeit gemacht. Diese erwarten einen „Ausgleich" gleich dem, mit dem der Kaiser wenige Jahre zuvor die Ungarn besänftigte. Aus der Doppelmonarchie soll nun eine Dreiermonarchie werden. Ministerpräsident Hohenwart geht auf dieses Konzept ein: Die Krönung Franz Josephs mit der böhmischen Wenzelskrone im Prager Veitsdom ist schon geplant, Bedřich (Friedrich) Smetana komponiert dafür die Nationaloper »Libuse« (Libussa).

Hohenwart unterschätzt aber den Widerstand der Deutschen, deren eigener Nationalismus eben durch den Sieg Bismarcks über Frankreich entflammt worden ist. Der Ausgleich mit

Zeit des Zornes, der Verwirrung, aber auch der Suche nach neuer Solidarität: Arbeiterversammlung trotz Polizeiverbot

Ungarn hat den Besitzstand der Deutschen nicht wesentlich berührt, die Slawen jedoch wurden durch die Aufwertung der Ungarn zur Hegemoniemacht im Osten und Südosten geschwächt. Ein „Ausgleich" mit den Tschechoslowaken und die Errichtung eines Königreiches Böhmen würde jedoch die reale Mehrheit der Slawen innerhalb der Monarchie dramatisch sichtbar machen: Die große deutsche Volksgruppe in Böhmen-Mähren und Schlesien, die sich noch dazu als geistige und wirtschaftliche Elite fühlt,

würde zu einer Minderheit. Dazu kommt, daß die Ungarn – in der Reichsregierung durch den langdienenden, einflußreichen Außenminister Graf Andrássy vertreten – ihre Sonderstellung, die ihnen die Doppelmonarchie gewährleistet, nicht verlieren wollen. Im letzten Augenblick entscheidet sich der Kaiser gegen die böhmische Königs-Lösung. Das Kabinett Hohenwart ist am Ende, die Liberalen – es folgt die Regierung Auersperg – haben noch eine letzte Regierungschance.

الحج لويوحافظ

Hadschi Loja, der Urvater aller Balkan-Partisanen, sorgt dafür, daß die Besetzung Bosniens und der Herzegowina für die Truppen Franz Josephs kein Spaziergang wird

DIE NATIONALITÄTENFRAGE, die das erste klerikal-konservative Regierungsexperiment zu Fall bringt, führt also den definitiven Sturz der wirtschaftlich und moralisch diskreditierten Liberalen herbei.

Mitte der siebziger Jahre wird das Slawenproblem am anderen geographischen Ende der Monarchie akut. Rußland bereitet sich darauf vor, dem Türkischen Reich einen vernichtenden Schlag zu versetzen und damit die gesamte Machtkonstellation am Balkan zu verändern – eine Situation ähnlich der, die in den fünfziger Jahren zum Krimkrieg führte. Der Zar sichert sich bei Deutschland und Österreich ab: 1876 kommt es in Reichstadt zu einem Treffen zwischen Zar Alexander und Kaiser Franz Joseph: Österreich nimmt die Eroberungsabsicht der Russen zur Kenntnis, der Zar verspricht aber, auf die Errichtung eines gegen Österreich gerichteten großserbischen Staates zu verzichten, und gesteht dem Habsburgerreich bei der Neuaufteilung der Einflußsphären Bosnien und die Herzegowina zu. Nach einem klaren Sieg

gegen die Türken ist dieses Übereinkommen in Frage gestellt, eine Zeit hindurch droht eine kriegerische Konfrontation zwischen Österreich und Rußland. Die Frage wird aber, weil sie auch die Interessen der seinerzeit am Krimkrieg beteiligten westeuropäischen Mächte berührt, internationalisiert. Unter der Federführung Bismarcks findet 1878 in Berlin ein Schlichtungskongreß statt, bei dem Österreich durch den Grafen Andrássy vertreten ist. Der Berliner Kongreß bestätigt die Ansprüche Österreichs auf Bosnien und die Herzegowina.

Nun wird das schwere außenpolitische Problem zu einem ebenso massiven innenpolitischen. War es 1871 um die Besänftigung der Tschechoslowaken gegangen, so ist die Monarchie nunmehr im Begriff, die Situation zusätzlich zu komplizieren und die bestehenden Probleme aufs äußerste zu verschärfen: Der Einmarsch in Bosnien und der Herzegowina, das ist klar, vergrößert den Anteil der Slawen in der Habsburgermonarchie um einen besonders kritischen Teil, noch ehe irgendein anderer slawischer Reichsteil befriedet ist. Vor allem sind es die Deutschen, die sich gegen die gefahrverheißende Vergrößerung des Reiches aussprechen. Ministerpräsident Auersperg und seine liberale Partei, die die Interessen der deutschen Reichsteile und Bevölkerungsgruppen vertreten, werden aber von den expansionslüsternen Militärs ausgeschaltet: Die Monarchie stürzt sich in ein teures und überaus blutiges Abenteuer. Der Einmarsch in Bosnien und der Herzegowina geht nicht so glatt vonstatten, wie die österreichischen Generäle erhofft haben: 100.000 Freischärler und 40.000 Mann türkischer Truppen leisten Widerstand, und das Armeekontingent für die Einverleibung muß verdoppelt werden. Die Österreicher gewinnen zwar die entscheidende Schlacht und setzen sich durch, aber der Erfolg ist nach innen und außen teuer bezahlt: Der Freischarführer Hadschi Loja wird zu einer legendären Figur, die besetzten Gebiete bleiben ein Unruheherd, das zittrige Gleichgewicht innerhalb der Monarchie ist weiter beeinträchtigt, Rußland bleibt ein potentieller Kriegsgegner, und Österreich muß sich – insoferne geht eine Spekulation Bismarcks auf – in ein Bündnis mit den Deutschen begeben. Die Weichen für den Weltkrieg sind dreieinhalb Jahrzehnte vor dessen Ausbruch gestellt.

DEM KRITISCHEN BETRACHTER der Jahre, die dem großen Börsen- und Wirtschaftskrach von 1873 folgen, stellt sich die Krise dieser Zeit als Focus einer krisenhaften Gesamtentwicklung dar, die mit der Revolution 1848 beginnt und mit dem Weltkrieg ihren dramatischen Höhepunkt findet: In jedem Jahrzehnt, in jeder abgrenzbaren Phase dieser Ära wird die große Masse der arbeitenden Menschen von neuen Verschärfungen ihrer Lebens- und Überlebensprobleme bedrängt, wird auch die Angst der Herrschenden vor dem wachsenden Potential der Unzufriedenheit größer und damit die Repression schärfer.

In denselben Jahren erhebt sich, angefacht durch die internationale Entwicklung, der Nationalismus. Die Gleichzeitigkeit dieser Zuspitzungen ist kein Zufall; man kann die chauvinistische Umnachtung, die in die gegenseitige Zerfleischung führt, durchaus als eine Konsequenz der ungelösten und unlösbar scheinenden sozialen Fragen sehen.

Und doch sind diese Jahrzehnte der Gesamtkrise das Zeitalter der eigentlichen industriellen Revolution, also des größten zivilisatorischen Fortschritts der bis dahin abgelaufenen Geschichte. Die kritische Sicht dieser Zeit läßt es als angezeigt erscheinen, das Wort „Fortschritt" unter Anführungszeichen zu setzen: „Fortschritt" als *das Fortschreiten vom Menschen*, als immer grausamer werdende Infragestellung existentieller Lebensvoraussetzungen. Aber zwischen den Anführungszeichen bleibt der Fortschritt doch eine technische, eine ökonomische und somit eine historische Tatsache.

Diese Tatsache spiegelt sich in den Hauptdaten der Wirtschaftsgeschichte: Die Habsburgermonarchie tritt in das Franz-Joseph-Zeitalter als agrarisches Entwicklungsland ein, bleibt lange hinter den Leitnationen des Kontinents zurück – vor allem hinter England –, holt aber doch kontinuierlich auf und hätte gerade an ihrem tragischen politischen Ende die Chance, sich einen der vordersten Plätze zu sichern. In der gesamten Epoche verdoppelt sich das Pro-Kopf-Einkommen, das Bruttosozialprodukt steigt fast ohne Rückschlag stetig an. Die Wirtschaftshistoriker orten drei große Abschnitte: den Aufschwung, der zur Gründerzeit hinführt und mit deren Debakel endet, die Stagnation, die bis in die neunziger Jahre anhält, und einen weiteren starken Aufschwung, mit dem die Monarchie in das neue Jahrhundert eintritt.

Wie ist die objektive Tatsache der stetigen Produktionsvermehrung mit der ebenso objektiv feststellbaren Verschärfung der sozialen Spannungen zu vereinbaren? – Erstens wird der wachsende Ertrag ungleich verteilt: Was an Wohlstand erwirtschaftet wird, kommt im Prunk zum Vorschein, den die alte ebenso wie die neue Besitzklasse entfaltet und der die Voraussetzung für die Hochblüte der städtischen

Das Marcus-Auto (1888): primitive, aber weltweit erste Konstruktion eines Benzin-Automobils durch den Österreicher Siegfried Marcus (1831–1898)

Kultur bildet. Ein weiterer Teil des wachsenden Wirtschaftsertrages macht die soziale und regionale Umschichtung der Bevölkerung überhaupt erst möglich, ohne daß der einzelne einen subjektiv erkennbaren Vorteil erfährt. Und schließlich finanziert das ökonomische Wachstum jene primäre Akkumulation des Kapitals, also der Infrastrukturen und industriellen Produktionsmittel, die die Voraussetzung späteren breiteren Wohlstandes sind. In den achtziger Jahren beginnt der Prozeß der gesellschaftlichen Auseinandersetzung auf einem Entwicklungsniveau, auf dem die arbeitenden Massen nicht mehr ganz leer ausgehen – was eine wesentliche Grundlage für die Verstärkung des Aufschwunges in der letzten Phase dieser Epoche ist.

Ein solcher Blick aufs Ganze läßt erkennen und verstehen, daß auch die finsterste Zeit der Krise in den siebziger und achtziger Jahren gesamtwirtschaftlich keine Zeit des aboluten Stillstandes ist. Im Gegenteil: Es scheint ja der Gesetzmäßigkeit kapitalistischer Entwicklungskrisen zu entsprechen, daß sie gerade deshalb eintreten, weil sich eine neue Welle der technisch-organisatorischen Innovation ankündigt, und daß sie die Voraussetzungen für eine solche Welle schaffen. Das wesentlichste Vehikel heißt dabei: Konzentration.

Diese Konzentration hat ja schon in den dramatischen ersten Stunden und Tagen des Börsenkrachs ihren Anfang genommen: Natürlich erweist sich der erschwindelte Reichtum als Schwindel und zerrinnt zu nichts. Aber die eigentliche Substanz der Wirtschaft ist plötzlich unter ihrem echten Wert zu haben – und wird von den Potentesten und Weitsichtigsten aufgekauft. Dieser Prozeß setzt sich fort: Kleine sterben, Große werden größer. Der Kapitalismus zeigt sich in seiner reifsten Form: als Kapitalismus der Großunternehmungen, der Kartelle, der Trusts – als Imperialismus.

Das technische Substrat der Entwicklung, die auch einen völlig neuen Typus von Großindustrie hervorbringt und die Standorte der Industrie weiter verändert, ist die Auswertung wesentlicher wissenschaftlicher Erkenntnisse und Erfindungen. Die Länder der Monarchie übernehmen Patente und Methoden aus den führenden Hochindustrieländern, die besten Köpfe des Landes sind aber an den Entwicklungen prominent beteiligt.

EIN TECHNISCHER DURCHBRUCH in der Verhüttungstechnik, das Thomas-Verfahren, revolutioniert an der Wende der siebziger zu den achtziger Jahren die österreichische Schwerindustrie. Die phosphorhältigen Erze Böhmens können mit diesem Verfahren vorteilhaft verhüttet werden: ein gewaltiger Auftrieb für Bergbau und Metallindustrie, mit denen sich die Maschinenindustrie weiterentwickelt – moderne Industrie baut moderne Industrie.

Die Dampfmaschine wird in diesen Jahren in jeder Weise perfektioniert: Werkstoffqualität, Meßgenauigkeit und neue Ventiltechnik ermöglichen hohe Drehzahlen. Auch die Lokomotiven werden immer schneller und treiben zusammen mit einem immer mehr expandierenden hochtechnischen Gleisbau den Aufbau eines modernen Personen- und Lastverkehrs voran, der die wirtschaftliche Expansion aus den Industriezentren hinausträgt und den krassen Entwicklungsunterschied zwischen den weit entfernten Teilen der Monarchie allmählich verringert.

Schon kündigt sich das Zeitalter der Verbrennungsmotoren an. Österreich hat hier eine Spitzenposition in der Industriewelt: Bereits 1870 werden solche von Siegfried Marcus gebaut, die zum Unterschied von vorhandenen Prototypen nicht mit dem an bestimmte Standorte gebundenen Leuchtgas, sondern mit Benzin betrieben werden. Marcus ist auch der erste, der in Österreich 1888 ein Auto mit Benzinantrieb konstruiert und gleichzeitig mit anderen eine der wichtigsten technischen Umwälzungen der Jahrhundertwende einleitet.

Der bedeutendste Erneuerungsschub kommt aber von der Auswertung der Elektrizität. Die ersten brauchbaren Generatoren werden in Deutschland, England und Frankreich in den sechziger und siebziger Jahren hergestellt, aber erst in den Achtzigern kommt die Entwicklung voll in Gang, wobei der Durchbruch zu schnelllaufenden Dampfmaschinen für die Stromerzeugung von besonderer Bedeutung ist. Eine wichtige Neuerung ist die Nutzung des Wechselstroms durch die Budapester Firma Ganz & Co. Sie baut in der Folge modernste Anlagen in ganz Europa, darunter das E-Werk zur Stromversorgung von Rom.

In Österreich entstehen in den achtziger Jahren die ersten Kraftwerke und die ersten städtischen Stromversorgungsnetze.

Das Zeitalter der Elektrizität beginnt: Probebeleuchtung des Grabens in Wien

Vom Anfang der elektrotechnischen Entwicklung an wird auch der Nutzung der neuen Energie zur Fortbewegung gedacht: 1883 fährt die erste elektrische Eisenbahn von Mödling in die Hinterbrühl. 1886 nimmt Scheibbs ein E-Werk in Betrieb, 1887 Salzburg und 1889 schließlich Wien.

Nun werden die verschiedenen Anwendungsmöglichkeiten der Elektrizität durchprobiert. Als am wichtigsten erweist sich der Einsatz von Elektromotoren zusammen mit dem der Benzinmotoren in der Industrie und vor allem im Gewerbe. Das elektrische Licht geht an: Bei einer Fachausstellung in Wien werden 1883 von 70 Firmen 57 verschiedene Typen von elektrischen Glühlampen vorgestellt.

Interessanterweise überholt gerade in diesen Jahren, 1885, das Gaslicht mit der Erfindung des Glühstrumpfes durch Auer von Welsbach die neueste Technologie. Vor dem Zeitalter des elektrischen Lichts tritt das Gaslicht seinen Siegeszug an.

Eine weitere gewaltige Welle von Neuerungen begründet die moderne chemische Industrie. Auch hier werden in den Jahren der Krise die Weichen gestellt. Als die Massenfabrikation von Ziegeln durch die konzernartige Konzentration der Erzeugung ihrem Höhepunkt zustrebt, wird die Betonbauweise entwickelt – eine weitere Tür ins nächste Jahrhundert.

Alle diese industriellen Errungenschaften, die ja noch immer erst für eine Minderheit der arbeitenden Bevölkerung relevant sind, wirken auf den Agrarbereich ein, in dem weiterhin die überwältigende Mehrheit beschäftigt ist.

Die Industrie bietet der Landwirtschaft eine breite Palette von Maschinen an, die eine Rationalisierung der Produktion ermöglichen. Aus heutiger Sicht mutet diese erste Generation, die auf der Dampfenergie beruht, vorsintflutlich an.

Ihre Verwendung – vor allem die der Dreschmaschinen – bleibt erst den fortgeschrittensten Landesteilen, jedenfalls den begünstigten Flachlandgebieten in relativer Stadtnähe, vorbehalten. Aber die Tendenz zur Zusammenlegung landwirtschaftlicher Produktionsflächen wird durch die Mechanisierung immer stärker.

Die Einwirkung der Industrie auf die Landwirtschaft ist aber rückbezüglich: Zugleich mit dem Angebot von immer neuer Agrartechnik und – gegen Ende des Jahrhunderts – auch Agrarchemie sucht die Industrie in ihrer Hochentwicklungsphase neue Arbeitskräfte, und sie braucht mehr Lebensmittel, um diese Arbeitskräfte auch ernähren zu können. Es kommt ein sich wechselweise bedingender und verstärkender Umwandlungsprozeß in Gang: Nach der ersten, jahrzehntelang wirksamen Agrarrevolution durch bloße Veränderung der Produktionsweisen und Produktpaletten beginnt nun die eigentliche Konzentration. Das Produktionsziel ändert sich grundsätzlich: Der landwirtschaftliche Betrieb produziert nicht mehr vorwiegend für den Eigenbedarf, sondern vor allem oder sogar ausschließlich für den Markt; er wird somit in jeder Beziehung in das kapitalistische Produktions- und Handelssystem einbezogen.

In diesen Jahren rascher Umstellung begreift niemand die grundsätzliche Verschiedenheit, die auch eine moderne Landwirtschaft neben der Industrieproduktion eigenen Gesetzen unterwirft. Vorerst völlig ungeschützt durch solche kritischen Einwände sieht sich die Bauernschaft einer grausamen Umwälzung gegenüber, die sie materiell wie kulturell völlig überfordert. In mißverstandener Liberalität hat die Regierung 1868 die freie Teilbarkeit der Bauerngüter eingeführt; nur Tirol ist ausgenommen. In der Folge verschulden sich die schwächeren Betriebe hoffnungslos, weil in jedem Erbfall die »weichenden« Kinder ausbezahlt werden müssen. Die Folge ist ein Massensterben der kleineren oder ungünstig gelegenen Bauernhöfe, vor allem im Bergland. Es ist die Zeit des »Bauernlegens«, wie es Peter Rosegger bekämpft und in seinem Roman »Jakob der Letzte« so eindrucksvoll beschreibt.

Der kapitalistische Entwicklungserfolg bleibt allerdings nicht aus: In den letzten Jahrzehnten der Monarchie kommt es in den einzelnen Produktionsbereichen zu Verdopplungen, ja zur Vervielfachung des Agrarertrages. Die Zuckerrübenproduktion und die Zuckerindustrie werden stark. Gleichzeitig verfällt allerdings der Produktionspreis, vor allem deshalb, weil nun Importe aus Amerika und Rußland auf den Markt kommen. Die neuen modernisierten Landwirtschaftsbetriebe verdienen daher nicht mehr, obwohl sie immer mehr produzieren – ein weiteres Motiv zur Rationalisierung, zur Freisetzung von Arbeitskräften für die Industrie, zur weiteren Kommassierung der freiwerdenden Landflächen; angesichts sinkender Preise kommen die Kleinbauern, die die Produktion nicht steigern können, völlig unter die Räder.

Die Agrarrevolution macht die Industrierevolution möglich, weil sie Menschenmaterial und Nahrung zur Verfügung stellt. Die immer weniger werdenden Landbewohner, die aber noch immer in der Mehrheit sind, erleben die Umstellung als Schock: Das Problembündel der achtziger Jahre wird noch umfangreicher.

Viehbestand 1850 – 1900 in Österreich (in 1000 Stück)

Jahr	Rinder	Schafe	Schweine	Ziegen
1850	2343,6	1760,8	696,4	245,5
1857	2443,5	1236,3	1448,9	305,6
1869	2437,0	1239,3	1102,2	316,9
1880	2671,8	931,7	1195,3	302,0
1890	2659,6	742,9	1525,5	310,9
1900	2798,0	580,6	1758,7	292,9

(Quelle: Sandgruber, Agrarstatistik)

VOR JEDER ENTWICKLUNG STEHT EINE ERFINDUNG, vor jeder Erfindung eine Entdeckung, vor jeder Entdeckung eine Vision, eine Theorie, die eine Idee von nirgendwann und nirgendwoher, von Utopia, ins Jetzt und Hier überträgt. Die Umwandlung von wissenschaftlichen Entdeckungen in technische Erfindungen und wirtschaftliche Entwicklungen setzt neue Phantasien frei. So wird die stürmische Zeit der Hochtechnisierung und Hochindustrialisierung auch zu einer unglaublichen Hochkonjunktur neuen utopischen Schreibens und Denkens.

Man hat den Eindruck, daß die jungen Menschen, die früher Liebesgedichte geschrieben haben, nun den romantischsten Teil ihrer literarischen Jugend damit zubringen, sich auf fremde Planeten und Sterne, in vergangene oder zukünftige Zeiten, in die Höhen jenseits der Atmosphäre oder in die Tiefen des Meeresgrundes zu versetzen. Während im geistigen Umfeld der Französischen Revolution die sozialen, die sozialistischen Utopien überwogen haben, tritt nun die naturwissenschaftlich-technische Utopie in den Vordergrund. Die Motive, auf die sie zurückgreift, sind allerdings im Prinzip uralt und stammen aus der Sagenwelt aller Kulturen und Religionen: Der Traum vom Fliegen und vom Überwinden endloser Fernen, der Traum vom Tauchen und vom Vordringen in unendliche Tiefen, der Traum von der übermenschlichen Geschwindigkeit, der Traum von Verwandlung und Verdoppelung, der Traum von magisch funktionierenden Arbeitssklaven, der Traum von Tarnkappen und von Verwandlungen der Existenz. Noch ist aber die individuelle Substanz des Humanen im allgemeinen ein Fixum. Die populärsten Utopien zeigen eine technisch hochgerechnete phantastische Zukunft, in der der Mensch so bleibt wie er ist: im gutbürgerlichen victorianischen Anzug, mit Gilet und Zylinder. Führender Utopist dieser Zeit und dieses Stils ist der Franzose Jules Verne.

»„Die Wände des Geschosses sind dicht, das versichere ich Ihnen. Und dann werde ich durch die Atmosphäre so schnell hindurch sein, daß wir diese Frage als erledigt betrachten können."
„Und was atmen sie unterwegs?"
„Luft, die ich durch einen chemischen Prozeß erzeuge."

Titelblatt zu Jules Vernes »Von der Erde zum Mond«, 1874

„Und der Sturz auf den Mond? Wenn Sie jemals..."
„Der vollzieht sich sechsmal langsamer als hier auf der Erde, denn die Anziehungskraft ist dort oben sechsmal geringer."
„Trotzdem werden Sie zerbrechen wie Glas!"
„Warum? Wer hindert mich denn, meinen Sturz mit Bremsraketen zu verlangsamen?" (...)
Plötzlich, gegen elf Uhr morgens, blieb ein Glas, das Nicholl normalerweise aus der Hand gefallen wäre, in der Luft schweben.
„Endlich was Witziges an der ganzen Physik!" rief Michel Ardan. Auch andere Gegenstände, Flaschen, Aschenbecher und Pistolen rührten sich nicht von der Stelle, an der man sie losgelassen hatte. Michel demonstrierte wie ein Varietékünstler das berühmte Schwebewunder am lebenden Objekt.« (Jules Verne: »Von der Erde zum Mond«)

Aus den Tagebüchern der Emma Adler

Viel zu ungebildet und völlig unvorbereitet kam ich in dies herrliche Land Italien, wohin sich so viele begabte Künstler ihr Leben lang vergebens sehnen.

In Florenz war die alte Sorglosigkeit und Heiterkeit wieder über uns gekommen. Eines Tages gingen wir durch eine Straße, wo sich viele Ateliers von Malern und Bildhauern befanden. (...) Wir standen vor einem Bildhaueratelier und betrachteten die Statuen durch die Fenster des Erdgeschoßes. Nach einer Weile kam der Bildhauer heraus, stellte sich uns vor und bat Victor zu erlauben, daß er die Signora modelliere, da er gerade so einen Kopf für eine Gruppe zur nächsten Ausstellung bedürfe. Lachend willigte Victor ein und wir verbrachten einige angeregte Stunden in dieser Kunstwerkstätte.

Ehe der Künstler ans Werk ging, bat er mich, den steifen Kragen abzulegen, zwei Knöpfe zu öffnen und Knopflöcher der Taille einzubiegen, wodurch sogleich ein malerisches Dekolleté entstand und der Bildhauer sich für befriedigt erklärte. Unter Gesprächen über Kunst, Italien, Reisen und Ausstellungen war die Zeit unfühlbar vergangen, es war inzwischen Nachmittag geworden, doch wir merkten es nicht, denn es interessierte uns höchlich zuzusehen, mit welcher Geschicklichkeit und Kunst aus dem Tonklotz immer deutlicher mein Kopf sichtbar wurde. Die Ähnlichkeit war auffallend. Mit dieser einen Sitzung, erklärte der junge Künstler, sei sein Modell genügend klar dargestellt, es sollte in Marmor ausgeführt werden. Er versprach, uns einen Abguß zu schicken. Aber wir bekamen ihn nie. (...)

Es war Vormittag, Victor war ausgegangen. Als er heimkam, hörte ich ihn im Nebenzimmer laut lachen. Ich ging hinein, um zu fragen, was es so Heiteres gäbe. Aber er sagte nur, er könne es mir nicht so kurz sagen, ich müsse es selbst lesen, wobei er mir ein Exemplar der »Fanfulla« reichte, es ist dies das klerikale Blatt, die päpstliche Zeitung. Darin stand folgender Artikel:

»Fanfulla« No. 351, Rom, Donnerstag 26. und Freitag 27. Dezember 1878

Weihnachtsfest im »Circolo Tedesco«

»Zunächst einen Blick auf den Saal. Man hat ein Theater aus ihm gemacht und die Wände mit Fresken geschmückt, unter denen ich Eva gewahre, die, zu Ehren des Gesetzes De Sanctis über das Turnen, ihre Geschicklichkeit auf den Zweigen eines Baumes aus dem Paradiese beweist. In einer Ecke steht der „Weihnachtsbaum". (...)

Die Damen sind genau von jener Sorte, die Tag für Tag unsere Museen und unsere legendenhaften Ruinen bevölkern. Rosige, runde Gesichtchen, wie Äpfel, mit Haaren, die an den Flaum von reifem Mais erinnern, oft mit Brillen, immer mit dem Baedeker bewaffnet. Sie plaudern untereinander und mit den Herren in jener gesegneten Sprache voll „s", „t" und „z"; so daß ich den Eindruck habe, mich anstatt in einem Gesellschaftssaal in einem Buchenwald zu befinden, dessen Blätter im Winde lispeln, oder an einem kleinen einsamen Wasserfall in einem Alpentale. Nie erhebt sich eine Stimme über die andere . . . die Deutschen verstehen es sogar, beim Lachen ernst zu bleiben.

Mir gefielen die schönen Frauen, und besonders gefiel mir . . . Den Namen weiß ich nicht und will ihn nicht wissen . . . und es würde mir wie eine Profanierung vorkommen, sie anders zu nennen als Madonna. Es ist eine Madonna des Murillo, ganz Sanftmut, Lieblichkeit, Gefühl.

Diese Vision erinnert mich an eine Reise nach Andalusien, die ich vor einigen Jahren gemacht habe, auf einem Fahrzeug aus der bewährten Fabrik von Edmondo de Amicis. Aber ich habe keine Zeit mehr, den Gedanken nachzuhängen. Orgeltöne werden hörbar, als sanfte Begleitung eines Kirchenliedes, das aus unbekannten Regionen aufsteigt. Es wird totenstill im Saal. Das Licht erlischt. Nur die Augen der andalusischen Madonna werfen, wie Diamanten, den Glanz der letzten Helle zurück.«

Also die »Madonna« war ich. Ich freute mich in meiner kindischen Eitelkeit über diese ästhetische Anerkennung, und Victor fand es belustigend, daß ich in dem päpstlichen Organ als »Madonna« figurierte.

✳

Im Juni 1879 kehrten wir nach Wien zurück. Ich erwartete meine Niederkunft im Hause meiner Schwiegereltern. (...) Mein Sohn (Friedrich) kam zur Welt. Unser Freund Siegfried Lipiner feierte seine Geburt durch ein Gedicht, das Victor sehr beglückte.

Emma Adler mit ihren Kindern   *Kaiserin Elisabeth – Besucherin bei der Familie Adler*

Als ich mich nach der Geburt meines Sohnes etwas erholt hatte, verbrachten wir einige Sommerwochen in der Villa auf dem Kahlenberg, die damals Victors Vater gehörte. Eines Tages kam unangemeldet die Kaiserin Elisabeth, um die Villa zu besichtigen. Sie wollte sie für den Kronprinzen Rudolf kaufen, doch war die Villa für eine Hofhaltung nicht groß genug. Es war ein heißer Sommertag, und wir schliefen am Nachmittag. Da stürzte unser Dienstmädchen in mein Zimmer und sagte: »Bitt schön, gnä Frau, die Kaiserin kimmt.« Ich hörte diese Meldung im Halbschlaf, sie vermischte sich mit meinem Traume, ich drehte mich um und schlief weiter. Dann stürzte das Dienstmädchen noch einmal ins Zimmer und schrie aufgeregt: »Gnä Frau, die Kaiserin is' scho da.« Ich schlug die Augen auf, sprang vom Sofa auf, richtete meine Haare, eilte in Victors Zimmer, um ihn zu wecken und zur Eile anzutreiben. Seine Toilette bestand ebenfalls darin, daß er seine Haare kämmte. Drei Minuten später standen wir der Kaiserin gegenüber. Die Kaiserin war sehr freundlich, sprach mit Victor ganz auf gleich und gleich, nichts von huldvoller Herablassung, wie die Phrase lautet. Von der vielgerühmten Schönheit war nichts zu bemerken, damals war sie erst vierzig Jahre alt. Sie ließ sich von Victor alles mögliche erklären und zeigen. Zum Beispiel interessierte es sie, ob man Schönbrunn vom Kahlenberg aus sehen könne. Die antiken Möbel, der wertvolle kassettierte Plafond aus dem 17. Jahrhundert, die Leiden Christis darstellend, interessierten sie gar nicht, sie streifte über alles mit einem raschen Blick. Sie nahm von mir Blumen sehr freundlich an, blieb bei der Wiege unseres Kindes stehen und fragte, ob es mein Kind sei. So freundlich die Kaiserin war, so hochmütig und unfreundlich waren ihre Vorleserin und der diensttuende Kavalier. Sie waren beide außer sich, daß Victor neben der Kaiserin und nicht sechs Schritte entfernt von ihr ging. Auch sagte er einmal Sie statt Majestät, das waren in den Augen und Ohren dieser Hofschranzen große Verbrechen. Aber schließlich hätten sie einsehen müssen, daß uns die Vorschriften des spanischen Hofzeremoniells nicht so geläufig waren. Im Stall wurde die Kaiserin sehr angeregt und interessiert. Es war auch kein gewöhnlicher Stall, alles von weißem, blendend schönen Marmor: die Futterkrippen, die Wände und der Boden. Ehe die Kaiserin die Villa verließ, befahl sie auf ungarisch ihren Begleitern, dem Gärtner etwas zu geben. Er bekam zehn Gulden. Noch lange nachdem die Gesellschaft schon fort war, stand der Gärtner, mit der Banknote in der Hand, vor Freude erstarrt da. So ein Trinkgeld hatte er noch nie in seinem Leben erhalten.

Billige Arbeitskraft Frau: Formerinnen im Wienerberger Ziegelwerk

ES WIRD ERNST MIT DER INDUSTRIELLEN REVOLUTION. In den Jahren, in denen die Länder der österreichisch-ungarischen Monarchie oder, besser gesagt, ihre am weitesten entwickelten Zentren, in das Zeitalter der Hochindustrialisierung, des Kartell-Kapitalismus und damit in das Zeitalter eines nach Anzahl und Erwerbsform klar erkennbaren Proletariats eintreten, verschieben sich auch die Formen des Zusammenlebens. Der Unternehmer verliert im Kernbereich der Industrie jeden patriarchalischen Zusammenhang mit den Arbeitern – mit den Angestellten noch nicht in diesem Maße. Zwar scheinen in der Statistik nur drei bis fünf Prozent der Betriebe als Großbetriebe auf, aber diese beschäftigen mehr als fünfzig Prozent der Arbeiterschaft. Die Lebensformen, die sich aus dem Verhältnis eines Tausend-Mann-Unternehmens zu seiner Belegschaft ergeben, werden zur Norm auch im Bereich der kleineren Industriebetriebe und des Gewerbes.

In allen Bereichen verlassen die Lohnempfänger nach und nach das Dach des Dienstherrn. Die Zahl der Verehelichungen nimmt langsam, aber beständig zu, die Ehen werden auch in den westlichen Ländern der Monarchie, vor allem im industriellen Zentralraum, früher geschlossen als in den fünfziger und sechziger Jahren üblich war. Der langsame Fortschritt der Medizin bringt eine allmähliche Zunahme der Lebenserwartung. Damit steigt aber über eine lange Entwicklungsstrecke die Gesamtzahl der Geburten, weil jung verheiratete Frauen mehr Kinder zur Welt bringen als ledige oder spät verheiratete Frauen; die Gegenwirkung irgendeiner Form von Geburtenkontrolle ist noch nicht spürbar. Wie wenig diese Entwicklung als Fortschritt zu erkennen ist, geht daraus hervor, daß die Kindersterblichkeit lange Zeit unverändert bleibt: Immer mehr Säuglinge sterben nun nicht mehr als Findelkinder, sondern in der Familie, aber sie sterben. Auch am Anteil der Frauen- und insbesondere der Kinderarbeit ändert sich nicht viel, denn die Arbeiterfamilie steht unter dem gleichen Erwerbsdruck wie vorher der isolierte Arbeitnehmer. In den Zuwachszahlen des Sozialprodukts scheinen allerdings die neuen Konsumkategorien der Familien als Zuwächse auf: Ein Großteil des Einkommens geht ja für den Mietzins und für Heizung auf; das ist volkswirtschaftlich gesehen ein Wachstumselement, wird aber von den Familien als drückende Last erlebt.

Die Tendenz zur Proletarierfamilie steigert die Nachfrage nach Arbeiterwohnungen im Bereich der neuen Industriezentren, führt dort zu einem Bauboom, an dem einige Großunternehmer, etwa die Aktionäre der Wienerberger Ziegelbrennereien, reich werden, prägt das Gesicht der neuen Außenbezirke, schafft aber eine noch nie dagewesene Situation drastischer Gegensätze. In den achtziger Jahren vermehrt sich in ganz Wien und seinen Fabriksvororten die Zahl der Arbeiterwohnungen um ein Viertel, in den neuen Arbeiterbezirken Favoriten, Floridsdorf und Ottakring tritt beinahe eine Verdopplung ein. In den winzigen Zimmer-Küche-Bassena-Wohnungen mit Gangklosett leben zusammengedrängt bis zu zehn Personen; das Untermieter- und Bettgeherwesen ist schlimmer als in der Mitte des Jahrhunderts, denn die Zahl der Zuwanderer aus den Agrargebieten der ganzen Monarchie ist jeweils viel größer als der Zuwachs an neuen Wohnungen und jedenfalls größer als die finanzielle Leistungskraft der jeweils Ärmsten.

In den neuen Arbeiterbezirken entsteht ein Stau an Wohnbedarf, der die Hausherren zu groteskem Zinswucher verführt. So kommt es, daß in den Arbeiterbezirken sämtliche Kosten der Lebenshaltung bis zu doppelt so hoch sind wie in den noblen Wohnbereichen des ersten Bezirks. Auch der Kubikmeter umbauten Wohnraums ist in den Arbeiterwohnungen teurer als in der Innenstadt. Eine zeitgenössische Gegenüberstellung des Wiener Magistrats zeigt (auf der nächsten Seite) die drastischen Folgen für die Gesundheit, die sich aus diesen Gegensätzen des Lebensstandards zwischen erstem und zehntem Gemeindebezirk ergeben:

Billige Arbeitskraft Frau: Erdarbeiterinnen bei der Gasrohrverlegung

Es starben	im I. Bezirk		im X. Bezirk	
im Jahr	insgesamt	von 1000 Einw.	insgesamt	von 1000 Einw.
1881	936	13,53	1737	31,73
1882	879	12,76	1891	32,91
1883	872	12,69	1743	28,90
1884	792	11,56	1691	26,70
1885	877	12,85	2025	30,45
1886	782	11,50	1908	27,47
1887	737	10,88	1955	26,67
1888	721	10,68	2148	27,91
1889	772	11,47	2270	28,10
1890	794	11,84	2231	26,30

Mangels auch nur minimaler sozialer Einrichtungen müssen die Proletarierfamilien die Kosten für Krankheit und Sterben selber tragen, das heißt: Der fehlende Gulden, der zu Unterernährung und Wohnungsüberbelegung führt, wird nachträglich, wenn Krankheit und Siechtum als Folge eintreten, erst recht einbehalten – was die Not für die betroffene Familie noch ärger und das Krankheitsrisiko noch größer macht.

Es starben im Jahr 1890 von je 10.000 Bewohnern

	Im Bezirk	
	I.	X.
An Krankheiten des gesamten Nervensystems	12,8	33,8
An Krankheiten der Atmungsorgane	20,7	58,2
An Krankheiten der Kreislauforgane	13,3	9,8
An Krankheiten der Verdauungsorgane	7,9	35,5
An Infektionskrankheiten	4,5	23,8
An Lungentuberkulose	19,8	55,2

Über die seltsame Ausnahme bezüglich der Kreislauferkrankungen kann man medizinische Vermutungen anstellen: Möglicherweise hätten genauso andere Wohlstandskrankheiten wie die Gicht eine solche Umkehrung erkennen lassen.

Die Relation Wien-Innenstadt/Wien-Favoriten ist sicherlich kraß, aber keineswegs atypisch für die Zustände in den Industriezentren der Monarchie. Eine etwas anders – nach »Wohlhabenheitsklassen« – erstellte Statistik aus Budapest zeigt für dieses Jahrzehnt folgendes Ergebnis:

Es starben in Budapest in den Jahren 1879 – 1882 von je 10.000 Einwohnern

	In der Wohlhabenheitsklasse			
An	I	II	III	IV
Croup und Diphteritis	6	10,5	12	14
Keuchhusten	2	3	3	4
Scharlach	4	5,5	5	6
Masern	1,5	6	4	7
Blattern	5	4	13	13,5
Typhus	3	4	5,5	9
Lungentuberkulose	164	251	311	388

(Quelle: Teisen, Das sociale Elend)

Extrablatt.

Eigenthümer und Herausgeber: F. J. Singer.

Administration, Expedition und Inseraten-Aufnahme: I., Schulerstraße 16.

Inserate vom Auslande werden außer in unserem Blatt auch in den Herren Haasenstein & Vogler, Rudolph Mosse, R. Oppelik u. alle Annoncen-Bureaux in den Hauptstädten Europas.

Manuskripte werden nicht zurückgestellt.

Nr. 187.   Wien, Dienstag, 10. Juli 1883.   **12. Jahrgang.**

Ein Schattenbild aus dem Großstadtleben.

Die ersten Arbeiterhäuser gleichen den Keuschen auf dem Land. Die späteren Zinskasernen bringen mit Bassena und Gangklosett ersten minimalen Komfort

In der vielfachen Streßsituation des überforderten, eingeengten Viel-Personen-Arbeiterhaushalts leidet nicht nur der Körper, sondern auch die Seele. In der schlimmsten Belastungszeit der siebziger Jahre steigt die Zahl der Selbstmorde um mehr als die Hälfte. Im selben und im nächsten Jahrzehnt wächst auch in markanter Weise die Zahl der Geisteskrankheiten; die genaue Einzeldiagnose bleibt der Phantasie des Historikers überlassen. Der kritische Zeitgeschichtler T. W. Teißen schreibt 1894 rückblickend in seiner Dokumentation »Das sociale Elend und die besitzenden Klassen« über dieses Phänomen:

»Für unrichtig halte ich die Ansicht, wonach die Ehe einen wohltätigen Einfluß in dieser Beziehung ausübt. Man stützt diese Ansicht auf die Tatsache, daß es unter den Geisteskrankheiten mehr Unverheiratete als Verheiratete gibt. Sie wurden doch nicht deshalb, weil sie nicht geheiratet haben, irrsinnig, sondern sie haben nicht geheiratet, weil sie die materielle Grundlage für den häuslichen Herd trotz allen Ringens nicht gewinnen konnten und deshalb den Verstand verloren.«

An dieser Analyse ist nicht nur die zweifellos relevante sozialpsychologische Argumentation interessant, sondern auch die unbeabsichtigte kulturelle Bewertung des Zeittrends: So erstrebenswert ist also in dieser Zeit auch für die Ärmsten die Gründung einer Familie und eines noch so mühselig finanzierten Haushaltes geworden, daß einem einsichtigen Beobachter das Scheitern der Familiengründung immerhin als auslösendes Motiv einer Psychose erscheinen kann.

Das nächste traurige Kapitel der Sozialgeschichte, das sich hier anschließt, betrifft die Kriminalität. Mit Bezugnahme auf den gleichen Autor ist zu zitieren, daß zwischen 1874 und 1888 die Zahl der jährlich strafrechtlich Verurteilten von 366.333 auf 574.252 steigt. Vom Börsenkrach 1873 bis zum Jahr 1889 ist beinahe eine Verdoppelung der Verurteilungen festzustellen. In diesem Zeitraum tragen immer neue verschärfende Strafgesetze dazu bei, die Zahl der Straffälligen steigen zu lassen. Vor allem ist es das fortschreitend differenziert normierte Delikt der »Vagabondage« – also jenes Delikt, das jeder Arbeitslose begehen muß, um nicht zu verhungern. Oft kommt es zu dieser »Landstreicherei« auf dem grausamen Umweg über die Abschiebung des Erwerbslosen in die mittellose Heimatgemeinde, der nichts übrigbleibt, als den unerwünschten Heimkehrer als Bettler auf die Straße zu setzen.

In den achtziger Jahren werden 63 Prozent der Angeklagten wegen Eigentumsdelikten verurteilt. Auf Grund des am 24. Mai 1884 in Kraft getretenen neuen Vagabundengesetzes wird bis 1889 eine halbe Million Menschen verurteilt: ein Volk von Landstreichern, sollte man glauben. Die Zahl der ausgewiesenen Armen unter den wegen Verbrechens Verurteilten steigt von 88,8 Prozent im Jahre 1885 auf 90,5 Prozent im Jahre 1889. Die Zahl der jugendlichen und der weiblichen Verbrecher schwillt markant an – ein Indiz für die zunehmende Not der Jungen und die Hilflosigkeit der Frauen aus den niederen Gesellschaftsschichten.

In den siebziger und achtziger Jahren steigt auch die Zahl der in Versorgungshäusern Unterge-

»Entlassen« nennt der Künstler diese sozialkritische Darstellung

brachten oder von Armeninstituten Unterstützten. Das ist ein winziger Lichtblick bezüglich des Standes der – noch immer durch und durch philanthropischen, almosenhaften – Sozialpolitik. Es wird festgehalten, daß die 42 größten österreichischen Gemeinden in den Jahren 1883 bis 1887 insgesamt 30 Millionen Gulden für Fürsorgeeinrichtungen ausgeben. In Wien allein steigen in diesem Zeitraum die Fürsorgeausgaben von 3,3 auf 3,7 Millionen. Wie es in kleinen Gemeinden aussehen mag, deren Durchschnittsbevölkerung nicht viel besser lebt als die Insassen von Armenheimen anderswo, bezeugen Hilferufe von Bürgermeistern, die von einer Verschuldung von 10.000 Gulden berichten und für die Armen einen Zuschuß von sechs Gulden pro Jahr erbitten.

Es ist nicht zu verwundern, daß sich manche Gemeinden bemühen, ihre Armen, Krüppel und „Idioten" als Auswanderer nach Amerika zu schicken – ein punktueller Hinweis auf eine Entwicklung, die erst um die Jahrhundertwende ein vorrangiges Thema der Bevölkerungspolitik sein wird: Zwei Millionen Staatsbürger der Monarchie bereiten sich darauf vor, auf der Flucht vor existentieller Ausweglosigkeit den Atlantik zu überqueren.

EIN VERTRACKT LIEBENSWERTER ASPEKT der Situation wird in einem Kommentar des Musikhistorikers Otto Biba offenbar. Er schreibt über die letzten Jahrzehnte des 19. Jahrhunderts im Zusammenhang mit der Mobilisierung der musikalischen Talente durch den kulturbeflissenen Wohlstand der wohlhabenden Schichten: »Musikanten gab es weithin. Man engagierte sie nicht, um sie zum Tanz aufspielen zu lassen, sondern sie kamen von selbst, von Haus zu Haus, von Hof zu Hof, von Straße zu Straße: Hofmusikanten, Straßensänger, Bettelmusikanten, Nachfahren des von Franz Grillparzer verewigten „Armen Spielmannes" und dennoch nunmehr typisch für diese Zeit. Gestrandete Existenzen, versehrte Veteranen, Arbeitslose fanden im Musizieren einen (wenn auch den bescheidensten) Lebensunterhalt.« (O. Biba: »Musik«, in: »Das Zeitalter Kaiser Franz Josephs«, 2. Teil, Bd. 1)

Allerdings klingt in der gespielten Fröhlichkeit des Straßenmusikanten, die die Welt der Ausgebeuteten mit der Welt der Ausbeuter klangvoll verbindet, etwas von jener Hoffnung, die der emotionslose Blick in die Statistik des Bruttosozialproduktes erkennen läßt: Auf der tiefsten Talsohle des dritt- und zweitletzten Jahrzehnts des 19. Jahrhunderts, als das äußerste Leid bewirkt und der äußerste politische Zorn entfacht wird, läßt sich erkennen, daß die objektive Entwicklung der Produktion nicht nur für die bisherigen Nutznießer, sondern auch für die Entrechteten und Enteigneten Zukunftsaussichten birgt: Der anlaufende wirtschaftliche Aufschwung ist die Basis des Kampfes der Arbeiterschaft um einen gerechten Anteil an den von ihr geschaffenen Werten, aber auch eine Voraussetzung für den Versuch, durch Eingriffe von oben mehr Gerechtigkeit zu schaffen und so die Empörung zu mildern.

Die qualifiziertesten Teile der Arbeiterschaft, die unter der Berufsbezeichnung »Mechaniker« eine kleine Arbeiter-Aristokratie bilden, setzen bereits den Fuß in die Welt des neuen Wohlstandes. Es bahnt sich etwas an, was man in Umkehrung eines Begriffes unserer Zeit als eine „Ein-Drittel-Gesellschaft" bezeichnen könnte: Die winzige Oberschicht der alten und neuen Aristokraten, der Großkapitalisten, der im Ausscheidungsprozeß arrivierten Bürger und Großgrundbesitzer beginnt den Ertrag der Volkswirtschaft mit jenen zu teilen, die für den Fortschritt unersetzbar sind. Jenseits der Ein-Drittel-Grenze leben jene, die genau das sind, was wir heute jenseits der unteren Grenze der Zwei-Drittel-Gesellschaft vorfinden: Fremdarbeiter. Zwei Drittel der Gesellschaft sind damals, vor hundert Jahren, so entwurzelt, so wenig integriert, wie es heute noch oder wieder die „Fremdarbeiter" sind. Sie sind regional, sozial und kulturell unterwegs aus einer verlorenen Heimat in ein neues Land, das den Entmutigten als Bedrohung, das den Mutigen als Verheißung erscheint. Und die neuen politischen Bewegungen, die in diesen Jahrzehnten entstehen, kämpfen darum, die bessere Verheißung, die glaubhaftere Vision einer besseren Zukunft anzubieten. Der Kampf der entstehenden Massenparteien hat die Mobilisierung der breiten Bevölkerungsschichten zum Ziel, geistig wird aber doch um Angehörige des „oberen Drittels" gekämpft, denn vorerst sind nur diese politisch ansprechbar.

DER TRAUM VOM VERHEIRATETSEIN, der Traum von der eigenen Wohnung, der sich in den Jahrzehnten vor der Jahrhundertwende allmählich für die arbeitenden Menschen zu verwirklichen beginnt, ist also vorerst ein Albtraum – vor allem für die Arbeiterfrau. Der Fluch, der auf diesem neuen Leben lastet, ist der gleiche, der die arbeitende Frau vorher bedrückt hat: der unkontrollierte und unkontrollierbare Kindersegen. Die ganze physische, psychische und auch wirtschaftliche Last des Gebärens, Betreuens und Ernährens der durch die zahlreicheren Eheschließungen zahlreicheren Kinder trifft die Frau. Jahr für Jahr steht sie monatelang schwanger an der Maschine und bangt dem Tag entgegen, an dem sie den für die Familie so unerläßlichen kleinen Lohnbeitrag nicht mehr erarbeiten kann, weil das Kind kommt. Mit jeder Geburt wird das existentielle Dilemma größer: Die Frau erlebt als Verwalterin des knappen Familienbudgets, wie schwer es ist, die schon wieder vergrößerte Familie durch die Tage und Wochen zu fretten, die sie nach der Niederkunft zu Hause bleibt. Also muß sie froh sein, wieder Arbeit zu finden. Da ist es ein großes Glück, wenn die Erstgeborenen schon ein paar Jahre alt sind und sich um die kleineren Geschwister kümmern können.

Mein' Vatern sei Hütten
is mit Habernstroh deckt.
Wann i amol heirat,
muß' Habernstroh weg.

Jetzt hab i holt g'heirat
Was hab i davon?
A Stub'n voller Kinder,
ein' bsoffenen Mann...

(Niederösterreichisches Volkslied)

Mit jedem Kind wird die Mehrfachbelastung unerträglicher. Die Frau bemerkt nun auch, obwohl sie den Zusammenhang nicht nachrechnen kann, daß die erzwungene Vernachlässigung ihrer Mutter- und Hausfrauenpflichten nicht nur eine körperliche und seelische Qual ist, sondern auch spürbar wirtschaftliche Einbußen bringt: Die Ersparnisse, die sie als Hausfrau durch sorgsames Einkaufen, Kochen und Wiederverwerten der Nahrungsmittel, durch Pflege der Wäsche und der Kleider, eventuell durch

Dienstleistungen für Untermieter und Bettgeher erzielen kann, fallen weg, wenn sie arbeiten muß. Der Reinertrag der schlecht bezahlten Arbeit wird somit immer kleiner. Wird infolge der Vernachlässigung ein Kind krank, so fressen die Arzt- und Medikamenten- oder Spitalskosten mehr als den verbleibenden Rest des Frauenlohnes auf.

Die Situation entspannt sich geringfügig, wenn die Kinder mitverdienen können – ein gewichtiger Grund, die Schulgesetze zu ignorieren und die Kinder mit zehn, jedenfalls mit zwölf zur Arbeit zu schicken. Wenn das erste mitverdienende Kind aus dem Haus geht, wenn das herannahende Alter das Wiederfinden des verlorenen Arbeitsplatzes schwerer macht und den Lohn drückt, folgt die nächste Existenzkrise der Arbeiterfamilie; sie geht meist ohne Linderung in das absolute Elend des Alters über.

Wie grausam die Arbeitswelt dem Vielkinderproblem begegnet, geht aus einem Inspektionsbericht der Klagenfurter Tabakfabrik hervor, der die Belastung der Betriebskrankenkassen durch Entbindungen beklagt. Im Jahre 1890 werden 472 Krankenfälle registriert, davon sind 105 Entbindungen. Noch verursachen die meisten Arbeiterinnen ihren Dienstgebern oder Arbeitskollegen diese Sorge nicht, weil sie gar nicht versichert sind. Der erwähnte Inspektionsbericht zitiert:

»Bei Konstituierung des Gehilfenausschusses der vereinigten Gastwirt-, Kaffeesieder- und Brauergewerbe wurde seitens der Gehilfenschaft sowohl aus ethischen Gründen als auch besonders mit Rücksicht auf die Ermöglichung der Gründung einer Gehilfenkassa darauf hingearbeitet (...), daß die im Gast- und Kaffeehausbetriebe verwendeten weiblichen Hilfsarbeiter nicht als „Gehilfen" im Sinne des Gesetzes anzusehen seien, weil diese durch häufige außereheliche Wochenbetten die zu gründende Krankenkasse zu stark belasten würden.«

Der Einwand trifft natürlich eheliche wie uneheliche Wochenbetten, und die Anführung »ethi-

Wiener Werkelmann im Hof einer Wäscherei (Gemälde von Wilhelm Gause)

scher Gründe« bedeutet nicht mehr und nicht weniger, als daß jene männlichen Arbeitskollegen, die einen guten Teil der von Kolleginnen geborenen unehelichen Kinder zeugten und sich jeder privaten Verpflichtung entziehen, auch noch gegen das Auffangen dieser Mütter in einem der schwachen, weitmaschigen sozialen Fangnetze dieser Zeit protestieren.

Die aus historischer Ferne konstruierbare Tendenz zu häufigeren Familien- und Haushaltsgründungen ist in den Jahrzehnten, in denen sie sich anbahnt, noch keineswegs als Umwälzung zu erkennen. Noch immer ist die Zahl der Ledigen oder spät Verehelichten groß, vor allem ist wie bisher das vorwiegend weibliche Dienstpersonal der Aristokratenpalais und Bürgerhäuser sowie das Servier- und Küchenpersonal im Gastgewerbe zur Ehelosigkeit verurteilt. Die Mädchen und Frauen, die in diesem Bereich ihr Brot verdienen müssen, leben nicht anders als in den vorangegangenen Jahrzehnten, nur ist ihre Zahl im Zusammenhang mit der rapiden Verstädterung wesentlich größer geworden. Weibliche Bedienstete sind nach wie vor rücksichtslosen Männern, von denen sie abhängig sind, ausgeliefert. Die Häufigkeit der unehelichen Geburten in diesem Arbeitsbereich bleibt unverändert – ein Grund, warum in der allgemeinen Bevölkerungsstatistik bei allmählicher Steigerung der allgemeinen Lebenserwartung die Kindersterblichkeit unverändert hoch bleibt.

Kindersterblichkeit: Das ist nach wie vor die statistische Summe der Hunderttausenden Doppeltragödien, die jeweils eine Mutter, zumeist eine unverheiratete Mutter, und ein Kind, zumeist ein uneheliches Kind, betreffen. Die Säuglinge sterben an den grassierenden Kinderkrankheiten, aber ebenso an Unterernährung, an mangelnder Pflege, am Streß des Ausgesetztseins. Zwischen dem Sterbenlassen-Müssen, dem Sterben-Lassen und dem Umbringen eines Neugeborenen sind keine scharfen Grenzen zu ziehen. Die Polizeiakten geben zu erkennen, daß Kindesweglegung und Kindesmord sehr häufige Verbrechen sind. 80 Prozent aller in den Jahren 1880, 1881 und 1882 wegen Kindesmord oder Kindesweglegung verurteilten Frauen sind Dienstmädchen; und umgekehrt: Drei von vier gerichtlich verurteilten Dienstmädchen sind der Kindesweglegung oder des Kindesmordes angeklagt.

Als Kindsmörderin ins Gefängnis und nachher als abgeschobene Bettlerin in die Heimatgemeinde – das ist der eine Weg, der eine Hausangestellte dieser Zeit ins Verderben führt; der zweite, noch häufigere, führt über Arbeitslosigkeit und Unterstandslosigkeit unvermeidlich in die Prostitution.

Die Behörden stehen den Ursachen dieses Übelstandes hilflos und interesselos gegenüber. Es hagelt Verordnungen und Verbote: gegen den Blumenhandel durch Kinder, gegen Ansiedelung von Prostituierten in der Nähe von Schulen, gegen weibliche Bedienung in Gaststätten, gegen Tanzunterhaltungen verschiedener Art, gegen Frauen, die mit Drehorgeln herumziehen, und so fort. Die Prostitution wird gerade in den letzten Jahrzehnten des 19. Jahrhunderts ein brennendes sozialmedizinisches Problem: In den Jahren 1886 bis 1890 steigt der Anteil der bei Polizeiuntersuchungen an Prostituierten festgestellten Syphilisinfektionen von 29 auf 42 Prozent. Die Einführung des „Büchels" bringt nur wenig Erfolg.

Das Studium der Polizeiakten dieser Zeit gibt auch einen Einblick in das Leben jener „glücklichen" Dienstboten, die nicht im Gefängnis, in der Gosse oder im Siechenhaus enden. Sie leben fernab von jedem sich anbahnenden sozialen Fortschritt, ohne die geringste Hilfe durch irgendeine solidarische Notwehreinrichtung. Die Dienstmädchen stehen gleich den Prostituierten unter Polizeiaufsicht und sind ihrer „Herrschaft" ausgeliefert. Die Dienstbotenordnung sieht sogar das Züchtigungsrecht vor, ein Strafgesetzparagraph schränkt allerdings ein, daß das Züchtigungsrecht »nicht bis zur Mißhandlung ausgedehnt werden darf«. Diese elementare Schutzbestimmung führt dazu, daß in den Jahren 1881 bis 1890 nicht weniger als 60.239 Klagen von Dienstboten gegen ihre Dienstgeber eingebracht werden. Die Polizeistatistik weiß nichts über das Ergebnis dieser Verfahren zu berichten. Immerhin läßt die Zahlenangabe schließen, wie qualvoll das Sklavenleben in den Herrschaftshäusern gewesen sein muß: Eine Anzeige gegen den Dienstherrn ist ja wohl nur nach einer Beendigung des Dienstverhältnisses vorstellbar und bringt den Dienstboten mit Sicherheit um das gute Zeugnis, das angesichts der vielen Postensuchenden die Voraussetzung einer neuen Einstellung ist.

Aus der Fülle der kritischen Berichte über die Lage der Dienstmädchen dieser Zeit ist nicht eindeutig zu schließen, ob die Arbeit in aristokratischen und großbürgerlichen Häusern mit einer zahlreichen Dienerschaft oder die Beschäftigung in gerade noch bürgerlichen Haushalten als „Mädchen für alles" das schlimmere Schicksal ist: Muß doch das Dienstmädchen in einem kleinbürgerlichen Haushalt nicht nur alle Haushaltsarbeiten verrichten, die in größeren Häusern ein ganzer Schwarm von spezialisierten Dienstboten leistet, sondern im Fall der seltenen, aber für den Familienstatus lebenswichtigen Repräsentation manchmal zusammen mit ein oder zwei dazugemieteten Serviererinnen den zusammengekratzten Wohlstand gegenüber den Gästen ins rechte Licht setzen und den Eindruck erwecken, als sei die Hausfrau tatsächlich so müßig, wie es sich für eine Bürgersgattin geziemt.

Der Einblick in die Doppelbelastung einer solchen Kleinbürgersgattin mag für das ausgebeutete Dienstmädchen ein schwacher Trost sein. Wie schmerzlich für jene das Dilemma zwischen der Notwendigkeit der Mitarbeit und der nach außen zur Schau gestellten Untätigkeit wohl war, zeigt ein Blick in einen Haushaltsratgeber dieser Epoche:

»Es kommt sehr häufig vor, daß selbst hochgestellte Damen zu Hause mithelfen in allen häuslichen Arbeiten, und dadurch besonders bei Küchenarbeiten, Putzereien usw. haben manche Hände vor anderen die Anlage, sehr rauh, hart, und schwielig zu werden; kommen dann diese Frauenzimmer in Gesellschaft, so geniert es sie doch ungemein, solch rauh aussehende Hände zu haben. Um nun auch bei den härtesten und gewöhnlichsten Arbeiten, wie z. B. Kochen, Spülen, Bödenfegen und dergleichen, dennoch eine eben so zarte Hand zu erhalten, wie diejenigen Damen, die außer ihrem Stick- und Nähzeug keine anderen Arbeiten verrichten, halte man sich immer ein Stückchen frischen Speck, reibe jeden Abend vor dem Schlafengehen die Hände damit wohl ein und man wird seinen Zweck vollkommen erreichen, man hat indeß nebenbei die Unannehmlichkeiten, mit Handschuhen schlafen zu müssen, um das Bett nicht zu beschmutzen.« (F. W. Eckhardt: »Der sparsame Haushalt«, 1854)

„Grabennymphe" – Dokument einer Massentragödie

Victor und Pernerstorfer waren für mich Autoritäten und ich war bemüht, ihnen zu gefallen und angenehm zu sein. Es gelang mir, meinen anerzogenen Glauben, zum auserwählten Volke zu gehören, aufzugeben, und ich betrachtete von da an mich und meine Glaubensgenossen streng und ohne rosige Brillen. Ich arbeitete ehrlich an mir selbst und suchte Fehler abzulegen, freilich kann ich nicht sagen, wie weit es mir gelang.

Doch wie erstaunte ich eines Sonntags, als ich mich an einem Gespräch beteiligte und etwas Abfälliges über jüdische Art sagte und Pernerstorfer mir unwirsch in die Rede fiel und aufgeregt sagte: »Das kann ich nicht leiden, wenn Juden so antisemitisch tun!« Ich war betreten, schämte mich und schwieg.

Nichts ist schwerer, als die Frau eines berühmten Mannes zu sein. Ich meine nicht in erster Linie, daß man im Schatten steht und der Vergleich immer zu Ungunsten der Frau ausfallen muß. Ich meine die Schwierigkeiten, die einem andere Frauen bereiten, indem sie sich in allen möglichen Formen an den Berühmten herandrängen, ihre Bewunderung für seinen Geist aussprechen, den sie zu beurteilen in den seltensten Fällen fähig sind. Meist wollen sie sich durch diese Bekanntschaft ein Air geben, aber immer ist Koketterie mit im Spiel, sie wollen gefallen und führen einen geheimen Krieg gegen die angetraute Frau, die ihnen immer für unbedeutend, für ihr Ideal zu minderwertig erscheint. Meine Situation war diesen Frauen gegenüber weder angenehm noch leicht. Jede hielt sich für berufener und würdiger, seine Frau zu sein, als ich. Ich will nicht leugnen, daß ich eifersüchtiger Natur war. Diese Eifersucht richtete sich nicht gegen jene Frauen, sondern ich wollte mich nicht in meinen Rechten angegriffen sehen. Selbstverständlich wollte ich Victors Liebe und Zuneigung behalten und wollte mich nicht verdrängen lassen. Auch Victor war eifersüchtig, aber er war so klug, diese Schwäche zu verbergen. Er gestand es mir selbst.

Wie die Pilze wuchsen diese Weiber aus dem Boden, kaum war eine abgetan, trat eine andere an ihre Stelle. Vom Backfisch bis zur kahlköpfigen Greisin waren alle Altersstufen in der Galerie seiner Anbeterinnen vertreten. Gerade die Kühle, mit der er übertriebene Elogen abwies, zog die Frauen an, man fand alles interessant und himmlisch, auch seine stellenweise Grobheit. Selbstverständlich spielte seine Berühmtheit dabei mit eine Rolle. Die meisten dieser Frauen verstanden nichts von Sozialismus und Politik, sie hingen sich wie Kletten an seinen Ruhm und glaubten durch den Verkehr mit ihm etwas von dem Glanz seines Namens abzubekommen. Ich war den meisten dieser Damen höchst unsympathisch, sie wünschten mich ins Pfefferland. Victor war ein sehr bescheidener Mensch und überschätzte oft die Menschen, immer war er für Sympathie übertrieben dankbar und erwies sich immer als zartsinniger Mensch. Noch in seiner Todeskrankheit sprach er von der Freundschaft, die ihm bedeutende Frauen geschenkt hatten und daß er dies zu den Annehmlichkeiten seines Lebens rechne.

Das schmerzlichste, einschneidendste Ereignis in Victors Leben war der Tod seines Vaters. Er hatte ihn geliebt, wie ein Sohn selten seinen Vater geliebt hat, und doch könnte man sagen, daß ihm die ganze Tiefe dieses Verhältnisses erst zum Bewußtsein gekommen ist, nachdem sein Vater gestorben war. Der Schmerz überwältigte ihn derart, daß das Leben für ihn allen Reiz verloren zu haben schien und er den Gedanken, es abzuschütteln, sehr ernstlich erwog – er kämpfte auch diesen schmerzlichen Kampf, wie es seine Art war, allein mit sich selbst durch. Ich erfuhr erst nach Jahrzehnten durch Zufall von diesem erschütternden Kampfe, diesen Schmerz, dessen Spuren nie verwischt werden konnten. Die Periode der Jugend hatte nun für Victor ihr Ende erreicht, und er fühlte sich wie über Nacht alt geworden.

Einige Sommer hindurch führte ich in Parschall, einem Nest von fünf Bauernhäusern, die Wirtschaft für den Freundeskreis. Man berechnete die Kosten der Lebensführung und forderte dann ein Minimum für Mittag- und Abendessen; was das Brennmaterial und die Erhaltung unserer Dienstmädchen kostete, wurde selbstverständlich nicht in Rechnung gestellt. Pernerstorfer ging es gerade damals sehr knapp und man fand einen Ausweg, ohne daß er sich bedrückt fühlen konnte: Er sollte Victors Neffen täglich eine Stunde in Latein unterrichten, um

den Knaben zur Nachprüfung vorzubereiten. Dafür waren Pernerstorfer und seine Frau unsere Gäste. Pernerstorfer gehörte zu den seltenen Menschen, die mit Grazie anzunehmen verstehen. Victor ging fast täglich in das nächste Dorf und brachte allemal den Rucksack schwer bepackt zurück. Ich mußte einmal über Gruber lachen, der mir mit einer sehr ernsten Miene mitteilte, er habe in Stockwinkel, bei dem ersten Bauernhaus rechts, sehr schöne Hühner auf dem Misthaufen gesehen, ich sollte mir diesen Kauf nicht entgehen lassen! Im Allgemeinen waren 30–40 Personen zu verköstigen, aber es verging keine Woche, ohne daß Bekannte auf irgend einer Tour im Salzkammergut durch unser Dorf kamen und unsere Gäste waren.

Eines Tages wurde beschlossen, über die Breite des Attersees nach Steinbach hinüber zu schwimmen. Für alle möglichen Fälle wurde ein Fischer aufgenommen, der mit seinem Boot neben den Schwimmenden rudern sollte. Ich schwamm am schlechtesten und langsamsten von Allen und blieb nach und nach allein zurück. Der Fischer verließ mich nicht. Er war über unser unsinniges Unternehmen ohnehin ärgerlich und bat mich ein über das andere Mal, doch ins Boot zu steigen; aber obwohl ich sehr übermüdet war, ließ es mein kindischer Ehrgeiz nicht zu, auf diesen Lorbeer zu verzichten. Das jenseitige Ufer schien zum Greifen nahe – was leider eine arge optische Täuschung war – denn es dauerte noch eine halbe Stunde, bis wir es erreichten. Zurück fuhren alle im Boot, übermüdet, blau und grün vor Kälte.

Im Jahre 1887 malte der inzwischen verhungerte akademische Maler Emanuel Oberhauser für die kleine Kirche in Nußdorf am Attersee ein Marienbild. Ich war sein Modell hiefür. Als das fertige Bild den Altar schmückte, waren die Bauern entrüstet und riefen: »Des ist ja d'Adlerin und nit ein Eichtel die Mutter Gottes!« Inzwischen hatten die aufgeregten Gemüter Zeit, sich zu beruhigen, es sind seither 46 Jahre vergangen. Vor einigen Jahren schlug der Blitz in die Kirche ein, alles verbrannte mit Ausnahme des Marienbildes, und nun – Ironie des Zufalls – ist es zu einem wundertätigen Gnadenbilde avanciert!

MIT DEM ENDE DER LIBERALEN ÄRA im Jahre 1878 zieht der Kaiser die reale Staatsführung unmittelbar an sich – aber nicht mehr im neoabsolutistischen Stil der Nach-Revolutionsjahre, sondern betont konstitutionell. Der nach einem Übergangs-Beamtenkabinett für eine lange Amtsperiode an die Spitze der Regierung berufene Graf Eduard Taaffe verkörpert beide Aspekte des neuen Regimes: Er ist der beste, vielleicht der einzige persönliche Jugendfreund des nunmehr in der Mitte seiner Amtszeit stehenden fünfzigjährigen Kaisers. Er bezeichnet sich in einer öffentlich geführten Diskussion ausdrücklich als »Kaiserminister«, als bedingungsloser Exekutor des Monarchen. Er stützt sich auf die Aristokratie und den Klerus und bildet im Reichsrat den »eisernen Ring« einer mehrheitstragenden Koalition aller konservativen Kräfte. Andererseits bindet er demonstrativ breitere Bereiche und Schichten in den Prozeß der politischen Willensbildung ein.

In der Nationalitätenfrage gibt es zwar keinen Durchbruch zu einer tragfähigen Ausgleichsregelung, wie sie Jahre vorher vom ersten konservativen Ministerpräsidenten Hohenwart versucht wurde, aber Taaffe ist in geringerem Maß als die Liberalen an das Besitzstandsdenken der deutschsprachigen Untertanen gebunden. Die gegen die deutsch-liberalen Bedenken durchgesetzte Vergrößerung des slawischen Teils der Monarchie durch die Besetzung Bosniens und der Herzegowina war ein problematisches Vorspiel zu dieser neuen Linie. Taaffe bindet die slawischen, vor allem die tschechischen Aristokraten in sein System ein und gibt den Tschechen 1882 wenn schon nicht den echten Ausgleich durch eine Dreier-Monarchie, so doch eine Sprachenverordnung, die gegen den wütenden Protest der Deutschen die Gleichrangigkeit der tschechischen Sprache bei Behörden und Gerichten postuliert.

In der wirtschaftlich-sozialen Dimension sucht Taaffe die kleineren Gewerbetreibenden und die bessergestellten agrarischen Schichten durch eine Wahlrechtsreform zu besänftigen: Das Wahlrecht bleibt nach wie vor an die Steuerleistung gebunden, aber der Grenzsatz wird von zehn auf fünf Gulden im Jahr herabgesetzt. Die Massen der Arbeitenden bleiben daher von der Mitbestimmung ausgeschlossen, das Kleinbürgertum wird gestärkt. Die Voraussetzung zur

Auffächerung der neuen Parteienlandschaft und zur Entwicklung der neuen politischen Bewegungen ist damit wider Willen geschaffen: die Deutschnationalen und die Christlichsozialen im Wettbewerb um das Kleinbürgertum und die Bauernschaft, die Sozialdemokraten draußen vor den Toren des Parlaments als die klar erkennbar werdende Interessenvertretung der Arbeiterklasse.

Diesen Tendenzen zur Entstehung neuer Massenbewegungen glaubt Taaffe durch eine nachliberale und anti-liberale Politik der zunehmenden Staatsintervention entgegen zu können: Das Programm der aufstrebenden neuen Parteien soll durch eine Fülle staatlicher Maßnahmen und gesetzlicher Vorkehrungen vorweggenommen werden.

Diese gemäßigte, reformfreudige, aber in der Frage der eigentlichen staatlichen Machtbehauptung unbeugsame Politik wirkt sich in der Haltung der Regierung zu den Anliegen der Arbeiterbewegung in einer wohlüberlegten Widersprüchlichkeit aus: Die Regierung Taaffe hat noch viel weniger Hemmungen als ihre liberalen Vorgänger, mit Verboten, Auflösungen und schließlich – im Jahre 1884 – mit einem Ausnahmegesetz gegen die Arbeiterorganisationen vorzugehen; andererseits hat das an den Kaiser, die Aristokratie und den Klerus gebundene Regime mehr Abstand zur Arbeiterklasse als das liberale Bürgertum, das ja mit den Arbeitern im Jahre 1848 auf der gleichen Seite der Barrikade kämpfte, jedoch im Entwicklungssturm des Früh- und Hochkapitalismus mit diesen in einen erbarmungslosen Interessenskonflikt geraten ist. Taaffe kann daher nach einer breit angelegten Enquête des Reichsrates im Jahre 1883 eine Reihe von sozialpolitischen Reformmaßnahmen einleiten, die gleichzeitig den großbürgerlichen Liberalismus treffen sollen.

Er stützt sich dabei auf objektive Einsichten: Die quantitative Entwicklung der Industriearbeiterschaft und ihre durch die Krisenjahre verschärfte Notlage läßt auch vom Standpunkt weitblickender Großunternehmer oder staatlicher Wirtschaftstheoretiker eine Entspannung angezeigt erscheinen: Der sich dramatisch verschlechternde Gesundheitszustand der Arbeiter macht den Verantwortlichen jenseits jeder humanitären Motivation Sorgen bezüglich der Konkurrenzfähigkeit in den kommenden Jahr-

Taaffes Kabinettsbildung: Wer ist wie stark? – Die Arbeiterschaft darf noch nicht ihre Kraft zeigen

zehnten; wenn die Machthaber irgendein Menetekel verstehen, dann ist es die Statistik der sinkenden Tauglichkeitsrate bei den Rekrutierungen: Diese ist von 1871 bis 1882 von 222 bei je 1000 gestellten Rekruten auf nur 130 zurückgegangen.

Im übrigen verfügt die konservativ-klerikale Regierung über ein ideologisches Instrumentarium, das in den Jahren seit dem Beginn der Wirtschaftskrise vom aus Deutschland eingewanderten Karl Freiherr von Vogelsang in die Diskussion gebracht worden ist und vom „Sozialaristokraten" Prinz Alois Liechtenstein im Reichsrat vertreten wird. Da aber Taaffe die christlichsoziale Bewegung ebensowenig fördern will wie die sozialdemokratische, ist es sein Bestreben, ihr den Wind aus den Segeln zu nehmen. In seiner Gesamtpolitik gegenüber den Arbeitenden hat er als Richtschnur die Enzyklika »Rerum novarum« des Papstes Leo XIII., die sowohl die gnadenlose Unterdrückung der Arbeiterbewegung als auch die soziale Reform von oben verlangt.

Die in diesen Jahren beschlossenen Gesetze sehen eine allgemeine Arbeitszeitbegrenzung von 11 Stunden (10 Stunden in Bergwerken) und die 24stündige Sonntagsruhe vor. Frauenarbeit unter Tage wird verboten, Nachtarbeit für Jugendliche und für Fabriksarbeiterinnen untersagt. Die Altersgrenze wird vorerst im Bergbau, später allgemein auf 14 Jahre festgesetzt. Die wichtigste Neuerung aber ist ein Gesetz und eine nachfolgende Verwaltungsregelung, die ein besseres System der Fabriksinspektion bringt; denn viele soziale Bestimmungen haben ja seit der Gewerbeordnung 1859 und späterer Regelungen bestanden, sind aber niemals eingehalten, nur ganz unzulänglich kontrolliert und fast gar nicht erzwungen worden.

Die Spekulation der Taaffe-Administration geht nicht auf: Die Reformen bringen hier und dort spürbare Entlastungen, sie ermutigen aber die neuen politischen Bewegungen, ihre viel weiter gehenden Forderungen unbeirrt vorzubringen, und legitimieren den Trend zum sozialen Fortschritt.

ALS GIGANTISCHER SCHEITERHAUFEN, in dem 386 Menschen verbrennen, im Rauch ersticken oder in einer unvorstellbaren Panik zertrampelt werden, steht das prächtige Ringtheater am 8. Dezember 1881, dem Mariä-Empfängnis-Tag, in Brand. Das Theater ist am Tag nach einer glanzvollen Premiere von »Hoffmanns Erzählungen« um sechs Uhr abends bis auf den letzten Platz gefüllt. Gleich zu Beginn der Vorstellung geraten die von einem Luftzug bewegten Hanffransen eines Dekorationsvorhanges an einem offenen Bühnenlicht in Brand, in wenigen Augenblicken erfassen die Flammen den ganzen Vorhang, und das Publikum erkennt in ein und demselben Augenblick die entsetzliche Gefahr: Während sich das Parterre und der erste Rang über geräumige Foyers und relativ breite Treppen chaotisch leeren, sind die winkeligen, engen Gänge zu den drei oberen Galerien sofort verstopft. Die Gasbeleuchtung fällt im ganzen Haus aus, Hunderte Menschen stürzen im Stockfinstern und in immer dichterem Rauch ineinander. Dutzende erreichen die Außenbalkone und retten sich in die Sprungtücher der Feuerwehr, alle anderen sterben, ohne daß dies von unten oder außen bemerkt wird. Daher die Jahrhundert-Blamage des Ministerpräsidenten Taaffe, der aufgrund vorschneller Polizeimeldungen dem Kaiser berichtet: »Majestät, alles gerettet!« Als nach einer verlorenen halben Stunde die ersten Bergungsmänner in die oberen Stockwerke vordringen, finden sie die Gänge bis zu den Plafonds mit Leichen verstopft. Die meisten Opfer sind erstickt oder in der Panik erdrückt worden. Man findet Leichen mit abgerissenen Gliedmaßen, kaum lassen sich die eng verflochtenen Leichenknäuel entwirren.

Tagelang ist Wien und die Monarchie vor Entsetzen erstarrt. Die Ringstraße ist mit einem Schlag ihres Glanzes beraubt, die aufstrebende Herrlichkeit der Metropole in Frage gestellt, die Sorglosigkeit des selbstbewußten Bürgertums erschüttert. Es erweist sich, daß alle baulichen, einrichtungsmäßigen und organisatorischen Vorbeugungsmaßnahmen versäumt worden sind: Die vorgeschriebenen Öl-Notlichter waren in Reparatur, die wichtigsten Türen gingen nach innen auf. Der Ringtheaterbrand reformiert für die Zukunft Theatersicherheit und Rettungswesen.

„WAHLRECHT ODER DYNAMIT": An der Wende zum Jahrzehnt nach 1880 nimmt die Auseinandersetzung zwischen der „radikal"-anarchistischen und der „gemäßigt"-marxistischen Strömung innerhalb der internationalen Arbeiterbewegung dramatische Formen an. Die alte Internationale, die ja in ihren letzten Jahren den Kampf gegen den Anarchismus auf hohem theoretischen Niveau erfolgreich geführt hat, hinterläßt ein Autoritätsvakuum, in dem sich idealistische Schwarmgeister, politische Abenteurer und, wie sich bald zeigt, kriminelle Subjekte der schlimmsten Art breitmachen können. Der in den großen ideologischen Auseinandersetzungen in Den Haag und Genf klargestellte Gegensatz zwischen der Lehre von Marx und Engels auf der einen Seite und der Herausforderung Bakunins auf der anderen ist natürlich nicht in der ganzen Industriewelt und nicht in allen Schichten und Bereichen der Arbeiterbewegung voll verstanden worden – schon deshalb nicht, weil der intellektuell anspruchsvolle Marxismus noch nicht hinreichend verarbeitet und daher auch noch nicht voll aufgenommen ist, und weil übrigens auch die geistigen, durchaus nicht terroristischen Wurzeln des Anarchismus kaum bekannt sind. Es gibt noch immer viele „naive" Linke, die aus guten Motiven für jede gegen Kapital und Polizei gerichtete Parole empfänglich sind, es gibt Marxisten, die zwar die Argumente gegen den Anarchismus kennen, sich aber in innerster Seele die baldige Revolution als „Abkürzung" erhoffen, und es gibt andererseits kaum einen „Radikalen", der sich konsequent gegen den Marxismus stellt, weil die Reputation von Marx und Engels viel zu groß ist.

In der politischen Praxis läuft es aber auf die Frage „Wahlrecht oder Dynamit?" hinaus. Die „Gemäßigten" halten unbeirrbar am Kampf um das allgemeine, geheime und direkte Wahlrecht als Voraussetzung für die legale und demokratische Übernahme der Staatsmacht und die Errichtung des Sozialismus fest, die „Radikalen" wollen vom Wahlrecht nichts mehr wissen und steuern auf die gewaltsame Machtergreifung des Proletariats zu; in Anbetracht der objektiven Ohnmacht der Arbeiterklasse gegenüber geld- und waffenstarrenden Machtsystemen flüchten sich die Theoretiker der Anarchie in die Hoffnung auf Verschwörung und Einzelterror. Stra-

Der Ringtheaterbrand, 8. Dezember 1881: 386 Menschen sterben

Höhepunkt der anarchistischen Terrorwelle: Mord an dem Wechselstubenbesitzer Eisert am 10. 1. 1884

tegisch-taktischer Hilflosigkeit steht dabei eine extreme verbale Phantasie gegenüber. So empfehlen anarchistische Propagandisten, die Arbeiter sollten sich an Schützenvereinen beteiligen, um Waffen in die Hand zu bekommen, andererseits wird die Bildung winziger Dreier-Zirkel zur Geheimhaltung der Organisation angeraten; führende Anarchisten meinen tatsächlich, sich vor der Polizei zu schützen, wenn sie bei der Unterzeichnung von Schriftstücken die Buchstaben ihres Namens umdrehen. Ohne den geringsten Bezug zur Wirklichkeit werden groteske Terror-Rezepte ausgestreut.

»In Wien kam bald die Wahnsinnslehre auf, man solle für jeden Genossen, der verhaftet wird, zwei beliebige Personen aus bürgerlichen Kreisen erstechen oder vergiften; dann würde wohl die Polizei von Verhaftungen Abstand nehmen. Es wurde auch an die Handhabung von vergifteten Nadeln, ätzenden Säuren und ähnlichen Mitteln gedacht. Auch Versuche zur Gewinnung von Dynamit wurden gemacht. Einmal hörte ich, einige Genossen trügen ungelöschten pulverisierten Kalk bei sich, um ihn im Falle der Bedrängnis den Gegnern in die Augen zu streuen. Einzelne Personen hatten Vorräte an Dolchen, Dynamitpatronen, Giften und Waffen der verschiedensten Art. Man sprach auch davon, daß eine „Gruppe“ in Wien bestehe, die „Höllenmaschinen“ anfertigen ließ. Die Leute hatten sich das Geld hiezu von ihrem kargen Lohn abgespart.« (Josef Hybesch: »Erinnerungen«)

Noch einfacher, eindrucksvoller und literarisch vollendet heißt die Parole der Anarchie: »Dem König die Bombe, dem Bourgeois die Kugel, dem Pfaffen den Dolch, dem Verräter den Strick!«

In vorderster Front des geistigen und politischen Ringens um die Wiedererlangung einer gemeinsamen Linie der internationalen Arbeiterbewegung stehen in den Jahren der Verwirrung zwei aus dem deutschen Sprachraum kommende Führungsperönlichkeiten, deren Wirken mit dem Schicksal der Sozialdemokratie in der Habsburgermonarchie engstens verflochten ist.

Als Wortführer der Anarchisten hat sich in London schon seit den siebziger Jahren John Most profiliert – es ist niemand anderer als jener Johann Most, der in den Jahren vor und nach der Gründung der ersten österreichischen Arbeitervereine an der Seite Hermann Hartungs die große Demonstration des Dezember 1869 organisierte, nach der Flucht Hartungs mit den anderen Arbeiterfunktionären ins Gefängnis ging und sich im Hochverratsprozeß des Jahres 1870 den Richtern stellte. Es ist jener witzige und von Satire sprühende Versammlungsredner, der in frühen Arbeiterversammlungen die Zuhörer zu begeistertem Applaus hingerissen und die Polizeibeamten zur Verzweiflung getrieben hat – etwa mit seiner verschlüsselten Rede über »die Verwendung von Leim im Buchdruckerhandwerk«. Es ist jener Johann Most, der zur Melodie des Andreas-Hofer-Liedes ein Arbeiterlied schrieb, und jener Most, der 1870 die Gefängniszeitung mit dem Impressum »Betriebskapital: Humor« herstellte. Nach vielen weiteren Jahren des Kampfes und nach seiner Ausweisung aus der Monarchie hat er in London Fuß gefaßt – und seinen ganzen Humor verloren. Er glaubt nun an die nackte Gewalt und dient mit der ganzen originellen Beredsamkeit, die ihm geblieben ist, der Strategie des Terrors. Er verkündet in seinem ganz persönlichen Organ »Freiheit« die »neue Taktik«, nämlich die Abkehr von jeder demokratischen Kampfmethode und die Mobilisierung der »Wunder der Chemie«, nämlich des Dynamits, zur raschen und unmittelbaren Erringung der Macht. »Propaganda der Tat« nennt er die neue Kampfmethode.

Zu einem in ganz Europa, insbesondere aber im deutschen Sprachraum wirksamen jungen Gegenspieler des Einpeitschers Most wird in den späten siebziger Jahren der junge Karl Kautsky, ein enger Vertrauter Friedrich Engels'.

Karl Kautsky (1854–1938), der unbeugsame Ideologe der „Gemäßigten", in späteren Jahren

Er setzt den theoretischen Kampf gegen die Lehre Bakunins und seiner Nachfolger fort, den etwa bei der internationalen Konferenz in Genf 1877 der inzwischen eingekerkerte ungarische Sozialdemokrat Leo Frankel so hervorragend geführt hat. Kautsky ist in ganz Mitteleuropa unterwegs, er scheut keine Konfrontation in den realen Kampf- und Diskussionsbereichen. Das führende Organ der marxistisch-gemäßigten Sozialdemokratie in Fortsetzung der Linie der alten Internationale ist der in Zürich erscheinende »Sozialdemokrat«. Karl Kautsky ist einer der wichtigsten Autoren des Blattes.

DIE SPALTUNG DER ARBEITERBEWEGUNG
und die zunehmende Anfälligkeit der Arbeiterschaft für extreme Parolen sind natürlich nicht das alleinige Produkt intellektueller Gedankenspiele. Die Zuspitzung der anarchistischen Welle fällt unmittelbar zusammen mit dem Tiefpunkt der wirtschaftlichen Entwicklung: Fast ein Jahrzehnt lang dauert die durch den Krach des Jahres 1873 ausgelöste Stagnation, die Arbeitslosigkeit, Lohnkürzungen, also Hunger und bitterste Wohnungsnot gebracht hat. Die Signalstellungen zum Beginn einer neuen industriellen Wirtschaftsphase und zum unvermeidlich gewordenen Versuch einer sozialpolitischen Entspannung sind zwar gestellt, aber für die betroffenen Arbeitermassen nicht erkennbar. Die von der Regierung Taaffe für Österreich-Ungarn in Aussicht genommene Zuckerbrot- und Peitschen-Politik läßt am Beginn des neuen Jahrzehntes nur die Peitsche spüren: rücksichtslose Unterdrückung der Arbeitervereine und jeder Versammlungsaktivität, Verhaftungen, Prozesse, erbarmungslose Urteile. Das heißt: Die Staatsmacht liefert alle denkbaren Bestätigungen für die scheinbare Richtigkeit der anarchistischen Argumente, sie schafft tatsächlich ein Klima der dumpfen Aufstandserwartung, das sich in einzelnen Verzweiflungsstreiks Luft macht, die wieder Anlaß zu schärfster Repression geben.

Allmählich wird der Mechanismus von wechselweiser Bestätigung und Unterstützung der Extreme erkennbar: Der reaktionäre Staat fördert die Anarchisten, die Anarchisten diskreditieren die Arbeiterbewegung insgesamt, bestätigen die wirklichen und vorgeblichen Ängste der Bürger und der Machthaber und motivieren sie zu weiterer Brutalität. Beide an der Eskalation beteiligten politischen Elemente beginnen allmählich die Wirkungsweise des Prozesses zu verstehen, ziehen aber falsche Konsequenzen: Die Anarchistenführer sehen durch Exzesse des Polizeistaates ihre Parolen bestätigt und hoffen auf das Entstehen einer tatsächlichen allgemeinen Revolutionsstimmung, deren Sprengkraft durch einzelne Gewalttaten aktiviert werden könnte; die Machthaber bemerken, daß ihnen die anarchistische Entgleisung nützt.

Bismarck hat mit seinen Sozialistengesetzen ein Beispiel dafür gegeben, man muß es nur nachahmen.

Die Entwicklung in Österreich-Ungarn wird durch die internationalen Ereignisse angeheizt, denn in mehreren Teilen Europas wird der Anarchismus zu einem tatsächlichen politischen Faktor. In den kritischen Jahren ereignen sich zahlreiche historisch bedeutsame Terrorfälle.

Am gespanntesten ist die Lage in dem um ein Entwicklungsjahrhundert zurückgebliebenen Zarenreich. Mangels irgendeiner echten sozialdemokratischen Bewegung haben hier die bürgerlichen Anarchisten – die »Nihilisten«, wie sie sich in Rußland nennen – eine unübersehbar vorantreibende Funktion und eine echte Chance. Mehrere Jahre lang verfolgen Terrorkommandos den Zaren Alexander II., bis er im März 1881 dem siebenten Attentat erliegt.

Das ist ein Alarmzeichen für die Machthaber in ganz Europa. In der Folge bildet sich sehr rasch eine „Internationale der Polizei", die mit der fast uneingeschränkten Vollmacht der Regierungen den Kampf gegen die Anarchisten, aber auch darüber hinaus die nun scheinbar durchsetzbar gewordene Unterdrückung der gesamten Arbeiterbewegung plant.

Die Erfahrungen des Auslandes verschärfen auch die Bereitschaft der österreichischen Regierung zur Vorbereitung von Methoden, vor denen man ohne diese Beeinflussung vielleicht zurückgeschreckt wäre. Es bahnt sich nämlich im internationalen Kontext eine geradezu diabolische Kooperation der Geheimpolizei mit den Geheimbünden der Anarchisten an: Die von der Bewegung unkontrollierte verschwörerische Klein-Organisation des Terrorismus erweist sich als absolut widerstands-unfähig gegen die Methoden der Staatsmacht. Mit unbegrenztem Geldeinsatz unterwandert die Polizei – dies in internationaler Verbindung – das gesamte Netz des anarchistischen Terrors oder Möchtegern-Terrors. Praktisch jede kleine Aktionsgruppe ist unter der Kontrolle von Spitzeln. Das System der großzügigen Bezahlung bringt mit sich, daß gekaufte Anarchisten viele terroristische Aktivitäten nur zu dem Zweck planen, sie der Polizei zu verraten. Letzte Stufe der perversen Entwicklung: Die Polizei bestellt und organisiert sich jene Terrorakte selber, die sie für die Behauptung ihrer politischen Ziele und auch zum Beleg ihrer Existenzberechtigung braucht. Diese Zuspitzung ist für Länder wie die der österreichisch-ungarischen Monarchie, in deren Arbeitern die Schutzimpfung durch sozialdemokratisch-humanistische Parolen trotz aller verbaler Zornesausbrüche noch voll wirksam ist, besonders tragisch, weil nur die Entstehung dieses außer jede Kontrolle geratetenen kriminellen Agentengeflechtes die Lage überhaupt auf die Spitze treiben kann.

Wie sehr die Regierung Taaffe bereit ist, sich in das internationale Polizeiagentennetz einbeziehen zu lassen, zeigt der Umstand, daß ein eigener russischer Polizeigesandter in Wien Quartier nimmt.

Graf Taaffe hätte allein vielleicht noch „weitergewurstelt", nun bestimmen die selbständig gewordenen Internationalen der Anarchisten und der Reaktionäre, was weiter geschieht.

Anarchisten jagen Zar Nikolaus II. Hier ein mißglücktes Attentat – erst der siebente Versuch gelingt

UNTER DEM SCHOCK DES ZARENMORDES und der offenkundigen Mobilisierung der grenzüberschreitenden Polizeiaktivitäten treten die rivalisierenden Fraktionen der Arbeiterbewegung zu internationalen Konferenzen zusammen. Solche sind bereits von der anarchistischen »Freiheit« nach London und vom gemäßigt-marxistischen Zürcher »Sozialdemokrat« in die Schweiz eingeladen worden. Der zerrüttete Zustand der österreichisch-ungarischen Sozialdemokratie geht daraus hervor, daß weder die eine noch die andere Tagung beschickt wird.

Die Londoner Tagung ist von dem Franzosen Brocher einberufen worden, der die Einladungen in gut anarchistischem Stil mit der umgekehrten Buchstabenfolge seines Namens unterschreibt: Rechorb. Most soll Deutschland vertreten, ist aber in Haft, aus Italien kommt der äußerst aktive Malatesta, Rußland ist durch einen Nihilisten namens Hartmann und die Schweiz durch den Russen Kropotkin repräsentiert. Die Eröffnung der Debatte bezieht sich in mehrfacher Weise auf die Zuspitzung der Situation durch den Mord an Zar Alexander II. Der deutsche Radikale Neve, der Most vertritt, hält auf diesen eine Lobrede: Most ist nämlich in dem sehr liberalen England inhaftiert worden, weil er in der »Freiheit« den Mord am russischen Zaren enthusiastisch begrüßt hat. In dieser Zeit ist auch der emigrierte österreichische Arbeiterführer Andreas Scheu, der einige Zeit mit den Radikalen kooperierte, wegen Meinungsverschiedenheiten aus diesem Kreis ausgeschieden. Im englischen Parlament und in der Londoner Presse hat eine kontroversielle Debatte über die Inhaftierung Mosts stattgefunden.

Den stärksten Eindruck in der Diskussion hinterläßt Malatesta:

»Genug mit dem Federkrieg, es ist keine Zeit mehr zu verlieren, man muß nun zu Taten schreiten.« Er schließt mit dem Ruf: »Auf die Barrikaden, um die Tyrannen zu morden!«

Der Kongreß beschließt eine Resolution, in der es heißt:

»Alle Mitglieder der Assoziation verpflichten sich feierlich, alles aufzubieten, um die Revolution zu fördern, und jedes Mittel anzuwenden, um deren Feinde aus der Welt zu schaffen. Als Hauptfeinde sind zu betrachten: sämtliche Herrscher inklusive der Präsidenten der Republiken, sämtliche Mitglieder der derzeitigen Regierungen, die Mehrzahl des Adels, die höhere Geistlichkeit aller Konfessionen, die Fabriksbesitzer und hervorragenden Bourgeois. Die gewaltsame soziale Revolution ist das Ziel der Assoziation. Also: Tod allen Tyrannen und Befreiung des Proletariats vom Joche aller und jeglicher Knechtschaft!« (Zitiert in: Brügel)

Der Schweizer Sozialdemokratenkongreß, der am 2. Oktober 1881 zusammentritt, ist vom belgischen Sozialistenführer Anseele einberufen worden, der seit dem Jahre 1877 das in Genf vom internationalen Weltkongreß eingesetzte Büro leitet und somit die Kontinuität von der alten Internationale her verkörpert. Auch die Kontinuität der Thematik ist gegeben, denn das Thema der Genfer Tagung war seinerzeit die Auseinandersetzung mit dem aufkeimenden Anarchismus. Die Veranstalter haben mit den Schweizer Behörden erhebliche Schwierigkeiten, daher wird der Tagungsort nach Chur verlegt. Unter den Delegierten gibt es auch Decknamen, allerdings keine buchstabenverkehrten. Der russische Delegierte Axelrod ist unter dem Namen Alexandrowitsch, der deutsche Delegierte Eduard Bernstein als J. Braun gemeldet.

Axelrod bezieht sich auf die Ermordung des Zaren. Sein Diskussionsbeitrag zeigt, daß es in Rußland eine revolutionäre Alternative zum Nihilismus noch nicht gibt. »Wie Adam den Kain, so hat Nikolaus den Nihilismus gezeugt«, sagt Axelrod.

Bernstein bezieht sich auf die bevorstehenden deutschen Wahlen, die die Parteiführer Bebel und Liebknecht von der Teilnahme an der Schweizer Tagung abhalten, und tritt dem Hauptargument der Anarchisten entgegen, das Wahlrecht sei unnütz: »Unsere stärkste Waffe ist die Wahlagitation. Das allgemeine Wahlrecht, von Bismarck geschaffen, um die Arbeiter zu betrügen, ist in deren Händen eine für das Regime tödliche Waffe geworden und wird es noch mehr werden. Ein in diesen Tagen von den Most-Anhängern verbreitetes Plakat mit der Parole „Wahlenthaltung" ist ein Beweis für die Unzurechnungsfähigkeit und totale Verbissenheit der Anarchisten.«

Später sagt Bernstein als Erwiderung auf die Wortmeldung eines französischen Delegierten, in der es um ein gemeinsames Programm gegangen ist:

»Es genügt, einstweilen das „Kommunistische Manifest" aus dem Jahr 1847 als Norm zu betrachten, es genügt vollkommen als allgemeine Direktive.« (Zitiert in: Brügel)
Die uneingeschränkte Zustimmung sagt alles über die politischen Führer der „Gemäßigten": Sie sind Marxisten – und gerade deshalb die unerbittlichen Widersacher des Anarchismus.

Die andauernde Führungs- und Autoritätskrise in der Sozialdemokratie der österreichisch-ungarischen Monarchie wird in den Jahren 1880 und 1881 zwar keineswegs beendet, es gibt aber starke neue Akzente: Der in dieser Zeit immer wieder prominent genannte Emil Kaller-Reinthal (er stammt aus einer adeligen steirischen Familie und hat sich daher einen zweiten Namen beigelegt) wird im November 1881 in Graz wegen »Geheimbündelei« zu einer Kerkerstrafe verurteilt – eine besonders groteske Ungerechtigkeit, weil sich Reinthal jahrelang glücklos, aber unendlich zäh bemüht hat, den Anarchisten zu widerstehen und die Verbindung mit den Gemäßigten in Zürich zu pflegen. Reinthals Nervenkraft geht sichtlich zu Ende. Praktisch tritt – vorübergehend, aber prominent und kompetent – an seine Stelle Karl Kautsky, die erste internationale Führungspersönlichkeit der gemäßigten Sozialdemokratie. Der Briefwechsel, den Kautsky von Wien aus mit Friedrich Engels führt, ist die bemerkenswerteste Dokumentation über die Parteiprobleme dieser Zeit.
Aber auch das Lager der Anarchisten erhält – vorübergehend – einen sehr markanten Führer: Josef Peukert, direkt von John Most aus London geschickt. Er wird zwar verhaftet und nach einigen Monaten abgeschoben, ist aber bald wieder da und setzt sich durch seine geradezu dämonische Rednergabe bald an die Spitze der radikal gestimmten desorganisierten Arbeiterschaft.
Die politische Situation verschärft sich von Monat zu Monat: In vielen Landesteilen, vor allem aber in Böhmen, kommt es zu großen Streikaktionen, die von der Polizei niedergeschlagen werden. In Böhmen werden in der Folge zwei große Schauprozesse veranstaltet. Die schweren Streikzusammenstöße dauern bis ins Frühjahr 1882. Die Repression läßt die rivalisierenden Fraktionen immer weiter auseinanderdriften, wobei die Radikalen an Boden

Der Anarchistenführer Josef Peukert

gewinnen. Ihr Organ, die »Zukunft«, in der nun Peukert das entscheidende Wort zu sagen hat, ist wesentlich stärker verbreitet als das Organ der Gemäßigten, die »Wahrheit«, deren erster Autor nun Karl Kautsky wird.

DIE SAAT DER GEWALT GEHT AUF. Am 4. Juli 1882 wird in der Zieglergasse in Wien auf den wohlhabenden Schuhmachermeister Josef Merstallinger am hellichten Tag ein Raubüberfall verübt. Drei Täter erbeuten ein paar hundert Gulden und etliche Schmuckstücke. Die Untersuchung wird bereits unter besonderen Verdachtsaspekten geführt. Als die Täter, die Tischler Josef Engel, Franz Pfleger und Wilhelm Berndt, Ende August verhaftet werden, ist der politische Skandal perfekt: Die drei geständigen Räuber sind Mitglieder der anarchistischen „Radikalen" und geben an, im Auftrag gehandelt zu haben, um Geld für die Parteikasse zu erbeuten. In rascher Folge werden hundert Verdächtige verhaftet, ein großer Schauprozeß wird für das nächste Frühjahr vorbereitet. Der in die Sache unmittelbar verwickelte »Zukunft«-Redakteur Heinrich Hotze kann rechtzeitig nach Amerika flüchten. Josef Peukert übernimmt nun auch formell die alleinige Leitung des Blattes und damit die Anarchistenpartei.

Bezeichnenderweise fehlt aber – jedenfalls innerhalb Österreichs – jeder Beifall der anarchistischen Propagandisten, obwohl die drei Räuber eindeutig nach der Rezeptur der Terrorflugblätter vorgegangen sind. Die »Zukunft« distanziert sich am 14. September 1882 folgendermaßen:

»Eine jede Partei, eine jede Sekte hat ihr Kontingent zum Verbrechertum, und zwar in größerer Zahl, als es die sozialdemokratische Partei bisher zuwege gebracht, gestellt, weil eben alle Verbindungen aus Menschen bestehen, und niemand ist es eingefallen, die Gesamtheit wegen dem Tun und Lassen eines einzelnen zu insultieren. Vielleicht, daß sich in unserer Mitte, wie eben in jeder anderen Partei, noch mehr solche dunkle Existenzen bewegen, wir können sie aber trotzdem nicht ausschließen, insolange von ihnen die Prinzipien der Sozialdemokratie keine Verletzungen erfahren haben. Man mache uns dieselben namhaft, und wir werden dann handeln. Deshalb können wir auch in diesem Falle früher keine Entscheidung treffen, bis nicht der Prozeß beendet ist. Würden wir, wie die Fraktion „Wahrheit" (die Gemäßigten – Anm. d. Verf.) fordert, die jetzt der Schuld Verdächtigten aus der Partei ausschließen und würde sich dann die Unschuld auch nur eines einzigen ergeben, so müßten wir wieder den ersten Beschluß umstoßen und das gemaßregelte Mitglied den Rechtsgrundsätzen gemäß in unsere Mitte aufnehmen. Ist diese Logik nicht einfach und klar? Was das Schattenwerfen bis in das Redaktionslokal der „Zukunft" betrifft, so erklären die Herausgeber, daß, wenn der mindeste positive Beweis für diese die Tatsachen auf den Kopf stellende Behauptung vorläge, das Erscheinen des Blattes von seiten der Behörde gewiß sofort untersagt worden wäre.« (Zitiert in: Brügel)

Die gemäßigte »Wahrheit« hat schon am 1. September 1882, wie zu erwarten, scharf gegen die Gewalttat Stellung genommen. Emil Kaler-Reinthal, der so lange unermüdliche führende Funktionär der Gemäßigten, kündigt in seiner Verzweiflung über die Entwicklung der Partei seinen Selbstmord an, wird daran gehindert, scheidet aber vorerst aus der aktiven Arbeit aus, meldet sich noch mehrmals und landet schließlich bei einem bürgerlichen Blatt.

Unter dem unmittelbaren Eindruck des Merstallinger-Attentats tritt in Brünn am 15. Oktober 1882 ein Arbeitertag der gemäßigten Fraktion zusammen. Die Verurteilung des Attentats und die Ablehnung anarchistischer Parolen bleibt die Linie. Wie sehr „gemäßigt" und „marxistisch" in der Fraktion zumindest in den Köpfen ihrer führenden Männer dasselbe bedeutet, geht aus den Erinnerungen Karl Kautskys an diesen Arbeitertag hervor. Einen Tag vor Beginn der Veranstaltung verlangt man von ihm einen Programmentwurf. Kautsky sieht sich in Verlegenheit, denn er hat großen Respekt vor der Ernsthaftigkeit des Auftrags. Dann findet er einen Ausweg: Er präsentiert fast Wort für Wort das Programm, das Karl Marx zwei Jahre zuvor für die französischen Sozialisten entworfen hat – ein dem Gothaer Programm der deutschen Sozialdemokraten ähnliches. Es wird ohne erwähnenswerte Gegenstimmen angenommen: eine letzte Huldigung an Karl Marx, der wenige Monate später stirbt. Die Hauptthesen der Brünner Punktation werden wenige Jahre später zum Kern des Hainfelder Einigungsparteiprogramms.

Die Anarchisten-Fraktion Peukerts ist durch die Merstallinger-Affäre zwar größer geworden, aber in ihrer Argumentation aus dem Tritt gekommen. Das Bedürfnis, dem Brünner Arbeitertag der Gemäßigten eine Gegenveranstaltung gegenüberzustellen, kann erst ein Jahr später erfüllt werden: In Klosterneuburg schwören sich die Radikalen auf ihre Linie ein.

Die Stimmung im Land wird durch die Gewissensdiskussion weiter aufgewühlt. Zweifellos unter dem Eindruck radikaler Agitatoren, aber gleichzeitig aufs Blut gereizt von der Polizei, die im Oktober 1882 ihr Lokal sperrt, gehen die Wiener Schuhmacher auf die Straße. Über das Ausmaß der »Schusterkrawalle« berichtet Karl Kautsky nach London an Friedrich Engels:

»Die erbosten Schuhmacher setzten sich zur Wehr und es kam einige Tage hindurch zu den berühmt gewordenen „Wiener Schusterkrawallen", die den Kampfwillen der Arbeiterschaft unter Beweis stellten. Es zeugte aber von hohem Verantwortungsbewußtsein der Mehrzahl der Arbeiterführer, daß es damals nicht zu größeren blutigen Zusammenstößen kam. Die „Schusterkrawalle" waren die Anwort der empörten Arbeiter auf die ungerechte Behandlung durch die Behörden und ihre fortwährenden Provokationen. (...) Hier ist es in den letzten Tagen ziemlich toll zugegangen. (...) Der Zeitpunkt war für die „Propaganda der Tat" sehr günstig, die Anarchisten hätten, wenn sie gewollt hätten, einen sehr ernsthaften Straßenkampf provozieren können. Die Bevölkerung war furchtbar erregt über das schamlose und brutale Vorgehen der Sicherheitswache und des Militärs, welches geradezu darauf berechnet war, einen Exzeß zu provozieren. Die Zahl der Verwundeten beträgt viele Hunderte, eine große Anzahl derselben blieb auf der Straße liegen, oft bis Tagesanbruch. Das Empörendste war, daß man von Zeit zu Zeit ein wahres Kesseltreiben veranstaltete, eine dicht besetzte Straße umzingelte und darauf das Publikum von allen Seiten lostrieb, wobei niemand entkommen konnte, um so weniger, als die Haustore gesperrt waren. Daß die verzweifelte Masse dann zu Steinen griff, ist nicht zu verwundern. Bei einem solchen Kesseltreiben gab es regelmäßig 50 bis 100 Verwundete. Die Verwundeten blieben liegen, der Rest wurde „gefangen", die Weiber und Kinder entlassen, die Männer eskortiert. Ich sah einmal einen ganzen Trupp Gefangene, mehr als 30 Mann eskortiert, 20 Polizisten zu Fuß, 4 zu Pferd und 8 Ulanen (...) Statt einzuschüchtern hat das Vorgehen erbittert, und zwar in solchem Maße, daß man hohenorts Angst bekam und die

Sicherheitswache und Militär seit gestern fast lächerlich höflich vorgehen. Infolgedessen haben die Zusammenrottungen auch ein Ende erreicht.«

Und über die anarchistische Geistesverwirrung in diesen Tagen schreibt Kautsky in einem anderen Brief an Engels:

»Über die Trostlosigkeit der hiesigen Verhältnisse werden Sie schon Genügendes ersehen haben. Die Majorität ist vollkommen im anarchistischen Fahrwasser. Geht doch (...) die „Zukunft" in ihrer letzten Nummer so weit, zu behaupten, die „Parlamentssocialisten" Marx, Lafargue und – Liebknecht hätten die Internationale erwürgt(!), weil diese ihrer Eitelkeit nicht fröhnen wollte. Dabei sind in den letzten drei Monaten an 1000 Gulden Parteigelder von den Leuten unterschlagen worden und jetzt kommt noch das famose Attentat auf einen harmlosen Schustermeister – kurz unsere Wiener sind die reinen Affen des Bakuninismus. (...) Mit Gründen kann man gegen die Leute nicht ankämpfen, denn sie erklären von vorneherein, daß sie von der Wissenschaft nichts wissen wollen. Ebenso perhorresciren sie den politischen Kampf. Zur Erheiterung will ich mit folgendem Ausspruch des hiesigen Anarchistenführers Peukert (...) schließen. In einer Versammlung führte ich unter Anderem an, es genüge nicht, auf die Barrikaden zu steigen, man müsse auch wissen, was man thun wolle, nachdem man siegreich gewesen; und da werde es vor allem nöthig sein, eine politische Organisation zu schaffen. Darauf erhob sich Peukert u. sagte: die Frage, was wir thun wollen, wenn wir siegreich sind, beweise blos unsere Feigheit und unsere Sucht, mit Hilfe der Revolution Macht zu erlangen. Ein ehrlicher Sozialrevolutionär steigt auf die Barrikade mit dem Bewußtsein, den Kampf nicht zu überleben.« (K. Kautsky: Briefe an Friedrich Engels)

Der Schauprozeß gegen die Merstallinger-Attentäter und 26 mitangeklagte politische Funktionäre der anarchistischen Parteiorganisation, darunter Josef Peukert, dauert vom 8. bis zum 21. März 1883. Er endet mit einer Niederlage der Anklage: Nur die drei unmittelbaren Täter werden von den Geschworenen schuldig gesprochen, alle anderen Angeklagten gehen frei. Damit ist auch die Gesamt-Denunziation der

Die Karikatur geißelt die Verbrüderung von Kapitalisten und Anarchisten gegen die Interessen der Arbeiterbewegung

Arbeiterschaft als Rechtfertigung rascher gesetzlicher und administrativer Maßnahmen mißglückt, insoferne sind in einer seltsam zwiespältigen Weise weder die Ziele der Regierung noch die der Anarchisten erreicht: Polizei und Anklagebehörde haben aber in der ganzen Untersuchung, in der Prozeßvorbereitung und in der Prozeßführung eine stilistische Unsicherheit an den Tag gelegt, die einige Rätsel für die nahe Zukunft aufgibt. Da wird von einer seltsam ergreifenden Geste des Gefängniskommandanten berichtet, der nach Eintreffen der Nachricht vom Tod Karl Marx' die politischen Gefangenen zusammenruft, sie informiert und ihnen – zum erstenmal in der Haftzeit – ein gemeinsames Essen ermöglicht. So kommt es, daß die erste Gedenkrede für Karl Marx in Wien im Landesgericht, noch dazu von einem Anarchisten gehalten wird. Daß sie gehalten wird, zeigt einmal mehr, wie wenig die Anarchisten bereit sind, in ihrem Kampf gegen den Marxismus auf die Reputation der großen Begründer des wissenschaftlichen Sozialismus zu verzichten.

Der seltsame Gefühlszwiespalt der höchsten Verantwortlichen drückt sich in den herabsetzenden Worten aus, die der Gerichtsvorsitzende, Graf Lamezan, den „Gemäßigten" widmet. Er nennt sie »Wassersuppensozialisten« und »Revolutionäre im Schlafrock«. Die groteske gefühlsmäßige Übereinstimmung von Richter und Angeklagten in bezug auf den abwesenden Hauptgegner, nämlich die grundsatztreue Sozialdemokratie, ist ein weiteres Anzeichen kommender Entwicklungen.

DIE HEISS-KALT-ABFOLGE DER EREIGNISSE dieser dramatischen Monate, die die innere Spannung der Strategien und Motive aller beteiligten Kräfte zum Ausdruck bringt, wird angesichts einer Einladung klar, die an alle politischen Kräfte des Landes wenige Wochen nach dem Merstallinger-Prozeß ergeht. Die Regierung des Grafen Taaffe und ihre „sozialaristokratischen" Reichtagsabgeordneten bereiten eine große Enquête vor, die eine Reihe von geplanten Sozialgesetzen, darunter vorerst eine wesentlich veränderte Gewerbeordnung, zum Gegenstand hat: Zwischen den Peitschenhieben der Polizei wird also ein großes Stück Zuckerbrot angeboten. Das Entgegenkommen geht so weit, daß keine der Fraktionen oder Gruppen der Arbeiterbewegung ausgeladen wird. Auch der eben freigesprochene Führer der Anarchisten Josef Peukert wird um seine Meinung gebeten. Bei den Anarchisten folgen lange Diskussionen, ob man die Einladung annehmen solle, schließlich entschließt sich Peukert aber doch, eine Stellungnahme abzugeben. In beiden Fraktionen geht es nun darum, wie man die ihrem Inhalt nach zweifellos nützlichen, aber in ihrer politischen Absicht „giftigen" Geschenke der Regierung Taaffe ablehnt, ohne die eigenen Grundsätze zu verletzen oder der Gegenfraktion Argumentationsmaterial zu liefern. Am Rande der Veranstaltung gibt es zudem noch eine wahrhaft fürstliche Einladung für die Anarchisten, über die Josef Peukert in seinen Memoiren berichtet. »Ein anderes Schattenbild des sozialen Kampfes bildete eine Art geheimer Konferenz mit den staatlichen Machthabern. Verschiedene Genossen erzählten mir, daß sie auf Veranlassung des Mechanikers Schneider mehrere Zusammenkünfte mit Vertretern der damals allmächtigen klerikal-feudalen Partei gehabt hätten, um über beabsichtigte „Sozialreformpläne" zu beraten, welche die Regierung durchführen wolle, und wozu sie die Zustimmung der radikalen Arbeiterpartei von vornherein wünsche; dafür sei die Regierung ihrerseits bereit, Konzessionen zu machen. (...) Es vergingen Wochen, ohne daß wir etwas hörten. Schneider war wohl in die Redaktion gekommen (...), hatte jedoch nichts weiter verlauten lassen. Einige Zeit darauf kam er wieder und lud uns zu einem „Abendessen" in seiner Wohnung ein, mit der Bemerkung, daß auch einige bei der Regierung einflußreiche Herren anwesend sein würden. Wie mir Motz nachher mitteilte, war das eine abermalige Konferenz, zu welcher man mich zuzog.

Von anderer Seite hörte ich von einer Äußerung, daß die „Arbeiterführer für ein paar Glas Wein für Alles zu haben seien". Daraufhin veranlaßte ich vorher eine Zusammenkunft sämtlicher eingeladener Genossen, wo wir uns einigten: erstens, uns nicht zum Trinken verleiten zu lassen, zweitens soviel wie möglich die Herren über ihre Absichten auszuforschen und drittens, uns auf keinerlei Versprechungen einzulassen.

Von uns waren beteiligt die Genossen Motz, Pauler, Nechviller, Schustazek, Notzar und ich, von der anderen Seite die zwei Brüder Fürsten Liechtenstein, Esterhazy, Graf Belcredi, der Redakteur des Wiener „Vaterland", Vogelsang, und noch zwei oder drei andere, deren Namen ich mich nicht mehr erinnere.

Nach erfolgter Speisung, bei welcher wir eifrig zum Trinken schwerer Weine – allerdings ohne Erfolg – animiert worden waren, eröffnete Belcredi die Diskussion. Die Herren gaben sich große Mühe, uns ihre Liebe und warme Fürsorge, welche sie für die Arbeiter haben, ans Herz zu legen. Wir machten nur Fragen und kurze Bemerkungen, z. B.: Wie reimt sich die warme Fürsorge mit den fortgesetzten Verfolgungen der Arbeiter, der Unterdrückung der Arbeiterversammlungen, der Konfiskation der Arbeiterblätter, den harten Urteilen über Arbeiter wegen an und für sich ganz harmloser Sachen usw. zusammen! Schließlich stellte ich die kategorische Frage, was man eigentlich von uns wolle? Darauf wurde uns von allen den „Herren" erklärt, daß sie gewissermaßen im Namen der Regierung sprechen und handeln, denn seine Excellenz der Herr Ministerpräsident Taaffe und das ganze Kabinett seien mit ihren Plänen und sozialen Bestrebungen einverstanden; was sie hier sagen und versprechen, sei der Genehmigung von offizieller Seite sicher! Was man von uns wolle, sei kurz gesagt folgendes: „Die radikale Arbeiterpartei solle die sozialen Bestrebungen der Regierung unterstützen, oder doch zum mindesten keine Opposition entgegensetzen, dafür werde uns die höchstmögliche Rede-, Preß- und Versammlungsfreiheit gewährt werden und in Kürze würde auch das allgemeine direkte Wahlrecht in Erwägung gezogen und bewilligt werden." Auf einzelne Fragen, welche Garantien für all die Versprechungen geboten würden, erhielten wir nur vage, ausweichende Antworten, man könne doch bei solchen Abmachungen keine schriftlichen Verträge schließen usw.

Bis dahin hatte ich nur wenig gesagt, nun fand ich es aber an der Zeit, umsomehr, als mich einer der Herren direkt herausforderte, was meine Meinung sei. Dabei nahm ich mir auch kein Blatt vor den Mund: „Die Arbeiter hätten für all die Reformpläne nicht das geringste Interesse, im Gegenteil müsse jeder erkennen, daß es nur Köder seien, um die reaktionären Bestrebungen der Herren am Ruder zu bemänteln und die Arbeiter noch mehr zu versklaven. Das beweise ja das neue Schulgesetz am deutlichsten, wie man mittelalterliche Zustände wieder einführen wolle; ebenso seien die gewerblichen Reformpläne selbst nur zu dem Zwecke, die soziale Entwicklung aufzuhalten, und dazu sollen wir unsere Hülfe geben? Wir, die wir eine vollständige Neugestaltung der sozialen Verhältnisse erstreben? Nie und nimmer! Das wäre der schändlichste Verrat, den wir an unserer gerechten Sache verüben könnten. Dazu gebe ich mich für meine Person nicht her und würde die Pläne mit aller Energie bekämpfen."

Schon während ich sprach, lief Esterhazy ganz entsetzt ob solcher Sprache aus dem Zimmer und schließlich waren die anderen Herren ebenfalls höchlich entrüstet, daß ich ihre „wohlmeinenden" Absichten so schnöde zurückwies, und die Konferenz hatte ihr Ende.« (Zitiert in: Brügel)

Die Erzählung Peukerts hat viele Zeugen, von denen keiner widersprochen hat, also dürfte sie ziemlich richtig sein. Was haben die Herren Vogelsang, Liechtenstein, Esterházy und Belcredi wirklich erwartet? Waren sie von der bezwingenden Überzeugungskraft ihrer Sozialreformen so überzeugt, daß sie die Anarchisten zum Einlenken zu bringen hofften? Oder wollten sie einfach Peukert wegen seiner damals besonders großen Popularität in der Wiener Arbeiterschaft wenigstens optisch in ihr Vorhaben einbeziehen? Von einer vergleichbaren versuchten Annäherung an die gemäßigten Sozialdemokraten ist jedenfalls nichts bekannt. Kautsky und seine Genossen haben im Reichsrat nur zwei Freunde im liberalen Lager: die Abgeordneten Pernerstorfer und Kronawetter, die konsequent den Polizeistaat kritisieren und weit über die besänftigende Sozialpolitik der klerikalen Regierung hinaus wirtschaftliche Arbeiterinteressen vertreten.

Die Wirkung der Sozialenquête ist verpufft, die Situation gespannter denn je. Es ist offenbar, daß die Regierung parallel zu den Besänftigungsgesetzen eine umfassende Aktion gegen die Arbeiterorganisationen vorbereitet. Die Anarchisten haben aus der Merstallinger-Affäre nichts gelernt, die Freisprüche haben sie ermutigt, die Schmeicheleien der Regierung kühn gemacht. Vielleicht, so ahnt man, ist noch mehr dahinter. Jedenfalls gibt es keine Annäherung zwischen den Fraktionen.

Am 19. Mai 1883 bringt die nunmehr von London nach New York übersiedelte Most-Zeitung »Freiheit« eine seltsame Zuschrift aus Österreich. Unter dem Namen A. Marmarek – in der Signatur sind alle Buchstaben des Namens A. Kammerer enthalten – bedroht ein Parteianhänger die beiden Wiener Polizeibeamten Blöch und Hlubek. Ein halbes Jahr später, am 2. Februar 1884, rühmt sich die »Freiheit« dieser Zuschrift, denn in der Zwischenzeit sind Hlubek am 15. Dezember 1883 und Blöch am 25. Jänner 1884 erschossen worden. Dazwischen haben die offenbar identischen Täter am 10. Jänner den Wechselstubenbesitzer Eisert ermordet und ausgeraubt.

Die Wiener Polizei braucht diese zwei Zeitungsausschnitte nur nebeneinanderlegen um nachzuweisen, daß die Anarchisten Stellmacher und Kammerer, die Ende Jänner 1884 verhaftet und überführt werden, im Auftrag der anarchistischen Parteiorganisation gehandelt haben.

Josef Peukert entkommt rechtzeitig und scheidet damit aus der österreichischen Politik aus. Die beiden Attentäter hatten mit Peukert Kontakt aufgenommen und ihre Mordabsicht bekundet, Peukert hatte ihnen aber geraten, einen Verräter umzubringen – soweit die Aussagen der Terroristen.

Ein späterer Einblick in geheime Notizen der Polizei läßt erkennen, daß sich sowohl Kammerer wie Stellmacher schon im Lauf des Jahres 1883 der Polizei zur Verfügung stellten und daß sie mit Kenntnis der Polizei zwischendurch im Ausland waren, wo ihnen auch Morde angelastet werden.

Von diesen offenkundigen Verbindungen zur eigentlichen Durchführung der Taten führt kein Indizienweg: Haben die hohen Geheimpolizisten wirklich den Mord an drei Menschen, darunter zwei Polizeikollegen, wissentlich und detailliert mitgeplant? Oder haben sie nur abgewartet, bis Pläne, die durchaus der Mentalität und dem Vorbereitungsstand der Attentäter entsprachen, durchgeführt waren? Hätte die Polizei in Kenntnis der Zusammenhänge nicht wenigstens nach dem ersten Mord zuschlagen können? Oder mußte erst über drei Mordtaten die Erhitzung der öffentlichen Meinung bis zum politischen Siedepunkt abgewartet werden?

Die letzte Schlußfolgerung drängt sich auf, wenn man den Ablauf der Ereignisse verfolgt: Unmittelbar nach der Verhaftung der Attentäter verhängt die Regierung den Ausnahmezustand über den österreichischen Teil der Monarchie. Der Reichsrat stimmt widerstrebend zu. Stellmacher und Kammerer werden im Frühjahr zum Tod verurteilt und hingerichtet. Kein Wort dringt an die Öffentlichkeit, das verrät, ob die Todgeweihten in Erkenntnis ihrer ausweglosen Situation noch Gelegenheit hatten, ihre Mitwisser anzuklagen.

Josef Peukert verschwindet, von der Polizei unbehelligt, nach Deutschland. In einer späteren Parlamentsdebatte (1888) wird er vom deutschen Arbeiterführer Bebel in bemerkenswerter Weise erwähnt:

»Ich will ferner hervorheben, daß Trautner (gleichfalls ein Lockspitzel) im Vereine mit Polizeidirektor Krüger, ferner mit dem Polizeispion Peukert und dem Polizeiagenten Reuß es waren, die im vorigen Jahre den bekannten Neve in Belgien haben gefangennehmen lassen durch die belgische Polizei. (...) Peukert, ein Polizeispion und Agentprovacateur schlimmster Sorte.« (Zitiert in: Brügel)

»(...) sein Buch ist eine Verteidigungsschrift, eine Apologie. Sein Hauptzweck ist, sich von dem furchtbarsten Verdacht zu entlasten: sich gegen die Anklage zu wehren, daß er im entscheidenden Augenblick, zwei Tage vor Publizierung des Ausnahmezustandes, der schon vom Ministerrat beschlossen war, Wien mit Wissen und im Einverständnis mit der Polizei verlassen hat, und gegen die noch unvergleichlich schwerere Beschuldigung, daß er dazu mitgewirkt, einen der entschlossensten und für seine

Ferdinand Kronawetter (1838–1913):
Ein Liberaler wird Sozialdemokrat

Engelbert Pernerstorfer (1850–1918):
Ein Deutschnationaler wird Sozialdemokrat

Sache wertvollsten Anarchisten, John Neve, an die Polizei auszuliefern. (. . .) am 28. Jänner gibt ihm die Polizei das Reisegeld, um nach Hanau wegen einer Zeugenaussage bei der Verhandlung Neves zu fahren. Er berät mit den Genossen und fährt wirklich. Am 31. Jänner wird der von ihm erwartete „Hauptschlag" vollführt und der Ausnahmezustand proklamiert. Peukert erfährt das auf der Rückreise von Hanau in Ried und flüchtet in die Schweiz. Er verläßt den Kampfplatz gerade in dem Augenblick, wo die Anwesenheit und das Eingreifen des Mannes am nötigsten war, der den größten Einfluß, den umfassendsten Überblick und allerdings auch die schwerste Verantwortung hatte.

Diese Abreise von Wien im Einverständnis, ja auf Wunsch der Polizei hat Peukert nicht nur den Vorwurf der Feigheit zugezogen, sondern ihn auch des Verrates verdächtig gemacht und er selbst wehrt sich in seinen „Erinnerungen"

nur mit auffälliger Schüchternheit gegen die Anklage, er habe damals „mit der Regierung oder Polizei unter einer Decke gesteckt". Er berichtet auch von angeblichen Bemühungen der Polizei, später seiner Person habhaft zu werden, Bemühungen, die sie einige Tage später, nachdem sie ihn mit Reisegeld ausgestattet ins Ausland entwischen ließ, gemacht haben soll. Um den Vorgang richtig zu beurteilen, muß man sich vergegenwärtigen, daß in der Nacht vom 31. Jänner zum 1. Februar in Wien fast zweihundert Personen aus den Betten gerissen und inhaftiert wurden, um entweder in Untersuchungshaft gesteckt oder abgeschoben zu werden." (Victor Adler: »Peukerts Erinnerungen«, in: »Der Kampf«, 1. 4. 1914)

Im Jahr 1884 verläßt Karl Kautsky Wien und wird Redakteur einer deutschen Zeitung. Wieder einmal ist Österreichs Arbeiterschaft ihrer Verführer, aber auch ihrer Führer beraubt.

DIE ANARCHISTISCHE INFEKTION, die die Arbeiterbewegung in einen fiebrigen Schüttelfrost versetzt hat, ist doch keine Todeskrankheit. Die schlimmen Krisenjahre haben zu einer geistigen und emotionellen Läuterung geführt. Die „Radikalen" beginnen sich allmählich von der anarchistischen Irrlehre zu lösen und werden wieder das, was sie früher waren: der besonders kompromißlose, kampfesfreudige, unbeugsame linke Flügel der Sozialdemokraten; die „Gemäßigten", die ja in bezug auf die anarchistische Verirrung recht behalten, haben immer weniger Grund, sich von den „Radikalen" abzugrenzen – sie wollen ja nicht weniger revolutionär sein, wenn es um die Erreichung der politischen, wirtschaftlichen und sozialen Ziele geht. Das Etikett „gemäßigt" verliert seinen Sinn. Als tragfähige Basis des Zusammenredens erweist sich der Marxismus. Die anlaufende industrielle Expansion, die für die Jahrhundertwende eine Hochkonjunkturwelle verspricht, zeigt ja: Die Bourgeoisie bringt die Klasse hervor, die sie ablösen wird.

Die freiwerdenden wirtschaftlichen Kräfte mobilisieren aber auch soziale Schichten und politische Gruppierungen neben dem wachsenden Proletariat: Der Umbruch in der Landwirtschaft und die Wirkung der Agrarimporte aus Amerika und Rußland tragen zwar dazu bei, den Brotlaib des Volkes insgesamt größer zu machen; für die Arbeitenden im Agrarbereich ergibt sich aber keinerlei Gewinn. Tausenden Kleinbauern wird das Dach über dem Kopf wegversteigert, die Landwirtschaft als Ganzes sieht sich in Gefahr. Am Beginn der achtziger Jahre werden überall in der Monarchie Bauerntage abgehalten. Anfang 1881 strömen 14.000 Teilnehmer zum allgemeinen Bauerntag nach Linz. Die politische Willensbildung der Bauern forciert die Organisation des bäuerlichen Genossenschafts- und Kreditwesens im Geist Raiffeisens und mobilisiert die Kritik an der Unangemessenheit liberal-kapitalistischen Denkens im agrarischen Bereich; die Reformpolitiker im System Taaffe schicken sich an, das Bauernproblem in die geplanten Sozialmaßnahmen einzubeziehen. Darüber hinaus zeigt sich aber ein neues großes Wählerpotential. Die Sozialdemokratie ist noch zu sehr mit sich beschäftigt, um den unzufriedenen Bauern glaubhaft eine politische Heimat anbieten zu können. Es bleibt bei freundlichen Zeitungsartikeln; einzelne Kontaktnahmen von Bauernführern zur Sozialdemokratie haben keine greifbaren Ergebnisse. Die künftige Bauernpartei ist eine politische Unbekannte.

In ähnlicher Weise beginnt sich in den rasch wachsenden Städten neben dem Proletariat das Kleinbürgertum seiner gemeinsamen Probleme bewußt zu werden: Die Gewerbetreibenden fühlen sich durch die Industrie in ihrer Überlebensfähigkeit bedroht, die kleinen Beamten begreifen allmählich, daß auch sie materielle Probleme und Standessorgen haben.

Die neuen sozialen Interessen und Motive vermischen sich nun in vorerst unüberschaubarer Weise mit den aufschäumenden nationalen Emotionen. Dabei ist nur eines klar: Die zu neuer Gemeinsamkeit erstarkende Sozialdemokratie setzt ihre internationalistische Tradition fort und findet darin ein starkes Band der Einheit. Die nationalen Strömungen, also in den Kernbereichen der Monarchie und insbesondere in der Reichshauptstadt Wien die deutschnationale Bewegung, geraten in Wettbewerb um die Vertretung der bäuerlichen und der kleinbürgerlichen Interessen. Bald zeichnen sich zwei denkbare neue politische Lager ab, die den ausgedienten Liberalismus beerben wollen und die nicht-proletarischen Wählermassen umwerben: ein christlich-demokratisches und ein deutschnationales. Beide Gruppierungen haben soziale Reformziele, die vorerst vor allem die Kleinbürger ansprechen sollen. Und sie haben bald eine billige demagogische Parole gemeinsam: den Antisemitismus, den der sozialliberale Abgeordnete Kronawetter den »Sozialismus des dummen Kerls« nennt.

Für den Antisemitismus, der in den achtziger Jahren zur politischen Mode wird, gibt es greifbare soziale und schwer auszulotende irrationale Motive: Die Juden sind vorerst eine völkische Minderheit wie so viele andere in der Monarchie, vor allen in den östlichen Reichsteilen, in Galizien und der Bukowina, wo sie in einzelnen Gegenden die Bevölkerungsmehrheit mit eigener Sprache, dem Jiddischen, bilden. Was diese Minderheit auszeichnet, ist die gemeinsame Religion – eine Religion noch dazu, zu der das Christentum in einer schwer belasteten und in zwei Jahrtausenden nicht verarbeiteten Doppelbeziehung steht: Christus war ein

Mit der politischen Mobilisierung der großen Bevölkerungsmassen greift der Antisemitismus um sich. Die judenfeindliche Karikatur wird zum Ventil für alle ungelösten Probleme

Jude, und „die Juden" haben nach der primitiven Lesart der Bibel den Tod des Gottessohnes auf dem Gewissen.

In gewisser Weise tritt also das orthodoxe Judentum im Völkergemisch der Habsburgermonarchie schärfer abgegrenzt in Erscheinung als jede andere Volksgruppe; die vielen Jahrhunderte der jüdischen Diaspora in einer feindseligen Welt der Pogrome, die diese kulturelle Selbstbehauptung notwendig gemacht hat, wirken nach. Andererseits ist die Zeit der wirtschaftlich erzwungenen Völkerwanderung innerhalb der Monarchie eine besondere Herausforderung an die Juden, ihre Fähigkeit zur Assimilation und zur Erschließung sozialer Marktnischen zu nutzen. Die formale Gleichstellung der Juden durch die frühen Verfassungswerke der Franz-Joseph-Zeit hat rechtliche Hindernisse beseitigt: Unter den zuwandernden Gruppen, die dem industriellen Wien ein neues Gesicht geben, sind die Juden von beachtlicher quantitativer Bedeutung. Sie kommen zunächst vor allem aus Böhmen, Mähren und Ungarn, später vorwiegend aus den östlichsten Gebieten des Reiches. Die Masse der Ostjuden gelangt in bitterster Armut nach Wien und steht daher am untersten Ende der sozialen Skala: Der jüdische Hausierer, der auf niedrigstem Lebensstandard vegetierende jüdische Taglöhner sind die vorherrschenden Typen dieser Jahre. Andererseits hat sich in den Aufstiegsbereichen der liberalen Wirtschaft ein jüdisches Erfolgsbürgertum gebildet. Verachtung des jämmerlichen Ostjuden und Geschäftsneid auf den erfolgreichen jüdischen Konkurrenten ergeben eine gefährliche Mischung. Der moralische Bankrott des Liberalismus gibt eine Angriffsfläche: Der spekulierende Kapitalist dieser Jahre, der Bankier und Geldverleiher, der sich durch Exekutionen verhaßt macht, der korrupte und korrumpierende neuadelige Glücksritter ist in der demagogischen Vereinfachung leicht mit „dem Juden" gleichzusetzen.

In der Abgrenzung zum Proletariat kommt nun dazu, daß sich unter den ersten Intellektuellen, die ihren Weg zur Arbeiterschaft finden, naturgemäß eine größere Zahl von Juden befindet. Sie sind durch die beginnende Diskriminierung aus der Bourgeoisie hinausgeekelt worden – und werden von dieser daher ganz besonders gehaßt. Es ergibt sich sogar ein unvermeidlicher Regelkreis: Antisemitismus erzeugt jüdische Linksintellektuelle, diese bieten sich wieder als Zielscheibe des Antisemitismus an. In der ganz primitiven Vereinfachung von Hetzgazetten heißt das: „Der Jud" verkörpert im Kapitalismus wie im aufkommenden Sozialismus den gemeinsamen Feind. Die Versuchung zum Antisemitismus geht auch an der Arbeiterbewegung nicht vorbei, aber die geistige Kraft zum Widerstand ist groß genug, um scharfe Grenzen zu ziehen. Im März 1882 findet in Wien eine große Arbeiterversammlung statt, die sich ausdrücklich gegen den Antisemitismus richtet.

Die Arbeiterbewegung der österreichisch-ungarischen Monarchie ist sich in den Krisen- und Spaltungsjahren ihres Führungsproblems durchaus bewußt geworden. Es fehlt nicht an Appellen an die Intellektuellen, Künstler und Wissenschafter des Landes, sich mit den kämpfenden Proletariern zusammenzutun und ihren Beitrag zur Schaffung einer besseren Welt zu leisten.

Ein wichtiges intellektuelles Reservoir der Arbeiterbewegung ist die zerfallende und diskreditierte liberale Szene. In den Zeiten der liberalen Machtentfaltung in Wirtschaft und Politik ist jede Kooperation mit den einstigen Waffenbrüdern auf den Barrikaden des Jahres 1848 bedenklich und verdächtig geworden: Der Liberalismus als die politische Manifestation der Bourgeoisie war den Interessen der Proletarier entgegengesetzt – trotz gemeinsamer ideologischer Wurzeln im Gedankengut der Französischen Revolution und der gesellschaftlichen Utopien. Kooperation bedeutete Selbstaufgabe, Packelei, ja Korruption: Ein Proletarierführer durfte nicht zu den Liberalen gehen. Ganz anders ist es aber jetzt, da das Interesse kritischer Linksliberaler an den Problemen der Arbeiter immer größer wird, das vor allem, weil der überwältigende intellektuelle Reiz des Marxismus sich in den Köpfen der gescheitesten, wenn auch von ihren Vätern nicht immer höchstgeschätzten Söhnen festzusetzen beginnt. Nun, da der Liberalismus abdankt, ist die Erinnerung an die schwarz-rot-goldene gemeinsame Vergangenheit erneut legitimiert, die begeisternden Verse der Marseillaise

tönen aus dieser gemeinsamen Vergangenheit. Und die gemeinsame Erinnerung hat eine national-deutsche – noch keine deutsch-nationale – Tönung. Wie weit dieses gemeinsame Erbe von der späteren rabiaten Deutschtümelei und Intoleranz entfernt ist, zeigt der praktische Umstand, daß sich die unzufriedenen und ungeduldigen Bürgersöhne auch aus jüdischen Häusern vorerst leicht für den deutschen Farbton der 48er-Trikolore begeistern lassen. Diese jungen fortschrittlichen Leute aus jüdischen Familien wenden sich von der orthodoxen Religiosität ihrer Ahnen ebenso ab wie die progressiven christlichen Bürgersöhne vom klerikalen Katholizismus. Die eine und die andere Negation scheint ihnen auch durchaus gleichartig. Bei den jungen Juden kommt dazu, daß sie kulturell assimilierungswillig sind – gewisse Überkompensationsmotive, die mit jeder Assimilierung verbunden sind, können dabei nicht übersehen werden. So etwa tritt der erfolgreiche Geschäftsmann Salomon Adler der gesellschaftlichen Einfachheit halber 1884 zum Katholizismus über; sein Sohn Victor entscheidet sich zwei Jahre später für den Protestantismus. Victors Umkreis ist jene deutsch-liberale, gegen den Spekulations- und Korruptions-Liberalismus rebellierende Gesinnungsgruppe, die eigentlich noch keine politische Heimat hat; diese Haltung ist mit Sympathie und tiefem menschlichen Verständnis für die Probleme der Arbeiterschaft verbunden, Kontakte mit den verschiedenen Arbeiterorganisationen sind selbstverständlich. Die Haltung der linksliberalen Abgeordneten Pernerstorfer und Kronawetter ist typisch für die Situation. Pernerstorfer ist der beste Jugendfreund Victor Adlers und hat seinen Weg in die Politik bereits gefunden, während sich Adler – noch immer voller Respekt vor seinem patriarchalischen Vater – auf das Medizinstudium konzentriert.

Aus der gärenden linksliberalen Szene ragen zu Beginn der achtziger Jahre noch zwei Namen hervor: Dr. Karl Lueger und Georg Ritter von Schönerer. Der Anwalt Dr. Lueger hat – sicher nicht ohne politischen Bedacht – im Jahre 1878 den sozialdemokratischen Journalisten Schwarzinger in einem spektakulären Presseprozeß verteidigt, dessen Verurteilung zu einem Jahr schweren Kerker jedoch nicht verhindern können. Im sensationellen Anarchistenprozeß des

Antisemit Georg Ritter von Schönerer (1842–1921)

Antisemit Karl Lueger (1844–1910)

Frühjahres 1883 tritt Dr. Lueger wieder als Verteidiger auf.

Dann erkennt dieses politische Talent aber seine persönliche Chance in der gärenden Parteienlandschaft. Jahrelang wird er im Wiener Gemeinderat und später im Reichsrat der Ankläger gegen die liberale Korruption, der Kämpfer insbesondere gegen die ausländischen Spekulanten, die sich an den für die Kommunen so wichtigen Versorgungsbetrieben bereichern. Und da bemerkt er die Zugkraft antisemitischer Parolen. Immer dann, wenn er von antisemitischen Konkurrenten herausgefordert wird, weiß er sich in der verbalen Schlammschlacht zu behaupten. Persönlich hält er aber die Beziehungen zu prominenten Juden aufrecht. Später wird seine österreichisch-verschlampte Definition eines „gemütlichen" Antisemitismus berühmt: »Wer a Jud is, bestimm i!«

Schönerer, der Schloßherr von Rosenau, steuert von den Anfängen seiner politischen Karriere an einen deutsch-nationalen, einen „all-deutschen" Kurs: Die Deutsch-Österreicher gehören ins Bismarck-Reich, was immer aus der Habsburgermonarchie werden mag. 1882, als Schönerer eine breit angelegte deutsch-liberale Partei formieren will, findet er es aber noch ganz selbstverständlich, daß der junge jüdische Arzt Dr. Victor Adler bei den Formulierungen der sozialen Forderungen seines »Linzer Programms« mitarbeitet. Drei Jahre später hat Schö-

nerer die Zugkraft des Antisemitismus entdeckt. Er macht aus dem Linzer Programm ein Programm des militanten und fanatischen Antisemitismus; Victor Adler kehrt ihm und seiner Gruppierung den Rücken und muß nun endgültig seine deutsch-liberale Grundhaltung überdenken.

Immerhin bleibt der Erfolg beschränkt. Schönerer wird niemals mehrheits- oder regierungsfähig. Er neigt zu gewalttätigen Exzessen. 1888 stürmt er mit einigen Kumpanen eine Zeitungsredaktion, weil diese eine verfrühte Meldung über den Tod des deutschen Kaisers gebracht hat. Er wird zu vier Monaten Arrest und zum Verlust seines Adelstitels verurteilt.

Die Monarchie trägt den Antisemitismus wie einen häßlichen Ausschlag und muß vor der Geschichte verantworten, daß in ihrem Geistesbereich der Samen des mörderischen Judenhasses aufgegangen ist, dessen gräßliche Frucht später der Holocaust sein wird. Von Kaiser Franz Joseph aber kann und muß man sagen, daß er den Antisemitismus in allen seinen Erscheinungsarten verabscheut und bekämpft hat. Da war keine besondere Zuneigung oder übermäßige Toleranz im Spiel, sondern die Überzeugung, auf der die Habsburgermonarchie ruhte: daß alle Untertanen, welchen Volkes und welcher Religion auch immer, einander zu respektieren hatten, weil sie ja die Untertanen *eines* Kaisers waren.

DAS ALSO IST DIE BILANZ von zehn Jahren anarchistischer Geistesverwirrung: Hätte der Staat nicht, durch den Zarenmord aufgescheucht, mit mörderischer Geheimaktivität geheime mörderische Neigungen ausgenutzt und einige wenige Mordtaten provoziert, so wäre bei aller verbaler Zügellosigkeit kein Tropfen Blut durch die Hand von Sozialdemokraten geflossen. So tief, so stark war die Tradition der Humanität und der Toleranz in der Arbeiterbewegung der Monarchie, so wirksam war trotz aller Hetzparolen das, was man eine humanitäre Beißhemmung nennen könnte. Vor allem ist es auffällig, daß sich der „radikale" Flügel der Sozialdemokratie auch in den leidenschaftlichsten Zuspitzungen nicht zu einem einzigen spektakulären Femeverbrechen entschließen konnte.

Diese Bilanz macht klar, daß es zwar schwer, aber keineswegs unmöglich ist, nun eine neue Basis zur Einigung zu finden. Es ist bezeichnend, daß in all den Jahren der Kontroverse zwischen den „radikal"-anarchistischen und den „gemäßigt"-marxistischen Argumenten ein Thema im Vordergrund steht: Führt Freiheit zur Bildung, oder führt Bildung zur Freiheit? – „Gemäßigte" Antwort: Zuerst müssen die Menschen im Gleichklang mit der Entwicklung der Produktionsbedingungen allgemeine Bildung und politisches Bewußtsein erwerben, dann erst können sie in vollem demokratischen Sinn die Macht übernehmen; „radikale" Antwort: Der Bourgeois-Staat und seine reaktionären Verwalter werden den arbeitenden Menschen und ihren Kindern niemals die Bildung zugestehen, die diese brauchen, daher muß die Macht gewaltsam erobert werden, damit die Bildung nachgeliefert werden kann. Die Kontroverse zeigt das ernste Interesse für ihren Gegenstand, nämlich die Bildung. In der Phase der Einigung ist es dann gar nicht so schwer, den scheinbaren Gegensatz auch in dieser Themenstellung zu überwinden: Politische Macht und Bildung müssen schrittweise und in wechselseitiger Unterstützung erobert werden, mehr Macht bringt mehr Chance auf Bildung, mehr Bildung ist die Voraussetzung für die Eroberung von mehr Macht. Erst kommt das Fressen, sagt viel später Bert Brecht, dann kommt die Moral. Das heißt aber auch: Die „Moral", die Arbeiterkultur, ist das Ziel, ist und bleibt die Vision der Bewegung.

Beide Lager der unter Polizeiverfolgung weiterlebenden und zu neuem Kampfesmut erwachenden Sozialdemokratie begreifen von Jahr zu Jahr besser, daß sie das Opfer einer heimtückischen Doppelstrategie geworden sind: Diskreditierung der „Radikalen" durch anarchistische Verblendung und Provokation, Diskreditierung der „Gemäßigten" als bedürfnislose und naive Mitläufer der staatlichen Besänftigungsaktionen.

In der Folge schlagen so gut wie alle Versuche des drahtziehenden Polizeiklüngels zur Wiederbelebung des Anarchismus fehl. In Budapest folgt noch ein großangelegter Anarchistenprozeß: Einige der beim Stellmacher-Kammerer-Attentat auf den Geldwechsler erbeuteten Wertpapiere werden bei Hausdurchsuchungen in den Wohnungen von Arbeiterfunktionären gefunden. Später kommt heraus, daß diese Papiere von einem von der Polizei aus London eingeschleusten Spitzel nach Budapest gebracht und im Auftrag der Polizei weitergegeben worden sind. In Graz gehen zwei Anarchisten auf seltsam arglose Weise der Polizei ins Netz. Sie übersprudeln sich geradezu in Geständnisfreude, erzählen von abenteuerlichen, niemals ausgeführten Attentätsplänen, darunter auch einem Mordanschlag auf den Kaiser – endlich hat die Polizei die lange beschworene Parallele zum Zarenmord. Die Geständnisse ziehen 22 der aktivsten steirischen Arbeiterführer in die Untersuchung hinein; diese können zwar nicht wegen Hochverrats, sondern nur wegen Nebendelikten verurteilt werden, aber ein wichtiges Aktionszentrum der Sozialdemokratie ist eine Zeitlang lahmgelegt. Der geständnisfreudige Hauptangeklagte Pronegg wird zu acht Jahren Kerker verurteilt, ist aber bezeichnenderweise kurz darauf wieder frei. In der Folge kommt es zu kleineren Prozessen gegen geheimbündelnde Anarchisten, bei denen gedruckte Anweisungen zur Anfertigung von Bomben, Brandflaschen und falschen Münzen gefunden wurden. Diese Schriften stammen durchwegs aus der Londoner »Autonomie«, die von dem inzwischen dort wieder eingetroffenen Josef Peukert herausgegeben wird. Selbst John Most hat sich längst von seinem ehemaligen Agenten getrennt und schreibt über die »Autonomie«, daß diese ausschließlich aus Geldern der Wiener Polizei finanziert werde. Längst legen alle „radikalen" Orga-

Große Versammlungen der organisierten Empörung – Absage an den Einzelterror

nisationen größten Wert darauf, mit dieser diskreditierten Unterwelt nichts zu tun zu haben. Auch verbal bahnt sich eine Wandlung an. Die „Radikalen" fordern nicht mehr den Kampf mit „allen Mitteln", sondern lassen sich in den immer häufigeren Diskussionen mit den „Gemäßigten" darauf ein, daß nur mit angemessenen, dem Rechtsgefühl entsprechenden Methoden gekämpft werden solle.

Andererseits vermögen jene „Gemäßigten", die aus diesem Läuterungsprozeß hervorgehen, klarzumachen, daß ein bedingtes Ja zu gesetzlichen und sozialen Fortschritten keine Aufgabe höhergesteckter Ziele bedeutet. Die linksliberalen Reichstagsabgeordneten kämpfen gegen den Ausnahmezustand, gegen Polizeiwillkür und Willkürprozesse, argumentieren mit hartnäckiger Unzufriedenheit in den Auseinandersetzungen über die nun folgenden „Zuckerbrot"-Gesetze zur Einführung der Invaliditätsversicherung, machen aber den Arbeitern klar, daß solche Gesetze, wie heimtückisch immer sie gemeint sind, Waffen im legalen Kampf um eine bessere Zukunft sein können.

1886 muß die Regierung Taaffe erkennen, daß es ihr nicht gelungen ist, die Arbeiterschaft auseinanderzudividieren und dem Gespenst des Anarchismus neues Leben zu verleihen. Um, wie seit Jahren angekündigt, den Ausnahmegesetzen eine legale Deckung zu geben, wird ein Sozialistengesetz im Reichsrat eingebracht. Pernerstorfer und Kronawetter stellen sich wortgewaltig dagegen und veranstalten am 9. Mai in »Schwenders Colosseum« eine große Protestversammlung, die zum erstenmal nach den Jahren des Zwistes die Angehörigen der bisher zerstrittenen Fraktionen zusammenführt. Das Gesetz wird im Reichsrat in verdünnter, ziemlich unwirksamer Version befristet beschlossen; als es drei Jahre später ausläuft, stopft die Regierung das rechtliche Loch mit neuen Ausnahmeverfügungen.

Die reale, auf gemäßigtem Gedankengut basierende Selbsthilfeorganisation wird im ganzen Land aktiver und dichter: Als 1886 in Linz ein Verbandstag der Krankenkassen abgehalten wird, nehmen daran 37 Vereine teil, die an die 120.000 Mitglieder vertreten. Dort, wo die erstarkenden Gewerkschaftsorganisationen in einem neuen Stil der Unbeugsamkeit, aber mit Verhandlungsgeschick vorgehen, erkämpfen sie bemerkenswerte Teilerfolge.

Im Juni 1885 streiken die Arbeiter in der mährischen Textilindustrie. Es kommt zu einer Großkundgebung, an der 8000 Streikende teilnehmen. Sie verlangen den zehnstündigen Arbeitstag und eine 30prozentige Lohnerhöhung. Nach zähen Verhandlungen bekommen sie eine abgestufte Arbeitszeitregelung, die für die Wochentage 10 ¾ und für den Samstag 9 ¾ Stunden Arbeitszeit vorsieht; auch ein Lohnkompromiß wird gefunden. Die wachsende Organisationskraft insbesondere der böhmischen und mährischen Gebiete wirkt sich auf die Vereinigung der Partei vorteilhaft aus: Die realen Ziele des politischen Kampfes werden wieder sichtbar und greifbar.

Im Frühjahr 1885 – die Arbeitslosigkeit erreicht einen neuen Höhepunkt, die Behörden gehen mit einer Welle von Maßregelungen, mit verschärften „Vagabondage"-Bestimmungen und in der Folge mit massenweisen Abschiebungen vor – organisieren fortschrittlich gesinnte Unternehmer einen Arbeitsvermittlungsverein und fordern die Arbeiterorganisationen zur Kooperation auf. Es gibt viel Mißtrauen, die Aktion kommt aber doch zustande, der als „gemäßigt" bekannte Sozialdemokrat Bardorf wird Sekretär – um sicherzustellen, daß der Verein nicht zur Vermittlung von Streikbrechern mißbraucht wird. Dem Leitungsgremium gehört ein Mann an, dessen Name in diesen Jahren immer häufiger genannt wird: Dr. Victor Adler.

DAS ZUCKERBROT DER REGIERUNG TAAFFE hängt hoch auf dem Christbaum der klerikal-konservativen Sozialpolitik: Viele der schönen Paragraphen, die der Reichsrat beschlossen hat, um die allergrößte Not des arbeitenden Volkes zu lindern, bleiben so wirkungslos wie die wenigen sozialen Bestimmungen der Gewerbeordnung von 1859. Das wichtigste Werkzeug, das allein imstande ist, die Gesetze und Verordnungen wirksam zu machen, die Gewerbeinspektion, bleibt stumpf. Einige wenige Gewerbeinspektoren gehen lustlos und offenkundig mit dem Auftrag, den Unternehmern nicht weh zu tun, an ihre Arbeit. Dr. Victor Adler, noch linksliberaler Deutschnationaler, aber schon ernüchtert durch den antisemitischen Kurs Luegers und Schönerers, möchte die Probe aufs Exempel machen. In den wenigen Jahren seiner ärztlichen Praxis hat er von der medizinischen Seite her die Situation der arbeitenden Menschen kennengelernt, die politischen Theorien seiner Zeit sind ihm geläufiger als irgendeinem seiner damaligen Diskussionspartner; so wie die gesamte fortschrittlich denkende intellektuelle Elite dieser Epoche kann er sich der Faszination der marxistischen Weltsicht und Gesellschaftslehre nicht entziehen. Der durch die Taaffe-Gesetze aufgewertete Beruf des Gewerbeinspektors scheint ihm eine Berufung zu sein. Auf eigene Faust begibt er sich auf eine Studienreise, die ihn in alle Industriezentren des westlichen Europa führt. Ausgestattet mit erstklassigen Empfehlungsschreiben, lernt er auch die führenden Männer des internationalen Sozialismus kennen, vor allem Friedrich Engels, der zu ihm in der Folge eine engere und tiefere Beziehung entwickelt als zu irgendeinem Kampfgefährten des Kontinents.

Nach seiner Rückkehr, von Erfahrung und Begeisterung voll, bewirbt sich Dr. Adler um die Stelle eines Gewerbeinspektors. Er ist der Behörde nicht unbekannt. Die Verantwortlichen wittern eine Chance, sich einen lästigen Kritiker vom Hals zu schaffen. Dr. Adler bekommt einen bedeutsamen Besuch. Sein Schwager, der im gemeinsamen Haus des Vaters lebt, berichtet darüber:

»Eines Tages erschien Hofrat Migerka, dessen Ressort im Ministerium des Inneren das Fabriksinspektorat zugeteilt war, in die Berggasse und hatte eine lange Konferenz mit meinem Schwager. Ich schwitzte im anstoßenden Zimmer über meinem Schulpensum – die Tür war bloß angelehnt und so wurde ich, ohne horchen zu wollen, ob ich wollte oder nicht, Ohrenzeuge der Besprechung. In meine klassischen Studien vertieft, war es mir beschieden, einer Analogie des „Herkules am Scheideweg" beizuwohnen. Der hohe Beamte zeigte sich in der Rolle des Versuchers und erklärte sich ermächtigt, Adler seine Ernennung zum Fabriksinspektor anzukündigen, für den Fall, daß er sich von nun ab jeder politischen Tätigkeit enthalten wolle. Diese Zumutung wurde in höflicher, aber unzweideutiger Weise abgelehnt, und der Herr Hofrat hatte mit einer langen Nase abzuziehen.« (Zitiert in: Tesarek)

Als Gewerbeinspektor hat die Regierung Dr. Adler nicht haben wollen, sie bekommt ihn sehr bald als strahlenden Führer der Arbeiterschaft. Wenige Monate ist Victor Adler noch im Zweifel, ob er seinem alten, kranken Vater eine so dramatische politische Enttäuschung zumuten kann, dann befreit ihn der Tod des alten Herrn von diesem Dilemma. Victor Adler tritt in aller Form in die Bewegung ein und widmet sich sofort der schwierigen Vermittlung zwischen den Fraktionen.

Vorerst stößt er noch auf viel Mißtrauen. Für die „Radikalen" ist er ein Mann, der von der ganz anderen Seite kommt, tatsächlich ist ja der Kern der politischen Gesinnung Victor Adlers „gemäßigt" im unverfälschten alten Sinn, aber keineswegs opportunistisch oder regierungsnahe. Um ins Gespräch zu kommen, muß der neue Mann den Radikalen manche verbale Zugeständnisse in der Diskussion machen. Das bringt ihn wieder bei den Gemäßigten in den Ruf, „umgedreht" worden zu sein. In Wahrheit behauptet sich Victor Adler gegenüber den uneinsichtigen Rest-Anarchisten mit großer Beständigkeit und bezwingendem Humor.

»Als ich im Jahre 1886 offiziell zur Partei ging, da war die Sozialdemokratie in zwei Lager gespalten: die Gemäßigten und die Radikalen. Die Gemäßigten waren vollgepfropft mit Wissen, aber sie vernachlässigten die praktische Organisationsarbeit. Die Radikalen wieder wollten die Gesellschaftsordnung mit einigen Attentaten, die irgendwer an irgendeinem ausführen sollte, stürzen. Ich ging zu einer Sitzung der Radikalen, die in einer Bierhalle in der Gumpendorfer

Das junge Ehepaar Victor und Emma Adler

Straße stattfand. Das große Wort führt Dr. Elbogen (nicht der heutige Abgeordnete Dr. Ellenbogen!), er sprach von Bomben und Attentaten. Ich wurde von den Anwesenden mit ziemlich mißtrauischen Blicken bedacht. Als ich mich dann gar zu Wort meldete und sagte, daß Attentate und Bomben nicht die geeigneten Mittel seien, die Arbeiter aus ihrem Elend zu befreien, da waren alle gegen mich, besonders Dr. Elbogen.

Nach der Sitzung ging ich heim, nachdenklich darüber, daß diesen Leuten mit Vernunftgründen nicht beizukommen wäre. Ich ließ mich nicht abschrecken und ging in die nächste Sitzung. Es waren fast dieselben Leute anwesend wie in der ersten. Dr. Elbogen sang abermals ein Loblied auf die Wirkung von Attentaten und Bomben. Als er zu Ende war, meldete ich mich wieder zum Wort und sagte: „Ich bin so wie Herr Dr. Elbogen zur Überzeugung gekommen, daß Attentate und Bomben das einzige Mittel sind, wodurch die Arbeiter von ihrem Elend befreit werden können." Zu Dr. Elbogen gewendet sagte ich: „Herr Doktor, seien Sie gefällig und geben Sie mir fünf oder sechs Stück Bomben." Der Angeredete war ganz baff und sagte: „Glauben Sie, ich trage die Bomben in meiner Hosentasche umher? Ein solches Verlangen hätte ich Ihnen nicht zugetraut." Ich tat ganz überrascht und meinte: „Was Sie gehen aus ohne Bombe! Nach Ihrer Aufklärung gehe ich nicht mehr aus, ohne in jeder Tasche mindestens eine Bombe zu haben."« (Von Josef Frank zitiert in: Tesarek)

Aber auch Adlers Erfolg in der unparteiischen Vermittlung stößt auf Zweifel: Ist er nicht ein grundsatzloser Pragmatist? Doch nach und nach begreifen beide Seiten, daß hier ein ehrlicher Makler am Werk ist, der noch dazu sein politisches Handwerk versteht – eben weil er es quasi ärztlich auffaßt. Was »der Doktor« in dieser Zeit mit der gespaltenen Arbeiterbewegung macht, ist nichts anderes als eine gekonnte Seelentherapie: Die Schizophrenie der Partei, die anarchistische Mondsucht ebenso wie die allzu gemäßigte depressive Handlungsunfähigkeit müssen gleichermaßen geheilt werden. Dr. Adler entwickelt einen für Herz *und* Kopf überzeugenden Argumentationsstil. Er, der noch wenige Jahre vorher gegen seinen Sprachfehler mit der Energie eines Demosthenes anzukämpfen hatte, erzielt jetzt rednerische Demosthenes-Wirkungen.

Obwohl Victor Adler als erster und bedeutsamster österreichischer Arbeiterführer unbestrittenermaßen sozial von „oben" und politisch von „drüben" kommt, erlischt bald der Zweifel an seiner Verläßlichkeit: Dr. Adler ist glaubwürdig, gerade weil er sich nicht wie ein Renegat benimmt. Er zeigt sich frei von jedem Saulus-Paulus-Komplex, er überkompensiert seine bürgerliche Herkunft in keiner Weise und weiß seine aus dem Jahr 1848 herkommenden Grundüberzeugungen mit einer blütenreinen sozialde-

mokratischen Gesinnung zu verbinden. Sein ererbtes Vermögen bedrückt den neuen Arbeiterführer nicht lange. Am 11. Dezember 1886 erscheint die erste Nummer des neuen sozialdemokratischen Wochenblattes »Gleichheit«. Es ist als Organ der sich anbahnenden Einigung und als späteres echtes Zentralorgan der Partei konzipiert.

Vorerst ist die »Gleichheit« aber ein sehr persönliches Organ Victor Adlers und seines engsten Mitarbeiterkreises. Das heißt, das väterliche Vermögen dient auch weitgehend als Grundkapital, das vorerst noch opulent geführte Haus der Familie Adler ist Redaktions- und Vertriebszentrum. Wie sich das finanziell auswirkt, beschreiben Friedrich Adler und Adelheid Popp Jahrzehnte später in einem Nachruf auf Emma Adler, die lebenslange unermüdliche und opferfreudige Frau des Arbeiterführers:

»Dann aber kam sehr rasch die Änderung der materiellen Verhältnisse. Victor Adler verwendete sein ganzes Geld für die „Gleichheit" und hatte, wie er sagte, nicht den Kopf dazu, das ererbte Vermögen zu verwalten. Es kommt zu Spannungen gegenüber seinen Brüdern, die sich durch seine politische Tätigkeit bedrückt fühlen und ihm die Verwaltung ihres Vermögensanteiles entziehen. Zwei Übersiedlungen im Jahre 1889 charakterisieren den raschen finanziellen Niedergang. Die eigenen Häuser sind verkauft, die Familie wohnt in einer recht kleinen Wohnung im vierten Stock einer Mietskaserne.« (A. Popp, zitiert in: Tesarek)

Geld ist Victor Adler auch gar nicht so wichtig. Er hält mit Mühe seinen Haushalt im durchaus bürgerlichen Lebenstil, aber auf immer bescheidenere Weise zusammen. Eine kleine intelligente Beobachtung von Fanny Blatny aus einer Versammlung sagt einiges zu diesem Thema aus. »Ein Zuhörer, offenbar ein Schneidermeister, erwog: „Die ganze Zeit denke ich, ob sein Anzug gewendet ist oder nicht."« Der Anzug ist wahrscheinlich nicht gewendet, aber jedenfalls ist es auch kein zwecks proletarischer Tarnung für Versammlungen zurechtgemachter Anzug. Der materielle Lebensstandard des Millionärssohnes entspricht immer mehr seinem geistigen Habitus. Er ist und bleibt »der Doktor«, aber er ist eben kein Modearzt, sondern ein Armenarzt, ein politischer Armenarzt.

BIER HER! BIER HER! – Dieser volkstümliche Versbeginn muß einem in den Sinn kommen, wenn man die Volkswirtschaftsstatistik der Franz-Joseph-Zeit in allen Längs- und Querbezügen vergleicht. Gerade weil es hier nicht nur um Volkswirtschaft, sondern um ein kompliziertes Geflecht von Bedürfnissen und Wechselwirkungen geht, bietet sich wie im Vergrößerungsglas ein Zeittrend zur Beobachtung an: In der gesamten Regierungszeit des Kaisers schrumpft die Zahl der Bierbrauereien auf ein Drittel, die Biererzeugung allerdings und natürlich auch der Bierkonsum steigen auf das Dreifache. Weinproduktion und Weinkonsum gehen übrigens seit Generationen kontinuierlich zurück und stagnieren jedenfalls, weil der industriellen Produktionsform vorerst nicht zugänglich; Schnaps spielt im Vergleich zum Bier eine Nebenrolle.

Die Brauereibranche ist also ein Musterbeispiel der Konzentration und Rationalisierung – insoferne typisch für die Lebensmittelindustrie, die chemische Industrie und die modernen Industrien überhaupt. Seit ein modernes Verfahren das Bier haltbar macht, ist der Massenvertrieb

möglich. In bezug auf die soziale Problematik ergibt sich eine bemerkenswerte Ausnahme: Zum Unterschied von anderen Großindustrien, die die Arbeiter aus der Obhut des alten Handwerks- und Manufakturdaches entlassen, ist es in der Brauereiindustrie bis ans Ende des Jahrhunderts üblich, daß die billigen Hilfsarbeiter zu Hunderten auf dem Fabriksgelände schlafen und eine lange Zeit ihres Lebens ledig bleiben. Der saisonbezogene Stoßbetrieb bringt nämlich 16stündige Arbeitszeiten mit sich; nach 16 Stunden Arbeit kann man nicht „nach Hause" gehen, da fällt man irgendwo hin, schläft ein paar Stunden und steht im Morgengrauen wieder am Arbeitsplatz – bis zum Saisonende, das einen in die temporäre Arbeitslosigkeit verstößt. Unter diesen grausamen Umständen erzeugt, ist das Bier doch ein Teil der aus der mit größter Brutalität modernisierten Landwirtschaft kommenden Steigerung des allgemeinen Lebensstandards. Fünf Nahrungsmittel sind es, die das körperliche Überleben zumindest eines Teiles der arbeitenden Menschen besser gewährleisten als eine Generation zuvor: das mit modernen

Methoden angebaute oder zum Leidwesen der Landbevölkerung billig importierte Getreide, die immer rationeller in der Zwischenfrucht-Wirtschaft produzierte Kartoffel, die industriell angepflanzte und industriell verwertete Zuckerrübe, die genossenschaftlich vorteilhafter erzeugte Milch und das aus der Steigerung der Getreideproduktion stammende vermehrte Bier. Mit dem neuen Angebot ändert sich der karge Speisezettel der Proletarier in Stadt und Land: Brot wird Hauptnahrungsmittel – ein, zwei Generationen vorher war es noch der Hafer- und Gerstenbrei. Erdäpfel sorgen zusätzlich für das Sattwerden. Die eigentliche Versüßung des kargen Lebens bringt der durchaus nicht gesunde, aber kalorienreiche Rübenzucker. Millionen arbeitender Menschen versorgen sich für den langen ersten Teil des Arbeitstages mit dem, was man Kaffee nennt: ein weiteres Erzeugnis der gesteigerten landwirtschaftlichen Produktion in Form von Malz- und Zichorienkaffee – vermischt mit Milch, versüßt mit Zucker, dick gemacht mit eingebröckeltem Brot. Die ganze Fülle der ländlichen und proletarischen Sätti-

gungsgerichte, verfeinert und mit Zucker zur „Mehlspeise" gemacht, bestimmt die österreichische Küche der nächsten Generationen.

Was der „Kaffee" am Tagesbeginn, ist das Bier am Tagesschluß – allerdings fast ausschließlich für die Männer. Bier ist Volksnahrungsmittel – und Volkströstungsmittel. Beim Krügel oder Seitel wird der Jammer des Arbeitsalltages, der endlosen Arbeitswoche vergessen. Die unzähligen Wirtshäuser sind eine geringfügige, aber doch spürbare Entlastung der Wohnungssituation: Der Mann entflieht, vom Alkohol beschwingt, dem Elend der mit Kindern, Untermietern und Bettgehern überfüllten Bassenawohnung, die Frau hat zwar kein Bier, kann aber immerhin ein, zwei Stunden nach ihrer Fabriksarbeit den Haushalt versorgen und die Kinder zu Bett bringen – bis der Mann beschwipst nach Hause kommt und sie mit dem letzten Problem des Tages konfrontiert. Am Lohnzahltag, wenn ein lebenswichtiger Teil des Familieneinkommens in der Kneipe bleibt, wird aus dieser gemeinsamen Problemlösung in der Regel eine harte Konfrontation.

Die Frau verdient mit, was der Mann abends im Wirtshaus verzecht: Arbeiterinnen im Hüttenwerk Donawitz

Die Zweiwertigkeit des gesteigerten Bierkonsums betrifft die Arbeiterbewegung in ebenfalls durchaus zweiwertiger Weise: Das Bierkrügel ist ja der legitime Eintrittspreis ins Wirtshaus, mitunter in die Versammlungshalle – also eine elementare Voraussetzung allen Vereinswesens und so auch der unzerstörbaren Organisationsform aller Entwicklungsphasen der Arbeiterbewegung. Auch in den schlimmsten Verfolgungszeiten ist das Geschäft des Brau- und Wirtsgewerbes der Polizei heilig; daher kann der Bierkonsum nur durch Einschleusung gutbezahlter Spitzel vermehrt, darf aber nicht zu oft durch unbedachte Räumungsaktionen vermindert werden. Andererseits absorbiert das Trinken einen wertvollen Teil jener Reserve an geistiger Spannkraft, der dem arbeitenden Menschen nach seiner Arbeit bleibt – eine nicht unwillkommene Nebenwirkung des Brauerei-Booms. Sosehr die Arbeiterbewegung also Ja zum Wirtshaus und zur Volkshalle zu sagen hat, so deutlich muß sie mit zunehmender Bewußtseinsbildung Nein zum Alkoholmißbrauch sagen. Die ersten und wirksamen Wortmeldungen des

neuen Parteiführers Dr. Victor Adler zielen in diese Richtung. Seine knappste Formulierung: »Ein Arbeiter der denkt, trinkt nicht, ein Arbeiter, der trinkt, denkt nicht.«

Wie sehr Victor Adler in die Rolle des politischen Armendoktors hineinwächst – und auch als solcher verstanden, von seinen Feinden respektiert und von der Arbeiterschaft akzeptiert wird –, erweist er als Starreporter seiner »Gleichheit«. Im Herbst 1888 schleicht er sich in die Wienerberger Ziegelwerke ein, um über das Sklavenleben der „Ziegelböhm" zu berichten.

»Die Wienerberger Ziegel-Fabriks- und Baugesellschaft zahlt ihren Aktionären recht fette Dividenden. Ihre Aktien, die mit 120 Gulden eingezahlt sind, haben im letzten Jahre nicht weniger als 14 Gulden, das sind 11,7 Perzent getragen. Bei 35.000 Aktien macht das die hübsche Summe von 490.000 Gulden, welche da in's Verdienen gebracht wurde. Der Reingewinn kommt bekanntlich durch das „harmonische Zusammenwirken von Kapital und Arbeit" zu Stande. Die Thätigkeit des Kapitals haben wir geschildert, es hat sich die Mühe genommen, die

Bestrebungen der um ihre politische und ökonomische Freiheit ringenden Arbeiterschaft durch den Alkohol und die Trinksitten gehemmt und gehindert werden, und daß die Ausdehnung der Abstinenzbewegung für unsern Emancipationskampf günstigere Bedingungen schaffen wird. Sie wird tausende braver Männer davor behüten, im Lumpenproletariat zu versinken und wenn diese todte Masse, die wie ein Bleigewicht am Fuße der Organisation hängt und sie am Ausschreiten hindert, mälig schwindet, so werden wir es der Abstinenzbewegung zwar nicht allein, aber ihr doch mit in hohem Maße zu danken haben.

Nieder mit der Gemüthlichkeit!
Von Victor Adler, Wien.

Bekanntlich ist der Alkohol zu allen Dingen gut. Er regt an, er beruhigt; er macht kräftig zur Arbeit, er läßt die überspannten Nerven abklingen; er macht tapfer und schneidig, er macht umgänglich und gemüthlich, kurz, der Alkohol ist unentbehrlich für das Wachen, für das Schlafen, er ist der Freund der Menschen bei Tag und Nacht.

Dieses Vorurtheil zu brechen ist schwer, dem Arbeiter aus seiner eigenen Praxis zu beweisen, was das wissenschaftliche Experiment längst bewiesen hat, daß der Alkohol seine Arbeitsfähigkeit nicht erhöht, sondern vermindert, scheitert oft daran, daß die Versuche meist zu kurz, ganz uncontrolirt, und vor allem keineswegs objectiv gemacht werden. Aber daß der Arbeiter das Stück seines Lebens, das er dem Ausbeuter verkaufen muß, durch Alkohol verwüstet oder wenigstens minderwertig macht, ist noch das geringste Uebel. Schlimmer ist, daß er durch den Alkohol den Wert der wenigen Stunden herabsetzt, die ihm selbst gehören. Die kurze Zeit der Muße, die paar Stunden des Feierabends sind es, wo er erst Mensch ist. Sie allein gehören seinem eigenen Selbst,

nicht mehr die Laster der Unterdrückten, noch die müßigen Zerstreuungen der Gedankenlosen, noch selbst der harmlose Leichtsinn der Unbedeutenden. Sie sind der Fels, auf den die Kirche der Gegenwart gebaut werden soll!"

Aus einer tiefen Empfindung für die Ehre, für die Würde der Arbeiterbewegung, schöpft der proletarische Kampf gegen den Alkohol seine beste Kraft.

Abstinenzpropaganda unter der Arbeiterschaft.
Von V. Muchitsch, Secretär der Landes-Gewerkschafts-Commission, Graz.

Ist der Alkoholismus ein Feind der Menschen überhaupt, so ist er ein Feind der Arbeiter und ihrer socialen Bestrebungen im besonderen, da er in den Reihen derselben nicht nur seine Körper und Geist verderbende Eigenschaft bethätigt, sondern unzählige Proletarier nicht zum Bewußtsein ihrer Classenlage kommen läßt, sie von der Armee des kämpfenden Proletariats fernhält und sie so zu willigen Ausbeutungsobjecten, zu Handlangern des Capitalisten macht. Man besehe sich nur die Schar der indifferenten und das Häuflein unserer politischen Gegner in der Arbeiterclasse und man wird den ersten Satz bestätigt finden. So ist der Alkohol als sogenannter Sorgenbrecher, als mächtiger Verbündeter, ja als Vater der "Zufriedenheit" ein gefährlicher Feind alles menschlichen Fortschrittes. Hat die Arbeiterschaft aber einmal erkannt, welche Gefahr der Alkoholismus für sie als Menschen und für ihre socialen Bestrebungen in sich birgt, dann muß sie mit zwingender Nothwendigkeit sich gegen diesen gefährlichen Feind wenden und auch gegen ihn sich des Kampfmittels der Organisation bedienen. Das Vorurtheil der Massen und auch der organisierten Arbeiter

...UND SO WAR ES WIRKLICH!

Sind Ziegelarbeiter auch Menschen?

Koupons abzuschneiden und für diese schwere Arbeit je 14 Gulden einzukassieren. So ist das Kapital doch „Entbehrungslohn"; gewiß, das Kapital bildet sich aus jenem Lohn, welchen die Arbeiter entbehren! (...)

Nun denn, diese armen Ziegelarbeiter sind die ärmsten Sklaven, welche die Sonne bescheint. Die blutige Ausbeutung dieser elendsten aller Proletarier wird durch das verbrecherische, vom Gesetz ausdrücklich verbotene Trucksystem, die Blechwirtschaft, in unbedingte Abhängigkeit verwandelt. Der Hunger und das Elend zu dem sie verdammt sind, wird noch entsetzlicher durch die Wohnungen, in welche sie von der Fabrik oder ihren Beamten zwangsweise eingepfercht werden. (...) Heute wollen wir von den „Arbeiterpartien" sprechen, die aus ledigen Männern bestehen. (...) Der Arbeitslohn beträgt im Sommer 6-7 Gulden wöchentlich; im Winter sinkt er bis 4 Gulden 20 Kreuzer.

Aber wenn dieser elende Hungerlohn auch nur wirklich ausbezahlt werden würde! Diese armen Teufel sehen aber monatelang kein „gutes Geld" (der dort übliche Ausdruck für das seltene Baargeld). Sondern zwei- bis dreimal täglich erfolgt die Auszahlung in „Blech", ohne daß auch nur gefragt wird, ob der Arbeiter es will und braucht. Noch mehr, wer kein Blech nimmt, wird sofort entlassen. Dieses „Blech" wird nur

in den (...) Kantinen angenommen, so daß der Arbeiter nicht nur aus dem Werke nicht herauskann, weil er kein „gutes Geld" hat, sondern auch innerhalb des Werkes ist jeder einem besonderen Kantinenwirt als Bewucherungsobjekt zugewiesen. Die Preise in diesen Kantinen sind bedeutend höher als in dem Orte Inzersdorf. Die Qualität der Nahrung ist natürlich die denkbar elendste. Im Gefühle seiner Macht sagte ein Wirt einem Arbeiter, der sich beklagte: „Und wenn ich in die Schüssel sch..., müßt Ihr's auch fressen." Und der Mann hat recht, sie müssen!!

Aber nicht nur Nahrungsmittel, sondern die elenden Armseligkeiten, die sich der Ziegelarbeiter von seinen blutigen Kreuzern kaufen kann, Alles erhält er gegen Blech. Der Partieführer selbst verkauft ihm Fußsocken, Fausthandschuhe, Holzschuhe, Schürzen, ja selbst alte Hosen und Stiefel (welche freilich nur sehr wenige sich kaufen können), Alles um mindestens ein Drittel theurer als der Krämer im Orte. Aber in den Ort hinaus gehen, um einzukaufen, darf der Arbeiter nicht. Er kann ohnehin selten, weil er kein „gutes Geld" hat, und verschaffte er sich's zufällig, so darf er's nicht hinaustragen. Der Kantineur zählt seine Leute und hält strenge Ordnung, auf seinem Tische liegt der Ochsenziemer auf und wird gar häufig angewendet.

„Wollt Ihr Euch antrinken, so thut es hier," heißt es. (...) Bei dieser Blechwirtschaft weiß natürlich kein Arbeiter, wie eigentlich seine Rechnung beim Partieführer steht; er erfährt nur, daß er immer noch „Rest", d. h. schuldig ist, so daß er sich aus den Klauen der Wucherer nie frei machen kann.

Kaufen also können und dürfen die Arbeiter nicht auswärts. Aber zu betteln ist ihnen erlaubt. Da laufen sie zur Konservenfabrik in Inzersdorf, welche gegen Abends von den armen Teufeln umlagert ist, und wo sie um „Gollaschsaft", eine unappetitliche Brühe, bitten gehen. Und kann sich einer frei machen, so läuft er anderthalb Stunden weit nach Neudorf zum Scharfrichter von Wien, Herrn von Seyfried, der, wie wir hören, täglich 80 Portionen Suppe und Gemüse, nebst einigen Brocken Fleisch austheilt. Beim Henker ist mehr Mitleid als bei der Aktien-Gesellschaft und den von ihr besoldeten Antreibern.

Die Partieführer würden aber ihre Sklaven nicht ganz in der Hand haben, wenn diese Abends auswärts schlafen gingen. Darum müssen alle Arbeiter im Werke schlafen. Für die Ziegelschlager gibt es elende „Arbeiterhäuser". In jedem einzelnen Raume, sogenanntem „Zimmer" dieser Hütten schlafen je 3, 4 bis 10 Familien, Männer, Weiber, Kinder, Alle durcheinander, untereinander, übereinander. Für diese Schlafhöhlen scheint die Gesellschaft sich noch „Wohnungsmiethe" zahlen zu lassen, denn der Bericht des Gewerbe-Inspektors meldet 1884 von einem Miethzins von 56-96 Gulden, der auf dem Wienerberg vorkommt.

Aber die verheirateten Ziegelschläger und Handwerker sind noch die Aristokraten unter den Arbeitern! Nicht so glänzend geht es den ledigen Arbeitern, den Brennern, Heizern, Einscheibern, Ausscheibern, den Partie-Arbeitern. Auch diese müssen auf dem Werke wohnen. Die Gesellschaft stellt ihnen Wohnungen zur Verfügung; sie hat die Wohnungsfrage wunderbar gelöst.

Seit einiger Zeit „wohnen" die Ledigen in eigenen Schlafräumen. Ein nicht mehr benützter Ringofen, eine alte Baracke, wird dazu benützt. Da liegen denn in einem einzigen Raume 40, 50

Die ärmsten der Sklaven: Kinder putzen vom Morgengrauen bis in die Nacht die fertigen Ziegel

bis 70 Personen. Holzpritschen, elendes altes Stroh, darauf liegen sie Körper an Körper hingeschlichtet. In einem solchen Raume, der etwa 10 Meter lang, 8 Meter breit und höchstens 2,2 Meter hoch ist, liegen über 40 Personen. (...) Da liegen sie denn, diese armen Menschen, ohne Betttuch, ohne Decke. Alte Fetzen bilden die Unterlage, ihre schmutzigen Kleider dienen zum zudecken. Manche ziehen ihr einziges Hemd aus, um es zu schonen und liegen nackt da. Daß Wanzen und Läuse die steten Bettbegleiter sind, ist natürlich. Von Waschen, von Reinigung der Kleider kann ja keine Rede sein. Aber noch mehr. In einem dieser Schlafsäle, wo 50 Menschen schlafen, liegt in einer Ecke ein Ehepaar. Die Frau hat vor zwei Wochen in demselben Raume, in Gegenwart der 50 halbnackten, schmutzigen Männer, in diesem stinkenden Dunst entbunden! (...)

Aber diese Schlafstätten, so schändlich und schändend sie sind, sie sind noch ein vielbeneideter Unterstand für die armen Obdachlosen. Ein Schandmal unserer Zeit ist es, das wahre Kainszeichen der brüdermordenden Gesellschaft, daß es Menschen gibt, für die die „Ringe" am Wienerberg ein Zufluchtsort sind, aus dem sie gewaltsam vertrieben werden müssen. Da kommt die Streifung! Gendarmen, die Partieführer, Wächter mit Stöcken und Hunden kommen „revidiren". Weh dem Unglücklichen, der dies Obdach benützt hat, ohne durch Frohndienst für die Gesellschaft dafür bezahlt zu haben. Dreimal wehe dem Arbeiter, der entlassen wurde und sich noch dort findet. Unter grausamen Prügeln, Peitschenhieben und Beschimpfungen werden sie hinausgetrieben.« (»Gleichheit«, 1. 12. 1888)

»Unser letzter Artikel ist nicht ganz ohne Wirkung geblieben; das Blatt ging seit Samstag am Wienerberg von Hand zu Hand und verursachte zunächst bei den Beamten und Wirten die größte Wuth, welche sich noch mehr steigerte, als am Sonntag, was seit Langem nicht vorgekommen, eine ganze Anzahl von Arbeitern die Annahme des „Blechs" verweigerten. Die Braven hatten so gespart, daß sie für den Sonntag sich einige Kreuzer erübrigt hatten. Freilich zwang sie der Hunger schon am Montag wieder unter das Wucherjoch. Aber der Versuch des Widerstandes genügte, um die Rache rege zu machen. Aus den Partien Kadletz und Homo-latsch wurden zusammen zwölf Mann – natürlich ohne Kündigung – entlassen. Die Frau, von der wir erzählten, sie habe in dem „Zimmer" in Gegenwart von 50 Männern entbunden, wurde sammt ihrem Manne davon gejagt. Das Corpus delicti mußte entfernt werden. Überall in den Hütten der Ziegelschläger sowie unter den zerlumpten „Kleidern" der Ledigen suchten Partieführer und Werkleiter nach der „Gleichheit". Aber auch die Behörden griffen ein. Die Thatsachen, die wir zur Kenntnis brachten, der Blechwucher, die Schlafstätten, kannte die Bezirkshauptmannschaft seit Jahren. Sie mußte sie kennen, denn täglich und nächtlich streifen dort ihre Gendarmen und unzählige Male wurden vom Ringofen Leute nach Inzersdorf ins Gemeindeamt oder nach Hietzing ins Bezirksgericht gebracht. Die Behörde war langmüthig, sie sah dem Verbrechen, das da an Hunderten von armen Menschen verübt wurde, nachsichtig zu. Als aber die Dinge in die Öffentlichkeit kamen, als die Möglichkeit einer Abhilfe in Aussicht war, da konnte die Gendarmerie nicht länger zögern. Sie griff ein, energisch und prompt, wie man es von ihr gewohnt ist. Die Gendarmerie machte der Sache ein Ende – aber nicht etwa dem Blechwucher! Nein, sondern in Gemeinschaft mit den Blechwucherern, den Partieführern und Wirten suchten Gendarmen nach mehreren Arbeitern, die im Verdacht stehen, das Material für unsere Aufsätze geliefert zu haben. Sie suchten Tag und Nacht bis sie den Verbrecher fanden. Und Dienstag Nachts um 12 Uhr jagten sie richtig den früher bei der Wienerberger Gesellschaft beschäftigten Genossen Raab aus seiner Schlafstelle in Inzersdorf auf. Man hielt ihm vor, er habe mehrere Exemplare der letzten Nummer der „Gleichheit" verschenkt, und der Verbrecher wurde sofort – Nachts – wegen Übertretung des § 23 des Preßgesetzes verhaftet und an das Bezirksgericht Hietzing abgeliefert, wo er heute noch sitzt (...)

Zu unserer lebhaften Befriedigung können wir aber auch etwas Gutes berichten. Man erzählt uns: Mittwoch Früh erschien Gewerbe-Inspektor Muhl am Wienerberg. Er wohnte dem Frühstück der Arbeiter in einer der Kantinen bei und konstatirte, daß Alle ausnahmslos mit „Blech" bezahlten. Sofort mußten Werkleiter und Direktor geholt werden und in ihrer Begleitung besuchte der Gewerbe-Inspektor mehrere

Der unscheinbare Geburtsort der österreichischen Sozialdemokratie: das Gasthaus Zehetner in Hainfeld.
Bis zuletzt zögert der Wirt, ob er sich's besser mit der Obrigkeit oder mit seiner Kundschaft verscherzt

Wohnräume. Was verhandelt wurde, konnten wir natürlich nicht erfahren. Aber die Folge des Besuches war die, daß heute Donnerstag Früh seit Jahren zum ersten Male die Arbeiter mit barem Gelde ausgezahlt wurden.

Dank dem energischen Eingreifen des Inspektors, das wir freudig begrüßen, und von dem wir nur bedauern, daß es nicht schon längst geschehen, ist das ärgste Zuchtmittel, wodurch die Ziegelarbeiter Leibeigene der Wirte werden, ihnen aus den Händen geschlagen. Es wird aber nothwendig sein, daß die Arbeiter selbst mit aller Energie das Errungene behaupten, wenn nicht derselbe Mißbrauch in irgend einer seiner Verkleidungen wieder einreißen soll.« (»Gleichheit«, 8. 12. 1888)

Am 18. Dezember 1888 bringen die Abgeordneten Pernerstorfer und Kronawetter im Reichsrat eine Anfrage an den Handelsminister ein, die die Zustände auf dem Wienerberg anprangert.

WARUM AUSGERECHNET HAINFELD? – Diese Frage stellt sich jedem, der, die Bedeutung des Einigungsparteitages am Jahreswechsel 1888/89 vor Augen, einen Blick auf die Landkarte wirft: Hainfeld ist ein um diese Jahreszeit gar nicht so leicht erreichbarer, eher kleiner Ort mit sehr bescheidenen Voraussetzungen für die Abhaltung einer mehrtägigen Versammlung von an die hundert Personen. Die wichtigste Antwort auf diese Frage ergibt sich aus einer kurzen persönlichen Begegnung Victor Adlers anläßlich einer Arbeiterversammlung im Lilienfelder Bezirk im Sommer 1888. Der Bezirkshauptmann ist bei diesem Meeting anwesend. Es ist Graf Leopold Auersperg, mit dem letzten liberalen Ministerpräsidenten der siebziger Jahre verwandt, selbst liberal – aber von jener kritischen liberalen Denkweise, zu der sich Victor Adler selber in seiner politischen Jugend bekannt hat und die ihn wie seine Freunde Pernerstorfer und Kronawetter zur Sozialdemokratie geführt hat. Graf Auersperg denkt keineswegs so konsequent und fortschrittlich, er ist ein äußerst korrekter und obrigkeitsbewußter Beamter, aber er macht sich seine eigenen Gedanken.

So hat er bei einer Umfrage des niederösterreichischen Statthalters als einer von wenigen Bezirkshauptleuten kritisch zur Praxis der Ausnahmegesetzgebung Stellung genommen. Das kurze Gespräch zwischen Dr. Adler und dem Bezirkshauptmann mündet in den Vorschlag Adlers, den geplanten Einigungsparteitag im Bezirk Lilienfeld abzuhalten. Victor Adler nimmt die diesbezüglichen Gremienbeschlüsse vorweg und lädt Graf Auersperg zur persönlichen Teilnahme an diesem Parteitag ein.

Die Wahl des Ortes ergibt sich aus der Respektierung einer zahlenmäßig beachtlichen und sehr rührigen Lokalorganisation in Hainfeld. Als Tagungslokal bietet sich das traditionelle Versammlungslokal der Sozialdemokraten, das Gasthaus Zehetner, an. Die Pläne sprechen sich herum, die Regierung und die zentralen Polizei-

Graf Leopold Auersperg (1855–1918). Er ermöglicht unter Gewissensbissen den Parteitag von Hainfeld und ist dort Ehrengast

dienststellen schießen einige Torpedos ab: Victor Adler wird zusammen mit dem böhmischen Arbeiterführer Pokorny der Geheimbündelei verdächtigt, es gibt Hausdurchsuchungen, ein Verfahren wird eingeleitet. Die Beschuldigungen reichen aber nicht aus, um einen raschen Prozeß zu bewirken und die Abhaltung des Parteitages zu verhindern. Der niederösterreichische Landesstatthalter gibt Weisung, die Zusammenkunft zu unterbinden. Graf Auersperg kommt in Gewissenskonflikte und fordert den Gastwirt Zehetner auf, die Vermietung seines Lokals rückgängig zu machen. Da nehmen die Arbeiter von Hainfeld die Sache in die Hand und sagen ihrem Wirt: Wenn du den Parteitag auslädtst, siehst du uns nie wieder. Der Wirt entscheidet für sein Geschäft: Die Macht des Bierkrügels, die der Arbeiterbewegung so viele Schwierigkeiten macht, hat sich wieder einmal zugunsten der Versammlungsfreiheit ausgewirkt.

Die Einladung zum Parteitag geht in aller Form über die »Gleichheit« und alle sozialdemokratischen Blätter vor sich, die Obrigkeit kapituliert: Am 30. Dezember treffen 80 Delegierte aus 13 Kronländern in Hainfeld ein, dazu 25 Gäste, unter ihnen für die deutschen Sozialdemokraten Karl Kautsky. Als Vorsitzender des Parteitages ist Julius Popp, als erster Referent Pokorny vorgesehen.

Victor Adler hat in Hunderten Versammlungen und in Tausenden persönlichen Gesprächen den Einigungsprozeß gründlich vorbereitet. Am radikalen Flügel ist als ernstzunehmender Gegner nur der Grazer Arbeiterführer Johann Rißmann übriggeblieben. Er nimmt als einziger Oppositioneller am Parteitag teil und stellt sich zum ersten Tagesordnungspunkt einer niveauvollen Diskussion, dann verläßt er mit einer Solidaritätserklärung, aber doch grollend, die Zusammenkunft. Im Lager der Gemäßigten ist der langjährige Wortführer dieser Fraktion, Josef Bardorf, der Einigung zum Opfer gefallen. Über lange Zeit hat er in Kontakt mit dem noch immer skeptischen Karl Kautsky die Bemühungen Victor Adlers beargwöhnt: Die allzu weitgespannte Kompromißbereitschaft Adlers könne die notwendigen Abgrenzungen verwischen und zu einem System verderblicher Grundsatzlosigkeit führen. Als sich Kautsky dann von der überlegenen politischen Strategie Adlers überzeugen

Victor Adler, vom 1. Jänner 1889 an der unbestrittene Führer der neugegründeten Partei

und von dessen menschlichen Qualitäten beeindrucken läßt, findet Bardorf keinen Weg zur Versöhnung; er scheidet aus der Bewegung aus. Die Zauberformel, die Adler für die Einigung gefunden hat, wird im ersten Teil der Parteitagsdebatte offenbar. Adler hat das Bekenntnis der Gemäßigten zum Kampf um das allgemeine, gleiche und geheime Wahlrecht behauptet, aber er hat ein wichtiges praktisches Zugeständnis gemacht: Falls die Skeptiker recht behalten und die Herrschenden die Arbeiterschaft daran hindern, mittels des Wahlrechtes demokratisch und legal an die Macht zu kommen, dann ist es jedenfalls ein unerläßliches Agitationsmittel. Dieses Argument ist schwer zu widerlegen. Überhaupt zeichnet sich Adlers Verständigungstaktik durch einen ganz und gar pragmatischen, undoktrinären Hausverstand aus. Vor allem läßt er sich nicht in unnötige theoretische Zänkereien über das „Ziel" der Bewegung ein. Für ihn gilt, daß die gesellschaftliche Entwicklung offen ist. Der Marxismus überzeugt ihn von der Realität der proletarischen Chancen, aber nicht von der selbstverständlichen Erreichbar-

keit irgendeines vollkommenen Endzustandes. Die dieses Thema betreffende Diskussion einer gegen alle wäre auch dann ein Lehrstück politischen Denkens und Handelns, wenn sie nicht am Anfang des historischen Parteitages gestanden wäre.

Nach feierlichen Begrüßungsworten legt der erste Referent, Rudolf Pokorny, die Prinzipienerklärung vor und eröffnet die Debatte.

Prinzipien-Erklärung der sozialdemokratischen Partei Österreichs

»Die sozialdemokratische Arbeiterpartei in Österreich erstrebt für das gesammte Volk ohne Unterschied der Nation, der Rasse und des Geschlechtes die Befreiung aus den Fesseln der ökonomischen Abhängigkeit, die Beseitigung der politischen Rechtlosigkeit und die Erhebung aus der geistigen Verkümmerung. Die Ursache dieses unwürdigen Zustandes ist nicht in einzelnen politischen Einrichtungen zu suchen, sondern in der das Wesen des ganzen Gesellschaftszustandes bedingenden und beherrschenden Thatsache, daß die Arbeitsmittel in den Händen einzelner Besitzender monopolisirt sind. Der Besitzer der Arbeitskraft, die Arbeiterklasse, wird dadurch zum Sklaven der Besitzer der Arbeitsmittel, der Kapitalistenklasse, deren politische und ökonomische Herrschaft im heutigen Staate Ausdruck findet. Der Einzelbesitz an Produktionsmitteln, wie er also politisch den Klassenstaat bedeutet, bedeutet ökonomisch steigende Massenarmuth und wachsende Verelendung immer breiterer Volksschichten.

Durch die technische Entwicklung, das kolossale Anwachsen der Produktivkräfte erweist sich diese Form des Besitzes nicht nur als überflüssig, sondern es wird auch thatsächlich diese Form für die überwiegende Mehrheit des Volkes beseitigt, während gleichzeitig für die Form des gemeinsamen Besitzes die nothwendigen geistigen und materiellen Vorbedingungen geschaffen werden. Der Übergang der Arbeitsmittel in den gemeinschaftlichen Besitz der Gesammtheit des arbeitenden Volkes bedeutet also nicht nur die Befreiung der Arbeiterklasse, sondern auch die Erfüllung einer geschichtlich nothwendigen Entwicklung. Der Träger dieser Entwicklung kann nur das klassenbewußte und als politische Partei organisirte Proletariat sein. Das Proletariat politisch zu organisiren, es mit dem Bewußtsein seiner Lage und seiner Aufgabe zu erfüllen, es geistig und physisch kampffähig zu machen und zu erhalten, ist daher das eigentliche Programm der sozialdemokratischen Arbeiterpartei in Österreich, zu dessen Durchführung sie sich aller zweckdienlichen und dem natürlichen Rechtsbewußtsein des Volkes entsprechenden Mitteln bedienen wird. Übrigens wird und muß sich die Partei in ihrer Taktik auch jeweilig nach den Verhältnissen, insbesonders nach dem Verhalten der Gegner zu richten haben. Es werden jedoch folgende allgemeine Grundsätze aufgestellt:

1. Die sozialdemokratische Arbeiterpartei in Österreich ist eine internationale Partei, sie verurtheilt die Vorrechte der Nationen ebenso wie die der Geburt, des Besitzes und der Abstammung und erklärt, daß der Kampf gegen die Ausbeutung international sein muß wie die Ausbeutung selbst.

2. Zur Verbreitung der sozialistischen Ideen wird sie alle Mittel der Öffentlichkeit, Presse, Vereine, Versammlungen, voll ausnützen und für die Beseitigung aller Fesseln der freien Meinungsäußerung (Ausnahmegesetze, Preß-, Vereins- und Versammlungsgesetze) eintreten.

3. Ohne sich über den Wert des Parlamentarismus, einer Form der modernen Klassenherrschaft, irgendwie zu täuschen, wird sie das allgemeine, gleiche und direkte Wahlrecht für alle Vertretungskörper mit Diätenbezug anstreben, als eines der wichtigsten Mittel der Agitation und Organisation.

4. Soll noch innerhalb des Rahmens der heutigen Wirtschaftsordnung das Sinken der Lebenshaltung der Arbeiterklasse, ihre wachsende Verelendung einigermaßen gehemmt werden, so muß eine lückenlose und ehrliche Arbeiterschutzgesetzgebung (weitestgehende Beschränkung der Arbeitszeit, Aufhebung der Kinderarbeit u.s.f.), deren Durchführung unter der Mitkontrolle der Arbeiterschaft, sowie die unbehinderte Organisation der Arbeiter in Fachvereinen, somit volle Koalitionsfreiheit angestrebt werden.

5. Im Interesse der Zukunft der Arbeiterklasse ist der obligatorische, unentgeltliche und konfessionslose Unterricht in den Volks- und Fortbildungsschulen, sowie unentgeltliche Zugänglichkeit sämmtlicher höheren Lehranstalten unbedingt erforderlich; die nothwendige Vorbedingung dazu ist die Trennung der Kirche vom Staate und die Erklärung der Religion als Privatsache.

6. Die Ursache der beständigen Kriegsgefahr ist das stehende Heer, dessen stets wachsende Last das Volk seinen Kulturaufgaben entfremdet. Es ist daher für den Ersatz des stehenden Heeres durch die allgemeine Volksbewaffnung einzutreten.

7. Die sozialdemokratische Arbeiterpartei wird gegenüber allen wichtigen politischen und ökonomischen Fragen Stellung nehmen, das Klasseninteresse des Proletariats jederzeit vertreten und aller Verdunkelung und Verhüllung der Klassengegensätze, sowie der Ausnützung der Arbeiter zu Gunsten von herrschenden Parteien energisch entgegenwirken.«

In seinem Referat plädiert Pokorny für die Abkehr von rein theoretischen Erwägungen, weil es vor allem den praktischen Standpunkt im Auge zu behalten gelte. In der Wahl der Kampfmittel habe die Partei sowohl die große Masse des Volkes und seinen Bildungsgrad als

Gleichheit.

Sozial-demokratisches Wochenblatt.

Erscheint jeden Samstag morgens.

Redaktion, Administration und Expedition:
VI. Gumpendorferstraße 79
Wien
wohin sämmtliche Sendungen zu richten sind.

Offene Reklamationen sind portofrei.

Sprechstunden:
An Wochentagen: 6—8 Uhr Abends. — An Sonn- und Feiertagen: 10—12 Uhr Vormittags.

Pränumerations-Preis
(mit Franko-Zusendung):
Für Oesterreich-Ungarn:
Ganzjährig . . . . fl. 3.—
Halbjährig . . . . „ 1.50
Vierteljährig . . . „ —.75
Monatlich . . . . „ —.25
Einzelne Nummern 6 kr.
Für Deutschland:
Ganzjährig . . . . M. 6.—
Halbjährig . . . . „ 3.—
Vierteljährig . . . „ 1.50
Für die Länder des Weltpostvereines:
Ganzjährig . . . . Frcs. 8.—
Halbjährig . . . . „ 4.—
Vierteljährig . . . „ 2.—

Nr. 1.   Wien, den 5. Jänner 1889.   III. Jahrgang.

Prinzipien-Erklärung der sozialdemokratischen Partei Oesterreichs

beschlossen am Parteitage zu Hainfeld (N.-Oe.) am 30. Dezember 1888.

„Die sozialdemokratische Arbeiterpartei in Oesterreich erstrebt für das gesammte Volk ohne Unterschied der Nation, der Rasse und des Geschlechtes die Beseitigung aus den Fesseln der ökonomischen Abhängigkeit, die Befreiung der politischen Rechtlosigkeit und die Erhebung aus der geistigen Verkümmerung. Die Ursache dieses unwürdigen Zustandes ist nicht in einzelnen politischen Einrichtungen zu suchen, sondern in der das Wesen des ganzen Gesellschaftszustandes bedingenden und beherrschenden Thatsache, daß die Arbeitsmittel in den Händen einzelner Besitzender monopolisirt sind. Die Besitzer der Arbeitskraft, die Arbeiterklasse, wird dadurch zum Sklaven der Besitzer der Arbeitsmittel, der Kapitalistenklasse, deren politische und ökonomische Herrschaft im heutigen Staate Ausdruck findet. Der Einzelbesitz an Produktionsmitteln, wie er also politisch den Klassenstaat bedeutet, bedeutet ökonomisch steigende Massenarmuth und wachsende Verelendung immer breiterer Volksschichten.

Durch die technische Entwicklung, das kolossale Anwachsen der Produktivkräfte erweist sich diese Form des Besitzes nicht nur als überflüssig, sondern es wird auch thatsächlich diese Form für die überwiegende Mehrheit des Volkes beseitigt, während gleichzeitig für die Form des gemeinsamen Besitzes die nothwendigen geistigen und materiellen Vorbedingungen geschaffen werden. Der Uebergang der Arbeitsmittel in den gemeinschaftlichen Besitz der Gesammtheit des arbeitenden Volkes bedeutet also nicht nur die Befreiung der Arbeiterklasse, sondern auch die Erfüllung einer geschichtlich nothwendigen Entwicklung. Der Träger dieser Entwicklung kann nur das klassenbewußte und als politische Partei organisirte Proletariat sein. Das Proletariat politisch zu organisiren, es mit dem Bewußtsein seiner Lage und seiner Aufgabe zu erfüllen, es geistig und physisch kampffähig zu machen und zu erhalten, ist daher das eigentliche Programm der sozialdemokratischen Arbeiterpartei in Oesterreich, zu dessen Durchführung sie sich aller zweckdienlichen und dem natürlichen Rechtsbewußtsein des Volkes entsprechenden Mittel bedienen wird. Uebrigens soll und muß sich die Partei in ihrer Taktik auch jeweilig nach den Verhältnissen, insbesondere nach dem Verhalten der Gegner zu richten haben. Es werden jedoch folgende allgemeine Grundsätze aufgestellt:

1. Die sozialdemokratische Arbeiterpartei in Oesterreich ist eine internationale Partei, sie verurtheilt die Vorrechte der Nationen ebenso wie die der Geburt, des Besitzes und der Abstammung und erklärt, daß der Kampf gegen die Ausbeutung international sein muß wie die Ausbeutung selbst.

2. Zur Verbreitung der sozialistischen Ideen wird sie alle Mittel der Oeffentlichkeit, Presse, Vereine, Versammlungen, voll ausnützen und für die Beseitigung aller Fesseln der freien Meinungsäußerung (Ausnahmegesetze, Preß-, Vereins- und Versammlungsgesetze) eintreten.

3. Ohne sich über den Wert des Parlamentarismus, einer Form der modernen Klassenherrschaft, irgendwie zu täuschen, wird sie das allgemeine, gleiche und direkte Wahlrecht für alle Vertretungskörper mit Diätenbezug anstreben, als eines der wichtigsten Mittel der Agitation und Organisation.

4. Soll noch innerhalb des Rahmens der heutigen Wirtschaftsordnung das Sinken der Lebenshaltung der Arbeiterklasse, ihre wachsende Verelendung einigermaßen gehemmt werden, so muß eine lückenlose und ehrliche Arbeiterschutzgesetzgebung (weitestgehende Beschränkung der Arbeitszeit, Aufhebung der Kinderarbeit u. s. f.), deren Durchführung unter der Mitkontrole der Arbeiterschaft, sowie die unbehinderte Organisation der Arbeiter in Fachvereinen, somit volle Koalitionsfreiheit angestrebt werden.

5. Im Interesse der Zukunft der Arbeiterklasse ist der obligatorische, unentgeltliche und konfessionslose Unterricht in den Volks- und Fortbildungsschulen, sowie unentgeltliche Zugänglichkeit sämmtlicher höheren Lehranstalten unbedingt erforderlich; die nothwendige Vorbedingung dazu ist die Trennung der Kirche vom Staate und die Erklärung der Religion als Privatsache.

6. Die Ursache der beständigen Kriegsgefahr ist das stehende Heer, dessen stets wachsende Last das Volk seinen Kulturaufgaben entfremdet. Es ist daher für den Ersatz des stehenden Heeres durch die allgemeine Volksbewaffnung einzutreten.

7. Die sozialdemokratische Arbeiterpartei wird gegenüber allen wichtigen politischen und ökonomischen Fragen Stellung nehmen, das Klasseninteresse des Proletariats jederzeit vertreten und aller Verdunkelung und Verhüllung der Klassengegensätze, sowie der Ausnützung der Arbeiter zu Gunsten von herrschenden Parteien energisch entgegenwirken."

Abonnements-Einladung.

Mit dieser Nummer tritt die „Gleichheit" in den 3. Jahrgang. Wir haben gesucht, nach Kräften unsere Pflicht zu thun, und werden diesem Streben unerschütterlich treu bleiben.

Den Inhalt des Blattes möglichst reichhaltig zu gestalten, wird auch weiterhin unsere Aufgabe sein. — Um dem politischen Theile mehr Raum gönnen zu können, wird die Form der Unterhaltungs-Beilage geändert werden. In derselben werden auch weiterhin wirklich gute Romane, Novellen und Erzählungen erscheinen. Zunächst werden wir veröffentlichen:

Die Mutter.

Erzählung aus dem Proletarierleben von Genossen E. Tomar.

Die „Gleichheit", ein nach jeder Richtung hin **unabhängiges** Blatt, ist ein Organ der sozialdemokratischen Arbeiterpartei und vertritt daher mit aller Energie die Interessen des arbeitenden Volkes; sie wird auch fernerhin alle sozialen, wirtschaftlichen und politischen Tagesfragen in klarer und belehrender Weise behandeln.

Die „Gleichheit" erscheint jeden Samstag in der Stärke von 8—10 Seiten mit einer achtseitigen Beilage und kostet für Oesterreich-Ungarn ganzjährig 3 fl., halbjährig 1 fl. 50 kr., vierteljährig 75 kr., monatlich 25 kr. Einzelne Exemplare kosten 6 kr.

In Deutschland ist die „Gleichheit" verboten; dem Bezuge unter Kouvert steht jedoch kein Hindernis im Wege.

Für die Länder des Weltpostvereins beträgt der Abonnementspreis ganzjährig 8 Frks., halbjährig 4 Frks., vierteljährig 2 Frks.

Die Redaktion und Administration
Wien, VI. Gumpendorferstraße 79.

auch die vom Gegner angewandten Methoden zu berücksichtigen. Im Rahmen des Programms sei darüber hinaus Platz für jeden (will heißen: für jeden, der für die Befreiung des Proletariats eintritt): »Nimmermehr sollen kleinliche Dinge dazu ausgebeutet werden uns zu spalten und uns zu gemeinsamem Kampfe unfähig zu machen; sondern von heute an soll in Österreich nur eine einheitliche, organisirte, nur eine einzige Arbeiterpartei existiren.«

In der nun folgenden breiten Debatte wird deutlich, daß die „radikale" Fraktion praktisch nicht mehr vorhanden ist.

Der Delegierte Hanisch weist sogleich auf die Verdienste Victor Adlers bei der Einigung hin und betont das Marxistische des Programms, auch indem er erklärt, es müsse der Erkämpfung des Sozialismus (also einer Gesellschaftsordnung ohne Privateigentum an Kapital und Produktionsmitteln) eine bestimmte ökonomische Entwicklung vorangehen – solcherart an die Auffassung Marx' erinnernd, es sei eine sozialistische Revolution nur in hochentwickelten Industrieländern denkbar. Das Programm findet aber insofern nicht seine ungeteilte Zustimmung, als ihm dort die Notwendigkeit und die Bedingungen des gemeinsamen Kampfes der Arbeiter der verschiedenen Völker im Staat, also der Internationalismus nach innen, zu wenig explizit formuliert erscheinen.

Nun kommt es zur ersten Wortmeldung Victor Adlers: Er analysiert, vom sozialen Prozeß ausgehend, in den auch die Partei eingebettet ist, sowohl die Geschichte der Spaltung wie auch jene der neuen Einheit. »Die Sozialdemokratie hat sich vor etwa zwanzig Jahren langsam losgelöst und getrennt von den bürgerlichen Parteien (...) Die Arbeiter selbst glaubten noch an die Ideale und vor allem an den Idealismus der bürgerlichen Parteien. Sie hatten noch Illusionen (...) Die Sozialdemokratie (...) wurde groß, weil das Proletariat groß wurde. (...) in einem Entwicklungsprozeß, der aus einem Anhängsel der Demokraten und Liberalen eine klassenbewußte Partei machte, kommen natürlich Spal-

Die »Prinzipienerklärung« wird zum Fundament eines Vierteljahrhunderts, in dem die Sozialdemokraten zur stärksten politischen Kraft der Monarchie aufsteigen. Die hier gezeigte Folge von Maiplakaten zwischen 1890 und 1914 nimmt diese Entfaltung vorweg

tungen und Meinungsverschiedenheiten (...)
vor. (...) Ich habe mich redlich bemüht zu
erfahren, um was denn eigentlich gestritten
wird, und ich kann sagen, es war recht schwer
zu erfahren. Es war nämlich so: Die Einen (...)
haben z. B. gesagt: Das Wahlrecht (...) muß
sein, das ist eine Forderung der Partei. Die
Anderen sagten: Das Wahlrecht hilft nichts; das
war ja auch richtig. Wenn man nun zu den
Einen sagte: das Wahlrecht befreit uns nicht,
aber es ist ein ausgezeichnetes Agitationsmittel.
Seht, wie Andere mit dem Wahlrecht agitiren!
Blicken wir nicht mit Neid nach Deutschland?
Wo wären die ohne Wahlrecht! Darauf sagte
Jeder: Das ist richtig. Aber das Wahlrecht als Ziel
anzusehen, ist unrichtig.« Denn: »„Das Proletariat politisch zu organisiren, es mit dem
Bewußtsein seiner Lage und Aufgabe zu erfüllen, es geistig und physisch kampffähig zu
machen" – diesem Zweck dienen alle diese Mittel, sie sind nicht das Ziel, sondern eben nur
Mittel (...)« Der (bürgerliche) Demokrat dagegen verrate sein eigenes Programm in der
schmählichsten Weise, nur um ja nicht das Proletariat kampffähig zu machen. Offenbar um
Einwänden im Hinblick auf die demokratischen
Strukturen der geeinten Partei zuvorkommen,
erklärt Victor Adler, es gebe in ihr keine »Draht-
zieher«, sie sei keine von »Bleisoldaten in der
Schachtel«; das Programm wolle auf gar keinen
Fall die selbständige Denktätigkeit ausrotten.
Manches wäre vielleicht besser, gescheiter ausgedrückt, aber das werde sich schon finden. Der
weitgesteckte Rahmen habe auch mit den in
diesem sehr ungleichmäßig entwickelten Vielvölkerstaat selbstverständlichen lokalen Verschiedenheiten des Bewußtseinsstandes zu tun.
In tschechischer Sprache fordert der Delegierte
Burian auf, einander die Bruderhände zu reichen, »damit wir mit wirklichem Erfolg in dem
Kampfe gegen unsere Feinde operiren können«.
Das ist der Augenblick, da der letzte, jedenfalls
der offensichtlich einzig anwesende Repräsen-
tant der „Radikalen" das Wort ergreift – angesichts der völligen Isoliertheit seiner Position mit
einer Haltung, die man als prinzipientreue Resignation bezeichnen kann und deren Würde
auch (vor allem von Victor Adler selbst) Respekt
gezollt wird. Rißmann erklärt unter anderem:
»Trotzdem ich aber auch die Bücher und verschiedene Autoritäten zu Rathe gezogen habe,

finde ich, daß die Sache so steht, wie vor vier Jahren. Damals sind Sie ebenfalls auf dem Standpunkt gestanden, daß unser Endziel ereicht ist, wenn die Arbeitsmittel in den Besitz der Gesammtheit übergegangen sind. Das ist überhaupt das Endziel der gesammten Sozialdemokratie. Nun vermisse ich aber Eines (...) Ich hätte ausgedrückt gewünscht, wie die Gemeinschaft dann aussehen wird. (...) Solange die heutigen ökonomischen Einrichtungen bestehen, werden unsere politischen Rechte eine Null sein, ein Spielball, mit dem die Machthaber umgehen können, wie sie wollen und die Massen ködern. Ich will mich nicht über das allgemeine Wahlrecht auslassen und nur so viel sagen, daß ich einem deutschen Sozialisten Recht geben muß, der da sagt, daß die bewährten Genossen, die im Parlamente mit den Gegnern unserer Bestrebungen in Verkehr gebracht werden und dort Reden halten, unserer Partei nur entzogen werden, weil die Reden, wenn sie auf der Gasse gehalten würden, mehr Wirkung üben würden, als wenn sie gedruckt auf dem Papiere unter die Massen geschleudert werden. (Heiterkeit) Sie können lachen, aber mit Lachen oder Ironie beweist man in solchen ernsten Dingen nichts. Wie sollen Sie die Massen organisiren? Als politische Partei? Darüber wird die Zeit vergehen und viel Geld geht verloren. Statt Freiheit bekommen wir Steine. (...)

Eben weil ein offener Gegensatz besteht, in der Form, daß er wirklich anerkannt werden muß, deshalb habe ich auch die Berechtigung, zu sagen: Es sind nicht Hirngespinste (...) von meiner Seite. (...) Aber mit vollster Überzeugung und vollstem ehrlichsten Willen arbeiten wir wie Sie, wenn auch auf anderen Wegen, anderen Bahnen. (...) In Österreich hier sucht man Anarchismus und Terrorismus zu vermengen, legt den Sachen falsche Bedeutung bei. Anarchisten und Terroristen sind etwas Verschiedenes. Theoretische Anarchisten gibt es in Österreich, aber daß es Terroristen gibt, das bezweifle ich. Terroristen gibt es nur solche, die durch den äußersten Druck zur Verzweiflung gedrängt sind; die Urheber der terroristischen Bewegung sitzen im Polizeibureau. (...)

Wenn ich dem Programme nicht zustimme, dürfen Sie nicht glauben, daß ich ein Hirngespinst habe, mit dem Kopfe durch die Mauer rennen

will und dadurch etwas zu erreichen glaube (...) Wir wollen nicht mit dem Kopfe durch die Mauer rennen, nicht Gewaltthaten, die man uns in die Schuhe schiebt. In den letzten Jahren war die radikale Partei so schwach und hat sich in der Wirklichkeit mit den Gewaltthaten nicht für solidarisch erklärt. Was stattfand, waren unstreitig Verzweiflungsakte, durch die Handhabung der Gesetzordnung hervorgerufen, und Sie werden so viel Männer sein, diese verzweifelten Männer nicht zu verachten. Die Partei aber war, meiner Ansicht nach, nie mit diesen Thaten identisch. (...)
Ich kann Ihrem Programme in der vorgelegten Form nicht beistimmen. (...) Aber ich erwarte, daß die heutigen Ausführungen nicht als feindselig betrachtet werden, sondern als von einem ehrlichen, offenen Gegner kommend. Wir werden, wenn auch nicht vollständig vereinigt, doch als vereinte Brüder für unsere Ziele streben.«

In den nun folgenden Wortmeldungen werden einzelne Punkte von Rißmanns Ausführungen im Sinne des Programms zerpflückt. Ehemalige

Radikale wie der Brünner Hybeš geben praktische Erfahrungen wieder, die sie die Fronten haben wechseln lassen: »(...) daß gerade, wenn es zum Kampfe gekommen ist, die Meisten die Partei verlassen haben. (...) Wir müssen trachten, uns aus der Praxis, die wir durchgemacht haben, Belehrung zu schöpfen, es muß klar zu Tage liegen, was uns wirklich Nutzen gebracht hat und was nicht.« Indra aus Gmunden meint: »Zur Agitationsweise von Genossen Rißmann, der sagt, er werde unter das Volk gehen, muß ich sagen, seine Agitationsweise gleiche einer Flöte, die unsere einer großen Trommel. Wir bilden das Gros des Volkes und dennoch hört man so wenig von uns! Woran liegt das? Wir haben nicht die Mittel, unsere Wünsche bekannt zu geben, uns bemerkbar zu machen. Unsere Presse ist unbedeutend gegen die unserer Gegner, in unseren Versammlungen ist ein freies Wort nicht erlaubt. Unsere Gegner setzen alle Mittel in Bewegung, auch wenn ihrer nur wenige sind, sie rühren die Trommel. (...) Ich hoffe auch vom allgemeinen Wahlrecht nicht viel, aber es würde durch das ganze Land hin Alarm schlagen, es würden Versammlungen

und Reden gehalten werden, der dümmste Bauer würde aufmerksam werden.«

Der Vorsitzende kann nun natürlich absehen, daß es in dieser emotionsgeladenen Frage zu einer endlosen Folge von Diskussionsbeiträgen gegen Rißmann kommen wird. Das ist weder sinnvoll, noch ökonomisch – die Diskussionsbeiträge sind mit 15 Minuten begrenzt. Außerdem soll der Eindruck eines „Scherbengerichtes" über Rißmann vermieden werden. Julius Popp gibt daher dem isolierten radikalen Außenseiter noch eine Chance, sich in einer fairen Einzelbegegnung zu behaupten: Er läßt Generalredner zu dieser Kontroverse bestimmen. Der eine ist natürlich Rißmann, zum Gegenredner wird Karl Kautsky bestellt. Die Debatte konzentriert sich also auf ein Duell der Argumente.

Rißmann: »Sie berufen sich immer auf die reichsdeutschen Genossen. Ich nehme es nicht übel, erlaube mir aber meinerseits mich auf die englischen, amerikanischen und französischen Genossen zu berufen. Diese haben volle Preßfreiheit, dürfen in Amerika sogar Waffen tragen, aber sie haben noch nie gesagt: Der Parlamentarismus rettet uns und ist das wichtigste Agita-

tionsmittel. Nur eine Minderzahl nimmt am parlamentarischen Leben theil. Betrachten Sie, wie schmählich die Amerikaner bei allen Wahlen betrogen werden. Stimmen werden gefälscht, gekauft etc. So sind denn die meisten Sozialisten dort, wenn auch nicht gerade Anarchisten geworden, doch in eine anarchistische Stimmung gebracht. Wenn sie auch nicht in anderen Dingen den Anarchisten zustimmten, das Wahlrecht haben sie doch wenigstens ganz verworfen. (...)

Es wurde auch von Wünschen und Beschwerden gesprochen, die dann (wenn das Wahlrecht errungen ist – Anm. d. Verf.) maßgebenden Ortes bekanntgegeben werden könnten. Meine Herren! Wir haben ja schon hinlänglich dazu Gelegenheit, und der Abgeordnete Kronawetter hat sich zum Dolmetsch der Gefühle der Arbeiter gemacht; – das Volk war entrüstet über diese Zustände und darüber, was sich die Organe der Regierung gegen die Arbeiter herausnehmen. Aber die Sache ist immer beim Alten geblieben, so eine Rede ist schon gleichgiltig, sie wird gar nicht beachtet, die Herren lassen sich in ihrer Amtsführung durchaus nicht irritiren, die Amts-

handlungen werden immer so bleiben, so lange diese Herren sich sicher fühlen (...)

Ich glaube, wenn ich auch nicht in allen Punkten mit Ihnen übereinstimme, ich bin bei dem Mißtrauen, welches man mir entgegenbringt, genöthigt zu erklären, als Mensch, welcher seine Prinzipien verficht, daß ich nichts verfechten werde, was unserer Sache schaden könnte, das können Sie mir glauben, und ich glaube, Sie alle werden dies auch thun. Bezüglich der Agitation und der Meinungen, welche hier ausgesprochen wurden und die schließlich von Ihnen, als einer einigen Partei angenommen werden, glaube ich, Sie sollen meinen Widerspruch nicht weiter als Angelpunkt der Debatte betrachten, es ist, glaube ich, immer besser, wenn ich offen meine Sache ausführe, als Ihnen hinterlistig in den Rücken falle.«

Kautsky: »Als ich Österreich verließ, da war noch die schöne Zeit, wo wir uns gegenseitig die Schädel eingehauen haben. (Heiterkeit.) Heute ist es besser geworden, denn ich kann konstatiren, daß wir alle hier wie zu einem Rütlibund uns vereinigt haben, um gegen Knechtschaft und Bedrückung anzukämpfen. Ich bin nicht immer ein Schwärmer für die Einigkeit, ich glaube, es ist nicht immer gut, wenn man Gegensätze vereinigt, weil sie dadurch oft erst verschärft werden. (...)

Die Hauptdifferenz bezieht sich auf die Forderung des allgemeinen, direkten Wahlrechtes. Das arme Wahlrecht! Ihm geht es immer schlimm. Ich weiß nicht, warum ein Vorredner gerade das allgemeine Wahlrecht bekämpft, denn wenn er das Wahlrecht bekämpft, müßte er ja auch konsequent die anderen politischen Rechte bekämpfen. (...) Und in der That, wenn wir auf das Wahlrecht verzichten, so verzichten wir auf unsere politischen Forderungen überhaupt, wir hören dann auf, eine Partei zu sein, und sind höchstens ein Konglomerat von Klubs, die unter Ausschließung der Öffentlichkeit ihr Leben fristen.

Das allgemeine Wahlrecht dürfen wir nicht verwerfen, wir können uns nicht die politischen Rechte aussuchen, die wir haben wollen, wir können nicht sagen, wir brauchen nur die Preß- und Vereinsfreiheit; wir brauchen alle Freiheiten, um den Kampf mit unseren Gegnern aufnehmen zu können. Wir müssen uns auf den

MAIFEIER 1902

1. MAI 1903

Boden stellen, wie er gegeben ist, wir dürfen uns nicht einen willkürlichen Boden für unsere Thätigkeit schaffen wollen. Ich sehe wirklich nicht ein, warum der Vorredner das Wahlrecht so stiefmütterlich behandelt und davon nichts wissen will, da er doch die Vereins- oder Preßfreiheit so vortheilhaft findet. Meines Erachtens ist das Wahlrecht das wichtigste, das mächtigste, das erfolgreichste aller politischen Rechte. Wenn wir Vereinsfreiheit haben, so können wir wohl Vereine gründen und Versammlungen halten, aber in dieselben werden nur solche Leute kommen, die Interesse für unsere Bestrebungen haben, beim Bestehen von Preßfreiheit werden Zeitungen unserer Richtung auch nur von unseren Leuten gelesen werden, aber durch das Wahlrecht kommen wir mit der großen indifferenten Masse in Kontakt, und gerade diese müssen wir gewinnen und ihr Interesse für unsere Thätigkeit und für unsere Ziele erwecken. So oft eine Wahl stattfindet auf Grund des direkten allgemeinen Wahlrechtes, so werden die Massen in eine gewisse Aufregung gerathen, es wird selbst der Indifferenteste manchmal geneigt sein, eine Wahlrede anzuhören, er wird darüber nachdenken und so werden wir nach und nach mit den Massen in Berührung treten. (. . .)

Ich glaube, daß man die parlamentarische Thätigkeit in unseren Kreisen etwas unterschätzt, auch sie hat eine große Bedeutung. Ich erinnere daran, daß die Arbeiter Österreichs es mit großer Genugthuung empfinden, daß im österreichischen Parlamente wenigstens zwei Männer sind, die, wenn auch nicht Sozialdemokraten, so doch Arbeiterfreunde und Ehrenmänner sind, und daß den Dr. Kronawetter und Pernerstorfer Gelegenheit gegeben ist, besonders große Infamien machmal an's Tageslicht zu bringen. Wie anders wäre es erst, wenn wir Sozialdemokraten im Parlamente hätten! Wie würden erst die alle Infamien gegen die Arbeiter geißeln und gleichzeitig für unsere Prinzipien Propaganda machen, die dann überall dorthin dringen würden, wo überhaupt Zeitungen gelesen werden. (. . .)

Allerdings gewisse Unannehmlichkeiten ergeben sich dort, wo das allgemeine Wahlrecht existirt. Es sagt uns nämlich die Wahrheit über unsere Stärke im Volk, und die ist mitunter bitter zu hören. (. . .) Mit dem allgemeinen

Wahlrecht hört der Kampf nicht auf, im Gegentheil, wo es existirt, da beginnt er erst recht! Das Wahlrecht reiht erst die Massen in unsere Armee ein, und wenn es zum letzten großen Kampf kommt, werden wir ganz anders kämpfen können in Folge desselben, als ohne dasselbe, wo wir uns blindlings in den Kampf werfen, ohne zu wissen, wer hinter uns steht.«
Zum Schlußredner wird Dr. Adler bestellt. Er versucht, den niedergerungenen Gegner fair zu behandeln.

Adler: »Ich glaube, wir dürfen (...) dem Genossen Rißmann dafür dankbar sein, daß er seine Meinung offen geäußert hat. (...) Ich glaube aber, wir müssen auch sehr zufrieden sein über die Art und Weise, wie Genosse Rißmann seine Ansichten geäußert hat und ich zweifle nicht an seiner Aufrichtigkeit, daß er, nachdem er sieht, daß die Majorität der Partei nicht seiner Ansicht ist, dadurch sich nicht wird abhalten lassen, auf dem Boden der Partei ehrlich und entschieden mit uns weiter zu arbeiten – das ist eine Erklärung, die wir nur mit besonderer Genugthuung anerkennen können. (...)

Er sagt, wir wollen nicht eine politische Partei bilden, sondern die Massen organisiren. Die Massen organisiren, das wollen wir auch, das sagt unser Programm und wir haben in demselben gesagt, wie wir dies thun wollen und wir haben für diese Organisation eine Reihe von Mitteln angeführt, welche wir für geeignet halten, um die Massen zu organisiren. Aber nun erlaube ich mir die Frage an die Genossen, ob sie aus dem, was Genosse Rißmann uns mitgetheilt hat, haben entnehmen können, wie er die Massen organisiren will, mit welchen Mitteln er dies will. Entweder sind die Mittel diejenigen, die er und die Leute, welche seiner Ansicht sind, angewendet haben, dann sind es genau dieselben, welche wir immer anwenden, es ist die Presse, es sind die Versammlungen – daß sie das Wahlrecht nicht benützt haben, dazu haben sie gute Gründe, weil in den Ländern, in welchen Genossen dieser Ansicht in größerer Menge vorhanden sind, das allgemeine Wahlrecht nicht vorhanden ist. Dort aber, wo es existirt und nicht angewendet wurde, hat es sich gezeigt, daß die Außerachtlassung dieses Mittels nur sie selbst geschädigt hat.

Außer diesen Mitteln, die wir anführen, gibt es natürlich noch ein Mittel, das das allerwichtigste

ist, das aber in der Prinzipien-Erklärung nicht besonders angeführt ist, weil es sich von selbst versteht. Wir (...) agitiren auf Schritt und Tritt, in Werkstätten und Fabriken. Jeder in seinem Kreise, und wenn Rißmann dieses Mittel der Organisation meint, dann können wir sagen, wir sind vollständig seiner Ansicht, aber er kann uns nicht den Vorwurf machen, daß dieses Mittel von uns außer Acht gelassen werde. Wenn wir in unserem Parteileben, in unserer Organisation nur Mittel anwenden würden, die uns die Staatsgrundgesetze an die Hand geben, so wären wir nicht hier, dann würde es eine sozialdemokratische Partei überhaupt nicht geben. (...) Es wäre eine Methode, das Volk zu täuschen, wenn man sagen wollte, es sei möglich, aus dem Zustande der niederträchtigsten und brutalsten Niederhaltung, aus dem Zustande, wo die Menschen eines jeden freien Wortes beraubt sind, so daß die Massen absolut nicht in der Lage sind, über ihr Schicksal sich ein Urtheil zu bilden, aus solcher Versklavung, es sei möglich, aus geradezu menschenunwürdigen Zuständen direkt zu Zuständen hinüber zu gelangen, die das Ideal der Menschheit sein

sollen. Wir wissen ganz genau: das ist unser letztes Ziel; der Zeitpunkt des Umschlags hängt nicht von uns ab, sondern von den ökonomischen Verhältnissen. Wir haben nur das Volk auf diesen Zeitpunkt vorzubereiten. (...) Dieser Umschlag wird eintreten mit oder ohne Sozialdemokraten, er liegt in der ökonomischen Entwicklung. Nur wenn es nicht Sozialdemokraten gibt, die all diese politischen Mittel in bewußter Weise als organisirte Partei anwenden, dann wird der Umschlag in einen Zeitpunkt fallen, wo er das Volk in der vollkommensten Verthierung und Verblödung antrifft. Unsere Aufgabe ist es nur, das Volk physisch und geistig reif zu machen, um den Moment benützen zu können; etwas Anderes wollen wir nicht; etwas Anderes können wir auch nicht wollen.

Nun wenn aber Jemand dann meint (...), daß wir nicht ganz genau wissen, daß die Sozialdemokratie eine revolutionäre Partei ist, welche sich ganz klar ist, daß ihr Ziel zusammenhängt mit einer vollständigen Änderung der Basis der heutigen Gesellschaftsordnung, die die Absicht hat, Alles zu dieser Änderung beizutragen – hiezu möchte ich nur bemerken, daß gerade

150

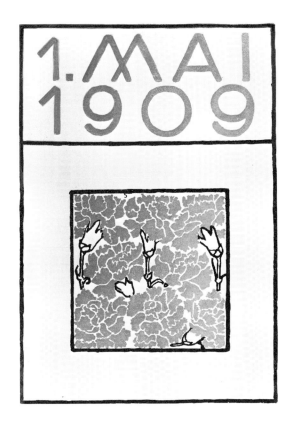

darin, daß hier nicht so gesprochen wird, der beste Beweis liegt, wie es sich verhält. Unter uns, wie wir sind, haben wir es nicht nothwendig Selbstverständliches auszusprechen!«

Nach der Annahme der Grundsatzerklärung gegen drei Stimmen bei einer Enthaltung und nach dem Abgang Rißmanns wird unter einhelligem Jubel über die Einigungsresolution abgestimmt. Sie lautet:
»In Erwägung, daß der Zwist der Fraktionen die Interessen der Partei und somit der Arbeiterklasse schwer geschädigt hat, daß die Entwicklung der Partei jene wenigen Streitpunkte beseitigt hat, welche, durch die Ränke und den Druck der Feinde der Arbeiterklasse, sowie durch verwerfliche Pflege des Personenkultus in ihrer Wichtigkeit übertrieben, die Spaltung der Partei veranlaßt haben; in Erwägung, daß die Einigung der Partei dem energisch geäußerten Willen der Genossen im ganzen Lande entspricht, beschließt der heutige Parteitag einstimmig in Anwesenheit von Mitgliedern beider ehemals bestandenen Fraktionen: Der Parteitag erklärt den Parteizwist durch die Annahme des Pro-

gramms für beendet und erwartet von jedem Parteigenossen ehrliches und brüderliches Eintreten für die Gesammtpartei, sowie energische und unerschrockene Arbeit auf dem gemeinsamen Boden unseres Programms zum Besten des Emanzipationskampfes der Arbeiterklasse.«
Es folgen nun – ein repräsentatives Bild der politischen Problematik – die vorbereiteten Resolutionen zu den großen Sachfragen. Die erste bezieht sich auf die politischen Rechte, ihr folgt eine Diskussion, die nicht nur wegen der Argumente, sondern wegen der enthüllenden Mitteilungen von Wert ist. Am Beginn steht eine Wortmeldung von Victor Adler und eine Episode mit Graf Auersperg, dem Bezirkshauptmann, im Mittelpunkt. Gerade als Dr. Adler feststellt, in Deutschland sei der politische Zustand trotz der Sozialistengesetze für die Arbeiter viel leichter erträglich als in Österreich, wo jeder Polizei- und Verwaltungsbeamte die Gesetze in seinem Bereich nach Gutdünken handhabe, erscheint der Graf, um in Ausübung seines Kontrollrechtes festzustellen, ob alle Anwesenden über Einladungen verfügen. Dabei werden Stimmen laut, man hätte ihn, den als

liberal bekannten Beamten, ebenfalls einladen sollen, was nun tatsächlich geschieht. Ab diesem Zeitpunkt tagt der Parteitag unter den Augen der hohen Behörde.

Dr. Adler fährt mit seinem Beitrag fort: »In einem Geheimbundsprozesse, welcher noch schwebt und in welchem außer mir Genosse Pokorny verwickelt ist – Sie sehen, es gehören zu einem Geheimbundsprozesse gar nicht viel Leute – haben wir versucht, bis zum obersten Gerichtshofe vorzudringen und der oberste Gerichtshof hat erklärt, daß ihm die Motivirung, daß, wenn wir in Reichenberg abgeurtheilt würden, dort die öffentliche Ruhe gestört werden würde, daß ihm diese Motivirung nicht genügend erscheint. Wir werden also die Ehre haben, eventuell in Reichenberg zu sitzen anstatt in Prag. Es könnte das als etwas Unerhebliches erscheinen, aber alle böhmischen Genossen, die hier sind, werden zugeben, daß das etwas ungeheuer Wichtiges ist. Es ist darum wichtig, weil in Prag ein Gerichtshof existirt, dessen Urtheile, man könnte fast sagen, bereits hektographirt sind, wenigstens haben sie dort ihre Vorstellungen und Urtheile im Gehirn hek-tographirt; ebenso wie wir in Wien für anarchistische Verbrechen einen Gerichtshof haben, der unter dem Vorsitze Holzinger's arbeitet, von dem man ruhig sagen kann, daß er Dinge, die Kleinigkeiten sind, die nicht einmal Vergehen, sondern reine Übertretungen des Preßgesetzes, des Versammlungsrechtes u. dgl. sind, als anarchistische Verbrechen behandelt, und der Vorsitzende hat, genau so wie in Prag, eine feste Vorstellung davon: Was ist Anarchismus, wie schaut ein Anarchist aus und was muß er machen, um ein Anarchist zu sein. Ob der Betreffende wirklich ein Anarchist ist, wird nie einer anderen Behörde zur Entscheidung vorgelegt und der Gerichtshof prüft nie für den einzelnen Fall seine Kompetenz. Noch auf Eines möchte ich aber aufmerksam machen, daß nämlich die Judikatur über die anarchistischen Verbrechen den Geschwornen entzogen und einem eigenen Ausnahmsgerichte übertragen ist.

Nun frage ich Sie, wir verstehen doch auch etwas von Anarchismus? Wenn es Anarchisten in Österreich gibt, so sind ja wir diejenigen, die mit ihnen fortwährend in Berührung kommen. (...)

Wir werden in Österreich so lange Anarchisten haben, als es Anarchistengerichtshöfe gibt. Das ist kein Zweifel. Gerade so wie diejenigen (...), die sich Anarchisten nennen, den Anarchismus künstlich erzeugen, gerade so erzeugen die anarchistischen Gerichtshöfe, die Ausnahmsgerichte den Anarchismus. (...) Von allen Ausnahmsgesetzen, die aufreizen, verhetzen und verbittern, ist das Ausnahmsgesetz, von dem ich zuletzt gesprochen habe, eigentlich dasjenige, das uns am wenigsten schadet. Es ist ein Gesetz, das nicht einmal dem Einzelnen, der das Unglück hat, unter dasselbe zu fallen, besonders schadet, denn, wie ich unsere Bourgeois-Geschwornen kenne, würden sie die Leute ebenso verurtheilen, wie Baron Holzinger.«

Nun wird eine Resolution über die politischen Rechte vorgelegt, in der es heißt:

»In Erwägung, daß die weltgeschichtliche Aufgabe des Proletariats die Umgestaltung der heutigen wirtschaftlichen Ordnung ist, daß der Hebel dieser Umgestaltung der Klassenkampf ist, dessen Verlauf mit um so wenigeren Opfern verbunden, um so rascher und ruhiger sein wird, je mehr auf beiden Seiten Klarheit und Einsicht in die Bedingungen und Ziele der ökonomischen Entwicklung herrscht; daß aber die herrschenden Klassen die Aufklärung durch gesetzliche und polizeiliche Maßregelungen zu hemmen und zu verzögern suchen, wodurch die Bewegung zwar nicht aufgehalten, aber verbittert und verschärft wird, erklärt der Parteitag«, es sei jede »Einschränkung der Freiheit der Meinungsäußerung sowie jede Monopolisirung politischer Rechte für die Besitzenden« verwerflich, weshalb er volle Freiheit für die sozialdemokratische Agitation und Propaganda und die Möglichkeit einer ruhigen Organisation des Proletariats verlange: die Aufhebung der Beschränkung der Freizügigkeit, also der Ausnahmeverfügungen, Vagabunden- und Schubgesetze; Aufhebung der Beschränkung der Preßfreiheit; Herstellung des Vereins- und Versammlungsrechtes; Aufhebung des Monopols der Besitzenden auf das politische Wahlrecht durch Einführung des allgemeinen, gleichen, direkten und geheimen Wahlrechtes (ohne sich, wie die Resolution festhält, jedoch über den Wert des Parlamentarismus irgendwie zu täuschen); Sicherung der Unabhängigkeit der Gerichte, Unentgeltlich-

Der Frühling ist wiedergekommen. Die Tage leuchten blau. Die schwärzesten Schlote segnet der neue Schimmer.

Aber seht ihr die drei auf offenem Vorstadtfeld? Ist der Frühling auch zu ihnen gekommen? Segnet auch sie der neue Schimmer?

Tief gebeugt schreitet das Weib. Nur die Verzweiflung läßt sie den Hunger vergessen. Tief gebeugt schreitet das Weib durch die Gegenwart.

Und das Kind schläft. Wenn es erwacht, findet es kein Glück in der Welt, wie sie ist. Wohl dem Kind, wenn es schläft!

Grollend schreitet der Arbeiter einher. Ohne ihn gäbe es kein Werk auf Erden. Aber man vergißt seiner auf Erden. Grollend schreitet der Arbeiter einher.

Der Frühling ist wiedergekommen? Die Tage leuchten blau? Die schwärzesten Schlote segnet der neue Schimmer?

Nein, Brüder und Schwestern, noch ist der Frühling nicht gekommen, noch leuchten die Tage nicht.

Die drei auf offenem Vorstadtfeld, sie kennen den Frühling nicht, sie kennen die Freude nicht, für sie ist die Augen schölos im Lenze, kalt in der Sonne.

Erst wenn sie ihre Köpfe heben, erst wenn denn die Augen wachen, erst dann ist der Frühling wiedergekommen!

153

keit der Rechtspflege, Ausdehnung der Geschworenen-Gerichte auf alle Vergehen und Verbrechen, sowie Wahl der Geschworenen auf Grund des allgemeinen geheimen Wahlrechtes durch das gesamte Volk; Schaffung und Durchführung eines Gesetzes, welches Beamte, die die politischen Rechte von einzelnen oder Vereinen beeinträchtigen, einer strengen Strafe zuführt.

Zur Gerichtspraxis gegen Sozialdemokraten führen Krainer aus Marburg und der Brünner Hybeš drastische Beispiele an: Mehrere Jahre saß ersterer wegen eines angeblichen Attentatsplans gegen Kaiser Franz Joseph ab, obwohl sich schon während des Prozesses die Haltlosigkeit der Anklage herausgestellt, der Denunziant und Kronzeuge sich unaufhörlich in Widersprüche verwickelt hatte. Auch der Fall Hybeš und anderer „Geheimbündler" gibt Einblick in die Klassenjustiz der Zeit, indem offenbar wird, daß Leute als Konspirateure verurteilt wurden, die einander noch nie gesehen haben, und eine verkrüppelte Frau als »korrespondirendes Mitglied des Geheimbundes«, weil sie Unterstützungsgeld für einen Inhaftierten entgegengenommen und dies schriftlich bestätigt hat.

Die nächste Resolution betrifft Arbeiterschutzgesetzgebung und Sozialreform. Die Debatte ist auch zu diesem Punkt nicht kontroversiell, aber die exemplarischen Berichte über die Zustände, gegen die noch am Beginn der neunziger Jahre gekämpft werden muß, ergeben ein bemerkenswertes Zeitgemälde. Der Einführung einer staatlichen »Arbeiter-Versicherung« wird entgegengehalten, sie entspringe der Hoffnung, die Arbeiter vom Wohlwollen der besitzenden Klassen zu überzeugen und nebenbei die Wehrfähigkeit zu verbessern. Außerdem sollen damit die selbständigen Hilfsorganisationen der Arbeiter eliminiert werden. Der Kern des sozialen Problems werde überhaupt nicht berührt, wenn Almosen gewährt würden. Es gehe also um eine von den Ausgebeuteten selbst durchgeführte soziale Reform – die schließlich die Beseitigung der Ausbeutung insgesamt zum Ziel haben müsse. Bis dahin werde für eine energisch durchgeführte, lückenlose Arbeiterschutz-Gesetzgebung gekämpft. Die bisherige österreichische Gewerbeordnung sei »schwächlich und lückenhaft in ihren Bestimmungen, gibt jede einzelne Vorschrift dem Mißverstand und der Willkür der Verwaltungs-Behörden preis«.

Eine echte Arbeiterschutz-Gesetzgebung müsse zumindest umfassen: Volle Koalitionsfreiheit und gesetzliche Anerkennung von Lohnverabredung und Kartellen der *Arbeiter*; den Acht-Stunden-Arbeitstag; Verbot der Nachtarbeit (außer wo technisch eine Unterbrechung nicht möglich ist); volle Sonntagsruhe; Verbot der Beschäftigung von Kindern unter 14; »Ausschluß der Frauenarbeit aus den für den weiblichen Organismus besonders schädlichen Betrieben«; Einführung dieser Bestimmungen für alle Arten von Betrieben, ob groß oder klein; Arreststrafen für Übertretungen seitens der Unternehmer; Mitwirkung der Arbeiter-Organisationen bei der Durchführungskontrolle mit Hilfe von ihnen gewählter Inspektoren; internationaler Ausbau der Arbeiterschutz-Gesetzgebung und Ausdehnung auf die Landarbeiter.

Dr. A. Braun (Wien): »Man hat den Normal-Arbeitstag (...) auf elf Stunden beschränkt, hat jedoch bestimmt, daß die Gewerbe-Behörde erster Instanz denselben auf zwölf, und die Gewerbebehörde zweiter Instanz auf dreizehn Stunden zu verlängern berechtigt ist und man hat sogar dem Handelsminister das Recht eingeräumt, die Arbeitszeit für ganze Industriezweige noch weiter zu verlängern, von welcher Bestimmung der allerliberalste Gebrauch gemacht wurde.

Was den Schutz der Frauen-Arbeit betrifft, so besteht eine gesetzliche Bestimmung, daß den Frauen die Nachtarbeit völlig verboten ist, aber gerade in Betrieben, die am gesundheitsschädlichsten sind, wie z. B. in Seiden-Filiaturen und in Zuckerfabriken, arbeiten die Frauen die ganze Nacht hindurch. Von den Ausnahmsbestimmungen, die dem österreichischen Gewerbegesetze angehängt sind, hat man zu Gunsten der Fabrikanten stets einen ausgiebigen Gebrauch gemacht. Aber merkwürdig, eine einzige Ausnahms-Bestimmung besteht zu Gunsten der Arbeiterinnen, die nämlich, daß der Handelsminister das Recht hat, ein Verzeichnis derjenigen Betriebe aufzustellen, in denen die Frauenarbeit verboten ist, und von dieser Ausnahms-Bestimmung wurde bisher noch nie ein Gebrauch gemacht. (...)

In den Berichten der österreichischen Gewerbe-Inspektoren werden Sie weiter gelesen haben, daß Kinder unter 14 Jahren zur Nachtarbeit nicht verwendet werden. Wer jedoch z. B. die jüngsten Buchdrucker-Streiks verfolgt hat, der wird wissen, daß während desselben Kinder unter 14 Jahren verwendet wurden. (...) Wenn die Gewerbe-Inspektion das sein soll, was man von ihr verlangt, so müssen die Arbeiter zu dem Gewerbe-Inspektor Vertrauen haben. Dieses wird am größten sein, und das ist noch ein anderer großer Vortheil der beantragten Schlußbestimmung, wenn ein Gleicher unter Gleichen diese Inspektion vornimmt. Wir verlangen auch, daß eine Organisation der Fabriksarbeiter lokaler und fachlicher Natur diese Inspektion vornehmen soll, und das ist auch richtig. Ein Fehler unserer Gewerbe-Inspektion liegt darin, daß die Gewerbe-Inspektoren viel zu wenig Machtbefugnisse haben und daß auch viel zu wenige bestellt sind. Denken Sie doch nur, daß die Stadt Wien, eines der größten Industriezentren der Welt, *ein* Gewerbe-Inspektor beaufsichtigen soll.«

Hybeš: »Die Art und Weise, wie die heutigen Kapitalisten die Arbeiterschutzgesetzgebung zu mißachten verstehen, die Gewerbeordnung mit Füßen treten. Ich bin erst ein Jahr in Brünn und kann Ihnen sagen, daß sich kein einziger Spinner in Brünn um die Gewerbeordnung kümmert. Mit solcher Raffinirtheit, die uns nicht im Schlaf eingefallen wäre, verstehen sie, die Gesetze zu umgehen. Sie wissen z. B., daß der Gewerbe-Inspektor in Brünn um 2 Uhr in der Nacht noch schläft und zwingen die Arbeiter von 2 oder 3 Uhr Nacht an zu arbeiten, damit die Leute nicht wissen, wie die Arbeiter geschunden werden. Am Abend nach 15 oder 16 Stunden, wenn der Inspektor herumgeht, wird die Fabrik gesperrt. Ich hätte nie geglaubt, daß das möglich wäre, daß die Arbeit um 2 oder ½ 3 Uhr in der Früh beginnt. Aber ich habe mir die Überzeugung verschafft: Nicht etwa ein Viertel der Fabriken, sondern bereits die Mehrzahl derselben sind es. Der Verein der Manufaktur-Arbeiter, in dem die Tuchmacher und Spinner vereinigt sind, machte eine Statistik solcher Übertretungen und ist auf dem besten Wege, der Welt zu zeigen, daß kein einziger Spinnereibesitzer das Gewerbegesetz achtet, daß fast alle ohne Ausnahme es übertreten, wie es ihnen beliebt. (...) Aber noch etwas Ärgeres kommt vor, nämlich daß man eine Anzahl der Arbeiter des Abends wechselt, vielleicht ein Drittel oder die Hälfte – die übrigen müssen über die Zeit

arbeiten, vielleicht bis 9 oder 10 Uhr Nachts. Man sagt, wir haben zweierlei Leute, die einen arbeiten von der Früh bis Mittag, und fangen wieder am Abend an – so veranstaltet man einen theilweisen Wechsel der Arbeiter, so daß der Gewerbe-Inspektor sich nicht auskennt. Ich habe vor 8 Tagen mit dem Inspektor gesprochen und er sagte: „Ich müßte einen photographischen Apparat haben, um die Arbeiter in der Früh und des Abends zu photographiren, um wissen zu können, ob es dieselben Leute sind."«

Große: »Der Fabrikant wird in die Lage gesetzt, die Fabrik aufzulassen und doch eine Masse von Arbeitern anzuwerben, ihnen die Arbeit nach Hause zu geben. Dann sitzen diese Leute in einer kleinen Stube ohne Raum und Luft, mit verpesteter Atmosphäre, bei geringer Nahrung, 18 Stunden und mehr, einige Tage der Woche die Nächte hindurch; also sie arbeiten 10 Tage in der Woche um einen Lohn, der absolut unzureichend ist für 6 Tage. Die Gewerbe-Inspektion ist da ganz machtlos.«

Hybeš: »In Brünn wurde vor einigen Monaten ein Fabrikant zu einer zweimonatlichen Arreststrafe verurtheilt, weil durch sein Verschulden ein Arbeiter getödtet wurde. Vor fünf Monaten kam der Inspektor in die Fabrik und befahl die Einfriedung einer Maschine. Der Fabrikant hat sich darum nicht gekümmert und die Maschine so stehen lassen, wie sie war, bis dadurch wirklich ein Mensch getödtet wurde. Was nützt es aber dem Arbeiter, welcher todtgeschlagen wurde, wenn der Fabrikant zwei Monate Arrest bekommt und was nützen die Anordnungen des Gewerbe-Inspektors, wenn der Fabrikant ihnen nicht folgen muß. Freilich kann ihn der Inspektor anzeigen, aber bis der Rechtsweg durchgeführt ist und der Fabrikant vielleicht zu einer Geldstrafe verurtheilt ist, können einige Arbeiter ihr Leben einbüßen.«

Telz (Lemberg) in polnischer Sprache: »Genossen! Ich wurde von den Lemberger Genossen ersucht, Etwas über die Lage der galizischen Arbeiter den Genossen zu berichten und da glaube ich am richtigsten beim Punkt Arbeiterschutzgesetze das Wort ergreifen zu müssen. (In deutscher Sprache fortfahrend:) (...) Wenn wir in Galizien reisen – Galizien ist ein armes Land, dort kann man nicht reisen, wenn man auf Schlafen und Essen reflektirt, so sehen wir vom Eisenbahnkoupé aus meistens nur elende Bauernhütten, einstöckige gibt es nirgends, manchmal ohne Rauchfang und selten finden wir Wirtschaftsgebäude dabei. Der Stall bildet gewöhnlich einen Theil der Hütte. Bei ganz armen Bauern, die nur ein paar Joch Feld haben, ist das Vieh sogar im Zimmer, und der Bauer athmet dann sein Leben lang Stallatmosphäre. Das ist sehr traurig, aber mit den Arbeiterschutzgesetzen läßt sich hier nichts machen. Während den galizischen Bauern vor dem Jahre 1848 die Peitsche aufs Feld getrieben hat, treibt ihn jetzt der Hunger dorthin. Wenn der Bauer, der nicht genügend Feld hat, den Winter glücklich durchgebracht hat, und im Frühlinge das Feld säen soll, so muß er sich an den Gutsbesitzer wenden. Dieser schießt ihm Getreide oder Geld vor. Dafür muß er ihm Robottdienste leisten, und vernachläßigt dabei sein eigenes Feld. (...) Es gibt in Galizien Bauern – in Deutschland nennt man solche Häusler – die nichts als eine Hütte ihr Eigen nennen. Da ein solcher Bauer nur selten Hausindustrie betreiben kann, denn er hat nichts gelernt, so muß er meistens vom Gutsbesitzer einzelne Beete zur Bearbeitung übernehmen. Ein solches Beet wird ihm mit 2 fl. berechnet, eventuell hat er dafür 4 Tage während der Schnittzeit zu arbeiten. Ein Joch hat 35 solche Beete, das macht also 70 fl. per Joch. Wenn der Gutsbesitzer 700 Joch hat, so stellt sich sein jährliches Einkommen auf zirka 50.000 fl. Da sein Gut höchstens mit 150.000 fl. bewertet werden kann, so bezieht er jährlich ein Drittel dieses Gutswertes. So werden die Bauern ausgebeutet.«

Resel (St. Pölten): »Wenn der Gewerbe-Inspektor die Fabrik besucht, geht der Chef, der Buchhalter und alle möglichen Beamten mit ihm – hat dann ein Arbeiter etwas dem Fabrikanten Unangenehmes ausgesagt, so weist er ihn aus der Fabrik, kaum daß der Inspektor ihr den Rücken gekehrt hat. (...) Ich begreife nur das Eine nicht, wie die Fabrikanten es früher erfahren, daß der Inspektor kommt – sie haben doch auch nicht bessere Nasen als wir Arbeiter und doch riechen sie es, wir aber nicht.«

Holzhammer (Innsbruck): »Die Arbeiter eines Marktes in Tirol, genannt Telfs, haben es sich herausgenommen, einen Normalarbeitstag, wie er gesetzlich vorgeschrieben ist, zu fordern, nämlich einen 11stündigen Normalarbeitstag.

Nachdem sie durch ihre eigenen Vorstellungen beim Fabrikanten nichts ausgerichtet hatten, wandten sie sich an den Gewerbe-Inspektor. Dieser hat dem Fabrikanten gesagt, er müsse, wenn er den gesetzlichen Verpflichtungen nicht nachkomme, weitere Schritte gegen ihn machen. Das hat nichts genützt, und erst als die Arbeiter 2, 3 Mal beim Gewerbe-Inspektor angeklopft hatten, mußte endlich der Fabrikant über Aufforderung der Bezirkshauptmannschaft die Arbeitszeit verkürzen. Was that nun der Fabrikant? Er denunzirte den Gewerbe-Inspektor, daß derselbe in Verbindung mit den sozialdemokratischen Elementen in Innsbruck sei.«

Die weiteren Resolutionen – der Parteitag wird inzwischen am Neujahrstag 1889 im Hochgefühl des Aufbruches neu eröffnet – beziehen sich auf die Presse, auf die gewerkschaftliche Organisation, die Arbeiterkammern und das Schulwesen. Die Diskussion verläuft zustimmend, sachlich, voller Empörung über den versagenden Staat und die unbelehrbare Bourgeoisie.

»Der heutige Parteitag beschließt, alle bereits erscheinenden Blätter der sozialdemokratischen Partei, sowie die bestehenden Fachblätter als Parteiorgane anzuerkennen. Ebenso sind auch neuzugründende Blätter, welche auf dem Standpunkte des am 30. und 31. Dezember 1888 und 1. Jänner 1889 beschlossenen Programmes des sozialdemokratischen Arbeitertages stehen, als solche anzuerkennen. Der Parteitag wolle ferner den Wunsch zur Gründung eines monatlich erscheinenden Parteiblattes aussprechen.

Der Parteitag begrüßt die Absicht der südslavischen Genossen, ein slovenisches Parteiblatt herauszugeben, und gibt dazu gerne seine Zustimmung und Unterstützung.«

Bezüglich der gewerkschaftlichen Organisation empfiehlt der Parteitag den Sozialdemokraten allerorts die Gründung von »Gewerkvereinen mit möglich(st)er Heranziehung der männlichen und weiblichen Hilfsarbeiter«; die Form der vom Staat in Aussicht gestellten Arbeiterkammern wird abgelehnt, weil keine ausgedehnten Kontroll- und Inspektionsbefugnisse mit strenger Durchführung von Sanktionen gegen blutsaugerische Unternehmer vorgesehen sind und – unter manchen anderen, die Wirksamkeit dieser Körperschaft beschneidenden Bestimmungen – der in Aussicht gestellte indirekte Wahlmodus »ganz ungeeignet ist, den wichtigsten und wesentlichsten Vorteil des allgemeinen Stimmrechtes – die Ermöglichung einer freien Diskussion – irgendwie zu ersetzen«. Sehr scharf formuliert ist auch die »Resolution über die Volksschule«. Dies deshalb, weil gerade ein parlamentarischer Antrag des Fürsten Liechtenstein die weitere Klerikalisierung der untersten Ausbildungsstufe betreibt. In der Resolution wird also für die unentgeltliche Schulbildung des gesamten Volkes auf sämtlichen Stufen des Schulunterrichts sowie für die vollständige Trennung von Schule und Kirche wie von Staat und Kirche eingetreten. Und: »Die Arbeiterschaft macht die herrschenden Klassen dafür verantwortlich, daß das freche Attentat auf die Schule (...) mit der gebührenden Energie der Entrüstung zurückgewiesen werde, macht sie aber gleichzeitig auch für die Folgen der Fortsetzung ihrer bisherigen Lässigkeit verantwortlich, wenn die heutige Schule nicht zu einer wahren, mithin konfessionslosen Volksschule fortentwickelt wird.«

Bevor sich der Parteitag am 1. Jänner 1889 um 2 Uhr Nachmittag auflöst, hält Julius Popp die Schlußrede:
»Als wir am vorgestrigen Tage hier zusammentraten (...), da erfaßte mich (...) ein gewisses banges Gefühl, daß nämlich vielleicht die Leidenschaftlichkeit, die theilweise unter den Parteigenossen noch nicht verschwunden ist, hier zum Ausbruche gelangen werde. Ich habe mich zu meiner Freude getäuscht. Ich habe gefunden, daß Sie alle die Nothwendigkeit gefühlt haben und in diesem Bewußtsein hiehergekommen sind, die Einigkeit, die schon lange in jeder Brust geschlagen hat, hier zu besiegeln und als Brüder von einander zu scheiden. Und das ist gewiß ein Augenblick, der in der Geschichte der österreichischen Arbeiterbewegung unvergeßlich bleiben wird. Obwohl wir hieher nicht mit Mandaten aus den verschiedenen Provinzen ausgestattet gekommen sind, sondern lediglich der Einladung der Einberufer, der Herausgeber der Parteiblätter gefolgt sind, so kann es doch keineswegs auch nur den Anschein gewinnen, als ob Einzelne von uns nur aus persönlicher Eitelkeit oder aus Gefälligkeit für die Einberufer erschienen sind, so zeigen doch die vielen eingelangten Begrüßungsschreiben und Zustimmungskundgebungen, daß, wenn wir auch

nicht mit Mandaten ausgestattet waren, wir dennoch vollkommen berechtigt waren, hier im Namen der österreichischen sozialistischen Arbeiterpartei zu sprechen und Beschlüsse zu fassen. (...)
Wir haben eine Arbeit hinter uns, auf die wir stolz zurückblicken können. (...) Jeder von uns ist eben mit der Absicht hergekommen, etwas Positives zu schaffen. Ich würde nur gewünscht haben, daß unsere sogenannten gebildeten Stände hier vertreten gewesen und gehört hätten, wie die halbgebildeten Arbeiter, wie man uns nennt, geistig durchdacht und zielbewußt gesprochen haben. Sie hätten dann vielleicht von uns eine andere Meinung bekommen. (...)
Bevor ich schließe, glaube ich, daß es in Ihrem Sinne ist, wenn ich auf das Gedeihen, die Solidarität der österreichischen Arbeiter, daß sie in diesen Intentionen vorwärts arbeiten, daß ich auf unsere Partei ein dreifaches Hoch ausbringe. Der österreichischen Sozialdemokratie ein dreifaches Hoch!« Die Anwesenden bringen Hochrufe aus, erheben sich und singen »Das Lied der Arbeit«. (Die wörtlichen Zitate und die Zusammenfassungen folgen alle Brügel.)
Während des Liedes ist auch Graf Auersperg aufgestanden. Der neben ihm stehende Lehrer der Hainfelder Schule bemerkt, daß der Graf Tränen in den Augen hat. Er fragt den Bezirkshauptmann, was ihn so bewegt habe. Auersperg, so wird überliefert, antwortet: »Die Größe des historischen Augenblicks.«

Titelblatt zu Bertha von Suttners »Die Waffen nieder!«, vierte Auflage, 1892

NICHT EINE EINZIGE FRAU ist auf dem historischen Parteitag der Sozialdemokratie politisch in Erscheinung getreten. Es gab auch weder vor, noch auf, noch nach dem Parteitag irgendeine Diskussion darüber. In der ganzen umfangreichen Debatte über das Wahlrecht kommt der Aspekt des Frauenwahlrechtes nicht zur Sprache. Das ist eine einfache, aber nicht zu übersehende historische Tatsache: So weit war damals die gesamte Gesellschaft noch nicht – und auch nicht die Sozialdemokratie.

Um es genauer zu sagen: Die Sozialdemokratie hat als eine umfassend emanzipatorische Bewegung zwar ein starkes Motiv, auch gegen die Zurücksetzung der Frauen in ihrem Programm aufzutreten. Im Bereich der praktischen Strategie, die nach dem positiven Kompromiß in der Wahlrechtsfrage für eine absehbare Zukunft

eine sozialdemokratische Parlamentsmehrheit ins Auge fassen muß, ist die Frage des Frauenwahlrechts eine peinliche Verlegenheit. Es kann ja kein Zweifel bestehen, daß bei einer – aber zu diesem Zeitpunkt nur als utopisch denkbaren – gleichzeitigen Einführung des allgemeinen, gleichen, geheimen und direkten Wahlrechtes *und* des Frauenwahlrechtes in Anbetracht des Bildungshandicaps, der religiösen Befangenheit und der allgemeinen gesellschaftlichen „Befindlichkeit" Frauen als Wählerinnen eine Generation lang die Chancen der Sozialdemokratie vermindern würden. Der einzige Ausweg heißt: schnelle und angestrengte politische Bildungsbemühungen. Eine der neben Adelheid Popp agierenden frühesten Chronistinnen der sozialdemokratischen Frauenbewegung, Anna Altmann, erzählt, wie im Jahre 1876 nach einer Versammlung in Frauenthal, bei der sie sich zu Wort gemeldet hatte, einer der Teilnehmer über sie sagte:

»Das Mädel täte besser, wenn es zu Hause bliebe und Strümpfe stopfen lernte, denn das Reden bei öffentlichen Anlässen unter vielen hundert Menschen gehört nur für Männer.« (Zitiert in: H. Steiner: »Die Arbeiterbewegung Österreichs 1867–1889«)

Umso bemerkenswerter ist, daß an der von den Behörden kritisch überwachten „eingeladenen" Großversammlung des Vereines »Wahrheit« eine ansehnliche Zahl von Frauen teilnimmt. Dieser Umstand ist im Polizeibericht vermerkt. Offenkundig ist auch im Bereich der Emanzipation eine neue Ära angebrochen. Die Bildungsaufgabe steht dabei im Vordergrund. In der »Arbeiter-Zeitung« vom 6. Juni 1890 wird ein von Anna Steiner unterzeichneter Aufruf zur Bildung eines Arbeiterinnen-Bildungsvereins veröffentlicht:

»Genossinnen! Nach langem Harren wurden endlich die Statuten des „Arbeiterinnen-Bildungsvereines in Wien" von der Statthalterei genehmigt. Indem wir euch dieses mitteilen, fordern wir euch zugleich auf, durch zahlreichen Beitritt zu beweisen, daß ein solcher Verein ein notwendiges Bedürfnis für euch gewesen ist. Diese neue Organisation, die nur bei reger Beteiligung von eurer Seite lebenskräftig erstehen kann, soll euch Gelegenheit geben, eure geistigen und materiellen Interessen zu besprechen und wahrzunehmen; sie soll euch nach den körperlichen Anstrengungen des Tages Belehrung und Erheiterung bieten und so zu einer Quelle der Anregung und sittlichen Vervollkommnung für euch werden. Jede von euch, die in mühseliger und karg entlohnter Arbeit sich abmüht, jede, die eine Besserung für sich und die Ihrigen, welche zu dem gleichen harten Los verurteilt sind, wünscht und hofft, muß es als ihre Pflicht betrachten, diesem Verein beizutreten, um sich hier die geistigen Waffen zu holen, die sie im Kampfe um ein menschenwürdiges Dasein notwendig hat. Bedenkt, daß in eure Hände die Erziehung des künftigen Geschlechtes gegeben ist! Den Stempel, welchen ihr der heranwachsenden Jugend aufdrückt, den wird die künftige Gesellschaft an der Stirne tragen; arbeitet deshalb mit allem Eifer an eurer eigenen Ausbildung, damit ihr die große Aufgabe erfüllen könnt: eure Kinder für die kommende glücklichere Zeit würdig vorzubereiten!«

Wenn man die gesellschaftliche Konstellation berücksichtigt, ist es durchaus nicht verwunderlich, daß in den spannungsreichen, entwicklungsträchtigen siebziger und achtziger Jahren die Frauen des bürgerlichen Lagers geistig und vor allem moralisch an Boden gewinnen. Schon aus dem Jahr 1878 wird berichtet, daß das erste Mädchen zur Matura in einem Gymnasium zugelassen wird – allerdings noch ohne Reifeklausel und Studienberechtigung. Der Bicycle-Verein, der in diesem Jahr als Vorhut der Sportwelle gegründet wird, verzeichnet eine erstaunlich große Anzahl weiblicher Mitglieder. Soweit es Frauen erlaubt und sozial ermöglicht wird, beginnen sie mitzudenken, vorauszudenken, mitzutun, sich als Vorkämpferinnen zu profilieren.

Im Vielfach-Umbruchjahr 1889 veröffentlicht Bertha von Suttner ihr Werk »Die Waffen nieder!«, in dem sie der militärisch-chauvinistischen Kriegsrechtfertigung (die auch ihr Vater vertrat), ein humanistisch-moralisches, rational begründetes pazifistisches Programm entgegensetzt. Ein Jahr später gründet sie die österreichische, bald darauf in Genf die internationale Friedensorganisation; 1905 wird ihr der Friedensnobelpreis zuerkannt. Frauenbewegung und Friedensbewegung sind seither weltweit aufs engste verbunden.

Bertha von Suttner, geb. Gräfin Kinsky (1843–1913). Ihr Weltappell gegen die Waffen wird 1905 mit dem Friedensnobelpreis ausgezeichnet

DER KRIEG DER ZUKUNFT ist schon Gegenstand der Utopie, im allgemeinen aber vorerst unter faszinierenden technischen Aspekten.
Die Überbeachtung der technischen Errungenschaften deckt auch die Empfindsamkeit gegenüber den Problemen und Gefahren zu, die im gesprochenen und geschriebenen Wort stecken. Im Schicksalsjahr 1889 kurz nacheinander geboren, werden in Österreich zwei Säuglinge in den Schlaf gewiegt, die die Verführungsmacht des Wortes zum Thema des nächsten Jahrhunderts machen werden: Der Stahl-Dynastie-Erbe Ludwig Wittgenstein, der dazu ausersehen ist, der Welt-Philosophie jenseits der exakten Wissenschaft das Schweigen zu gebieten – und der Kleinbürgerssohn Adolf Hitler, der die satanische Bösartigkeit des Wortes, das in den Jahren seiner Kindheit so leichtfertig gebraucht wird, in Ströme von Blut, Ozeane von Leiden, Feuerstürme von Zerstörung und endlose Aschenhalden verwandeln wird.

Kronprinz Rudolf (1858–1889)　　　　　*Baronin Marie Vetsera (1871–1889)*

DIE BEIDEN GESCHICHTSBESTIMMENDEN EREIGNISSE des Jahres 1889 sind auf den ersten Blick durch räumliche und zeitliche Nähe verbunden: Vom Arbeitergasthaus in Hainfeld zum kaiserlichen Jagdschloß Mayerling sind es etwa so viele Straßenkilometer wie Tage vom Gründungsparteikongreß der österreichischen Sozialdemokratie zur Kronprinzentragödie der Monarchie. Der räumliche Zusammenhang ist bedeutungslos, der zeitliche kann es nicht sein, obwohl nicht die geringste kausale oder unmittelbare Verknüpfung der Ereignisse festzustellen ist.

Signifikanter, nur aus der Perspektive wahrnehmbarer Zusammenhang: Die Geburtsstunde der wichtigsten bestimmenden Kraft für die Zukunft des Landes fällt zusammen mit einer der in blutigen Etappen ablaufenden Todesstationen des Kaiserreiches, sicherlich mit der bedeutsamsten und in ihrer Bedeutung erkennbarsten. Franz Joseph hat die katastrophalen militärischen Niederlagen von Solferino und Königgrätz, er hat die Hinrichtung seines Bruders Maximilian als Kaiser von Mexiko hinter sich; aber das unheimliche, skandalumwitterte Ende des Thronfolgers und einzigen Sohnes macht ihm und der Welt klar, daß die Dynastie im Sterben liegt. Der Kaiser weiß nun, daß ihm »nichts erspart bleibt«, er weiß nur noch nicht, wie viel es sein und wie lange es dauern wird.

Daß sich das Schicksal des Kronprinzen Ende der achtziger Jahre erfüllt, bezeichnet einen Entwicklungsbrennpunkt besonderer Art. In den über Spalten sprudelnden Nachrufen der Wiener Tageszeitungen vom 30. Jänner, in denen kaum eine echte Information über das Geschehen von Mayerling zu finden ist, wiederholt sich die Phrase vom »Blitzschlag aus heiterem Himmel«. Jeder, der so einen Artikel schreibt, weiß selbst, daß es sich um alles andere als ein solches Naturereignis gehandelt hat. Die persönliche und politische Tragödie des Kronprinzen ist am 30. Jänner 1889 zwar nicht so genau durchleuchtet, wie sie sich nach hundert Jahren bibliothekenfüllender Mayerling-Literatur darstellt, aber ihre Grundelemente sind schon ebenso offenkundig wie – damals – unaussprechbar.

Tiefste Schicht des Dramas, nach den Arbeiten Sigmund Freuds besser zu erkennen als vorher: Der sensible, hochintelligente Rudolf hat, gerade weil er der Thronfolger und die ganze Hoffnung des Reiches ist, eine Kindheit ohne väterliche Milde, ohne beständige mütterliche Liebe durchlebt, erstarrt in der Kälte des Zeremoniells, geblendet durch das pädagogische Scheinwerferlicht Dutzender wissenschaftlicher Koryphäen. Als sich seine Persönlichkeit kristallisiert, ist sie in wesentlichen Zügen das Gegenteil dessen, was die Dynastie von ihm erwartet: Rudolf ehrt und fürchtet den unerreichbaren Vater, liebt und entbehrt die ferne, schönheitssüchtige Mutter, haßt die aristokratische Kaste, die er verkörpern soll, hat in fast jedem intellek-

tuellen oder politischen Aspekt eigenwillige, rebellische Ansichten und Pläne. Seine Freunde sind liberale, zumeist jüdische Journalisten, Literaten und Wissenschafter, er selbst setzt allen Ehrgeiz in eine schriftstellerische Karriere. Er verfaßt Reiseberichte, arbeitet als Vogelforscher, initiiert ein in seinem Umfang monströses volkskundliches Werk über die Monarchie. Seine enge Freundschaft mit dem Herausgeber des »Neuen Wiener Tagblattes«, Moriz Szeps, prägt sein Leben: Er ist ständiger kryptischer Leitartikler des Blattes, publiziert aber auch in anderen Zeitungen des In- und Auslandes. Sein weltanschaulicher Standort ist wie der seiner Freunde antiklerikal, spät- und neuliberal, nationalitäten- und religionstolerant, vor allem aber voller Zuversicht in die zeitgenössischen Wunderwerke von Wissenschaft und Technik. Als Festredner wichtiger innovativer Veranstaltun-

Schloß Mayerling: Würdevoll, aber geheim wird die Leiche des Thronfolgers nach Wien gebracht

gen wird er geradezu eine Kultfigur des industriellen Fortschritts. Er formuliert wie kein anderer die Vision einer neuen, vernunft- und wissensbestimmten, machbaren Welt. Seine berühmteste Rede hält er zur Eröffnung der »Elektrischen Ausstellung« 1883 in der Rotunde. Er sagt:

»Ist es denn nicht unsere Vaterstadt, aus welcher Preschels Zündhölzchen im Jahre 1833 hervorging, das alte, der Steinzeit würdige Feuerzeug für immer verdrängend? Und die Stearinkerze, hat sie nicht von Wien aus im Jahre 1837 ihren Weg durch die ganze Welt gemacht? Ja selbst die Gasbeleuchtung der Straßen, die große Umwälzung im städtischen Leben wurde von Mährer Winzer in Wien ausgedacht und erst dann in England eingeführt. Nun stehen wir an einer neuen Phase in der Entwicklungsgeschichte des Beleuchtungswesens; auch diesmal möge Wien seinen ehrenvollen Platz behaupten und ein Meer von Licht strahle aus dieser Stadt und neuer Fortschritt gehe aus ihr hervor. (Zitiert in: Brigitte Hamann:»Kronprinz Rudolf«)

In diesem zukunftsweisenden Talent wachsen die Motive zur schließlichen Selbstvernichtung am Ende der achtziger Jahre – und es sind wohl vorwiegend andere, als uns Modetheorien und Dienstmädchenromane weismachen wollen. Eine Komponente mag die zunehmende Bedrängnis des wirtschaftskritischen und wissenschaftsgläubigen Spätliberalismus sein. Die neuen kleinbürgerlichen Bewegungen, die den Antisemitismus als Hauptparole auf ihre Fahnen heften, haben erkannt, daß der Mann, der schon morgen Kaiser sein kann, militant und kompromißlos auf der anderen Seite steht. Die Freunde Rudolfs verlieren an wirtschaftlichem und politischem Einfluß. Der Zeitungsherausgeber Szeps muß nach einem vom Judenfresser Schönerer angestrengten Ehrenbeleidigungsprozeß zwei Wochen in den Arrest. Er kämpft um seine Existenz. Zur einzigen großen nicht-antisemitischen Bewegung der Monarchie, zur Sozialdemokratie, hat Rudolf kaum Beziehungen, und die sind nur mühsam zu rekonstruieren: Da gibt es einen Brief an seinen Freund Szeps, in dem sich Rudolf nach einem Zeitungsprojekt erkundigt, für das ein Herr Adler Finanzierungszusagen gemacht hat – niemand anderer als Salomon Adler, der Vater Victor Adlers; doch aus dem Geschäft wird nichts. Rudolf kann auch nicht

wissen, daß seine kleine Tochter Elisabeth irgendwann im nächsten Jahrhundert als »rote Erzherzogin« die Frau des sozialdemokratischen Abgeordneten Petznek werden wird. Ihn verbindet mit der Sozialdemokratie die energische Abwehrhaltung gegen den Antisemitismus und das allgemein humanitär-linksliberale Denken; zum Sozialismus selbst hat er nur sehr eng begrenzte staatssozialistische Vorstellungen. Was die Beziehung des rebellischen Kronprinzen zur politischen Repräsentanz der Arbeiter betrifft, gibt es in der tragischen Schlußphase der Entwicklung eine skurrile Episode. Von einer gegen namentlich nicht genannte Angehörige des Kaiserhauses gerichteten Polemik des Reichsratsabgeordneten Pernerstorfer fühlt sich Rudolf betroffen und nimmt, möglicherweise sogar führend, an einer grotesk-mafiösen Racheaktion teil: Pernerstorfer wird von zwei gedungenen Halunken überfallen und mit Stöcken geschlagen; die Polizei kann nichts aufklären, und der Abgeordnete läßt den Vorfall in Vergessenheit geraten. Die möglichen Gewissensbisse über diese Entgleisung sind im Motivpaket des Jänner 1889 zu berücksichtigen. Was den Kronprinzen im innenpolitischen Bereich aber am schmerzlichsten bedrückt, ist der durchschlagende Erfolg Dr. Luegers in Wien und der Jubel über dessen antisemitische Parolen. Dieses Volk, so kann Rudolf sehen, wird ihm niemals zujubeln.

Auch in der Außenpolitik ist Rudolf auf absoluten Kollisionskurs gegangen. Er setzt sich für eine vollständige Umorientierung ein: An die Stelle der Abhängigkeit von Bismarck-Deutschland, das Österreich in eine Zweifronten-Situation zwischen Rußland und Frankreich mit hineinreißt, setzt er den Glauben in einen friedenssichernden Ausgleich mit Rußland auf dem Balkan und ein Bündnis mit Frankreich; seine jüdisch-liberalen Freunde haben engste, auch wirtschaftliche Beziehungen mit dem französischen Ministerpräsidenten Clemenceau. Unter einem Pseudonym veröffentlicht Rudolf 1888 in Paris eine Denkschrift an den Kaiser, in der es heißt:

»Lassen Sie den Balkan, Majestät, so lange es noch Zeit ist! Eine Gefahr, die von dort her Europa bedrohte, würde nicht Sie allein und Österreich, sondern alle übrigen Mächte den Slawen gegenüberstellen; also wozu sich über

Dinge den Kopf zerbrechen, die nicht existieren und die, wenn sie eintreten, Sie weder allein bekümmern, noch von Ihnen allein geordnet werden müssen?« (Zitiert in: B. Hamann)
Neben politischen Einsichten von großer Bedeutung gibt es für diese Haltung einen weiteren Grund: Auf dem Thron Preußen-Deutschlands sitzt seit 1888 der 27jährige Wilhelm, sein menschlicher und politischer Intimfeind: Wilhelm hat die Zufälligkeit der Generationsfolge alles das gegeben, was ihm, dem Dreißigjährigen, das Schicksal verweigert, und Wilhelm verkörpert auch politisch alles, was Rudolf und seine Freunde ablehnen. Bei seinem ersten Österreich-Besuch noch im Jahr seiner Thronbesteigung inspiziert der neue deutsche Kaiser, der sich als oberster Feldherr seiner Armee versteht, die verbündeten österreichischen Truppen, insbesondere die Infanterie, für die Kronprinz Rudolf – in seinem „Hauptberuf" – als Oberkommandant verantwortlich ist. Wilhelm kritisiert in provokanter Weise Ausbildungsstand und Ausrüstung. Insbesondere das neue Mannlicher-Repetiergewehr mißfällt ihm (so wie ernstzunehmenden österreichischen Kritikern: Die Munition ist zu schwer). Rudolf hat die Bestellung der Waffe zu verantworten – ein doppeltes Königgrätz-Gespenst ist beschworen worden.
Sucht man in diesem Bereich einen Schlüssel zum Selbstmord des Kronprinzen, kann man ihn in den Zeitungen finden, die über die Tragödie von Mayerling berichten: Am Vorabend des Mord- und Selbstmordtages ist Rudolf genötigt, in der Uniform eines preußischen Ulanengenerals – er leidet, wie er sagt, unter der Last der Schulterstücke – zusammen mit seinem Vater anläßlich des Geburtstages des deutschen Kaisers in der deutschen Botschaft zu repräsentieren. Das ist sein letzter öffentlicher Auftritt. Er muß an diesem Abend erkennen, daß er keine Chance hat, das Verhängnis des österreichisch-deutschen Bündnisses gegen den Rest der Welt zu ändern. Die Vermutung, daß auch die in diesen Tagen akute Situation in Ungarn mit Rudolfs Tod zusammenhängt, scheint weniger zwingend zu sein: Rudolf ist zwar, den alten Neigungen seiner Mutter folgend, ein Ungarnfreund und insofern abermals ein Opponent der eher slawenorientierten Regierungspolitik, aber die Spekulationen über einen geplanten

Staatsstreich, der Rudolf zum König von Ungarn und seinen schwierigen Bruder Franz Salvator zum Kaiser von Österreich machen soll, sind nicht belegt. Daß der ungarische Afrika-Forscher Graf Teleki die von ihm entdeckten großen Seen Kenyas »Rudolf-« und »Elisabeth-See« nennt, bleibt Tatsache und demonstriert übrigens die Rivalität zu Deutschland: Der deutsche Kaiser hat den Kilimandscharo als „Geburtstagsgeschenk" erhalten.
Dennoch reichen die von der Rudolf-Forschung aufgedeckten persönlichen und familiären Motive auch allein aus, die Verzweiflungstat zu klären: Da ist vor allem die ohne männlichen Nachwuchs gebliebene zerrüttete Ehe mit der belgischen Prinzessin Stephanie, die in jedem Aspekt der Politik und des höfischen Stils das Gegenteil der Vorstellungen ihres Mannes will. Rudolf rafft sich auf, den Papst persönlich und vertraulich um eine Scheidung zu bitten, doch dieser informiert darüber in den kritischen Tagen des Jänner 1889 den Kaiser. Der Kronprinz ist in der Folge seines persönlichen Unglücks seit Jahren tief in die noble Wiener Halbwelt geraten. Ein Verhältnis mit der Kurtisane Mizzi Caspar steht unter Überwachung der Staatspolizei und des deutschen Geheimdienstes, ohne das Rudolf dies ahnt. Sein ausschweifendes Leben bleibt nicht ohne Folge: Er leidet unter einer damals nicht heilbaren venerischen Erkrankung, die nach außen als »Rheumatismus« deklariert wird. Er wird von Morphium und vom Alkohol abhängig, immer klarer bekennt er seine Todessehnsüchte. In der kleinen Baronin Marie Vetsera, die in ihn rettungslos verliebt ist, findet er eine Gefährtin für den Weg nach Drüben. Ob die Tatsache, daß die Baronin seit einigen Monaten schwanger ist, im Motivgeflecht der Tragödie eine Rolle spielt, ist unerfindlich.
Von all dem wissen viele manches, alle ein wenig; das Kaiserhaus jedoch scheint nichts zu wissen oder will nichts wissen. Alle letzten Warnungen und Alarmrufe bleiben ungehört. Dann platzt am Morgen des 30. Jänner 1889 die Bombe: Kronprinz Rudolf ist tot. „Offiziöse" Todesursache: ein Jagdunfall.

Streikende Tramwaykutscher werfen einen Wagen um, der von Streikbrechern gefahren worden ist

WOCHENLANG FASZINIERT DIE TRAGÖDIE VON MAYERLING die schreibende und lesende Öffentlichkeit; was sich um den Jahreswechsel im Marktflecken Hainfeld zugetragen hat, ist der allgemeinen Aufmerksamkeit ohnedies entgangen und nun noch dazu durch die Jahrhundertsensation zugedeckt. Möglicherweise begünstigt aber dieses Desinteresse auch die unmittelbare Aufarbeitung der Hainfelder Beschlüsse in den neu aufkeimenden Organisationen der ganzen Monarchie: Überall werden die Resolutionen diskutiert, und überall werden sie bestätigt, überall entsteht neuer Mut, neuer Gemeinschaftsgeist. Wenn die Arbeiter aber von der in Hainfeld formulierten Vision einer besseren Zukunft auf ihre gegenwärtige Arbeits- und Lebenswirklichkeit blicken, übermannt sie der Zorn. Im ganzen Land brandet eine Welle von Streiks und Arbeitskämpfen auf. Ganz im Sinn der Grundsätze, auf die sich die Arbeiterführer jüngst eingeschworen haben, geht es jetzt überall darum, die tatsächlichen Lebensverhältnisse zu verbessern.

Diese Streikbewegung wird jedermann erkennbar, als die Kutscher der privaten, vom Bankier Baron Reitzes betriebenen Pferdetramway Anfang April die Arbeit niederlegen. Die mise-

rable Situation bei der Tramway ist durchaus stadtbekannt. Die Fahrgäste – also alle jene Wiener, sie sich keinen Leibkutscher und keinen Fiaker leisten können – leiden täglich mehr unter der Profitgier der Gesellschaft: Die Fahrpreise sind geschmalzen, die Tramwayzüge sind in den Hauptverkehrszeiten überfüllt. Die explosive Bevölkerungsvermehrung in Wien bringt den Tramway-Aktionären wachsende Gewinne, ohne daß entsprechende Modernisierungen vorgenommen werden. Die Karikaturen der Wiener Zeitungen sind seit Jahren voll von bissigen Klagen über die Zustände bei diesem Massenverkehrsmittel. Aber auch der andere Teil der Profitmacherei, die Ausbeutung der Kutscher, ist seit Jahren stadtbekannt: Der christlichsoziale Reichstagsabgeordnete Rudolf Eichhorn, ein ehemaliger katholischer Pfarrer, hat schon 1885 die skandalöse Situation in einer Publikation angeprangert und dabei das Wort von den »weißen Tramwaysklaven« geprägt. Gewerkschaftliche Aktivitäten sind unter der Polizeirepression des Taaffe-Ausnahmeregimes jeweils im Keim erstickt worden. Nun haben die offenbar im Stillen gut organisierten 500 Kutscher den moralischen Aufwind in der Sozialdemokratie für eine geschlossene Aktion genützt.

Unternehmer und Behörden sind fassungslos. In aller Eile werden Streikbrecher organisiert, die natürlich nicht über die entsprechende Ausbildung verfügen. Die Wut der Streikenden richtet sich gegen die Ersatz-Kutscher; die durch den Streik in ihren Lebensinteressen schwer betroffene Bevölkerung nimmt an den Vorgängen lebhaften Anteil. Bald sieht sich die Obrigkeit genötigt, Militär zum Schutz des Tramway-Notbetriebes und zur Abwehr von Demonstranten einzusetzen.

In diesen Tagen ist die »Gleichheit« das Zentralorgan der Streikenden und Victor Adler Chronist und Tribun in einer Person.

»Den Anstoß gab die übermüthige Herausforderung des Obersklavenaufsehers, genannt Direktor Turba. Die Tramway-Gesellschaft hat bekanntlich zwei Gattungen von Bediensteten. Die einen haben eine Arbeitszeit von 16-21 Stunden und ganz ungenügende Nahrung; die anderen arbeiten täglich 4 Stunden und werden reichlich genährt. Die Ersten sind die menschlichen Bediensteten, die Anderen sind die Pferde.

Denn Menschenfleisch ist spottbillig in unserer Gesellschaft, Pferde aber kosten schweres Geld. Nun haben die Kutscher und Kondukteure in jeder Woche einen freien Tag. Die arme Aktien-Gesellschaft muß ihnen 7 Tage Löhnung geben und darf sie nur 6 Tage abrackern. Diesen siebenten Tag hereinzubringen, darauf richtet sich der ganze Scharfsinn der Beamten.

Aus den geringfügigsten Anlässen werden „Straftouren" verhängt, welche am freien Tage abzumachen sind, so daß es häufig vorkommt, daß ein Kutscher oder Kondukteur am „freien Tag" 4 bis 6 Stunden im Dienst ist. Wenn der Kutscher bisher wegen Verspätung um eine einzige Minute eine bis zwei Straftouren erhielt, so scheint diese Art der Erpressung unbezahlter Arbeit nicht ausgiebig genug gewesen zu sein. Direktor Turba verordnete vor etwa zwei Wochen, daß auch die Fahrzeit auf den Theilstrecken, zwischen den einzelnen Stationen genau eingehalten werde müsse.

Die Theilstrecke Schottenthor-Augartenbrücke z. B. soll genau in 5 Minuten zurückgelegt werden; kostet sie 6 Minuten oder nur 4 Minuten,

Verladearbeiter werden abgebildet: Die feierliche Pose ist unvermeidlich, wenn eine Photolinse sichtbar wird

so wird eine Straftour verhängt. Das Mittel war recht gut. Auf einer einzigen Strecke konnte man in einer einzigen Woche 22 Kutschern zusammen 43 Straftouren diktiren; das war ausgiebig. Aber allzuscharf macht schartig. Den Kutschern riß endlich die Geduld. In der höchsten Noth fanden sie das einzige Mittel, das ihnen helfen kann: einiges Vorgehen und Organisation. Sie erklärten am letzten Donnerstag früh nicht einzuspannen, bevor ihnen folgende Forderungen bewilligt wären: 1. Aufhebung des Stundenplanes für die Theilstrecken; 2. Nachlaß der während der 8tägigen Giltigkeit desselben verwirkten Strafen; 3. Beseitigung des Schadenersatzsystems; 4. Verlängerung der Arbeitspause für das Mittagessen von 30 Minuten wie bisher auf eine Stunde.

Zum dritten Punkte ist zu bemerken, daß dieses (...) System darin besteht, daß kleine Beschädigungen des Wagens von einem „Schätzmeister" abgeschätzt und ein bedeutend größerer Betrag, als die Gutmachung des Schadens erfordert, dem Kutscher in wöchentlichen Raten von 50 Kreuzer bis 1 Gulden abgezogen wird. Auf diese sinnreiche Weise kann man dem Kutscher ganz erhebliche Beträge von seinem Lohne zurückstehlen. (...)

Die Direktion bewilligte die vier ersten Forderungen, vertröstete aber in der letzten und wichtigsten, der Lohnfrage, auf unbestimmte Zeit. Somit mußten neue Beschlüsse gefaßt werden. Besprechungen der Kutscher wurden polizeilich gehindert und so gelangte der Streik am Sonntag nur unvollständig zur Durchführung. Zwar hielten sich viele tapfer, und die ersten, welche sich überreden ließen zu fahren, hörten harte Worte. Ihre Frauen munterten sie zum Ausharren auf und dem Kutscher Gutjahr, der zuerst unterduckte, rief sein Weib zu: „Schäme dich, denke an deine Kinder und unsere Zukunft! Du bist ein altes Weib und kein Mann!" Noch hätten sie sich gehalten, trotz des Eingreifens der Polizei. Da aber wurde in alle Remisen telefonirt, die Anderen hätten schon eingespannt. Und diese erlogenen Telefonnachrichten brachen den Muth der Standhaftesten. Sie spannten ein. (...)

Die Kutscher hatten darauf gerechnet, daß nur geprüfte Kutscher, wie sie selbst, fahren dürfen, und daß die Polizei im Interesse der Verkehrssicherheit der Gesellschaft verbieten werde, ungelernte Kutscher zu verwenden. Natürlich trat das Gegentheil ein; die Gesellschaft nahm Jeden, der nur immer fahren wollte, und die Polizei schritt ein – aber nur, um der Gesellschaft dieses „Recht" zu sichern.

Nun machte das Publikum eine energische Demonstration zu Gunsten des Streiks, die ersten Steine flogen, die Wachmannschaft wurde vermehrt; die Leute wichen nicht. Hundertmal trieben berittene Wachleute die Haufen auseinander, eben so oft sammelten sie sich wieder und jeder ausfahrende Wagen wurde mit Geschrei und einem Steinhagel begrüßt. (...) Die Behörden (...) ließen Militär kommen: Dragoner in Favoriten, Husaren in Hernals. Im angesammelten Volke entstand dadurch offenbar die Vorstellung, Polizei und Militär seien nur dazu aufgeboten, um die Tramwaygesellschaft zu schützen, Polizei und Militär seien die Bundesgenossen des Herrn Reitzes. Diese Vorstellung war es, welche die Massen in solche Entrüstung versetzte, daß sie die angeborene Angst und Scheu vor Polizei und Militär endlich ganz vergaßen und Dragoner und Husaren ebenso mit Steinwürfen empfingen, wie die berittenen Polizisten.

Nun erfolgten regelrechte Kavallerieattaken gegen das wehrlose Publikum, besonders bei Nacht recht wirksam. Hierauf Besetzung der Plätze mit Kavallerie. Endlich wurde das Ziel erreicht! Unter polizeilichem und militärischem Schutz verkehrten die Tramwaywaggons, gelenkt von Leuten, die nie die Zügel in der Hand gehabt. Dragoner und Husaren begleiten die Wagen, den sogenannten „Kutscher" schützen vier Wachleute. Und: Alles ist gerettet! Die streikenden Kutscher behalten ihre Hunde-Existenz, das Publikum erhält seine Säbelhiebe, und, was die Hauptsache ist, die Tramwayaktionäre behalten ihren Koupon! (...)

Die wenigen Tages ernsten Kampfes, wo sie lernten, sich auf einander zu verlassen, haben diese Leute mehr gebildet als es Jahre der eifrigsten Agitation zu thun vermocht hätten. Wohl geschah es, daß einzelne, durch die Drohungen der Polizei und der Stallmeister verleitet, erklärten, morgen fahren zu wollen, meist aber nahmen sie sofort diese Erklärung wieder zurück, wenn sie ihre Kameraden gesehen hatten. Freilich, jene armen Leute, die gar keine anderen Kleider als die Montur haben, welche ihnen von

Die politische Wirklichkeit der Arbeiter wird noch nicht photographiert, sondern gezeichnet: Krawall vor der Polizeiwachstube in Neulerchenfeld im Kampfjahr 1890

Wachleuten mit Gewalt weggenommen wird, müssen nachgeben, wollen sie nicht buchstäblich nackt dastehen.«

»Der Kampf ist siegreich beendet. Die bekannten Ereignisse zwangen endlich die Behörden energisch einzuschreiten. Schon der Gemeinderathsbeschluß vom 24. d. M. mußte der Volksstimmung Rechnung tragen. Einstimmig (wie viele Herren mögen „mit blutendem Herzen"

gestimmt haben!) wurde beschlossen, der Tramway-Gesellschaft ein Pönale von 50.000 Gulden aufzuerlegen und für jeden weiteren Tag der Betriebsstörung 10.000 Gulden zu verlangen. Damit war offiziell über den Verwaltungsrath das Urtheil gesprochen.

Unterdessen hatten die Kutscher beim Statthalter, dem Minister-Präsidenten und dem Handelsminister ihre Beschwerden vorgebracht. Der Statthalter wies die Gesellschaft an, sämmtliche

Kutscher wieder aufzunehmen und stellte ihr am 26. d. M. einen Erlaß zu, welcher im Auftrage der Regierung die Gesellschaft auffordert, die Forderungen der Kutscher, welche zu dem Streik geführt haben, einer eingehenden Würdigung zu unterziehen. Die Lohnfrage wird in dem Erlasse nicht berührt. Dagegen wird ausgeführt, daß die Forderungen der Kutscher betreffend die Abkürzung der Arbeitszeit, betreffend die Abschaffung der kommandirten Urlaube und betreffend die Beiträge zum Kranken- und Versorgungsfond, als im Wesen berechtigt angesehen werden müssen. Die Gesellschaft wird daher aufgefordert, diese Differenzen zu beseitigen und überhaupt in ihrer Dienstordnung alle jene Bestimmungen zu eliminiren, welche geeignet sind, die Aufrechterhaltung des ordnungsmäßigen Betriebes zu verhindern. Die Gesellschaft habe dieser Anweisung bis längstens 15. Mai nachzukommen, widrigenfalls die Regierung mit der Sequestration der Tramway-Gesellschaft vorgehen werde.

Das wirkte. Samstag traten sämmtliche Kutscher wieder den Dienst an, nachdem ihnen die Erfüllung ihrer Forderungen zugesichert war. (...) Zehn Kutscher sind noch verhaftet. Was sie begangen haben sollen, wird die Verhandlung lehren. Jedenfalls haben ihre Kollegen die Pflicht, für die Gemaßregelten und die Familien der Inhaftirten zu sorgen.

Was früher in den berüchtigten „drei Monaten" unmöglich schien, wird dem Verwaltungsrath jetzt in wenigen Tagen möglich. Die Einführung der zwölfstündigen Arbeitszeit ist bereits im Zuge. Wir haben nur den lebhaften Wunsch, daß sich Kutscher und Behörden nicht neuerdings hinters Licht führen lassen. Es verfolgt uns die geheime Angst vor einer neuen Teufelei des Verwaltungsrathes. Ein „Normalarbeitstag" von 12 Stunden und 4-6 Überstunden gibt auch 16-18 Stunden und durch Umwandlung des Taglohns in Stundenlohn lassen sich diese Überstunden auch erzwingen. Solchen Herren, wie Reitzes und seinen Untergebenen, muß man auf die Finger sehen! Hoffentlich haben die Tramwaysklaven nunmehr Selbstgefühl genug gewonnen, um jedem Versuch, sie um die Früchte ihres theuer genug erkauften Sieges zu bringen, energisch entgegen zu treten. Sie wissen jetzt, wie man es machen muß!« (»Gleichheit« vom 12., 26. April und 3. Mai 1889)

DIE REGIERUNG IST AUFGEWACHT und hat erkannt, was eigentlich in Hainfeld passiert ist. Schnell wird beschlossen, ein Exempel zu statuieren: Nur noch wenige Monate, bis Ende Juli, sind die Ausnahmebestimmungen über die Aufhebung der Schwurgerichte in Kraft, und es ist offenkundig, daß der Reichsrat trotz völliger Abwesenheit gewählter Arbeitervertreter nicht mehr bereit sein wird, das längst überholte Märchen vom drohenden Anarchismus zu glauben und die Aussetzung der so mühsam errungenen Verfassungseinrichtungen zu dulden. Wenige Wochen vor dem Ende der Ausnahmesituation werden Dr. Victor Adler als Herausgeber und Ludwig August Bretschneider als Redakteur der »Gleichheit« wegen der Berichterstattung über den Tramwaystreik vor das Ausnahmegericht gestellt, der berüchtigte Senatspräsident Holzinger führt den Vorsitz. Der Prozeß wird zu einer einzigen Anklage gegen die Regierung. Victor Adler weigert sich, inhaltlich auf irgendeinen Anklagepunkt einzugehen und prangert an, daß er vor einem nicht zuständigen Gerichtshof stehe. Das Gericht funktioniert in der üblichen Weise: Victor Adler wird zu vier Monaten Gefängnis, verschärft durch einen monatlichen Fasttag, Bretschneider zu einer Geldstrafe verurteilt, die »Gleichheit« wird eingestellt; da die Berufungen laufen, bleiben die Verurteilten aber auf freiem Fuß.

Im selben Frühsommer fühlt sich die aufgescheuchte Obrigkeit durch den Aufschwung des einzigen Wiener Arbeitervereins »Wahrheit« provoziert. Unter dem Druck der Ausnahmeverfügungen dürfen nur Zusammenkünfte von eingeladenen Personen abgehalten werden. Der Verein veranstaltet eine Versammlung, zu der 4000 „eingeladene Gäste" kommen. Die Polizei ist nicht einmal imstande, die ordnungsgemäß mitgebrachten Einladungen zu kontrollieren. Unmittelbar danach wird der Verein aufgelöst. Die Sozialdemokratie läßt sich aber nicht einschüchtern. Mit dem Ende der Ausnahmegerichtsbarkeit am 1. August vor Augen geben Victor Adler und seine Freunde die verbotene »Gleichheit« am 12. Juli unter einem neuen Titel heraus, als »Arbeiterzeitung«. Das neue und nunmehr endgültige Zentralorgan der Partei findet so reißenden Absatz, daß es regelmäßig 14tägig erscheinen kann.

Der Erscheinungstag der ersten »Arbeiterzeitung« ist von großer historischer Bedeutung: Zwei Tage später, am 14. Juli, wird es 100 Jahre, seit in Paris die Revolutionäre die Bastille gestürmt haben. Die französische Bourgeoisie feiert ihr Hundert-Jahr-Jubiläum mit einer glanzvollen Weltausstellung; der Eiffelturm steht als Symbol der neuen technischen Welt inmitten der modernisierten Weltstadt. Und die Arbeiterorganisationen des ganzen industrialisierten Europa haben beschlossen, dieses Ereignis zur Abhaltung eines großen Kongresses zu nutzen. Es geht um nicht mehr und nicht weniger als um die Gründung einer Zweiten Internationale.

Victor Adler nimmt an der Spitze einer 33köpfigen Delegation an dem großen Ereignis teil. Für Ungarn kommt Victor Adlers Freund, der Veteran Leo Frankel. Der Kongreß wird ein voller Erfolg. Victor Adler steht im Zentrum der Beachtung, die Einigung der österreichischen Sozialdemokratie ist ein gutes Omen für den Kongreß. Jeder Delegationsführer berichtet über die Situation in seinem Land. Victor Adler sagt in seiner Rede:

»Ich bringe hier den Brudergruß von Tausenden über ganz Österreich verstreut lebenden Arbeitern. Sie hatten die Absicht, mir ein formelles Mandat zu geben; aber das war eine Unmöglichkeit. Die Freiheit in Österreich ist ein zusammengesetztes Wesen, welches die Mitte hält zwischen der Freiheit in Rußland und der Freiheit in Deutschland. (Große Heiterkeit.) In der Form ist sie deutsch, in der Ausführung ist sie russisch. Abgesehen von Frankreich und England hat Österreich vielleicht in ganz Europa die freisinnigsten Gesetze, so sehr, daß es einer Republik ähnelt, die statt eines Präsidenten eine Majestät an der Spitze hat. Leider verfährt man nur in der Praxis nicht nach dem, was das Gesetz vorschreibt, sondern allein nach dem, was das Belieben des betreffenden Polizeikommissärs ist. Der Polizeikommissär ist befugt, alle gesetzlichen Freiheiten zu konzipieren, und man kann schon glauben, daß er dies Recht braucht – und mißbraucht. (. . .)

Die österreichische Regierung ist gleich unfähig, bei einem Werke der Gerechtigkeit konsequent zu sein wie bei einem Werke der Unterdrükkung; sie schwankt beständig hin und her – wir haben den Despotismus, gemildert durch Schlamperei. (Große Heiterkeit.)« (Zitiert in: Brügel)

Die Thematik des Pariser Kongresses ist ebenso klar und zukunftsträchtig wie jene des Hainfelder Parteitages. Die besten Köpfe der internationalen Sozialdemokratie haben fabelhafte Vorbereitungsarbeit geleistet. Es gelingt, in einer

Der Eiffelturm – hier im Bau – ist das Symbol der Pariser Weltausstellung 1889, mit der auch das 100-Jahre-Jubiläum der Französischen Revolution begangen wird. Die Arbeiterbewegung gründet in Paris die »Zweite Internationale«. In Wien erscheint zu diesem Anlaß die erste Nummer der »Arbeiter-Zeitung«

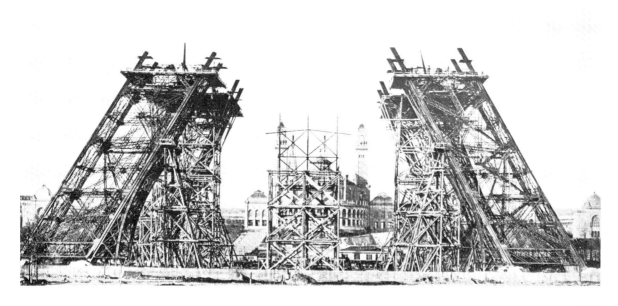

imposanten Punktation die gemeinsamen Ziele herauszustellen; das Wichtigste: der Kampf um den Achtstundentag. Spektakuläres Kampfmittel: Für den 1. Mai des folgendes Jahres wird ein Welttag der Arbeit ausgerufen. Eine Zeitlang wird mit den zur Radikalität neigenden Delegierten über die taktische Durchführung der Demonstration diskutiert, die Idee eines „Weltstreiks" geistert durch die Köpfe. Dann entscheidet sich aber die Mehrheit für die gut sozialdemokratische Idee, die Maidemonstration in jedem Land so abzuhalten, wie es die Umstände zulassen. Der Anstoß für die Wahl des Tages ist übrigens von jenseits des Ozeans gekommen. Die amerikanischen Arbeiter, die auf dem Kongreß repräsentativ vertreten sind, haben den 1. Mai 1890 bereits vorher zu einem Manifestationstag bestimmt.

Der Geist der Erneuerung hat auch die Poeten und Komponisten beflügelt: Im selben Jahr wird die »Internationale« zum erstenmal gesungen. Sie wird zur Hymne der großen neuen Gemeinschaft aller Arbeitenden:

Wacht auf, Verdammte dieser Erde,
Die stets man noch zum Hungern zwingt!
Das Recht, wie Glut im Kraterherde
Nun mit Macht zum Durchbruch dringt.
Reinen Tisch macht mit dem Bedränger!
Heer der Sklaven, wache auf!
Ein Nichts zu sein, tragt es nicht länger,
Alles zu werden, strömt zu Hauf!
[: Völker, hört die Signale!
Auf zum letzten Gefecht!
Die Internationale
Erkämpft das Menschenrecht! :]

Es rettet uns kein höh'res Wesen,
Kein Gott, kein Kaiser noch Tribun.
Uns aus dem Elend zu erlösen,
Können wir nur selber tun!
Leeres Wort von der Armen Rechte!
Leeres Wort von der Reichen Pflicht!
Unmündig nennt man uns und Knechte,
Duldet die Schmach nun länger nicht!
Völker hört die Signale!. . .

In Stadt und Land, ihr Arbeitsleute,
Wir sind die größte der Partei'n.
Die Müßiggänger schiebt beiseite;
Diese Welt soll unser sein!

Unser Blut, das sei nicht mehr der Raben
Und der mächt'gen Geier Fraß.
Erst wenn wir sie vertrieben haben,
Dann scheint die Sonn' ohn' Unterlaß.
Völker hört die Signale!. . .

»Arbeiter! Genossen! Gedenket des 1. Mai 1890. Gedenket der Erinnerung der achtstündigen Arbeitzeit. Erwäget jene zehn Vorteile, welche euch aus der Verkürzung der Arbeitszeit, insbesondere aber aus dem achtstündigen Arbeitstag, erwachsen:

1. Bei achtstündiger Arbeit wird der Körper mehr geschont und das Leben des Arbeiters verlängert.

2. Bei achtstündiger Arbeitszeit sind mehr Arbeiter erforderlich und viele Arbeitslose können Arbeit erhalten.

3. Bei achtstündiger Arbeitszeit steigen die Löhne, weil die Arbeitslosen, welche unablässig auf die Löhne drücken, verringert werden.

4. Bei achtstündiger Arbeitszeit bleiben noch acht Stunden zur Ruhe, acht Stunden zur Belehrung, Aufklärung und zum Vergnügen.

5. Bei achtstündiger Arbeitszeit werden die Fach- und Bildungsvereine wie auch Versammlungen besser besucht.

6. Bei achtstündiger Arbeitszeit steigert sich die Kauffähigkeit der Arbeiter und die Folge ist eine erhöhte Nachfrage nach Waren und die Anstellung weiterer Arbeiter.

7. Bei achtstündiger Arbeitzeit wird der Verdienst größer und man kann die Kinder in die Schule anstatt in die Fabrik schicken.

8. Bei achtstündiger Arbeitszeit werden die Arbeitermassen politisch reifer und selbständiger.

9. Bei achtstündiger Arbeitszeit wird das Bedürfnis nach weiterer Verringerung der Arbeitszeit wachgerufen.

10. Bei achtstündiger Arbeit ist der Arbeiter kein bloßes Arbeitsinstrument mehr, sondern er beginnt Mensch zu sein.« (Zitiert in: Brügel)

In den folgenden Monaten blüht die Organisationsarbeit in allen Teilen der Monarchie auf. Die Mitgliederzahlen der Vereine und gewerkschaftlichen Gruppierungen verdoppeln sich in kurzer Zeit, überall gibt es neue Arbeiterbildungsvereine, ideenreich werden immer neue Versammlungen veranstaltet. Über die Aufbruchstimmung dieser Monate berichtet Ludwig Brügel als Zeitgenosse in seiner fünfbändigen »Geschichte der österreichischen Sozialdemokratie«:

»Geradezu herrlich waren die Feste: die Silvesterfeier, die Ausflüge und die Gründungsfeste der verschiedenen Arbeiterbildungsvereine; den Gipfelpunkt aber bildete alljährlich der Arbeiterball. Da hatte jeder sein bestes Gewand an und seine schönste feuerrote Krawatte und den breitesten Hut.«

Auch im akademischen Bereich, der von den konservativen, liberalen und vor allem nationalen Gruppierungen dominiert ist, gibt es einen erwachenden Geist der Sozialdemokratie. Bei den »Festkommersen« der sozialistischen Studenten ertönen nach dem »Gaudeamus igitur« die »Marseillaise« und abschließend das »Lied der Arbeit«.

Im Frühjahr 1890 konzentriert sich die Organisationsarbeit auf das Gelingen des 1. Mai. Die Regierung berät nervös und fieberhaft, wagt aber nicht, die Veranstaltung ganz zu unterdrücken. Jedenfalls gönnt sich das Regime noch einen zynischen Akt: Victor Adler wird noch vor dem Maitag zur Abbüßung seiner Haftstrafe einberufen. Als der Tag herannaht, sorgt die bürgerliche Presse für Panikmache. Die »Neue Freie Presse« schreibt am 1. Mai:

»Die Soldaten sind in Bereitschaft, die Tore der Häuser werden geschlossen, in den Wohnungen wird Proviant vorbereitet wie vor einer Belagerung, die Geschäfte sind verödet. Frauen und Kinder wagen sich nicht auf die Gasse, auf allen Gemütern lastet der Druck einer schweren Sorge. Das ist die Physiognomie unserer Stadt am Festtag der Arbeiter. Diese Furcht ist beschämend, und sie wäre nie entstanden, wenn das Bürgertum nicht tief gesunken wäre, wenn es nicht durch seine Zerklüftung das Kraftgefühl verloren hätte. (...)«

Victor Adler erlebt seinen stolzesten Tag hinter Gittern, aber er weiß, daß die Gedanken aller Demonstranten bei ihm sind.

»Die erste Maifeier 1890 habe ich nicht im Prater miterlebt, sondern im Wiener Landesgericht, Zelle 32, im ersten Stock. Es war ein einsamer Tag, einsamer als jeder andere in den vier Monaten, die ich damals abzusitzen hatte, aber ein Tag der tiefsten Aufregung, die ich heute noch

in mir zittern fühle, wenn ich an ihn denke. (...) Es war meine erste Haft und sie fiel mir nach den ersten Tagen der Anpassung wahrhaftig nicht schwer. Ich hatte mir, was ich übrigens auch später bei allen Rückfällen prinzipiell tat, die Einzelhaft als Begünstigung erbeten und durchgesetzt, und da ich Bücher hatte und als „Politischer" überdies täglich für einen Gulden und fünf Kreuzer ausspeisen durfte, war meine Lage nicht schlecht. Wie ich überhaupt diese kurzen Arreststrafen niemals als Martyrium empfunden habe. (...) Aber je näher der 1. Mai heranrückte, desto unruhiger wurde ich, bis sich die Erregung zu einer fast unerträglichen Spannung steigerte. Das kann nur der ganz verstehen, der miterlebt hat, was für uns jene erste Maifeier war, was sie für das Proletariat Österreichs bedeutete. (...) Es war eine Zeit des Erwachens, des Dranges. Der lange brachgelegene Boden nahm hungrig die Saat auf, die von der Sozialdemokratie ausgestreut wurde. Wir waren über alle diese dummen und boshaften Quälereien der Staatsgewalt, über alle diese unsäglichen Borniertheiten der bürgerlichen Presse hinausgewachsen. Die Arbeiterschaft war im Begriff zu erwachen; es bedurfte nur des Anrufes, des Appells, daß sie sich erhebe, sich als Ganzes, als kämpfender Körper, als eine Einheit, als Klasse gegen andere Klassen fühle und den lähmenden Traum seiner Ohnmacht abstreife.

Dieser Weckruf mußte für uns in Österreich die Maifeier sein. Wir haben, wie so oft, aus der furchtbaren Not eine fruchtbare Tugend gemacht, und weil wir nicht simpel manifestieren konnten, gerade darum haben wir dem Tag der Höhe eine Weihe gegeben, die unerreichbar war für alle Verbote und Schikanen. Am 29. November verkündete die „Arbeiter-Zeitung" die Parole: „Der 1. Mai 1890 soll der internationale Arbeiterfeiertag werden. An diesem Tage soll die Arbeit überall ruhen, in Werkstatt und Fabrik, im Bergwerk wie in der dumpfen Kammer des Hauswebers. Der Tag soll heilig sein, und heilig wirklich wird er dadurch, daß er den höchsten Interessen der Menschheit gewidmet ist. Die Menschheit hat heute kein höheres Interesse als die proletarische Bewegung, als insbesondere die Abkürzung der Arbeitszeit." Dann wurde als Programm vorgeschlagen: vormittags Versammlungen, nachmittags Erholen im Freien, und weiter hieß es: „Die Genossen sehen, unsere Vorschläge sind einfach, durchführbar und gewiß sehr harmlos, kein Streik! Donnerstag am 1. Mai ist Arbeiterfeiertag, aber Freitag am 2. Mai ist jeder wieder in seiner Schwitzbude, früher gewiß als der Herr Chef an diesem Tage, der müde ist von der ‚Erholung'. Also ganz friedlich. Aber, warum sollen die Arbeiter nicht ihren Feiertag haben?" (. . .) Und mitten in dieser fieberhaften Agitationsarbeit mußte ich ins Loch! Zwar war ich von der Welt nicht völlig abgeschnitten. Ich durfte außer der „Wiener Zeitung" die alte „Presse" lesen, ein seither verschwundenes, sehr solides, hochoffiziöses Blatt, und bei gelegentlichen Besuchen meiner Frau und meiner Freunde erfuhr ich manches, was in der Welt vorging, erfuhr, wie mit dem Wachsen der Maibewegung im bürgerlichen Publikum, in der bürgerlichen Presse, ja offenbar auch in den „maßgebenden" Regierungskreisen die Furcht aufkam, daß dieser 1. Mai eine Art von jüngstem Tage sein werde, zumindest ein Tag der Schreckensherrschaft und Plünderung. Daß in dieser wahnsinnigen Angst eine Gefahr lag, war klar. Alle Zusammenstöße, alle Krawalle, alles Blutvergießen, ist noch viel öfter durch die dumme Furcht der Behörden als durch ihre Brutalität herbeigeführt worden. Daß die Maifeier im Polizeisinn „harmlos" sein werde, glaubte man uns von Tag zu Tag weniger. Der Schrecken war dem Bürgertum in die Glieder gefahren und nahm im April ganz unglaubliche Formen an. Um ein Beispiel anzuführen: der Wiener Wissenschaftliche Klub, eine Körperschaft, in der so ziemlich die obersten Schichten der Intelligenz vereinigt waren, beschloß, seine gewohnte Frühjahrsreise abzusagen, weil man doch am 1. Mai nicht Weib und Kind im Stich lassen konnte. Andere wieder entschlossen sich, vor dem gefürchteten Tage mit ihren Familien aus Wien zu flüchten. Dabei hetzte die bürgerliche Presse in allen Tonarten, und als es anfangs April in einigen Ottakringer Branntweinschenken zufällig zu ein paar Exzessen des Lumpenproletariats kam, woran die Arbeiterschaft, wie offiziell zugegeben wurde, ganz unbeteiligt war, stieg die Angst zu einer grotesken Höhe. Man erörterte in Regierungskreisen die Einberufung der Reservisten; jedenfalls sollte das Militär konsigniert und alle Läden gesperrt werden. (. . .)

Aber so gefährlich diese blödsinnigen Angstexzesse waren, es war nichts zu befürchten, wenn die Feier gelang. Die Glücklichen, die draußen waren und mitarbeiten konnten, die zweifelten nicht einen Augenblick. Aber für mich gab's manche bange Momente. (. . .) Allerdings, jede Woche ging die Bewegung höher, und alle Zumutungen der Behörde, nachzugeben, das Programm einzuschränken, wurden höflich, aber entschieden abgelehnt. Die Arbeitsruhe würde umfassend sein, das war ja klar; und als die Zeitungssetzer beschlossen, daß sie feiern werden, war entschieden, daß auch der Eindruck nach außen auf das große Publikum ein bedeutender sein werde; daß es keine Zeitungen gibt, ist ein Hauptmerkmal des Feiertages. Aber wird die Polizei nicht provozieren? Werden unsere Genossen kaltes Blut bewahren? Und wenn die Versammlungen verboten werden? Muß es dann nicht zu Zusammenstößen kommen? Und wie wird's draußen in der Provinz werden, auf heißem Boden der Kohlenreviere? Und dann wollen die Unternehmer uns einreden, die Maifeier sei „Kontraktbruch"! Es ist ja Unsinn, aber wird das nicht doch da und dort die Arbeiter einschüchtern? . . . Da setzte ich mich denn hin und schrieb und schrieb. . . polemisierte und argumentierte; so lange Artikel habe ich weder vorher noch nachher geschrieben; und dann schrieb ich Aufrufe und verfaßte Instruktionen. Heute kann ich's ja gestehen, daß es mir gelang, manches Produkt dieser Gefängnisarbeit ins Freie zu schmuggeln, so daß ich doch auch etwas beitragen konnte zu dem großen Werke.

In der letzten Aprilwoche hatte ich fast täglich Besuche. Es war entschieden: unser harter Schädel hatte gesiegt, die Versammlungen waren nicht verboten, die Polizei hatte sich entschlossen, einigermaßen vernünftig zu sein und uns gewähren zu lassen. (. . .) Als mir Popp und Bretschneider berichteten, unsere tausend Ordner seien parat, mußten sie mir aber auch erzählen, daß im Prater die Drähte, die die Rasenplätze umsäumen, entfernt wurden, damit die Kavalleriepferde bei der eventuellen Attacke nicht stürzen. (. . .) Mittags kam Bretschneider auf eine Minute, beruhigte mich über den Verlauf der Versammlungen und steckte mir seine Marschorder und ein Maizeichen zu – das ich dann oben in der Zelle ansteckte, wenn der

„Wastl" weit vom Guckloch war – (. . .) und spät abends hörte ich endlich Signale, die mir sagten, daß das Militär in die Alserkaserne einrücke . . . und gegen 10 Uhr noch kam mein Aufseher und berichtete (. . .): es ist alles ruhig abgelaufen und großartig soll's gewesen sein!!

Früh konnte ich's dann in der Zeitung lesen – denn bei jener ersten Maifeier haben unsere braven Setzer zwar kein Abendblatt gemacht, aber um 9 Uhr abends gingen sie das Morgenblatt setzen, das die frohe Botschaft brachte . . .

auch mir in meine Zelle . . . Dann aber wußte ich: eine Entscheidungsschlacht ist gewonnen, nun ist der Ausnahmezustand tot! Noch mehr: Nun ist das Proletariat Österreichs erwacht, es ist zum Bewußtsein seiner Kraft gekommen und steht am Beginn seiner Bahn, die zu gehen es keine Gewalt mehr hindern wird . . . Und der zweite Mai war mein frohester Tag während jener ganzen Haft!"

(»Mein 1. Mai«, in: »Victor Adlers Aufsätze, Reden und Briefe«, II. Heft)

ZEIT DER PRÜFUNG – ZEIT DER ERFÜLLUNG

Der Boden schmettert, die Lüfte erzittern, Rufen und Rollen, nur weiter, nur vor!
So saufen die Stunden in sprengender Wette. Sterne verblassen. Tag blitzt empor.
Wir selber aber, wir steh'n auf dem Wagen, der tief in die Tage den Geist uns trägt.
Wir halten die Zügel, wir lenken die Rosse. Aufjubelt die Seele, die Schläfe schlägt.

Gratisbeilage zur Maiseftschrift 1911.

geht es durch Nacht und durch schreckhafte Zeiten, nur strammer die Zügel, nur kühner den Blick.
nach uns kommen, sie bringen Erlösung, sie bringen die Sonne, sie bringen das Glück.
vor! Nur weiter! Im Herzen den Willen, der ewig sich regt, nie rastet, nie fällt!
rufen die Räder, es winken die Weiten hinein in den seligen Reigen der Welt.

Josef Luitpold

SOWOHL FORTUNAS HORN ALS AUCH PANDORAS BÜCHSE öffnen sich in der »Reichshaupt- und Residenzstadt« der Donaumonarchie für die Welt des 20. Jahrhunderts. Wien ist nicht der Nabel der Welt. London, das Zentrum des englischen Imperiums, ist eine Dezimalstelle reicher, in Paris pulsiert das Herz Europas, Berlin ist der Feldherrnhügel der schlagkräftigsten Militärmacht, drüben in New York schießen die ersten Wolkenkratzer in den Himmel. Aber in Wien stehen die geistigen Antennen für die Zeitwende, die sich in der Zivilisation des Abendlandes vollzieht.

»Wien war weltoffen, fast wie New York, weil viele ethnische Gruppen sich zusammenfanden. Das war eine multinationale Welt. Sie war auch offen, weil sie sich etwas rückständig gefühlt hat gegenüber der Geisteswelt des übrigen Westeuropas. Sie war offen für neue Gedanken. Man wußte wenig in Berlin oder Paris über das, was in Wien vorging, aber man wußte sehr wohl in Wien alles, was in London, Paris oder Berlin in der Geisteswelt gemacht wurde.« (Carl E. Schorske im Gespräch mit Franz Kreuzer)

Das sieche Reich des alternden Kaisers birgt einige Geheimnisse, die erst aus der Ferne erkennbar werden – aus der zeitlichen Ferne dreier durchlebter Generationen und aus der räumlichen Ferne, die der Ozean vom Ort des damaligen Geschehens und Werdens trennt. Wie heißt die Formel, nach der dieses neuerdings in Amerika so bewunderte »Vienna, Vienna!« gemischt ist?

Da ist vor allem die seltsame Wirksamkeit einer epochalen Zeitmaschine. Das rückständige Österreich vollzieht viele Entwicklungen nach, die anderswo ihren Höhepunkt überschritten haben oder schon vorbei sind, aber dieser Nachvollzug ist kein Kopiervorgang. Die damalige Gegenwart des Habsburgerreiches ist nicht die zeitversetzte Vergangenheit von anderswo, sie ist Vergangenheit, zur Gegenwart gemacht. Der große Biochemiker, Wissenschaftskritiker und Literat Erwin Chargaff meint, daß in Alt-Österreich das 19. Jahrhundert bis 1914 gedauert hat. Es ist aber nicht einfach verlängert worden, es ist ausgereift. Andererseits hat sich hier vieles für das 20. Jahrhundert Entscheidende bereits in den achtziger, neunziger Jahren entfaltet.

Weil Wien also nicht Nabel der Welt, nicht einmal die Mitte eines homogenen Kraftfeldes des eigenen Einflußbereiches ist, wird die Antenneneigenschaft wirksam. Wien – das steht auch für die glanzvollen Zweit-, Dritt- und Nebenmetropolen der Monarchie, für Budapest und Prag, aber ebenso für die „Provinz" mit ihrer kulturhungrigen, auf Wien orientierten Intelligenz.

»Mein Vater hat sich in Wien sehr zu Hause gefühlt. Die kulturelle Aura des Österreichertums hat auf die Provinzhauptstädte fast noch mehr abgefärbt als auf Wien. Das habe ich gesehen, als ich lange nach dem Zweiten Weltkrieg Zagreb besucht habe, wie ähnlich das war. Die Städte – ich bin auch einmal in Lemberg gewesen –, die Hauptstädte der österreichischen Monarchie haben früher einen Charakter gehabt, der sozusagen einen kleinen Extrakt des Wienertums dargestellt hat, sodaß man sich in Wien sofort zu Hause fühlte.« (Erwin Chargaff im Gespräch mit Franz Kreuzer)

Eine weitere Besonderheit, die im Rückblick erkennbar wird, bezieht sich auf die eigenartige Position des Bürgertums: Durch die schnelle Spätblüte des Liberalismus rasch emporgekommen, hat sich diese neue Oberschicht mit der alten Oberschicht niemals echt verbunden wie in anderen Ländern; die Wiederkehr des konservativen Establishments im Zeitalter des Hochliberalismus und die gleichzeitige Verunsicherung durch die Formierung der neuen Massenbewegungen ergibt eine Situation gesellschaftlicher Labilität, die besonders für die junge Generation spürbar wird. Die eigentliche gesellschaftliche Etablierung des Bürgertums beruht nicht nur auf Besitz und feilem Geldadel, sondern stark auf Bildung, auf Durchtränkung mit Kultur. Was nach der einen Seite der verhaßte Bourgeois ist, ist nach der anderen der feinsinnige, weltoffene Citoyen. Dazu kommt eine österreichische Besonderheit der Despotie, die Ermüdung sein mag, die im Spott als Schlamperei bezeichnet wird, die man aber auch als Toleranz sehen kann. Vielleicht ist diese Toleranz auch bloß ein Produkt der geistigen Raffinesse gegenüber dem Despoten: Was der Zensor als verboten erkennen kann, ist eigentlich nicht wert, gedruckt zu werden.

»Mein Vater war Arzt, der sich dann aber mehr und mehr der Botanik gewidmet hat. Die Wohnung war gefüllt von einem der größten privaten Herbarien der Welt – es gehört heute der schwedischen Universität Göteborg. Das Milieu war das einer naturwissenschaftlichen Familie. Es traf sich, daß mein Vater auch großes literarisches Interesse hatte. Ich wurde also zu Hause mit dem Interesse an den Naturwissenschaften, vor allem an den biologischen, erzogen – und an der deutschen Literatur. Beide Bereiche waren gleich beherrschend für das häusliche Milieu. Wittgenstein war ein entfernter Cousin von mir.« (Friedrich von Hayek im Gespräch mit Franz Kreuzer)

»Ich stamme aus einer jüdischen, großbürgerlichen, ziemlich wohlhabenden Familie, in der man die beste Erziehung genoß. Wir Kinder wurden fast überernährt mit Schiller, Goethe, Burgtheater, Museum, Kultur, Italienreisen, Frankreichreisen. Daneben waren wir natürlich, besonders die jüngere Generation, sehr an den neuen Dingen interessiert. Aus der Zeit des Weltkriegs – damals war ich ein kleiner Bub – erinnere ich noch das Leichenbegängnis von Kaiser Franz Joseph. Als ich dann zwölf, vierzehn Jahre alt wurde, hat man sich ungeheuer für die neuen Ideen, für den Sozialismus, für den Marxismus, für die Revolution interessiert.« (Victor F. Weisskopf im Gespräch mit Franz Kreuzer)

Wichtigster Faktor: Jenes Nationen- und Sprachengemisch, das den Vielvölkerstaat so unregierbar macht, ergibt eine besonders fruchtbare Melange, ein Ineinanderströmen der Eigenarten, ein Miteinander-existieren-Müssen, auch einen Leistungsdruck, wie er in einer homogenen Nation nicht zustandekommen kann. Das Bildungstraining etwa eines ungarischen Intellektuellen, der selbstverständlich deutsch wie seine Muttersprache spricht und dazu zwei oder drei weitere Weltsprachen, hat eine Kondition der Hirnwindungen als Resultat, die in Köpfen, für die es nur die eine dominierende Sprache ihres Hegemoniebereiches gibt, nicht erreichbar ist. Das geistig fruchtbarste, weil zur besonderen Anpassung und Wandlung gezwungene Element ist dabei das jüdische.

»Ein erstes charakteristisches Merkmal war, daß das Habsburgische Kaiserreich eine derart reichhaltige Mischung ethnischer Gruppen in sich vereinigte, wie es vielleicht seit den Tagen Karls des Großen in keinem europäischen Reich mehr der Fall gewesen war. Begabte junge Menschen von mehr als einem Dutzend Nationalitäten strömten oder, in anderen Fällen, tröpfelten nach Wien, um zu studieren und Arbeit zu finden. Tschechen, Polen, Slowenen, Kroaten, Italiener, Rumänen, Ungarn und andere trugen zum literarischen, geisteswissenschaftlichen und Bühnenleben bei. Die Nähe so vieler verschiedener Standpunkte ermunterte die geistvolleren Österreicher deutscher Abstammung, in weiteren Perspektiven zu denken und eine größere Anzahl von Erfahrungen in ihrem Denken zu integrieren. Die Wiener medizinische Fakultät verdankte einen Teil ihres Ruhmes der Tatsache, daß ihre Patienten aus mehr als einem Dutzend ethnischer Gruppen aus einer Gesamtbevölkerung von mehr als 50 Millionen Menschen kamen. Die Opfer der seltensten Krankheiten kamen routinemäßig nach Wien zur Behandlung. Ein ähnliches Phänomen ereignete sich in der Musik, denn Volksmusik der verschiedensten Herkunft konnte in Wien gehört werden. Haydn, Schubert, Brahms und vor allem Mahler bedienten sich der Mannigfaltigkeit einer Volksmusik, wie sie in Deutschland oder Frankreich unbekannt war. (...) Genau wie die Volksmelodien neue Kombinationen hervorbrachten, so schufen Mischehen neue Rassetypen. Das Nebeneinander solch verschiedener Talente in der Hauptstadt regte die Schaffenskraft in nicht geahnte Richtungen an.« (William Johnston im Gespräch mit Franz Kreuzer)

»Es war eine Zeit eines wirklichen geistigen Liberalismus, im Sinne von geistiger Freiheit, im buchstäblichen Sinne des Wortes. Und ich pflege in diesem Zusammenhang immer zu erzählen, daß ich Darwin und die Selektionslehre nicht als Theorie, sondern als lehrbuchfähige Tatsache von einem Benediktinerpater beigebracht bekommen habe, von dem Philipp Heberdey, dem ich heute noch heißen Dank weiß. (...) Österreich zu der Zeit war eine Art Insel der Seligen für freie Entwicklung der Wissenschaftler. Es sind ja – ich bin sehr lokalpatriotisch in punkto Wiener Wissenschaftler – fast alle, also ein erheblicher Prozentsatz der allergescheitesten Leute, die ich kenne, Österreicher, meistens emigrierte Juden.« (Konrad Lorenz im Gespräch mit Franz Kreuzer)

»Die österreichische Identität war nicht wie überall sonst seit der Französischen Revolution eine Nationalidentität, sondern eine staatliche oder, wenn man will, eine dynastische Identität.

Man war Untertan des Kaisers oder des Königs. Bis zu einem gewissen Grad hatten die Deutsch-Österreicher, die Polen oder die irredentistischen Italiener eine besondere Nationalität. Indes gab es eine Gruppe, die keine andere Nationalität hatte als die österreichische: nämlich die Juden. Es gibt da einen vielsagenden Autor, der Gott sei Dank jetzt schon wieder sehr bekannt und gelesen ist, das ist Joseph Roth. Sie wissen: Das Besondere an Joseph Roth ist, daß er seine eigene Biographie ununterbrochen verfälscht hat, und immer war die Verfälschung bestimmt durch den Willen, eine andere Identität zu finden als die, die er hatte. Er begann damit, daß er behauptete, sein Vater sei irgendein streunender Soldat gewesen, während in Wirklichkeit alles völlig klar, normal und trivial war. Es steckt also die Suche nach der Identität hinter den psychologischen Erkenntnisbemühungen.« (Manès Sperber im Gespräch mit Franz Kreuzer)

So ergibt sich aus einem Fortuna-Horn eine Fülle neuer Schönheit und Klarheit. Eine untergehende Sonne zaubert in die Prismentropfen eines verhangenen Himmels einen faszinierenden Regenbogen. *Jugend* wird zum Grundgefühl dieser Jahre – die Jugend unserer Zivilisation, die man Altertum nennt, soll sich in der jungen Generation und ihrem jungen Leben in neuer Gemeinsamkeit neu verwirklichen. In jedem Bereich der Kultur öffnen sich Blüten: Gustav Mahler und Richard Strauss entfalten eine zauberische Welt junger Musik, die Verssprache Hofmannsthals und Rilkes betört empfindsame Leser, in der Architektur haben Camillo Sitte und die Schule, aus der er kommt, die versunkenen Formen vergangener Epochen ans Licht gehoben, nun entwirft Otto Wagner die Häuser und Stadtbilder einer heilversprechenden Zukunft.

Der bombastische überquellende Prunk des Historienmalers Makart wird durch die vielwertige Ästhetik Gustav Klimts und die Secession abgelöst. Das künstlerische Programm dieser Generation findet im Begriff des Jugendstils eine selbsterläuternde Bezeichnung. Der Stil der Jugend für die Jugend begleitet ein neues Lebensprogramm der neuen Generation: Wandervögel, Pfadfinder, sozialistische Jugendliche sind auf der Suche nach der blauen Blume einer neuen, wirklichkeitszugewandten Romantik.

Theodor Herzl (1860–1904)

Am Ende dieser Aufbruch-Epoche wird ein politisches Lied ihre ganze Erlebniskraft in einer einfachen Verszeile wiedergeben: »Wir sind jung und das ist schön.«

Die Utopien, die Visionen, die Träume der Jahrhundertwende entsprechen eigentlich nicht mehr dem, was diese Begriffe meinen. Denn alles, was ersehnt, was begehrt wird, scheint ganz nahe; Wunsch und Tat sind aneinandergerückt. Die Utopien sind nicht mehr Nirgendwo oder Irgendwo, sondern sie sollen hier und morgen zur Wirklichkeit werden. Die Visionen suchen nicht den Raum jenseits des Horizontes auf, sie wollen greifen können, was sie sehen. Die Träume sind von jener Art, wie man sie träumt, während man aufwacht und die Augen blinzelnd dem Tageslicht öffnet. Von solcher Art ist etwa die Utopie Theodor Hertzkas in seinem sozialpolitischen Roman »Entrückt in die Zukunft«. Sie versetzt eine wirklichkeitsnahe Idealgesellschaft in die österreich-schwangere keniatische Gegend um den Rudolfsee.

Theodor Herzl will noch konkreter sein: Er verkündet das Ende der jüdischen Diaspora und postuliert als Antwort auf den Antisemitismus seines realen Lebensraumes die Besiedlung von Israel als einem zionistischen Staat. Aus seinem Werk »Der Judenstaat« sind in unserem Zusammenhang vor allem jene Passagen interessant, wo Herzl seine Meinung über die Gründe für den Antisemitismus formuliert:

»Der erste Grund ist der, daß es uns in der langen Dauer der Verfolgungen unmöglich geworden ist, spurlos resorbiert zu werden. Wir bleiben wahrnehmbar, wir sind eine Gruppe, eine historische Gruppe von Menschen, die erkennbar zusammengehört und einen gemeinsamen Feind hat, das scheint mir die ausreichende Definition für die Nation zu sein. (...) Wenn wir nun eine einheitliche politische Leitung hätten, deren Notwendigkeit nicht weiter zu beweisen ist und die durchaus keinen Geheimbund vertreten soll – wenn wir diese Leitung hätten, könnten wir an die Lösung der Judenfrage herangehen. (...) Die volkswirtschaftliche Einsicht von Männern, die mitten im praktischen Leben stehen, ist oft verblüffend gering. Nur so läßt sich erklären, daß auch Juden das Schlagwort der Antisemiten gläubig nachsagen: wir lebten von den Wirtsvölkern, und wenn wir kein Wirtsvolk um uns hätten, müßten wir verhungern. Das ist einer der Punkte, auf denen sich die Schwächung unseres Selbstbewußtseins durch die ungerechten Anklagen zeigt. Wir haben überall ehrlich versucht, in der uns umgebenden Volksgemeinschaft unterzugehen und nur den Glauben unserer Väter zu bewahren. Man läßt es nicht zu. Vergebens sind wir treue und an manchen Orten sogar überschwängliche Patrioten, vergebens bringen wir dieselben Opfer an Gut und Blut wie unsere Mitbürger, vergebens bemühen wir uns den Ruhm unserer Vaterländer in Künsten und Wissenschaften, ihren Reichtum durch Handel und Verkehr zu erhöhen. (...) Wir sind also vergebens überall brave Patrioten, wie es die Hugenotten waren, die man zu wandern zwang. Wenn man uns in Ruhe ließe...«

Sigmund Freud (1856–1939)

ES LIEGT IM WESEN DER PANDORA-BÜCHSE, daß sie dem Füllhorn der Fortuna als verlockende, juwelenstrotzende Hülle gleicht und göttliche Gaben von unermeßlicher Kostbarkeit verspricht. Vielleicht sind auch die Geschenke, die Pandoras Büchse birgt, an sich gar nicht böse: Der Fluch, der auf ihnen liegt, bezieht sich auf die Natur des Menschen, der diese Gaben zum Bösen nutzen wird. Umso unheilvoller können dieses Geschenke sein, je großartiger sie sind.

In Sigmund Freuds »Traumdeutung« findet sich ein lateinischer Hexameter:

Flectere si nequeo superos,
Acheronta movebo.

In schöner deutscher Übersetzung von Virgils Aeneis liest sich das so:

Weigerns die droben,
so werd ich des Abgrunds Kräfte bewegen.

Die beiden Verszeilen finden sich schon bei Lassalle als Chiffre der Revolution. Sie haben im Urtext recht triviale Bedeutung, es geht um eine Liebesintrige von Göttern und Menschen; jedoch erkennt der Wiederentdecker und neuere Biograph des österreichischen Jahrhundert-

Virtuose der Kritik: Karl Kraus (1874–1936)

Wunders, Carl Schorske, darin einen Universalschlüssel für die im Wien der Jahrhundertwende vor sich gehende Entfaltung der »Moderne« und für ihre unheildrohende Zweiwertigkeit. Die oberflächlichste Deutung betrifft die unmittelbare politische Situation: Die Monarchie hat verabsäumt, sich die in der Zeitenwende schlummernden Kräfte nutzbar zu machen, nun kommen »des Abgrunds Kräfte« nach oben: Der Zorn der unterdrückten Klassen und Nationen, die Wut des Generationen hindurch geknebelten Geistes kochen über. Die leichtfertig verflochtenen Zündschnüre der Paktsysteme warten nur auf den Funken, der die Explosion des großen Krieges auslöst.

»Acheronta« bezeichnet aber nicht nur die Schicksalsklippe, an der das alte Österreich zerschellt. Hier ballen sich die wunderbaren Errungenschaften des Geistes, aus denen eine gesegnete Moderne erstehen könnte, aber die »erhabene Vernunft« ist, wie es Schiller formulierte, »dem tollen Roß des Aberwitzes an den Schweif gebunden«.

In fester Überzeugung, daß er nichts anderes als eine moderne Heilmethode erprobt, die den Leistungen der Wiener Medizinischen Schule ebenbürtig ist, schickt sich Sigmund Freud an, die tiefen Abgründe der menschlichen Seele auszuloten. Nach dem durch Kopernikus bewirkten Schock, der den Menschen aus der Mitte des Weltalls an dessen Rand gestellt hat, und jenem in der Folge Darwins, als dem Menschen der Glaube an seine unmittelbar von Gott kommende Einzigartigkeit genommen und er, wenn auch in außerordentlicher Spitzenposition, in die Evolution des gesamten Tier- und Pflanzenreiches eingegliedert wurde, nimmt ihm Sigmund Freud nun die täuschende Sicherheit, daß er mit tageseller Vernunft und an die Persönlichkeit gebundenem Willen seine Taten bestimme und sein Schicksal bewußt entscheide.

Künstler verrichten im gleichen Sinn das Werk der Desillusionierung. Die Sprache ist Gegenstand ihrer Kritik, aber auch ihr virtuos gehandhabtes Werkzeug. Zeitparallel zu den neuen atonalen Klangkörpern der Zwölftonmusik Schönbergs und Weberns schreiben Schnitzler, Kafka, Musil, Kraus. Adolf Loos setzt der Suche nach der neuen Schönheit durch den Jugendstil sein konsequentes Nein entgegen. Maler wie Kokoschka und Schiele geben der Auflösung des bis dahin Gebundenen in ihren Werken Ausdruck. Mit Mühe und Risiko läßt sich unter primärem Bezug auf Sigmund Freud eine gemeinsame historische Tendenz erkennen, sie ist im deutschen Wort für den Freudianischen Sachbegriff der Analyse ausgedrückt: Zersetzung. Manès Sperber hat kurz vor seinem Tod dieses schlimme, leicht verleumdbare Wort in seiner eigentlichen umfassenden Bedeutung wörtlich genommen: Zersetzung, Analyse, ist für ihn die Voraussetzung der neuen Form.

Noch schwieriger, aber ebenso lohnend läßt sich die Rolle des österreichischen, genauer des Wiener Geistesraumes im Bereich der Philosophie und der Wissenschaft tief in der Vergangenheit und bis in unsere Gegenwart verfolgen.

Zwei Besonderheiten trennen die österreichische Geistesgeographie von den Nachbarbereichen des kontinentalen Europa: eine alte, intakte Beziehung zur Denkweise Humes und Leibniz', die insbesondere in Deutschland nicht mehr existierte, weil sie durch die gewaltige Wirkung Immanuel Kants und vor allem seiner Epigonen überdeckt wurde. Der Grund für die lebendige Existenz dieser alten Wurzel ist durchaus beschämend: Der Josefinismus hat die Kantsche Philosophie wegen ihrer Nähe zur Französischen Revolution sozusagen „ausge-

»A Atom? Hab'n S' ans g'sehn?« – *Ernst Mach*
(1838–1916)

Ahnherr des Atomzeitalters: Ludwig Boltzmann
(1844–1906)

sperrt", damit aber auch die ihr folgende Aus-
schlachtung und Verballhornung ferngehalten.
Die Österreicher Bernhard Bolzano und Franz
von Brentano nehmen die Spur auf und begrün-
den eine Lehre, die der exakten Naturwissenschaft Basis sichern und Freiraum schaffen will.
Dieser Geistesraum mündet um die Jahrhundertwende im »Empirismus« (Positivismus) der
Machschen Schule und später des Wiener Kreises. Dieser steht in dauerndem Widerstreit mit
evolutionistischen, im philosophischen Sinn
„realistischen" Denkern aus der Schule Ludwig
Boltzmanns. Aber beide Denkvarianten sind der
Welt zugewandt, allen wirklichkeitsfernen
Gedankenverrenkungen des idealistisch-mate-
rialistischen Gegensatzpaares abhold: statt der
Disputation über Hirngespinste der Versuch des
Blickes auf die Welt, „wie sie ist".

Boltzmann behält neben seiner Mathematisie-
rung der zeitgebundenen Weltinhalte mit seiner
Atomtheorie recht. Für zwei Jahre, von 1910 bis
1912, nimmt Albert Einstein, zu dieser Zeit am
Höhepunkt seiner genialen konzeptiven Kraft,
als Professor und Untertan seiner kaiserlichen
Majestät in Prag Quartier. Am Ende unseres
Betrachtungszeitraumes, 1919, beobachtet eine
Flotte von Forschungsschiffen auf der südlichen
Halbkugel eine Sonnenfinsternis und stellt fest:

Das Licht krümmt sich, Einsteins Relativitätstheorie ist erhärtet. Es ist dies im Sinn von
Chargaff vielleicht der Tag, an dem unser Jahrhundert beginnt: Am historischen Horizont stehen die Atombombenpilze von Hiroshima und
Nagasaki, am Firmament sind bereits die
bedrohlichen Bahnen der Weltraumraketen vor-
gezeichnet – die Kräfte des tiefsten Abgrundes
sind heraufbeschworen. Eine der stärksten
Gedankenlinien des Atomzeitalters wird über
Wien gehen, wo Erwin Schrödinger die Teil-
chen-Wellen-Beziehung mathematisiert: Der
Kern der Materie ist geknackt.

Aus Boltzmanns Formel, die Ordnung und
Unordnung in Gesetzesbeziehung bringt, leitet
jener Erwin Schrödinger, der eigentlich ein
Mann des Atomzeitalters ist, die Grundgesetz-
lichkeit des Lebens her: den Ordnungsgewinn.
Der mit sich selber im Streit liegende Erwin
Chargaff erfaßt als erster die Struktur der DNS,
die innerste Gen-Struktur also – der Kern des
Lebens ist geknackt. Und fast simultan wird der
emigrierte Ungar John von Neumann die geistigen Grundlagen für jenes technologische Instrumentarium legen, das die dem menschlichen
Gehirn vorgegeben scheinende Leistungsgrenze
durchstößt: den Computer. Die Mathematik selber wird mitten in dem Hurrikan „zersetzen-

181

den" Denkens durch den Wiener Kurt Gödel ihrer Golddeckung, der Beweisbarkeit der Axiome, beraubt.

Daß all diese, der Pandorabüchse entströmenden und vorerst faszinierenden Errungenschaften des menschlichen Geistes zu Vehikeln der Apokalypse werden können, wird in der Höhenluft des klärenden, durchleuchtenden Verstandes nicht sichtbar. Die dunkle Seite ist eher im finsteren Bereich unbewältigter Aggression, in den tiefsten Schlünden des »Abgrundes« zu erkennen, der um die Jahrhundertwende in Wien geöffnet wird. Aber selbst jene geistigen Gebilde, die die Hölle mobilisieren, sehen in ihrer Ursprungsform um die Jahrhundertwende dümmlich-harmlos aus. Ab den 1880er Jahren erscheinen die »Ostara«-Hefte des Jörg Lanz von Liebenfels (Pseudonym für Adolf Josef Lanz) als Organ eines verworrenen nordischen Rassenkultes, den zunächst nur sehr wenige ernst nehmen. Einer von ihnen ist der junge, von Wien zuerst faszinierte und dann bitter enttäuschte Kunstmaler Adolf Hitler. Die Utopie eines neuen Walhalla der Rassenreinheit nimmt sich vorerst wie die anderen heilsuchenden Utopien der Jahrhundertwende aus. Daß in diesem Wahngebilde die Fähigkeit steckt, die an diesem Zeitpunkt ganz unvorstellbaren Schrekken des Ersten Weltkrieges in technisch vervollkommneter Weise zu wiederholen und um das Inferno des industriell perfektionierten Völkermordes zu vermehren, bleibt auch den schärfsten Kritikern verschlossen.

Titelblatt zur Zeitschrift »Ostara«

»Der blonde Mann und das blonde Weib haben auch mehr als die dunklen Rassen das Instinktleben verloren, an dessen Stelle die Überlegung und das Bewußtsein getreten ist. Da aber das Bewußtsein unterdrückt wird, so fehlt es den Blonden an dem Führer, der ihnen den richtigen Weg weist. Veredelte Blumen und rein gezüchtete Haustiere verwildern bald, wenn man sie sich selbst überläßt und nicht stets auf planmäßige sexuelle Auslese bedacht ist. Ebenso verwildert das heroische Weib bei Mangel an Zucht schnell und sinkt meist tiefer als das Weib eines Australnegerstammes. Die dunklen Niederrassen hingegen bedürfen keines Unterrichts in der bewußten Zeugung. Das Unkraut pflanzt sich von selbst fort, ihr ungezügelter und wahlloser Geschlechtstrieb und ihre unheimliche Fruchtbarkeit läßt sie überdies nicht untergehen. Es ist ja ihr Beruf, das Licht zu verdunkeln, das Hohe zu erniedrigen, das Schöne seiner Schönheit zu entkleiden und das Reine zu beschmutzen. Wir wissen aber auch, daß der blonde heroische Mensch schon auf Grund seiner Entwicklungsgeschichte und seiner körperlichen Erscheinung der vollkommene, der schöne Mensch ist. Deswegen muß der überlegten Zeugung die überlegte *Gattenwahl vorausgehen und dürfen Blonde nur wieder Blonde heiraten*, ebenso wie es sich empfiehlt, daß Dunkle nur wieder Dunkle heiraten. Denn die Hauptursache aller Krankheiten ist ererbtes unreines Blut, nicht die Bazillen, nicht die Erkältungen oder die Diätfehler. Rassenverschiedenes Blut wirkt mehr oder weniger wie Gift.« Und so weiter, und so fort in dem sich „wissenschaftlich“ gebenden, haßerfüllten Vorurteilskatalog. Es ist ein bizarres Werk voll absurder Thesen:

»Die dunklen Völker, wie Romanen, Juden, Slaven, Neger und die modernen Slavo-Germanen lieben Blechmusik und Metallinstrumente, also Trompeten, Zungenpfeifen, Tschinellen, Triangeln, Zimbeln, Mandolinen, moderne lärmende

„orchestrale" Konzertklaviere, Klarinetten, Trommeln, Ziehharmonikas, Manopane und Kastagnetten. Man untersuche daraufhin die Orchestrierung der Musik der Mediterranoiden *Mayerbeer, Offenbach, Johann Strauß, Leoncavallo, Puccini, Holländer, Eysler, Oskar Strauß, Mahler* u. s. w. Ihr Orchester kommt mir vor, halb wie ein Gemälde in Gelb und Roth, bald wie eine überwürzte, bald wieder wie eine überzuckerte Speise, und im Ganzen wie vertonte Erotik. Es ist eine grobsinnliche „tastende" Musik, die auf die in dieser Beziehung leicht empfänglichen Weiber nie ihre Wirkung verfehlt. Demgegenüber liebt der blonde heroische Mensch die Streich- und Holzinstrumente und die Lippenpfeifen." (Jörg Lanz v. Liebenfels, in: »Ostara«)
Der bei Lanz von Liebenfels erwähnte Theoretiker der Frauenverachtung und des Judenhasses, Otto Weininger, selbst jüdischer Herkunft, versucht in seinem monumentalen Werk »Geschlecht und Charakter« eine philosophisch-biologistische Begründung seiner – aber bei weitem nicht nur seiner – Abneigungen. Sehr bald nach Vollendung dieses »opus magnum«, das hohe Auflagen erreichen und von der Jahrhundertwende (1903) aus tief in die Düsternis des neuen Saeculums hineinwirken wird, nimmt sich der Autor 23jährig in einer symbolträchtigen Inszenierung das Leben.
»Das Weib ist unfrei: es wird schließlich immer bezwungen durch das Bedürfnis, vom Manne, in eigener Person wie in der aller anderen, *vergewaltigt* zu werden; es steht unter dem Banne des Phallus und verfällt unrettbar seinem Verhängnis, auch wenn es nicht selbst zur völligen Geschlechtsgemeinschaft gelangt. *Die Frauen haben keine Existenz und keine Essenz, sie sind nicht, sie sind nichts. Man ist Mann oder man ist Weib, je nachdem ob man wer ist oder nicht.*(...) So ist es, um gleich eine Analogie zum Weibe anzuführen, höchst merkwürdig, wie sehr die Juden die beweglichen Güter bevorzugen – auch heutzutage, da ihnen der Erwerb anderer frei steht – und wie sie eigentlich, trotz allem Erwerbssinn, kein Bedürfnis nach dem *Eigentume*, am wenigsten in seiner festesten Form, dem Grundbesitze, haben.
Der Sozialismus ist arisch (*Owen, Carlyle, Ruskin, Fichte*), der Kommunismus jüdisch (*Marx*). Die moderne Sozialdemokratie hat sich in ihrem Gedankenkreise darum vom christlichen, prära-

Otto Weininger (1880–1903): Genialer Haß- und Todesengel des beginnenden Jahrhunderts

phaelitischen Sozialismus so weit entfernt, weil die Juden in ihr eine so große Rolle spielen.
Aus diesem Grunde ist aller Zionismus so aussichtslos, obwohl er die edelsten Regungen unter den Juden gesammelt hat: denn der Zionismus ist die Negation des Judentums, in welchem, seiner Idee nach, die Ausbreitung über die ganze Erde liegt. *Der echte Jude wie das echte Weib, sie leben beide nur in der Gattung, nicht als Individualitäten.*
(...) Was im Menschen von Gott ist, das ist des Menschen Seele; *der absolute Jude aber ist seelenlos.* Aus diesem *Mangel an Tiefe* wird auch klar, weshalb Juden keine ganz großen Männer hervorbringen können, weshalb dem *Judentum*, wie dem Weibe, die *höchste* Genialität versagt ist." (Otto Weininger: »Geschlecht und Charakter«)

Arbeiterzeitung.

Organ der österreichischen Sozialdemokratie.

Redaktion, Administration und Expedition:
VI. Gumpendorferstraße 79 Wien,
wohin sämmtliche Sendungen zu richten sind.

Offene Reklamationen sind portofrei.

Sprechstunden:
An Wochentagen: 6–8 Uhr abends. — An Sonn- und Feiertagen: 10–12 Uhr vormittags.

Erscheint jeden 2. und 4. Freitag eines jeden Monats.

Abonnements-Preis (mit Franko-Zusendung):

Für Oesterreich-Ungarn:
Ganzjährig . . . . . fl. 1.40
Halbjährig . . . . . „ —.70
Vierteljährig . . . . „ —.35
Einzelne Nummer 6 kr.

Für Deutschland:
Ganzjährig . . . . M. 3.—
Halbjährig . . . . „ 1.50
Vierteljährig . . . . „ —.75

Für die Länder des Weltpostvereines:
Ganzjährig . . . . Frcs. 4.—
Halbjährig . . . . „ 2.—
Vierteljährig . . . . „ 1.—

Nr. 1.   Wien, den 12. Juli 1889.   I. Jahrgang.

»DER ZUKUNFT FERNEN« SIND SEIT HAINFELD NÄHERGERÜCKT, nämlich jene Zeiten, in denen »Arbeit uns und Brot gerüstet stehn«, in denen »unsere Kinder in der Schule lernen« und »unsere Alten nicht mehr betteln gehn«. Nach 100 Jahren, also aus den Jahren unserer Gegenwart, die 1889/1890 eben jene Jahre der fernen Zukunft waren, lassen sich beim Rückblick in „der Vergangenheit Fernen" die realistisch gewordenen Kampfziele der geeinten Arbeiterbewegung mit unpoetischen Worten wie »Wohlfahrtsstaat«, »Sozialpartnerschaft«, »Wirtschaftsdemokratie« und jedenfalls mit dem klaren politischen Sachverhalt sozialdemokratischer Parlamentsmehrheiten und unbestrittener gewerkschaftlicher Geschlossenheit bezeichnen. In Hainfeld hat die Sozialdemokratie die Verzweiflung der vorangegangenen wirtschaftlichen, politischen und geistigen Depression überwunden und die Erreichbarkeit ihrer Forderungen erkannt: Sie sind nach wie vor visionär, aber nicht mehr utopisch, sie sind noch immer Träume, aber keine Wahnvorstellungen. Und vor allem ist Einigkeit – durch das Vermittlungsgenie Victor Adler – über das Hauptinstrument des politischen Kampfes, das Wahlrecht, und – durch das am 1. Mai 1890 glanzvoll demonstrierte Bekenntnis – über das erste Kampfziel, den Achtstundentag, erzielt.

Unter dem Eindruck der Manifestation des 1. Mai 1890 wird nun auch klar, daß der von der alternden Regierung Taaffe verhängte Ausnahmezustand nicht mehr haltbar ist. Nach dem durch Verstreichen des Termins am 1. August 1889 bewirkten Wiederaufleben der Geschworenengerichtsbarkeit in allen Teilen des Reiches steht nun, im Sommer 1891, das Erlöschen der Ausnahmegesetzgebung bevor. Der Abgeordnete Pernerstorfer drängt im Reichsrat mit einer dramatischen Rede auf das Ende der Willkürära. Die Regierung unternimmt noch den halbherzigen Versuch, ein neues Sozialistengesetz vorzulegen, gibt aber dann auf: Am 9. Juni 1891 teilt der Ministerpräsident dem Abgeordnetenhaus mit, daß praktisch alle Ausnahmeverfügungen aufgehoben sind – was nicht bedeutet, daß Polizei und Justiz nicht weiterhin über genügend Mittel der politischen Repression verfügen. Das Haupthindernis für die Entfaltung der sozialdemokratischen Partei und vor allem auch der

Nr. 1.   Wien, 1. Jänner 1892.   I. Jahrgang.

Arbeiterinnen-Zeitung.

Redaktion:
VI. Zinzlingassse Nr. 5.

Erscheint jeden 1. und 3. Freitag im Monat.

Administration:
VI. Gumpendorferstraße Nr. 40.

Gewerkschaftsorganisation jedoch ist aus dem Weg geräumt.

Auf dem 2. Parteitag der Sozialdemokratie, der noch im selben Monat, am 28. Juni 1891, in Wien zusammentritt, begrüßt Julius Popp als Vorsitzender nicht mehr nur 71 Teilnehmer aus 42 Orten wie in Hainfeld, sondern 193 Delegierte aus 71 Orten. Vor allem sind auch die nicht-deutschsprachigen Teile der Monarchie repräsentativ vertreten, das Prinzip der Internationalität ist unangefochten. Die Zahl der von der Partei – vorerst ohne systematische Regionalorganisation – erfaßten Arbeitervereine hat sich ebenso verdoppelt wie die Mitgliederzahl. Die »Arbeiter-Zeitung« ist das unbestrittene Zentralorgan; im selben Jahr wird als Organ einer bereits mehrere hundert Mitglieder umfassenden Frauenorganisation auch die »Arbeiterinnen-Zeitung« herausgebracht.

Der offenkundige Erfolg der Parteieinigung und der Erstarkung aller Organisationen hat aber nicht alle durch den Einigungsprozeß überbrückten Spannungen aus der Welt geschafft. Es gibt nach wie vor eine gemäßigte, auf kontinuierliche Entwicklung und Erkämpfung realer Errungenschaften bedachte Richtung, die durch die Parteiführung repräsentiert wird, wie auch einen ungeduldigen, unzufriedenen Flügel, in dem die radikalen, wenn auch von anarchistisch-terroristischen Verirrungen jetzt weitgehend freien Motive vergangener Jahre lebendig sind. Zum Diskussions- und Konfliktstoff wird vor allem die Frage des Generalstreiks in seiner nationalen wie internationalen Form.

Wie weit hier die Hoffnungen, Erwartungen, aber ebenso die strategischen Einschätzungen auseinanderliegen, zeigt sich auch in der neuen Internationale. Beim Pariser Gründungskongreß ist ja die Arbeitsniederlegung als Feier des 1. Mai unter der gemeinsamen Parole des Kampfes um den Achtstundentag ebenso einmütig beschlossen wie der in der Anarchistenszene irrlichternde Gedanke eines »Weltstreiks« verworfen worden; die Internationale hat in weiser Einsicht den einzelnen nationalen Parteien die Methode der Durchführung des gemeinsamen Beschlusses überlassen. Schon am 1. Mai des Jahres 1890 hat sich gezeigt, wie verschieden die organisatorischen Möglichkeiten und die taktischen Auffassungen sind.

Die österreichische Partei trägt dabei durch ihre Maifeier den Intentionen der Internationale besonders vorbildlich Rechnung. Die große deutsche Partei aber schlägt unter dem Eindruck eines eben errungenen gewaltigen Wahlsieges (am 20. Februar 1890 entfielen auf die deutschen Sozialdemokraten anderthalb Millionen Stimmen, das sind mehr als ein Fünftel aller abgegebenen Stimmen, was sie zur stärksten Partei des deutschen Parlaments machte) einen anderen Weg ein: Verzicht auf Arbeitsniederlegung am 1. Mai, um den Etablierungserfolg nicht zu gefährden. Der Schock läßt Bismarck eine Art Staatsstreich von oben erwägen: Ein Super-Ausnahmezustand soll das Wahlrecht zurückreformieren und der Sozialdemokratie das Rückgrat brechen. Der »eiserne Kanzler« setzt sich mit seinen Plänen nicht durch. In der Folge trennt sich Kaiser Wilhelm II. von ihm und macht auf diese Weise einer politischen Ära ein Ende. Eine Arbeitsniederlegung am 1. Mai, als Generalstreik gedeutet, hätte der Entwicklung möglicherweise eine völlig andere Wendung gegeben.

Unter scharfer Kritik ihrer Bruderparteien, auch der Victor Adlers, rechtfertigen die deutschen Sozialistenführer ihre Entscheidung als besonnen und weitsichtig. Österreichs Sozialdemokraten stehen in dieser Relation als relativ radikal da. Andererseits setzt sich in Mitgliedsparteien der Internationale, die ähnlich der Habsburgermonarchie wesentlich rückständigere Wahlrechtssysteme haben, der Gedanke eines Wahlrechtskampfes mit der Waffe des Generalstreiks immer mehr durch. Belgien gibt ein Beispiel: Dort ist 1886 ein Massenstreik für das Wahlrecht durch Militäreinsatz zu einem Aufstand hochgeschaukelt und blutig niedergeschlagen worden. Ein Generalstreik, der dort am 1. Mai 1892 unter Ausweitung der Maiparole ausgerufen wird und elf Tage dauert, führt ebenfalls zu blutigen Zusammenstößen, zwingt aber die Regierung, einen Verfassungskonvent zur Wahlrechtsreform einzuberufen. Nach dessen Scheitern kommt es schließlich im April 1893 abermals zu einem 5tägigen Generalstreik. Dieser bringt einen beachtlichen Teilerfolg, ein allgemeines, aber noch nicht gleiches Wahlrecht. Die belgische Methode bedeutet natürlich einen Auftrieb für die Anhänger einer scharfen Vorgangsweise, führt aber zunächst noch zu keinem Zwist. Auf Ersuchen Victor Adlers schreibt der junge Robert Scheu, der von seinem Vater

Josef Scheu, dem Schöpfer des »Liedes der Arbeit«, das künstlerische Talent geerbt hat, ein Wahlrechtslied, das nach der Melodie der »Marseillaise« zu singen ist und zu einer markanten Kampfparole wird.

Man holt das Recht sich von der Gasse,
Das hat uns Belgien gezeigt,
Solang mißachtet man die Masse,
[: Als sie nicht auf die Straße steigt. :]
Solange wird man sich nicht eilen,
Als wir nur drucken auf Papier,
Wohlan! Aufs Pflaster schreiben wir,
Des Volksgetümmels schwarze Zeilen:
Das Wahlrecht gebt uns frei!
's ist eure Zeit vorbei!
Zum Kampf, zum Kampf
Im Sturmschritt naht
Das Proletariat.

Victor Adler bekundet in diesen Jahren viel Verständnis für die verschiedenen, insbesondere von jungen Parteianhängern vorgebrachten Einwände in der Frage des Wahlrechtskampfes. Als es aber unter Benutzung der Generalstreikparole zu einer kleinen, aber dekladiert oppositionellen Fraktionsbildung kommt, ist die Auseinandersetzung unvermeidlich. Eine Reihe der prominentesten neuen Volkstribunen der Arbeiterbewegung, unter ihnen Anton Hueber, Wilhelm Ellenbogen und Franz Schuhmeier, entfesselt eine breite Diskussion. Victor Adler steht trotz seines starken Gefühlsengagements für die Verbreitung und Vertiefung der Wahlrechts- und Achtstundentag-Agitation in dieser Auseinandersetzung als „Bremser" da. Aber erneut bewährt sich sein rhetorisches Talent und sein Sinn für Kompromißbildung. Es kommt ihm darauf an, den ganzen Enthusiasmus, der in der Ungeduld seiner Kritiker ausgedrückt ist, für die Bewegung zu erhalten und trotzdem eine unbedachte und unkontrollierbare Zuspitzung der Ereignisse zu vermeiden, die zu einem schweren Rückschlag führen könnte.
Schon der 3. Parteitag, der zu Pfingsten 1892 in Wien abgehalten wird, steht ganz im Zeichen dieser Auseinandersetzung. Victor Adler gelingt es – die belgischen Ereignisse von 1893 bahnen sich ja erst an –, einen Konsens im Geist der Hainfelder Beschlüsse herbeizuführen und die

Volkstribun Anton Hueber (1861–1935)

Volkstribun Franz Schuhmeier (1864–1913)

Energie der Partei auf das Nahziel einer das ganze Habsburgerreich umfassenden, insbesondere aber im österreichischen Reichsteil wirksamen regionalen Durchorganisierung zu lenken. Dabei kommt es darauf an, die vielen Arbeitervereine in der Gesamtpartei zusammenzufassen, dabei die Internationalität und Solidarität der verschiedenen Sprachgruppen zu wahren, insbesondere die erstarkende jungtschechische Bewegung in die Sozialdemokratie einzubinden, die gewerkschaftlichen Organisationen zu unterstützen und nicht von der Partei abdriften zu lassen und schließlich auch die hoffnungsvoll aufblühende Frauenbewegung zu fördern.

»Adelheid Dvořak (Wien) tritt der Meinung entgegen, daß es am besten wäre, um jede separate Frauen-Organisation unmöglich zu machen, die Arbeiterinnen-Bildungsvereine aufzulösen. Es gebe noch viele Frauen und Mädchen, die sich sträuben, einem Vereine beizutreten, dem auch Männer angehören. Auch Versammlungen, die von Arbeiterinnen einberufen werden, werden von Arbeiterinnen viel zahlreicher besucht als die von Arbeitern einberufenen. Wir haben eine Statutenänderung vorgenommen in dem Sinne, daß der Verein seine Thätigkeit über ganz Niederösterreich erstreckt. Eine separate Frauenbewegung wollen wir nicht. Wir sind der Ansicht, daß es einfach männliche und weibliche Arbeiter gibt, die gleich ausgebeutet werden und die sich gleich organisiren müssen.« (Protokoll des dritten Parteitages, 1892)

»BELGISCH REDEN« wird aber nun unter dem Eindruck der Frühjahrsereignisse zur Parole. Der 1. Mai 1893 steht ganz und gar im Zeichen einer begeisterten Zustimmung zu den belgischen Kampflosungen. Dennoch wird im Sinn der Adlerschen Strategie volle Disziplin gewahrt. Die Maidemonstration sieht nicht mehr so harmlos aus wie die bisherigen „Spaziergänge" im Prater. Zum erstenmal marschieren 150.000 Arbeiter auf der Wiener Ringstraße auf. Am 9. Juli folgt eine Massenkundgebung in Arkadenhof und Volkshalle des Wiener Rathauses.

Im heißen politischen Sommer dieses Jahres, während sich die Regierung Taaffe in Entscheidungskrämpfen windet, wird das große Thema noch einmal international ausgetragen. In Zürich tritt vom 6. bis 12. August in voller Offenheit und unter größter Beachtung der dritte Kongreß der neugegründeten Internationale zusammen.

Schon der zweite Kongreß im August 1891 hatte die Linie des Wiedergründungskongresses 1889 bestätigt und vor allem den gemeinsamen Willen zur weltweiten »Heiligung« des 1. Mai sowie die Konzentration auf die Agitation für den Achtstundentag wiederholt. Aber es war auch klar geworden, daß es wichtige andere Fragen gab, auf die die Internationale Antwort geben mußte. Eindeutig wurde etwa dem Antisemitismus, der ordinären Hauptparole fast aller politischen Gegner, eine Absage erteilt. Als besonders wichtiges Thema stand – ein Jahr nach

Bertha von Suttners »Die Waffen nieder!« – der Kampf gegen den Militarismus im Zentrum. Der deutsche Arbeiterführer Wilhelm Liebknecht sagte in einer denkwürdigen Rede:

»Die Frage des Militarismus ist eine soziale Frage. (...) Wie sollte eine emanzipierte Arbeiterschaft Grund zu nationalen Hetzereien, zu gegenseitigen Kriegen haben? Der Feind des deutschen Arbeiters ist nicht der französische Arbeiter, sondern der deutsche Bourgeois, der Feind des französischen Arbeiters ist nicht der deutsche, der englische Arbeiter, sondern der Bourgeois des eigenen Landes...«

Der Kongreß beschloß eine Resolution, in der er erklärte,

»daß allein die Schaffung einer sozialistischen Gesellschaftsordnung, welche die Ausbeutung des Menschen durch den Menschen beseitigt, dem Militarismus ein Ende machen und den Frieden unter den Völkern herbeiführen kann. (...) Der Kongreß erklärt, daß dies das einzige Mittel ist, die furchtbare Katastrophe eines Weltkrieges abzuwenden, dessen unabsehbar verhängnisvolle Folgen die Arbeiterklasse in erster Linie zu tragen hätte und daß die Verantwortung einer solchen Katastrophe vor der Menschheit und vor der Geschichte einzig und allein den herrschenden Klassen zufällt.«

Ferner betonte dieser zweite Kongreß der Internationale die Wichtigkeit der Frauenorganisation und die Notwendigkeit, die Gewerkschaftsbewegung innerhalb der Nationen zu fördern, in engem Kontankt mit der sozialistischen Bewegung zu halten und eine internationale Verbindung der Gewerkschaften anzustreben.

Beim dritten Kongreß in Zürich ist nun durch die belgischen Ereignisse die Problematik des 1. Mai und die Strategie des Generalstreiks im Zentrum des Interesses. Die 34köpfige österreichische Delegation, die sieben tschechische Delegierte einschließt, dringt auf die Erneuerung der Gründungsforderung nach immer wirksamerer Internationalisierung des 1. Mai als Tag des Kampfes um den Achtstundentag. Noch immer sind die Deutschen, die den Kongreß dominieren, bei aller grundsätzlichen Übereinstimmung nicht von der Methode der Arbeitsniederlegung am 1. Mai überzeugt; sie hätten lieber einen Feiertag der Arbeit am ersten Sonntag im Mai, der die Konfrontation in der Folge der Arbeitsniederlegung vermeidet. Auf der anderen Seite haben die belgischen Erfolge die Stimmung für die Generalstreik-Taktik verstärkt. Die Resolution des Kongresses folgt der österreichischen Linie: Der Sozialdemokratie jeden Landes wird als Pflicht auferlegt, die Durchführung der Arbeitsruhe an jedem 1. Mai anzustreben.

In der gleichen Resolution wird aber auch das vom zweiten Kongreß aktualisierte Thema der Friedenssicherung eingebunden. Die Mitgliedsparteien werden aufgefordert, im Fall jeder Kriegserklärung mit einer allgemeinen Arbeitseinstellung zu antworten – also eine erste besonders einleuchtende Definition des »äußersten Falles«, den Victor Adler später als einzigen Grund für einen Generalstreik gelten lassen wird. Ferner wird die allgemeine Wehrdienstverweigerung als Abwehrmittel jedes Kriegsausbruches angeregt.

Die zweite neue Thematik des vorangegangenen Kongresses, die Frauenfrage, tritt ebenfalls ins Zentrum der Beachtung. Auf Antrag von Luise Kautsky wird eine Resolution angenommen, in der der gemeinsame Kampf um die Frauenrechte am Arbeitsplatz reklamiert wird. Dazu hält die österreichische Delegierte Adelheid Dvořak – sie ist noch immer nicht mit Julius Popp verheiratet – eine vielbeachtete Rede.

Auch Friedrich Engels spricht auf diesem Kongreß – anläßlich des zehnten Todestages von Karl Marx. Weitere große Marx-Feiern prägen die Stimmung des darauffolgenden frühen Herbstes. In Österreich findet eine Massenversammlung zu Ehren Karl Marx' statt, bei der auch Engels und Bebel anwesend sind. Die Festrede hält Karl Leuthner, der mit begeistertem Applaus bedacht wird. Weniger Begeisterung bringt der Ehrenrat der kaiserlichen Armee auf: Leuthner wird sein Reserveoffiziersrang aberkannt.

Die Versammlungsaktivität verdichtet sich. Die Regierung wird, ganz nach der Taktik Victor Adlers, unter ständigen moralischen Druck gesetzt, ohne daß durch einen Generalstreik und die damit verbundenen Straßenunruhen der Polizei und dem Militär ein Vorwand zum „Durchgreifen" gegeben wird.

Die Ratlosigkeit der Regierung Taaffe ist allgemein erkennbar.

FLUCHT NACH VORNE ist die Taktik, mit der Graf Taaffe die Situation retten will. Am 10. Oktober 1893, zu Beginn der Herbstsession des Reichsrates, bringt er namens der Regierung einen Antrag auf Änderung des Wahlrechtes ein, der offenkundig auch vom Kaiser sanktioniert ist. Der Inhalt ist weit von dem entfernt, was Sozialdemokraten und konsequente Verfechter eines echten Parlamentarismus verlangen, aber als Absichtserklärung des seit anderthalb Jahrzehnten an der Macht befindlichen Exponenten des klerikalen Konservativismus ist er eine Sensation: Taaffe will zwar das Vier-Kurien-Wahlrecht im Prinzip beibehalten, aber die beiden Kurien öffnen, die bis jetzt nur von jenen Stadt- und Landbewohnern gewählt werden dürfen, die fünf Gulden Steuer zahlen (bis zu der ebenfalls von Taaffe initiierten Reform des Jahres 1882 waren es zehn Gulden gewesen). Nun soll diese Steuergrenze fallen, das heißt, die große Masse der besitzlosen städtischen und ländlichen Proletarier soll das Wahlrecht erhalten – unter der Bedingung freilich, daß sie »vor dem Feind gestanden« sind, also als Soldaten gedient haben, oder daß sie einen Bildungsnachweis erbringen können (Kenntnis des Lesens und Schreibens in der landesüblichen Sprache). Analphabeten sollen also nur wählen dürfen, wenn sie Exsoldaten sind. Quantitativ heißt das: Die Zahl der 1891 wahlberechtigten 1,7 Millionen Personen soll um etwa 3,4 Millionen, also fast um 200 Prozent, vermehrt werden. (Die zweite Kammer des österreichischen Reichsrats ist bis dahin eine sehr gemischte, inhomogene Ansammlung von Vertretern der verschiedenen großen Interessensbereiche und Nationalitäten, aber ganz eindeutig eine Interessensvertretung der Besitzenden unter verläßlichem Ausschluß der Besitzlosen. Das soll nun anders werden.)

Die Mehrheitsbildung im Reichsrat hängt also bisher, fast unverändert von den verschiedenen Reformen und Adaptierungen, jeweils vom Übergewicht der eher liberal oder eher klerikal-konservativen Zusammenschlüsse ab, wobei sich in der politischen Realität Koalitionen der größeren Standesgruppierungen mit den Wahlblöcken der national organisierten Abgeordneten ergeben. Deshalb ist auch die Geschichte der Regierungen seit 1848 eine Aufeinanderfolge der vorerst liberalen, in der Folge des Börsenkrachs von 1873 aber eher konservativen Grundtendenzen und der jeweiligen Konstellationen der Nationalitätenpolitik – wohlgemerkt immer zwischen den Mächtigen, den Reichen, den Besitzenden der verschiedenen Wirtschaftsbereiche und Reichsteile. Der Reformplan Taaffes vom 10. Oktober 1893 hätte mit einem Schlag die bereits auf dem Marsch befindlichen neuen Massenparteien zu den bestimmenden Faktoren gemacht, demnach zu echten Parteien im Sinn der Wirkungsweise einer diesen Namen verdienenden parlamentarischen Demokratie geführt. Das offenkundige Hauptmotiv des Regierungschefs ist also Flucht nach vorn. Was die immer zorniger Demonstrierenden vor Augen haben, nämlich die Ereignisse in Belgien, beeindruckt die Regierung in seitenverkehrter Motivation: Taaffe will noch schnell geben, was er seiner Einsicht nach doch über kurz oder lang ohnehin wird geben müssen – und dabei so wenig wie möglich und unter Wahrung möglichst großer Privilegienbereiche. Dazu kommt der bleibende Haß gegen die Liberalen, deren Einfluß endgültig gebrochen werden soll. Taaffe spekuliert wohl – wie bei seiner auf Besänftigung und Förderung nicht-sozialistischer Massenparteien ausgerichteten Sozialpolitik – auf die Begünstigung der aufstrebenden Christlichsozialen. Es soll ein völlig neues Machtsystem werden, keineswegs eine Kapitulation vor den noch lange nicht mehrheitsfähigen Sozialdemokraten. Der Aufschrei der Empörung unter den von der Entmachtung Bedrohten ist ungeheuer. In kürzester Zeit ist der Monarch umgestimmt und

Kurien bis zur Wahl 1891

	Wähler	Abgeordnete
1. Kurie: Großgrundbesitzer	5.402	85
2. Kurie: Kapitalisten	583	21
3. Kurie: Stadtbewohner	1,288.224	118
4. Kurie: Bauern	331.776	128

gibt zu erkennen, daß er Taaffe fallen lassen wird. Die Presse verhöhnt den Ministerpräsidenten. Die »Neue Freie Presse« schreibt am 12. Oktober 1893:

»Deshalb wenden sich alle Blicke den deutschen Abgeordneten zu. Die Gefahr, welche jetzt dem deutschen Besitzstande droht, ist so groß und so unmittelbar wie niemals zuvor. Das deutsche Volk in Österreich ist von der düstersten Sorge ergriffen, denn die Wahlreform greift tief ins nationale Leben, sie muß die Stellung der Deutschen aufs heftigste erschüttern, sie bringt eine schwere Krise für die Partei und die von ihr vertretene Nation. (...)

Die Folgen dieser Wahlreform sind unermeßlich. In anderen Ländern verstärkt das allgemeine Stimmrecht nur die Wucht der Massen und bringt Probleme ins Parlament, die an sich berechtigt sind und durch die öffentliche Discussion von den Schlacken der Übertreibung und Leidenschaft gereinigt werden. In Österreich wird jedoch die kaum zu fassende Vorlage des Grafen Taaffe das ganze Wesen der inneren Politik mit ihren durch Jahrhunderte festgehaltenen Zielen und Überlieferungen zerstören (...) Ein national gemischter Staat wird durch das allgemeine Stimmrecht nicht blos die Macht der Dürftigen erhöhen, sondern er wird die ärmeren Völker zu Herren der reicheren Nationen machen, er wird die civilisirtesten Stämme den minder entwickelten unterwerfen (...). Wenn die Deutschen in Österreich eines mächtigen politischen Aufschwunges fähig wären, so müßten sie den Entwurf dieser Wahlreform mit einem Schrei nach Einigkeit und Verbrüderung beantworten. Die Gefahr ist so groß und schwer, daß angesichts dieser drohenden Noth jeder Unterschied in der politischen Richtung verschwinden müßte.«

In der mehrtägigen Parlamentsdebatte, in der der Sturz Taaffes bereits erkennbar ist, nehmen sich die Sprecher der bedrohten Großgrundbesitzer und Besitzbürger kein Blatt vor den Mund.

Graf Hohenwart: »Wir werden nie zugeben, daß das *politische Schwergewicht von den besitzenden Klassen in die Besitzlosen überwälzt* und so ein Zustand der Dinge geschaffen werde, den jeder Staatsmann als höchst bedenklich bezeichnen müßte, und vor dem wir, soweit eben unsere

Kräfte reichen, unser Vaterland bewahren wollen.«

Graf Stadnicki: »Ich befürchte, daß die Wählerschichten, die nach der Wahlreform der Regierung zum öffentlichen Leben berufen werden sollen, *eine Brutstätte für die Anarchie* werden könnten, weil die Dienstboten, Arbeiter und Urlauber, alle diejenigen Schichten also, die nach dieser Vorlage zur Wahlurne schreiten möchten, das Gefühl haben würden, daß sie dem *souveränen Volke* angehören und – selbstverständlich – ein *Mitglied des souveränen Volkes ist nicht berufen, irgend jemand zu gehorchen.* (...) Es kann dadurch in Galizien eine Verschiebung stattfinden zugunsten von *Volksschichten*, unter denen sich auch solche vorfinden könnten, die *gerade keinen Sinn* und *kein Verständnis besitzen für ideale Güter der Menschheit*, bei denen der Wahlspruch: *Brot und Arbeit oder Brot ohne Arbeit, ein allgemeiner zu sein pflegt*, bei denen die Worte: nationaler Geist, historische Individualität, Landesgrenze, Staatsgrenze keinen Sinn haben, bei denen leider Vaterland, Ehre, Patriotismus Worte ohne Bedeutung sind, bei denen der Spruch Anklang finden kann: „*Zwar nicht ehrenhaft, aber gesund.*" Und die Vertreter jener Volksschichten unseres Heimatlandes, wenn sie die Wählerschaft in die parlamentarischen Körperschaften bringt, würden gewiß nicht den Sinn haben für des Staates Wohl, für des Staates Größe, Wehrkraft und Macht, wie wir ihn besitzen.« (Zitiert in: Brügel)

Victor Adler und die Sozialdemokratie kommen durch die selbstmörderische Aktion des langgehaßten Regierungschefs in eine seltsame Verlegenheit. Der erste Eindruck ist der des unerwarteten Triumphes. Victor Adler schreibt noch in derselben Nacht an Engels:

»Du weißt es schon; Taaffe hat uns gestern mit dem allgemeinen Wahlrecht überrascht – (...) Zerreibung der Liberalen mit Rückversicherung der Feudalen – der reine Bismarck in der Westentasche – dabei als ob er von uns bestochen wäre: für uns alle Vorteile für Agitation und Organisation und mit den alten Kurien der Großgrundbesitzer der Pfahl im Fleische der Verfassung – wir setzen uns zu Tisch und – schimpfen –. Von der beispiellosen Verblüffung der Leute geben Dir ein paar Blätter Zeugnis, die ich sende – die Liberalen sind toll vor Wut – *Wir sind die Helden des Tages!* (...)

Ich sage Dir, es ist ein Hauptspaß – dazu ist es für uns ein wahres Glück. Durch die überhitzte Agitation und die Phrasenmäuligkeit gewisser Genossen waren wir eben in einer Sackgasse angelangt. Den Generalstreik konnte ich eben noch in der Reichskonferenz auf eine recht lange Bank schieben – wo sie nun liegen bleibt. (. . .)« (V. Adler: Schriften)

Karl Kautsky sieht in der Taaffe-Sensation einen Sieg Victor Adlers:

»Das allgemeine Wahlrecht ist's freilich nicht, aber doch Angesichts der österreichischen Verhältnisse eine ungeheure Konzession; der österreichische politische Sumpf hört damit auf. Jetzt wird auch in die österreichische Politik Leben hinein kommen. Und dieser Sieg ist nur der Angst vor unseren Leuten zuzuschreiben! Meiner Überzeugung nach ist er vorzüglich der Führung Adlers zu danken. Ohne ihn hätten die heißblütigen Österreicher wahrscheinlich eher eine zweite Auflage des Ausnahmezustandes über Wien erreicht, als eine Reform des Wahlrechts. Ich freue mich riesig über diesen Sieg und ärgre mich nur darüber, daß ich nicht dabei sein kann.« (K. Kautsky: Briefwechsel mit Friedrich Engels)

Dann kommt aber die Verlegenheit, geradezu ein Katzenjammer. Die Sozialdemokratie hat ja zwei Möglichkeiten, die gleicherweise bedenklich erscheinen: Stimmt sie, wenn auch mit den selbstverständlichen Vorbehalten, der Reform zu und stellt sich womöglich mit Demonstrationen an die Seite des um sein politisches Überleben kämpfenden Ministerpräsidenten, riskiert sie eine völlige Verwirrung der gesamten Arbeiterschaft. Wie soll das ein eben zu Bewußtsein erwachter Sozialdemokrat verstehen, wenn auf einmal Victor Adler für die Fortdauer der Regierung Taaffe kämpft? – Entschließt sich die Arbeiterbewegung aber in dieser Situation äußerster, offenkundig nicht durchsetzbarer Zugeständnisse zu kämpferischen Akten der Lizitation, also etwa zu dem umstrittenen Generalstreik, stößt sie alle Wohlwollenden zurück und provoziert womöglich einen totalen Kurswechsel, der alle Teilvorteile zunichte macht. Victor Adler entschließt sich in diesem Dilemma für einen dritten Weg: für eine abwartende, distanzierte Haltung. »Gewehr bei Fuß«, heißt das.

Kurze Zeit darauf, als die neue Regierung des Fürsten Windischgraetz – es ist der Enkel jenes Militärs, der 1848 die Revolution in Wien niedergeschlagen hat – die Macht übernimmt und nach einigen Ablenkungsmanövern eine völlig unzulängliche, geradezu herausfordernde Wahlrechtsänderung vorlegt – »ein Faustschlag ins Gesicht der Arbeiterklasse« –, wird Victor Adler von jenen, die schon seit langem eine schärfere Gangart erwarten, heftig kritisiert. Die neue Regierung tut das Ihre, die Emotionen der Arbeiter anzuheizen: Alle 41 Nummern der »Arbeiter-Zeitung«, die von Jänner bis März 1894, also in den Monaten der Diskussion über den Wahlrechtsentwurf der neuen Regierung und unmittelbar vor dem wichtigen 4. Parteitag, gedruckt werden, verfallen der Beschlagnahme. Dennoch hält Victor Adler an seinem Kurs fest. Auf dem ersten großen österreichischen Gewerkschaftskongreß, der in den Weihnachtstagen 1893 in Wien zusammentritt und auf dem aus Wien 69 gewerkschaftliche Vereine durch 158 Delegierte, aus den Ländern 125 Vereine durch 112 Delegierte vertreten sind, hält er seine berühmte Rede über die Blutsbrüderschaft der politischen und der gewerkschaftlichen Arbeiterorganisation:

»Sie wollen, daß jeder Sozialdemokrat Mitglied einer Gewerkschaft ist, und natürlich wird es einzelne Fälle geben, wo das mitunter schwer ist. Für mich wäre es sehr schwer, einer Gewerkschaft beizutreten, außer es würde die Gewerkschaft der Journalisten gegründet werden. Aber mit diesen wenigen Ausnahmen ist es sehr wünschenswert und wird von uns verlangt, daß jeder Sozialdemokrat auch in die Gewerkschaft eintrete. Aber, Genossen, dieser Antrag erfordert auch umgekehrt, daß die Gewerkschaften dafür sorgen, daß jeder Gewerkschaftler auch ein Sozialist werde. (...) Die gewerkschaftliche Bewegung in Österreich ist erst wieder in die Höhe gekommen mit dem Wiedererwachen der politischen Bewegung, und ich kann hier zahlreiche Zeugen dafür aufrufen, daß Diejenigen, die die Gewerkschaften am meisten gefördert haben, gerade die Sozialdemokraten waren, gerade Diejenigen waren, die in der politischen Bewegung gestanden haben. Bei uns ist die Gewerkschaftsbewegung mit sehr wenigen Ausnahmen auf dem Boden der Sozialdemokratie aufgewachsen, und sie wird nur auf dem sozialdemokratischen Boden Früchte bringen und nur auf dem sozialdemokratischen Boden zum Siege kommen. (...)

Die Debatte hat gezeigt, daß ein Widerspruch zwischen gewerkschaftlicher und politischer Bewegung nicht besteht; dieser Widerspruch besteht nicht und der ihn sucht oder will, der ist ein Feind der gesammten Bewegung; denn es gibt nur *eine* Bewegung, nur eine Arbeiterbewegung, und wer einen solchen Widerspruch hineintragen will, ist ein Feind der gesammten Arbeiterbewegung.« (Protokoll des ersten ordentlichen Gewerkschaftskongresses, 1893)

Ein Konfidentenbericht der Polizei sagte für den Gewerkschaftskongreß einen schweren Zwist mit der Parteiführung voraus, von dem eine pragmatische, politikferne Linie der Gewerkschaftsbewegung erhofft wurde: Die erstarkten Gewerkschaften würden die Partei links liegenlassen und sich für die reale Besserstellung der Arbeitenden einsetzen. Diese Tagung zeigt aber, daß sich die Gewerkschaftsfunktionäre ihrer doppelten Aufgabe durchaus bewußt sind. Im übrigen sind gerade ihre prominentesten Wortführer, etwa Anton Hueber, in der Frage des Generalstreiks, also der totalen Politisierung des gewerkschaftlichen Kampfes, heftige Kritiker des behutsamen Victor Adler.

Auf dem 4. Parteitag, der nach dem Ende der Ära Taaffe und den ersten bitteren Erfahrungen mit dem neuen Regime die Weichen zu stellen hat, behauptet sich Victor Adler gegen die Generalstreik-Befürworter.

Kurz vor dem Parteitag ermutigt ihn Friedrich Engels in einem Brief:

»Zu der Art wie Du den Generalstrike in Schlummer gewiegt hast gratuliere ich Dir, aber auch nicht minder zu Deinen Artikeln über die Koalitionswahlreform und die ganze Lage in Österreich. (...) Ich zweifle keinen Augenblick am glänzenden Verlauf Eures Parteitages (...)« (Zitiert in: V. Adler: Schriften)

Wie in so vielen Konferenzen und Versammlungen zuvor gelingt es Victor Adler, den Unterschied zwischen einer noch so großen wirtschaftlich motivierten Streikaktion und einem Generalstreik klarzumachen: Der gegen eine Fabrik oder auch gegen eine ganze Industrie gerichtete Streik führt dazu, daß die Arbeiter zu Hause bleiben oder sich in überschaubaren Gruppen zusammentun; Zusammenstöße entstehen eventuell durch Auseinandersetzungen mit Streikbrechern. Beim Generalstreik aber geht das arbeitende Volk geschlossen auf die

In einem Brief an Anton Hueber prägt Victor Adler den Slogan von den »siamesischen Zwillingen« Partei und Gewerkschaft (»Partei und Gewerkschaft sind bei uns siamesische Zwillinge; das hat seine Unbequemlichkeiten, aber sie zu trennen, wäre eine lebensgefährliche Operation für beide...«)

Straße. Der Generalstreik sieht daher wie ein Volksaufstand aus und gibt den Herrschenden, die überlegene militärische Macht und Mittel zu ihrer Verfügung haben, die Gelegenheit zu blutigen Unterdrückungsmaßnahmen. Das aber bringt nicht den erwarteten Sieg, sondern einen viele Jahre wirkenden Rückschlag. Die Verhältnisse in Belgien sind nicht leicht auf einen Staat wie die Habsburgermonarchie oder auf Wilhelm-Deutschland zu übertragen. Victor Adler findet eine bestechende Formulierung: Er nennt den Generalstreik das »äußerste Kampfmittel«. Dessen Anhänger beugen sich der Vernunft, haben aber doch ihren Wort-Fetisch in der Parteitagsresolution untergebracht. Victor Adler wird als unangefochtene Autorität bestätigt – und dies lädt ihm die erdrückend schweren Aufgaben der nächsten Kampfjahre auf.

»Wir können nicht mehr Kraft einsetzen, als wir haben. Und wenn wir über unsere Kräfte die Gegner täuschen können, so mag das für uns von Vorteil sein; wehe aber der Partei, wenn sie sich selbst über ihre eigene Kraft täuscht. Das zu verhindern ist unsere Aufgabe und dazu war dieser Parteitag nothwendig. (...) Ich habe sehr viel gelernt. Es hat sich nämlich gezeigt, daß die Verschiedenheiten der Verhältnisse ein einheitliches Vorgehen nur mit großen Schwierigkeiten möglich machen. Nun gehöre ich nicht zu Denjenigen, die das Ideal des Generalstreiks recht hoch stecken, damit sie ja nicht dazu kommen, ihn praktisch anzuwenden, aber so viel ist

sicher, daß wenn eine solche Arbeitseinstellung nicht mit einer ungeheueren Wucht, und zwar nicht nur in den Großstädten, sondern weit hinein in die kleinen Fabriksthäler eintritt, dann der Generalstreik von vornherein verloren ist, und umsomehr verloren ist, wenn damit das verknüpft ist, was Schuhmeier und Saska als Volkserhebung bezeichnen. Parteigenossen, es ist ein öffentliches Geheimniß, der belgische Massenstreik hat wenige Tage gedauert, und wir wissen nicht, wie lange er hätte fortgeführt werden können, aber so viel wissen wir allerdings, daß er nur gelungen ist und nur möglich war, weil die Armee im Sinne des Militarismus erstens in Belgien nicht vorhanden, und zweitens weil die vorhandene Armee einfach unzuverlässig war. Parteigenossen, was meinen Sie denn zu einer Volkserhebung, die sich auf einige große Städte mit großen Garnisonen konzentrirt? Mit dieser Volkserhebung – nennen Sie diese nun Generalstreik oder wie Sie wollen – wird unsere sehr zuverlässige Armee fertig. Sie sehen, ich habe wieder die Kanonen vor Augen. (...)

Ich bin der Ansicht, daß man den Massenstreik nur anwenden darf, wenn man muß. Es gilt für Jeden von uns, daß unser Leben uns nichts gilt gegenüber dem Zweck, der zu erreichen ist. Das gilt für den Einzelnen. Auch die Partei hat ein Leben. Auch für die Partei handelt es sich in gewissen Momenten um Tod und Leben.« (Protokoll des vierten Parteitages, 1895)

Aus den Tagebüchern der Emma Adler

Am 17. Februar trat Victor seine Strafe an. Ich kam einigemal die Woche ins Landesgericht mit meinen Kindern zu Besuch. Am schwersten fiel mir die erste Trennung, ich kam mit meinen kleinen Kindern allein in die leere Wohnung zurück, aber wie schwer mag es Victor gewesen sein, seine kleine Zelle zu betreten und hinter sich die Türe absperren zu hören!

Eine nervöse Unruhe erfüllte die ersten Stunden dort. Es dauerte lange, ehe der Aufseher wieder kam, um seine Sachen zu bringen und die Zelle herzurichten. Unwirsch riß er die Türe auf und brummte etwas Unverständliches, keinesfalls klang es freundlich. Victor blickte von seiner Lektüre auf, betrachtete den Mann und sagte: Hörn S', geht's denn Ihnen gar so gut, daß Sie mit mir so unfreundlich sind? Was hab' ich Ihnen denn getan? Der Mann fuhr zusammen, schien beschämt und sagte: Sind Sie am End' der Dr. Adler? Von dem Tag an war er höflich und zutraulich. Der Kerkermeister mußte seiner Vorschrift gemäß, bei unseren Besuchen immer zugegen sein. Er hatte für den Sträfling und seine Familie viel Sympathie. Noch nach Jahren ließ er mir sagen, es würde ihn freuen, wenn ich mit meinen Kinderchen ihn besuchen würde, auch wenn gerade der Herr Doktor nicht eingesperrt sei.

Für Victor, der gewohnt war, im Gewühl der Massen zu arbeiten, von Sitzung zu Sitzung zu eilen, war das Leben in der abgesonderten Zelle, vier Monate hindurch, eine schwere Prüfung – nicht, wie viele sich vorstellten, der Mangel an Komfort und der gewohnten Nahrung, was sie als das Unerträglichste der Haft betrachten. Er, der sich für alle Ereignisse, die in der Welt vorgingen, interessierte, alles darüber las, mußte sich vier Monate hindurch mit den spärlichen Nachrichten begnügen, die ihm einige Menschen, in Gegenwart des Kerkermeisters, mitteilten. Diese Zeit brachte kleine, quälende Details, von denen keine Stunde des Tages ganz frei war. Aber eine Prüfung überragte an Größe alle andern. Victor mußte die erste Maifeier im Landesgericht verbringen.

NUR NEUN MONATE in all den Jahren bis zur Jahrhundertwende lebt Victor Adler zwar nicht frei von Sorgen, aber entspannt und geistig angeregt durch Lektüre, zu der er ansonsten keine Zeit mehr findet. Es sind dies die Monate, die er auf Grund der Urteile in 17 Prozessen im Gefängnis abzubüßen hat. Auch nach dem Auslaufen des Ausnahmezustandes sind Polizei und Justiz der Monarchie keineswegs zahnlos geworden. Gerade die Ohnmacht gegenüber dem Wiedererstarken der sozialdemokratischen Organisation und ihren immer mächtiger werdenden Manifestationen veranlaßt die Büttel des Regimes, die verbleibenden Gesetze und Verordnungen schikanös und rücksichtslos anzuwenden. Victor Adler teilt das Häftlingsschicksal mit unzähligen Arbeiterführern, die jeweils in der Folge großer Kundgebungen oder Streikaktionen hinter Gitter kommen.

Viele seiner im Gefängnis geschriebenen Briefe an seine Familienangehörigen und Freunde belegen nicht nur seinen ungebrochenen Lebenswillen und seinen überlegenen Humor, sondern zeigen das Aufatmen während dieser Phasen erzwungener Erholung vom vielfachen Druck der auf ihm lastenden Sorgen. Die politische Justiz der Monarchie ahnt nicht, daß sie durch die von ihr verhängten „Erholungsaufenthalte" möglicherweise dazu beiträgt, den als so gefährlich erkannten Führer des arbeitenden Volkes vor dem körperlichen und seelischen Zusammenbruch zu retten.

Die Exekution der Haftstrafen ist einigermaßen fair. Der Lektüre wird nichts in den Weg gelegt, Adler darf sich als politischer Häftling für einen Gulden pro Tag privat verpflegen, wovon auch seine Mithäftlinge profitieren, und insbesondere die Mehlspeispakete aus der hervorragenden Küche Emma Adlers sind Anlaß zur gemeinsamen Freude.

»Der gute Geist fehlte noch: Genossin Emma Adler. Sie war es, die täglich um die Mittagszeit mit einem Riesenstrudel in der Zelle erschien, und auf diesen freuten sich die beiden am allermeisten; Schuhmeier noch mehr als Adler. Der Franzl war ja bekannt als Feinschmecker. Ehrlich muß ich gestehen, daß für mich nur sehr selten etwas von der Mehlspeise übrigblieb, und wenn, dann nur mit Hilfe der Genossin Adler.

Frühere Abstrafungen.

Post Nr.	Vom k. k.	mit Urtheil vom	wegen	mit
1	Bezirksgerichte Alsergrund	13./12 1888	§. 23 Preßgesetz	30 fl. —
2	Landesgerichte Wien	17/6 1889	Uebertr. nach §§. 300, 305 u. 302 u. Uebertret. nach §§. 491, 493 St. G. u. Art. V Inv. Ges. v. 17/12 1862 R. G. B. N: 8 ex 1863	4 Monate [...] Arrest [...] §. 302 St. G. [...]
3	Bezirksgerichte Mariahilf	27/9 1889	§. 312 St. G.	3 Tagen Arrest
4	dto. Reichenberg	19./9 1891	§. 491 St. G. Art. V u. §. 23 Preßt. Ges.	8 Tagen Arrest und 50 fl. Geldstrafe
5	dto. Korneuburg	11/5 1892	§. 314 St. G.	48 Stunden Arrest
6	Bezirkshauptmannschaft Rumburg	6/7 1893	§. 12/a Inv. Reif. Vdg. v. 20/4 1854 R. G. Bl. N: 96	30 fl. resp. 6 Tagen Arrest
7	Kreis- als Appellgericht Böhm.-Leipa	28/12 1893	§. 312 St. G.	14 Tagen Arrest
8	Bezirksgerichte Rudolfsheim	18./1 1894	§. 491 St. G. und Art. V Ind. sub 2.) citir. Ges.	1 Monat Arrest
9	dto.	17./3 1894 vom Landesgerichte Wien als Appellgericht am 19./6 1894 bestätigt	Art. V Ind. sub 2.) citirten Gesetzes.	1 Monat Arrest.
10	Landesgerichte Wien	20/8 1894	§. 24 Preßgesetz	50 fl.
11	Bezirksgericht Ottakring	18/12 1894	§. 491 St. G. u. Art. V Ind. sub 2.) citirten Gesetzes.	1 Monat Arrest
12.	Landesgericht Wien		§ 283, 284	1 Monat strengen Arrest

Ein Auszug aus Victor Adlers Strafregister: das Verzeichnis seiner ruhigsten Tage

Nach dem Essen wollte es sich Schuhmeier, von den Strapazen des Essens angeregt, recht gemütlich machen. Immer wieder wurde ihm dies durch den Genossen Adler unmöglich gemacht. Kaum gegessen, sagte unser Doktor: „Gehen wir arbeiten." Durch Klopfen an der Türe wurde der Aufseher gerufen, der die beiden Arrestanten in den Gefängnishof führte, wo die Arbeit begann.

Victor Adler nahm die Gießkanne, Schuhmeier mußte den Rutenbesen nehmen, und nun wurde gespritzt und gekehrt, bis der Hof reingefegt war. Ich und der Aufseher durften zusehen, wie die beiden Hofreiniger im Schweiße ihres Angesichts arbeiten durften. Oft und oft sagte der Aufseher: „Ich bin neugierig, wenn die zwei freigehen, wer den Hof so schön reinigen wird." Nachdem die physische Arbeit vorbei war, kam die geistige. In die Zelle zurückgebracht, wurde geschrieben und gelesen bis abends. So mancher Artikel, der in der „Arbeiter-Zeitung" oder „Volkstribüne" zu lesen war, wurde in der Arrestzelle verfaßt und von mir prompt in die Redaktion expediert. Alles Schöne nimmt ein Ende. So auch das gemeinsame Eingesperrtsein.« (Albert Sever, zitiert in: Tesarek)

»Ein Hagel von Anklagen prasselte auf die Wortführer der Sozialdemokratie nieder, eine Legion von Ehrenbeleidigungsprozessen beschäftigte die Gerichte, massenhafte Verurteilungen folgten und die Staatsanwälte unterließen es nicht, in jeder folgenden Gerichtsverhandlung durch den Hinweis auf das mehrfach bemakelte Vorleben des Angeklagten eine Steigerung der Strafdauer herbeizuführen. So waren denn alle Bezirksgerichte mit uns hartgesottenen Gewohnheitsverbrechern überfüllt, so sehr, daß sich die angenehme Gelegenheit ergab, unsere Einzelhaften in kameradschaftlicher Gesellschaft abzusitzen. Vier Wochen zum Beispiel, die ich unter anderem in Rudolfsheim zu erledigen hatte, wurden mir dadurch erleichtert, daß ich in den ersten vierzehn Tagen Jakob Reumann, den jetzigen Bürgermeister von Wien, in der zweiten Hälfte Victor Adler zu Gefährten bekam.

Adler erschien mit einer Fuhre von Büchern und einem Berg von Bettzeug, das er wegen des schon damals vorhandenen Emphysems und der dadurch nötig gewordenen aufrechten Lagerung beim Schlafen benötigte. Sein Erstes war, als er den schönen sonnigen Saal (es war im Juni 1894) betrat, sich vorsichtig nach der Zeiteinteilung zu erkundigen. Nach kurzer Besprechung wurde alles geordnet. Zwischen 8 und 9 Uhr Frühstück, hierauf arbeitet jeder für sich, ohne den anderen zu stören, 12 bis 1 Uhr mittag, hierauf Nachmittagsschläfchen. 2 bis 3 Uhr Spaziergang im Hof, hierauf Besuche, dann Arbeit. 8 bis 9 Uhr Nachtmahl, Lektüre, Schlaf.

Da ich mit der Ausarbeitung eines Vortrages für den Hygienischen Kongreß in Budapest beschäftigt war („Soziale Hygiene der kleingewerblichen Arbeiter Wiens") und zu diesem Zwecke eine Menge statistischer Arbeiten vornehmen mußte, war mir diese Regelung höchst willkommen. Adler benützte diese Arbeitszeit, um eine ganze Menge Lektüre, hauptsächlich englische Parteiliteratur, nachzuholen und wiederholt das „Kapital" von Marx, das sein ständiger Begleiter in den Arrest war, zu studieren. Lautlos saßen wir bei unserer Beschäftigung, kaum daß da und dort ein kommentierendes Wort die Hirnarbeit verriet.

Um so lebhafter verging dann der Nachmittag. Schon der Spaziergang war äußerst anregend, da wir dabei alle Seiten der Parteitätigkeit besprachen und Adlers trockener Humor, der mit zwei witzigen Worten jede Person und jede Situation plastisch zu charakterisieren verstand, die Diskussion wunderbar belebte. Daß dabei auch ich Gegenstand seiner bissigen Bemerkungen war, versteht sich von selbst, was aber selbstverständlich die fröhliche Gemütlichkeit des Beisammenseins nicht im geringsten störte. „Gemütlichkeit!" Er hat dieses Wort und diesen Begriff gehaßt, und doch hat auch sein Wesen den Boden, aus dem wir alle entwachsen waren, nicht verleugnen können, diese geheimnisvollen Säfte und Aromen, die die österreichische Nuancierung unseres Charakters verursachen. Auch in seinem kältesten Spott, in seinem härtesten Urteil lag soviel Wärme, soviel freundliche Güte, soviel Nachsicht und Verzeihung, kurz, alles im Endeffekt betrachtet, soviel „Schlamperei"! (...)

Bei einem dieser Spaziergänge gesellte sich auch der Polizeibezirksleiter von Rudolfsheim nach höflicher Anfrage, ob es gestattet sei, zu uns. Ihm unterstand auch, wenn ich nicht irre, die Leitung unseres Arrestes. Im politischen Gespräch mit uns auf und ab wandelnd, versicherte er, daß es schon zu dumm sei, diese ewigen Anklagen der Herren. Er habe seine Relationen über unsere Versammlungsreden so harmlos als möglich abgefaßt, um keinen Anhaltspunkt für ein Verfahren zu geben. Das nächstemal werde er überhaupt nichts mehr im Detail berichten. Adler tröstete ihn: „Machen S' Ihnen nix draus. Das Anklagen ist Ihr Geschäft, das Sitzen das unsrige. Und 's geht uns beiden ganz gut dabei."« (Wilhelm Ellenbogen: »Mit Victor Adler im Arrest«, in: »V. Adlers Aufsätze . . . .«, II. Heft)

Was Emma Adler, die 1881 das Töchterchen Marie und 1885 den zweiten Sohn Karl zur Welt gebracht hat, für das leibliche und seelische Wohlergehen ihres im täglichen Vielfrontenkampf stehenden Mannes leistet, nimmt allerdings 1890, also gerade am Beginn der Aufstiegsära mit ihrer gesteigerten Verantwortung, ein vorläufiges bitteres Ende: Sie wird von immer drückenderen Depressionen heimgesucht, muß 1891 ein Jahr lang in einem Sanatorium behandelt werden, und es braucht weitere Jahre, bis sie sich wieder im Familienleben behaupten kann; wie sehr sie ihre Erkrankung nach dem Rückfall zu überwinden vermag, belegen ihre Jahrzehnte später zu Papier gebrachten Lebenserinnerungen. Eine bestimmte familiäre Disposition zu depressiver Gemütserkrankung spielt wohl eine Rolle, denn 1897 muß die geliebte Tochter Marie – »Mucki« –, die der Mutter an Schönheit und Talent gleicht, in eine Nervenheilanstalt gebracht werden – ein weiterer Schicksalsschlag, der Victor Adlers Leben überschattet. Er selbst ist seit den achtziger Jahren alles andere als gesund: Er leidet unter einem hartnäckigen und immer ernster werdenden Herzfehler, dazu an Bronchitis und Asthma.

Diese Verdüsterung des Privatlebens der Familie Adler ist von den materiellen Sorgen und Nöten nicht zu trennen. War es in den Gründungszeiten der »Gleichheit«, in denen Victor Adler sehr rasch sein väterliches Erbe aufbrauchte, der jähe Abstieg vom Lebensstil eines Millionärssohnes zu einer Existenz in bedrückend knappen Verhältnissen, so hat der »Doktor« nun mit immer ärgeren irreparablen Überlebensproblemen zu kämpfen. Sein Erbe ist längst dahin, die Mitgift Emmas ist von Anfang an infolge des finanziellen Debakels ihrer Familie ein Traum geblieben, von einer Weiterführung der Armen-Leute-Pra-

Victor und Friedrich Adler: Vaterglück, Vatersorge

xis ist seit Mitte der achtziger Jahre keine Rede mehr – in das Haus der Adler-Ordination Berggasse 19 ist schon 1892 sein Studienkollege, der Seelenarzt Sigmund Freud, eingezogen.

Die junge Partei verfügt nur über völlig unbedeutende Einnahmen aus Mitgliedsbeiträgen und Spenden, alle Zeitungen, vor allem die »Arbeiter-Zeitung«, sind schwer defizitär und kämpfen um ihr Überleben. Julius Popp berichtet auf dem Parteitag von 1894, an Mitgliedsbeiträgen seien aus Wien und Niederösterreich 3059 Gulden, aus der Steiermark 110 Gulden, aus Nordböhmen 52 Gulden, aus Mähren 85 Gulden, aus Schlesien 55 Gulden und aus Krain 7 Gulden eingelangt; aus allen anderen Ländern seien keine Zahlungen eingetroffen.

Es versteht sich, daß die Partei ihren angestellten Spitzenfunktionären, also auch dem Parteiobmann, nicht mehr zum Lebensunterhalt zahlen kann, als dem Spitzeneinkommen eines Facharbeiters entspricht, das sind etwa 25 Gulden pro Woche – übrigens wäre eine andere

Vorgangsweise in dieser Situation auch moralisch undenkbar und für die Funktionäre unannehmbar. Victor Adler verdient durch nächtliche schriftstellerische Arbeit für deutsche Blätter gelegentlich 100 Gulden im Monat zusätzlich. Damit sind aber alle Erwerbsquellen ausgeschöpft, die alten Schulden lasten auf der Familie, neue kommen hinzu; die Partei erwartet, daß ihre Funktionäre auch alle Spesen aus ihrem knapp bemessenen Einkommen bestreiten. In allerhöchster Not akzeptiert Adler von der deutschen Sozialdemokratischen Partei einen Zuschuß, der durch den Verzicht Friedrich Engels' auf seine deutschen Zeitungshonorare zustandekommt. Die Krankheit Emmas und die Kosten ihres Sanatoriumsaufenthaltes machen aber unmöglich, daß er jemals Boden unter den Füßen spürt.

Dazu kommen die um viele Dezimalstellen größeren finanziellen Sorgen, die die Partei und insbesondere die »Arbeiter-Zeitung« Victor Adler auflasten. Diese, 14tägig erscheinend, hat hoch zu verzinsende Schulden von 12.000 Gulden. Es ist eben in diesen Jahren noch keineswegs selbstverständlich, daß jedes Partei- oder Gewerkschaftsmitglied die Zeitung abonniert – den meisten ist dies finanziell unmöglich. Schwer hat das Blatt vor allem unter der Beschlagnahmepraxis der Regierung zu leiden. Nicht nur aus Gründen der direkten Meinungsunterdrückung, sondern auch, um seine wirtschaftliche Existenzfähigkeit so stark wie möglich zu schwächen, ist seit dem ersten Erscheinen im Durchschnitt jede zweite Nummer beschlagnahmt worden. Ein großer Teil der konfiszierten Ausgaben geht samt den investierten

Die Fraktionen im Abgeordnetenhaus nach der Reichsratswahl 1891

Deutsch-Liberale	109
Deutsch-Klerikale	29
Christlichsoziale	14
Deutsch-Völkische	17
Jungtschechen	37
Alttschechen	12
Böhmische feudale Großgrundbesitzer	18
Mittelparteien	8
Polen	58
Ruthenen	8
Liberal-Nationale Italiener	11
National-Klerikale Italiener	4
Slowenen	16
Kroaten	7
Serben	1
Rumänen	4
	353

Berufsgliederung der Abgeordneten 1891

Großgrundbesitzer	139
Advokaten und Notare	47
Lehrer und Professoren	43
Beamte	29
Industrielle und Kaufleute	24
Geistliche	17
Ärzte und Apotheker	11
Gewerbetreibende	9
Journalisten	8
Diplomaten	2
Militärs	10
Private	14
	353

(Quelle: Kolmer, Parlament, V)

Produktionskosten verloren, jedenfalls verfällt der »Zeitungsstempel« von einem Kreuzer pro Blatt; bei einer Neuauflage muß dieser erneut entrichtet werden. Seit dem Erscheinen der »Arbeiter-Zeitung« hat der Staat so einen Tribut von 100.000 Gulden eingehoben.

Dennoch beharrt Victor Adler mit verzweifeltem Mut auf dem Plan, die Zeitung vom 1. Jänner 1895 an täglich herauszubringen. Diese verbissene Absicht ist die Konsequenz seiner politischen Strategie, die er immer wieder gegen alle scharfmacherischen Phantasien durchsetzt: Wenn die Partei und die Gewerkschaftsbewegung kontinuierlich wachsen sollen, wenn das Bewußtsein der Arbeiterschaft mit jedem Tag mehr gebildet und ihr Mut für den Kampf um das Wahlrecht gestärkt werden soll, wenn die Funktionäre in möglichst kürzester Frist die besten Argumente der Parteiführung erfahren sollen, um Winkelzügen der Unternehmer oder Behörden zuvorzukommen und sich gegen

schädliche Hetzparolen zu immunisieren, dann braucht die Organisation ein tägliches Sprachrohr. Bis dahin zahlten ja die Sozialdemokraten als Leser bürgerlicher Zeitungen mit ihrem guten Geld Tag für Tag die Propaganda ihrer Gegner. In dem Aufruf, der der Umstellung der Zeitung vorangeht, heißt es dazu:

»Trotz aller Hindernisse, die das Preßgesetz, die Staatsanwälte und die Polizisten uns in den Weg gelegt haben, ist die Arbeiterpresse Österreichs in den letzten Jahren zu einer bedeutenden Entwicklung gelangt und hat dem Proletariat ein Arsenal gegeben, das Freund und Feind täglich mehr achten lernt.

Unsere Presse tut ehrlich ihren Dienst; unermüdlich leuchtet sie hinein in das Dunkel der Unwissenheit, rücksichtslos reißt sie der Gewalttat den heuchlerischen Schleier ab, stolz und hoch trägt sie das Banner der sozialdemokratischen Arbeiterschaft (...)

Die Bourgeoispresse ist eines der wichtigsten

Mittel der Verdummung und Verknechtung des Volkes. Und doch muß noch bis heute die klassenbewußte Arbeiterschaft Österreichs selbst ihren Vampir füttern und spart sich den Kreuzer vom Munde ab, um ihren Unterdrückern zu ermöglichen, die Fesseln fester und drückender zu machen. Die bürgerliche Presse lebt außer von der Korruption zum allergrößten Teil davon, daß der Arbeiter sie zu kaufen gezwungen ist. Mit seinem eigenen Gelde bezahlt der Arbeiter die bürgerliche Presse dafür, daß sie ihn belügt, verrät und verhöhnt.« (Zitiert in: Brügel)

Das große Abenteuer wird gewagt. Es ist ein Va-banque-Spiel. Zwei Wochen vor dem Erscheinen des ersten Tagblattes hat die Partei statt der als minimales Startkapital vorgesehenen 30.000 Gulden, die eine Sammlung ergeben sollten, nur 7.000 Gulden und ein paar unsichere Zusagen. Dennoch erscheint am 1. Jänner 1895 die erste Nummer der täglichen »Arbeiter-Zeitung«.

„Arbeiter-Zeitung – erste Nummer!
Ist denn der jüngste Tag schon da?"
Aus ihren Augen reibt den Schlummer,
Emporgescheucht, Frau Austria.
Die alte Dame kann's nicht fassen:
„Dürft, ohne Herkunft, ohne Stand,
Ihr Bettelvolk euch blicken lassen
Mit eurer Zeitung in der Hand?

Habt ihr denn Geld genug, zu essen?
Wo nehmt ihr Geld her – für Papier?
Was soll's denn? Welchen Interessen
Dient euer Blatt? Wer zahlt dafür?
Die Niedern gegen ihre Obern
Hetzt ihr mir auf? – Ei, Narrentand!
Wollt ihr vielleicht die Welt erobern
Mit eurer Zeitung in der Hand?"

Gemach, gemach, verehrte Dame!
Ihr seid schon alt, ein wenig schwach,
Und Eure Gangart kommt, die lahme,
Dem raschen Zeitlauf nicht mehr nach.
Doch Wunderdinge sollt Ihr hören,
Wir bitten höflich – lauscht gespannt!
Wir wollen Euch was Neues lehren
Mit uns'rer Zeitung in der Hand.

Der politische und moralische Erfolg ist enorm, das kleine Redaktionsteam, dem auch der spätere Chefredakteur Friedrich Austerlitz angehört, eine junge hochqualifizierte und verschworene Gemeinschaft. Auch der Verkaufserfolg übertrifft die Erwartungen: Victor Adler hat mit einer Startauflage von 10.000 Exemplaren gerechnet. Auf Anhieb werden aber 15.000 Exemplare abgesetzt, und die Nachfrage steigt noch.

Allerdings sind damit die finanziellen Probleme in keiner Weise gelöst. Schon nach kurzer Zeit erbittet Victor Adler von der deutschen Bruderpartei, die der »Arbeiter-Zeitung« in einer früheren Finanzkrise mit einem Darlehen von 10.000 Mark unter die Arme gegriffen hat, einen neuerlichen Kredit von 30.000 Mark. Er bekommt eine freundliche Absage. Innerhalb kurzer Zeit steigen die Außenstände auf einige zehntausend Gulden. Die Zeitung ist eigentlich bankrott, die Partei mit ihr.

Dann aber ereignen sich einige Wunder, die freilich nicht vom Himmel fallen, sondern von Idealisten bewirkt werden, die von der Risikofreude Victor Adlers und der Bedeutung des Unternehmens motiviert werden. Zum wichtigsten Nothelfer wird Heinrich Braun, einer der zwei Brüder Emma Brauns, die schon lange vor der Verbindung ihrer Schwester mit Victor Adler begeisterte Sozialdemokraten waren und viel zum ursprünglichen politischen Lebensentschluß Victor Adlers beigetragen haben. Heinrich Braun ist ebenso wie seine Geschwister durch den finanziellen Zusammenbruch seiner ursprünglich sehr wohlhabenden Familie um Erbe und bequemes Besitzleben gebracht worden, aber er hat, durchaus im Einklang mit seiner politischen Arbeit, in Deutschland zwei erfolgreiche Fachblätter gegründet: das »Archiv für soziale Gesetzgebung und Statistik« und das »Sozialpolitische Centralblatt«. Beide Publikationen haben einen beachtlichen verlegerischen Marktwert. Nun entschließt er sich, das »Centralblatt«, für das er eben ein gutes Angebot bekommen hat, zu verkaufen und den gesamten Erlös, 70.000 Mark, der österreichischen Partei für die »Arbeiter-Zeitung« zur Verfügung zu stellen. Vorher hat ihm Victor Adler auf seine Anfrage vertraulich mitgeteilt, daß die Außenstände des Zentralorgans in deutscher Währung etwa 60.000 Mark betragen. Aus der Sicht der schon lange nicht mehr bürgerlichen Familien Adler und Braun, ja sogar aus der Sicht der seelisch zerrütteten Emma Braun, löst sich ein schicksalshafter Knoten: Eines der auslösenden Momente für die akute Depression Emmas ist ja das Gefühl der Schuld wegen des finanziellen Versagens ihrer Familie gewesen. Nun ist es indirekt Emma Braun, die ihren Mann, die Partei, die sein Leben bedeutet, und die Zeitung, die für ihn alles ist, aus der gefährlichen Misere retten kann.

Von der deutschen Partei kommen dann doch 10.000 Mark als Folge eines tragischen Ereignisses, das in diesem Jahr die Internationale erschüttert: Friedrich Engels, der aus dem Ertrag seiner Bücher ein beträchtliches Vermögen erworben hat, stirbt und hinterläßt den deutschen Sozialdemokraten 20.000 Mark; diese treten die Hälfte der »Arbeiter-Zeitung« ab.

Und noch ein weiteres seltsames Wunder des Idealismus kommt hinzu: Die Baronin Amelie de Langenau, Witwe eines Feldzeugmeisters, Hofdame der Kaiserin Elisabeth und offenkundig schon seit längerem Sympathisantin der Sozialdemokratie, besucht in Wien eine Versammlung zur Unterstützung der in Mährisch-Ostrau streikenden Bergarbeiter. Sie ist von den Reden Victor Adlers und Adelheid Dvořaks tief beeindruckt. Ein wenig Schwierigkeiten macht ihr der Umstand, daß Adler Jude ist – sie steht unter dem Eindruck der damals hochgehenden antisemitischen Hetze –, doch werden ihre Zweifel von Adelheid Dvořak zerstreut. In der Folge ergeben sich weitere freundschaftliche Kontakte, die Baronin erfährt auch von den finanziellen Schwierigkeiten der »Arbeiter-Zeitung« und ändert ihr Testament: Eine große Summe ihres Gesamtvermögens, das bereits einem geistlichen Orden zugedacht war, geht an diese als Darlehen.

Der finanzielle Überlebenskampf des Blattes setzt sich in voller Härte fort. Jahr für Jahr müssen zur Abdeckung des Defizits neue Subventionsquellen erschlossen und Kredite aufgebracht werden. Die Auflage steigt gegen 30.000 Exemplare, aber erst nach der Jahrhundertwende verschwinden gelegentlich die roten Zahlen aus der Bilanz. Das ist der Preis dafür, daß Victor Adler für die österreichische Arbeiterschaft die beste sozialdemokratische Zeitung der Welt macht – und somit täglich eine Stimme erhebt, die auch von den Großen der Internationale nicht überhört wird.

AUS DER KUNST DES „DURCHFRETTENS" wird ein heilloses G'frett. Zwar ist eine neue Mehrheit gesichert: Der neue Ministerpräsident Fürst Windischgraetz als der neue Mann der Klerikal-Konservativen hat ein Bündnis mit den Liberalen geschlossen, die durch den persönlich respektablen Ernst von Plener im Kabinett vertreten sind. Die jahrzehntelange Rivalität der alten Feudal- und der neuen Geldaristokratie soll in der Stunde der Gefährdung durch die Unruhe der rechtlosen arbeitenden Millionen stillgelegt werden. Was die beiden Parteien nach dem Debakel des allzu kühnen Taaffe-Wahlreformversuches verbindet, ist die Angst vor einer zu deutlichen Präsenz der neuen Parteien in den Kurien des Reichsrates. Plener und seine traditionell auf die deutschsprachigen Teile der Monarchie gestützten Liberalen haben Taaffes Konzept aber auch deshalb abgelehnt, weil es durch die Einbeziehung neuer stadt- und landproletarischer Volksmassen in Böhmen eine tschechische Majorität gebracht hätte. Das Klassenproblem wird also durch das Nationalitätenproblem insbesondere in der Frage der deutschen Minderheits-Hegemonie in Böhmen kompliziert und verschärft.

Es zeigt sich aber nun, daß dem Taaffe-Projekt keine Lösung entgegenzusetzen ist, die einerseits die brodelnde Ungeduld der Noch-nicht-Wähler besänftigen und anderseits die Besorgnis der Privilegierten zerstreuen könnte. Windischgraetz verspricht immer wieder eine neue Wahlrechtsreform, bemüht sich auch sichtlich um die Quadratur des Kreises, kann sie aber nicht schaffen. Der Hohn der kritischen Öffentlichkeit wird immer herausfordernder: Dem Durchwurstler Taaffe ist in den Karikaturen ein hilfloser Wurstel gefolgt, der völlig unfähig ist, auch nur einen Problemansatz zu bieten. Ein Termin nach dem anderen verstreicht. Bemerkenswerterweise hat der Monarch eine durchaus kritische Problemsicht. Er zitiert das Kabinett zu sich und läßt über die Wahlreformpläne referieren. Doch auch er hat keine Lösung anzubieten. Was er weiß, ist, daß es so nicht mehr lange weitergehen kann, andererseits ist er voller Sorge über den Prestigezuwachs der Massenparteien, vor allem der Sozialdemokraten. Er verlangt, daß die Regierung den Eindruck vermeidet, unter dem Druck der Straße zu stehen; als Heilmittel fällt ihm dabei freilich immer wieder nur die Mahnung zur Verschärfung polizeilicher und gerichtlicher Maßnahmen ein.

»Seine Majestät wünschen Allerhöchst sich zunächst darüber zu orientieren, wie es mit der *Wahlreform* stehe. (...) Der Ministerpräsident bemerkt ehrfurchtsvoll, daß er die großen Schwierigkeiten, welche sich hinsichtlich einer Einigung mit den koalierten Parteien betreffs der Wahlreform ergeben, einsehe. Er möchte aber vor diesen Schwierigkeiten nicht so bald zurückschrecken und hoffe er, daß es doch zur Vereinbarung einer Vorlage komme, gegen welche keine der koalierten Parteien ein wesentliches Bedenken zu erheben haben werde. (...)

Seine Majestät (wünscht,) daß in der Wahlreform etwas geschehe und es zu einer Vorlage komme, auch deshalb, damit es nicht den Anschein gewinne, als ob die Regierung sich terrorisieren und etwas sich abzwingen lasse, und damit es etwa nicht dazu komme, daß der Reichsrat eingeschüchtert werde. Die am verflossenen Sonntag auf der Ringstraße stattgefundene Arbeiterdemonstration sei zwar nach den vorliegenden Nachrichten nicht von besonderer Bedeutung gewesen und sei ziemlich zahm verlaufen. Wenn jedoch solche Demonstrationen überhandnehmen, dann könnte es geschehen, daß das Abgeordnetenhaus erschreckt werde und dort manches zustande komme, was nicht willkommen wäre. Es sei sehr zu wünschen und zu trachten, daß öffentliche Arbeiterbewegungen sich nicht wiederholen. Solche Bewegungen seien kein normaler Zustand. Es zeige sich bei solchen Anlässen auch eine Renitenz, ein aggressives Vorgehen gegen die Sicherheitsorgane, wie dies früher in Wien nicht vorzukommen pflegte. Seine Majestät möchten im Hinblick auf solche Zustände an den Justizminister die Frage richten, ob die Gerichte ausreichend ihre Pflicht tun. Es sei auffällig, daß, während die Polizeibehörde zum Beispiel anläßlich von Exzessen bei der Burgmusik mit Arreststrafen von acht Tagen vorgegangen sei, die gerichtlichen Urteile nach den Zeitungsnachrichten bei exzessiven Delikten auf ganz geringfügige Geld- oder Arreststrafen lauten. Es wäre doch am Platz, daß die Richter mehr von der politischen Auffassung ausgehen, daß es sich um die Bekämpfung eines gefährlichen Übels, wie es die Renitenz gegen die öffentlichen Organe ist, handle, und daß sie rasch und entschieden

sowie mit höheren Strafsätzen und ohne übermäßige Anwendung von Milderungsgründen vorgehen. Die Wiener Bevölkerung müsse wieder zum Respekt gegen die öffentlichen Organe erzogen werden.

Der Justizminister erlaubt sich ehrerbietigst auszuführen, daß er gelegentlich der heurigen Streikbewegung den Oberstaatsanwalt in Wien beauftragt habe, eine Weisung zu erlassen, daß die Staatsanwaltschaft im Falle der Verhängung von milden Strafen Berufung einlege, was auch wiederholt mit Erfolg geschehen sei. Er werde die neuerliche Einschärfung eines solchen Vorgehens erlassen. In Renitenzfällen gehen die Gerichte allerdings mitunter milde vor. Eine direkte Einwirkung auf den richterlichen Spruch könne aber schwer erfolgen, wozu Seine Majestät Allerhöchst bemerken, daß vielleicht eine indirekte Einflußnahme im Wege des Oberlandesgerichtes geschehen könnte. (...)

Seine Majestät bringen hierauf die Erlassung eines Gesetzes zur Bekämpfung der anarchistischen Bestrebungen zur Sprache. Der Justizminister gibt hiezu ehrerbietigst die Information, daß das vom Ministerrat im Gegenstand eingesetzte Ministerkomitee einen mehrere Strafbestimmungen gegen die anarchistischen Bestrebungen und eine Erwägung des Gesetzes betreffend den Gebrauch von Sprengstoffen enthaltenden Gesetzentwurf mit bedeutenden Strafverschärfungen bereits festgestellt und der Minister des Äußern sich mit denselben vollkommen einverstanden erklärt habe.« (Brügel)

Als Flugloch für die unvermeidliche Reform wird nun die Bildung einer fünften Kurie in Aussicht genommen, in der die bisher nicht wahlberechtigten Millionen eine geringfügige Vertretung haben sollen. Die Nachteile dieses Konzepts liegen auf der Hand: Erstens können die nachdrängenden Wahlrechts-Hungrigen auch mit dieser Lösung ebensowenig zufrieden wie die verängstigten Privilegierten beruhigt sein. Zweitens verzerrt ein Fünf-Kuriensystem das Kurienparlament in noch groteskerer Weise, statt es, wie es die Taaffe-Version immerhin versucht hatte, in Richtung auf ein späteres Ein-Kurien-Parlament weiterzuentwickeln. Drittens aber ist die fünfte Kurie geradezu die verfassungsrechtliche Darstellung der von den Sozialdemokraten angeprangerten Klassensituation: Die bisher völlig Entrechteten werden säuberlich

Der besonnene Feldherr im Kampf um die Wahlrechtsreform: Geduld siegt über Gewalt

abgegrenzt dargestellt, ihre krasse Benachteiligung wird anschaulich gemacht.

Die Lage spitzt sich zu. Die Sozialdemokraten bleiben bei ihrer maßvollen, aber entschlossenen Taktik: immer mehr Wahlrechtsversammlungen, immer größere Demonstrationen. Die Behörden werden nervös. Bei einer Großversammlung in den Sophiensälen geht die Polizei unprovoziert mit brutaler Gewalt vor.

Ein weiteres halbes Jahr der Untätigkeit vergeht, wieder läßt der Kaiser das Kabinett kommen. »Seine Majestät geruhen zu bemerken, daß die Regierung bestrebt sein müsse, einen *kräftigen Einfluß* auf den weiteren Gang der Beratungen zu gewinnen und dieselben gleichsam in ihre Hand zu nehmen. Es sei notwendig, daß *mehr Leben in die Sache gebracht* und der *eingetretenen Versumpfung ein Ende gemacht* werde. *Die Wahlreform müsse zustandekommen, und zwar* – davon könne nicht abgesehen werden – *ehe man dazu gezwungen werde.* Die Regierung müsse nunmehr zum Zwecke der Herbeiführung einer Verständigung eingreifen.« (Zitiert in: Brügel)

Der Wahlkampf beginnt praktisch sofort mit dem Parteitag, er ist die erste große Belastungsprobe der im Aufbau befindlichen Organisation. Zum moralischen Auftrieb trägt der 4. Kongreß der Sozialistischen Internationale bei, der im Sommer in London zusammentritt. In der vom vorangegangenen Kongreß so ernsthaft erörterten Friedensfrage werden neue Forderungen aufgestellt, die auf uralte Parolen der ersten Parteiprogramme zurückgehen: gleichzeitige Abschaffung aller stehenden Heere und Einführung der Volksbewaffnung, Einrichtung einer internationalen Schiedsgerichtsbarkeit zur Schlichtung von Streitigkeiten zwischen den Nationen und direkte Volksabstimmungen über Krieg und Frieden, falls die betroffenen Regierungen einen Schiedsspruch nicht akzeptieren. Diese ernsthafte Betonung der friedlichen internationalen Nachbarschaft hat sehr wichtige Rückwirkungen auf die Moral der österreichischen Sozialdemokratie in ihrem ersten Wahlkampf. Die Solidarität der Sozialdemokraten aller Volksgruppen ist eine wesentliche Voraussetzung jedes Erfolges.

Einen weiteren Auftrieb kurz vor dem Wahlkampfjahr bringt der 2. (nun schon traditionell zu den Weihnachtsfeiertagen abgehaltene) Gewerkschaftstag. Er bestätigt die Kampfgemeinschaft der Partei und der Gewerkschaften und demonstriert das rasche Wachstum der Fachgewerkschaften: Die Eisenbahner treten als politische Macht hervor. Die »siamesischen Zwillinge« bleiben eng verbunden.

»DIE K. K. SOZIALDEMOKRATIE« – so verhöhnt der gefährlichste Gegner des beginnenden Wahlkampfes die Partei Victor Adlers. Es ist Dr. Karl Lueger, der in den vorangegangenen Jahren mit seiner Christlichsozialen Partei vor allem in Wien und den österreichischen Kernländern einen enormen Aufstieg genommen hat. Dr. Lueger macht sich mit seinem Spottwort über jene verantwortungsvolle gegenwärtige und die realistische Zukunftspolitik des »Doktors« lustig, weil er weiß, daß seine eigene Partei gerade in dieser Hinsicht eine Achillesferse hat. Der zum Kleinbürgerkönig aufgestiegene Lueger hätte natürlich lieber eine ultraradikale, anarchistische Sozialdemokratie ohne echte Aufstiegschance als Konkurrenz. Sein provokatorischer Witz gegenüber den gemäßigten Sozialdemokraten erinnert an das böse Wort vom »Wassersuppensozialismus«, mit dem seinerzeit der Vorsitzende des Ausnahmegerichtes im Anarchistenprozeß die nicht angeklagten gemäßigten Sozialdemokraten herabsetzen wollte.

Dr. Lueger hat bereits Wien erobert, er hat im Gemeinderat eine Zweidrittelmehrheit, aber der Kaiser verweigert ihm mehrmals die Ernennung zum Bürgermeister. Das Programm der Christlichsozialen enthält viele wesentliche soziale Forderungen der Sozialdemokratie – Dr. Lueger ist mit dem Gedankengut des Sozialismus aus jener Zeit vertraut, da er noch mit Adler und Schönerer politische Programme entwarf und als Anwalt Arbeiterführer verteidigte. Aber er ist nicht mit der schwer zu verstehenden und schwer zu vermittelnden Theorie des Marxismus belastet und kann für sich die Tradition der christlichen Religiosität mobilisieren. Dabei liegt er in offenem Konflikt mit dem Klerus – und gerade deshalb stehen die kleinen Pfarrer, die jungen Kapläne an seiner Seite und andererseits einige zukunftsbewußte Berater des Papstes, die ihm den Segen des Vatikans verschaffen.

Das christlich-reformatorische Gedankengut ist gut fundiert. Als geistige Grundlage dient ihm das Lebenswerk des Freiherrn von Vogelsang und des aus seiner Schule kommenden Kreises, der mit der Zeitung »Vaterland« und in den im Hotel »Zur Ente« tagenden ideologischen Diskussionszirkeln, den »Enten-Abenden«, eine intellektuelle Plattform gefunden hat. Er macht sich gegen die Ungarn stark und steht vor allem mit der vergleichsweise schwachen, ebenfalls auf das Kleinbürgertum orientierten großdeutschen Gruppierung um Georg Ritter von Schönerer in unedler Konkurrenz um antisemitische Parolen. In der Kommunalpolitik vertritt er ein geradezu pointiert sozialistisches Kommunalisierungsprogramm, das den Wienern die Lösung der auf die expandierende Millionenstadt zukommenden Versorgungs- und Verwaltungsprobleme verspricht. Ganz so konsequent ist die Rundumschlag-Propaganda aber doch nicht gemeint. Gerade in den Zeiten der entscheidenden Meinungsbildung vor den ersten Wahlen zum Fünf-Kurien-Reichsrat nähert er sich dem Ministerpräsidenten Badeni an und erwirkt in der Folge die kaiserliche Billigung zu seiner Bürgermeister-Inthronisation. Das gesamte Spektrum der Lueger-Politik macht seine Partei im Kampf um die neuen Wählermassen auch im ländlichen Raum populär, wo die Sozialdemokraten ihre Losung vom gemeinsamen proletarischen Schicksal der städtischen und der agrarischen Werktätigen nicht verständlich machen können.

Die Endphase des Wahlkampfes wird mit aller Kraftanstrengung und Härte geführt. In Hunderten Versammlungen mobilisieren die Sozialdemokraten ihre Anhängerschaft, Lueger setzt aber seine ganze etablierte politische Macht und die volle Wucht seiner antisemitischen Demagogie ein. Zuletzt vergißt auch der hohe Klerus seine Fehden mit dem langjährigen Widersacher: Hirtenbriefe verdammen den Sozialismus und mobilisieren die ohnedies für die Christlichsoziale Partei begeisterte Priesterschaft. Der Wahlkampf wird auch von der Kanzel offen und rücksichtslos geführt.

Die Wahl vom März 1897 bringt insgesamt einen beachtlichen Erfolg für die Sozialdemokratische Partei. Sie zieht mit 14 Abgeordneten der fünften Kurie in den neuen Reichsrat ein. Aber in Wien und Niederösterreich hat Lueger uneingeschränkt gesiegt: Alle dortigen Mandate zur fünften Kurie gehen an die Christlichsoziale Partei. Das heißt, daß Victor Adler selbst und die Wiener Arbeiterführer unterlegen sind. Die weiße Nelke hat die rote Nelke besiegt. Victor Adler ist tief verletzt, aber richtet seine deprimierten Kampfgefährten auf.

Am Tag nach der Wahl schreibt er in der »Arbeiter-Zeitung«:

»Nicht der Kraft unserer Gegner sind wir unterlegen, sondern ihrer Tücke und ihrer Gewalttat. Gewiß, Herr Dr. Lueger hat gewaltige Mächte an seiner Seite: den Badeni, die Pfafferei und das Wiener Protzentum. Aber es hätte ihm nichts genützt, daß die Hausherren und die Hausmeister für ihn arbeiteten, daß von den Kanzeln aller Kirchen jeden Sonntag gegen die Sozialdemokratie gepredigt wurde, nicht einmal die albernen Lügen gegen unsere Partei, die erbärmlichen Verdächtigungen und die Verleumdungen jedes einzelnen unserer Kandidaten hätten genügt, um uns zu besiegen, um die stumpfe Masse der indifferenten Wählerschaft für die Antisemiten zur Urne zu jagen. Aber daß Lueger den *Verwaltungsapparat* in Wien in der Hand hatte, das hat uns geschlagen. Lueger ist der *Herr von Wien* und darum ist er der *Herr von der Wahlurne* geworden. Die Christlichsozialen haben nicht die Wähler, sondern die Legitimationen auf ihre Seite gebracht. Der würdige Freund und Schüler des Badeni hat seinem Herrn und Meister Ehre gemacht. (...) Niemals hat eine Gemeindeverwaltung ihre Macht so mißbraucht, wie bei diesen Wahlen ... Aber über diesen Dingen wollen wir nicht die *tiefer liegenden Ursachen* vergessen, daß die Lueger-Sippe trotz ihrer offenkundigen Lumpen und ihrer lächerlichen Nullen eine ungeheure Stimmenanzahl auf sich vereinigte. Diese Tatsache wäre nicht minder traurig, wenn sie um die paar tausend Stimmen weniger ergattert hätten, durch die die Mandate in ihre Hände kamen. Diese Tatsache beweist, daß *breite Schichten* der Wiener Bevölkerung noch weit fester in den *Banden der Knechtseligkeit und des Stumpfsinnes* liegen, als viele von uns in hoffnungsfreudigen Stunden dachten. Wien, das dem Lueger zu Füßen liegt, *das ist für Wien eine Schmach*, für die Wiener Sozialdemokraten aber ist es eine Aufgabe. Wir sind auch mit der Arbeiterklasse in Wien nicht fertig. Nicht etwa der „christlichsoziale Arbeiter", dieser widernatürliche Hanswurst, der nur in *einzelnen ausgestopften Exemplaren* zu sehen ist, hat irgendein Gewicht in die Waagschale geworfen, aber Tausende von geknechteten Arbeitern haben sich noch als Stimmvieh an die Urnen führen lassen... Hier ist unser Feind, ihn gilt es zu besiegen, und ihn wird die Sozialdemokratie besiegen... Wir haben ein Stück unserer Aufgabe gelöst; den

Karl Lueger, der die Billigung des widerstrebenden Kaisers erzwang

Rest zu vollbringen, das geloben wir uns heute, am Tage unserer schmerzlichen, aber ehrenhaften Niederlage... Die Niederlage *von heute ist die Gewähr künftiger Siege*. Der Augenblick ist bitter. Aber wir haben keine Zeit zu schmerzlichem Erwägen: vorwärts müssen wir! *Wir sind geschlagen, aber nicht besiegt*, und nicht einen einzigen Augenblick soll schwachmütige Verzagtheit unserer tapferen Schar den Fuß hemmen. Wir werden vorwärtsgehen, weil wir vorwärts müssen. Hoch die Herzen, die Fahnen hoch!« (Zitiert in: Brügel)

Die Arbeiterbewegung hat einen Rückschlag erlitten, aber sie bleibt geschlossen und sieht ihre Chance für die Jahrhundertwende. Der 6. Parteitag im selben Jahr, der in Wien abgehalten wird, beschließt die Verselbständigung der nationalen Parteien Österreichs. Alle zwei Jahre soll ein »Gesamtparteitag« abgehalten werden.

Aus den Tagebüchern der Emma Adler

So wie ihn die Herrlichkeit der Natur, die Wunder der Kunst entzückten, ebensosehr interessierten ihn alle Fortschritte der Technik. Alles, was zur Verbesserung und Verschönerung des Lebens beitrug, hatte eine mächtige, ihn tief erschütternde Wirkung, ergriff ihn tiefer als all das vielfältige Leid, das ihn seelisch und körperlich traf. Als der erste Zeppelin in Frankfurt aufsteigen sollte, befanden wir uns in Neuheim. Ehe es noch tagte, stand Victor auf und fuhr allein nach Frankfurt. Er war sehr aufgeregt und begeistert. Leider ließ ihn sein Eifer auf dem Flugplatz einen Balken übersehen, er fiel und verletzte sich den Fuß. Aber dies minderte nicht im geringsten seine Freude, diesen großen Augenblick miterlebt zu haben. Schmerzlich berührte es ihn nur, daß sein Herzleiden ihm nicht erlaubte, den Flug mitzumachen. Und dann, als bald darauf das Flugzeug verbrannte, fühlte er sich so unglücklich, als hätte ihn ein persönliches Leid getroffen. Er beteiligte sich an der Sammlung, da ein neuer Zeppelin gebaut werden sollte.

✳

Einer der wenigen von den Menschen, die ich kenne, die wahre, tiefe Bescheidenheit auszeichnet, ist Albert Einstein. Er besuchte uns einmal. Victor war noch in der Redaktion beschäftigt. So fiel mir die Aufgabe zu, ihn zu unterhalten. Wir sprachen über allerlei, und seine feine, stille Art gefiel mir sehr und gab mir eine gewisse Sicherheit ihm gegenüber. Wir sprachen über Juden und den Talmud. Zufällig wußte ich einige Stellen aus dem Talmud, und Einstein bat mich, ihm einiges zu zitieren. Am besten gefiel ihm folgender Ausspruch: »Wer der Ehre nachläuft, den flieht sie, wer sie flieht, dem läuft sie nach.« »Sehr schön, sehr schön,« sagte er und neigte lächelnd sein schönes Haupt. Einstein brachte mich durch seine Bescheidenheit in eine Art Verlegenheit. Das einfache Abendessen erregte seine Bewunderung und er dankte weit über die übliche Art.

»Familienphoto« vom Kongreß der Internationale, 1910. Vorne: Angelica Balabanoff, Adelheid Popp, Emma Adler. 2. Reihe Mitte: Victor Adler. Hinter ihm Leo Trotzki

Ich magerte zusehends ab und wurde schwer nervenkrank. Ich blieb es drei Jahre lang. – Das ist rasch gesagt, aber wenn jeder Tag dieser drei Jahre eine Ewigkeit schien, so ist dies etwas anderes. Angstgefühle quälten mich Tag und Nacht, und es war mir, als verliere ich immer mehr den festen Boden unter den Füßen. Als ich ein wenig ruhiger wurde, machte Victor noch den Versuch, mit mir nach Venedig zu fahren. Er hoffte, daß der Anblick dieser einzigartigen Stadt, die mich an die schönsten Zeiten meines Lebens erinnern würde, heilenden Einfluß haben könnte. Doch alles war vergebens. Ich rannte über den Markusplatz, durch die Straßen von Venedig nur mit gesenktem Blick, von Verfolgungswahn geängstigt, wagte ich nicht, den Blick zu den Palästen, zur Markuskirche zu erheben. Ach, ich war wie blind und taub. Auf der Rückreise benahm ich mich toll, von wahnsinniger Angst gepeitscht, konnte ich nicht fünf Minuten ruhig sein. Was hat da der gütige Victor gelitten, Übermenschliches erduldet!

❋

Ach, war das eine entsetzliche Zeit für mich, ohne Appetit mußte ich Unmengen essen, schlaflos die Nächte verbringen, trotz der Unmaßen giftiger Medikamente. Die Angstgefühle steigerten sich von Tag zu Tag (...). Wenn ich zufällig in den Spiegel blickte, erschrak ich über mein elendes, verändertes Aussehen, und ich dachte, meine Kinder müßten auch vor mir erschrecken. Sie sollten am folgenden Tage zu mir kommen. Ihretwegen, damit ich weniger entstellt aussehen sollte, flocht ich mir zum ersten Mal seit meiner Erkrankung die Haare am Abend in kleine Zöpfe, wie ich es vordem immer getan hatte, um die Haare duftiger zu machen...
Victor brachte mich in seiner nicht erlahmenden Güte heim, aber ich war noch den ganzen Winter über schwer krank. Man behandelte mich, als sei ich gesund, und erwartete auch von mir die Erfüllung meiner Pflichten. Doch war ich zu allem unfähig, alles ermüdete mich, regte mich auf, und ich mußte die Wirtschaft auf Gnade und Ungnade dem Dienstmädchen überlassen... Der Beste, Zartfühlendste von allen war Fritz, ein Knabe von dreizehn Jahren. Er kam mir mit einer solchen überlegenen Ruhe, mit einer so merkwürdigen Art entgegen. Es war erstaunlich, daß er, selbst noch ein halbes Kind, es so verstand, seine kranke Mutter zu trösten und ihr Vernunft zu predigen, eine Vernunft, die für ihre geschwächte Fassungskraft verständlich war. Eines Tages klagte ich über unsere schlechte Wohnung und über allerlei, das uns fehlte. Als ich gar zu arg jammerte, sagte Fritz: »Die Hauptsache ist, daß Du gesund wirst, alles andere ist gleichgültig.«

Die Zeitungskarikatur zeigt »Badenis Eiertanz«

BADENI HAT DIE WAHLREFORM ÜBER-STANDEN, an der seine Vorgänger gescheitert sind. Sein Regime zerbricht aber beim Versuch, das schwerste aller Nationalitätenprobleme zu entspannen und das Zusammenleben der herrschenden deutschen Minderheit mit der tschechischen Mehrheit in Böhmen und Mähren zu regeln. Am 4. April wird eine Sprachenverordnung für Böhmen, am 25. April eine ähnliche für Mähren erlassen. Nach einer Übergangszeit sollen bei Gerichten und Behörden in Böhmen die deutsche und die tschechische Sprache gleichberechtigt sein. Das heißt in der Praxis, da fast alle tschechischen Beamten deutsch, aber nur die wenigsten deutschen Beamten anständig tschechisch sprechen, daß die Deutschen nachlernen müssen. Eine Welle der Empörung erfaßt nicht nur in den unmittelbar betroffenen Reichsteilen die deutschsprachigen Untertanen der Monarchie – dies zu einer Zeit, in der das Kaiserpaar unter großem Jubel an den im April stattfindenden Tausendjahrfeiern Ungarns in Budapest teilnimmt und damit den gelungenen Ausgleich innerhalb der Doppelmonarchie begeht, der den Slawen im Norden wie im Süden des Reiches beharrlich verweigert wird.

Als der neue Reichsrat im Herbst das Thema behandelt, kommt es zu unerhörten Obstruktionsaktionen und Krawallszenen. Der Aufruhr richtet sich gegen die Regierung wegen ihrer Zugeständnisse an die Slawen, gleichermaßen aber wegen der rechtlichen Vorgangsweise: Die Sprachenverordnung ist nach dem berüchtigten Paragraphen 14 des Staatsgrundgesetzes erlassen worden, der es der Regierung ermöglicht, am Parlament vorbeizuregieren.

Die Sozialdemokraten sind wieder in einem qualvollen Dilemma. Die Entspannung der Nationalitätenfrage muß ihnen am Herzen liegen, aber die Anwendung des Paragraphen 14 ist für sie aus der Erfahrung der Vergangenheit und mit Hinblick auf die drohende zukünftige Repression unentschuldbar. Bei den Krawallen im Reichsrat sind die Sozialdemokraten auf der

Seite des leidenschaftlichen Protestes. Schließlich kommt es entgegen der Geschäftsordnung des Hauses zu einem Dringlichkeitsantrag, der die Geschäftsführung ändern und den Präsidenten zur Entfernung obstruierender Abgeordneter unter Polizeigewalt ermächtigen soll. Das wird als ein mit der Regierung Badeni vereinbarter Staatsstreich ausgelegt. Am 26. November besetzen die sozialdemokratischen Abgeordneten zum Protest die Präsidial-Estrade des Reichsrates. Polizei dringt ein und schleppt die Protestierer aus dem Saal, kurz darauf werden auch die obstruierenden deutschen Abgeordneten abgeführt. Eine Reihe von Großkundgebungen ist die Folge. Schließlich müssen sich auch die Christlichsozialen dem Protest anschließen. Das ist das Ende der Regierung: Badeni tritt zurück. Was als eine Hoffnung für die Entwicklung eines echten Parlamentarismus begonnen hat, wird zu einem Menetekel für die verbleibenden Jahre der Habsburgermonarchie.

ZUGLEICH MIT DEM RIESENRAD, das sich 1893 im Wiener Prater zum ersten Mal dreht, kommt auch nach den endlos scheinenden Depressionsjahren seit dem Börsenkrach von 1873 die Wirtschaftskonjunktur sichtbar in Schwung; die Wiederbelebung hat bereits lange zuvor durch die technische Innovationswelle, durch die Konzentration des Produktionskapitals, durch die Erneuerung, Vergrößerung und Verlagerung der industriellen Produktionszentren und durch die intensive Verbesserung der Infrastrukturen ihren Anfang genommen. Wirtschaftshistoriker erkennen in der letzten Epoche der Habsburgermonarchie, die mit der Regierungszeit des Kaisers Franz Joseph zusammenfällt, drei abgrenzbare Perioden: die Übergangszeit von einem rückständigen, noch mit der Manufakturepoche verschränkten frühindustriellen Kapitalismus mit Modernisierung von oben und bedingungslosem Glauben an die Fortschrittskraft des Liberalismus, kulminierend

im Spekulationsrausch der Gründerzeit; die nach dem Katastrophenjahr 1873 beginnende Depression, in der der Übergang zum großindustriellen Hochkapitalismus stattfindet; und eben nun, Mitte der neunziger Jahre, den Beginn einer weiteren, bis zum Weltkrieg dauernden Aufschwungphase, zuletzt einer „zweiten Gründerzeit", in der allerdings wie auch in den früheren großen Perioden kurzfristige, für den Kapitalismus typische Konjunkturschwankungen zu verzeichnen sind. So bringt – weniger paradox, als es auf den ersten Blick scheint – die Zeit der allmählichen Auflösung des Habsburgerstaates Jahre eines stürmischen wirtschaftlichen Aufschwunges.

In bezug auf die wesentlichste Voraussetzung allen wirtschaftlichen Fortschrittes scheint die Habsburgermonarchie gerade in der letzten Entwicklungsphase um die Jahrhundertwende im Spitzenfeld der europäischen Industriestaaten zu liegen: Vom Schock des Jahres 1873 bis zum Weltkrieg verachtfacht sich das Eisenbahnnetz; übrigens wird es in dieser Zeit nach mehrfachem Hin und Her von Privatisierung und Verstaatlichung weitgehend wieder in staatliches Eigentum übernommen.

Die besondere Bemühung des Staates um die Eisenbahn ist der Versuch, den historischen und geographischen Nachteilen seines Wirtschaftsraumes entgegenzuwirken. Die Monarchie ist nun einmal als relativ rückständiges, vorwiegend agrarisches Land mit wenigen Industrieinseln in die zweite Hälfte des Jahrhunderts getreten, ihr fehlt jede regionale und völkische Homogenität, die aus eigenem große Konzentrationen hervorbringt. Das Reich ist nach dynastischen Gesichtspunkten und aus dem Kräftespiel längst verflossener Zeiten entstanden, seine Teile streben im Industriezeitalter heftig auseinander, sodaß eine „zentrifugale Struktur" die Folge ist; sein Zugang zum Meer und die Verbindungswege dorthin sind unzulänglich und unvorteilhaft, Kolonien als Rohstofflieferanten und Absatzgebiete nicht vorhanden, in der Seefahrt ist Alt-Österreich eine zu vernachlässigende Größe. Mit der Verschärfung der Nationalitätenprobleme wird nun auch die Bereitschaft zur inneren wirtschaftlichen Kooperation immer geringer. Eisenbahn, Post und Armee sind die Hauptsysteme, welche die Monarchie zusammenhalten.

Bei den modernsten Errungenschaften sieht das Bild schon weniger günstig aus. Eine Übersicht über das Telegraphenwesen läßt imposante Steigerungsraten erkennen, zeigt aber den Abstand von den führenden Industrienationen.

Ein ganz anderes Bild ergibt jeder weitere denkbare Vergleich zwischen der Habsburgermonarchie bzw. dem nach dem Ausgleich mit Ungarn entstandenen österreichischen (»cisleithanischen«) Reichsteil und den europäischen Konkurrenten. Fast in jedem Produktionsbereich hat Österreich enorm aufgeholt, gerade in den Aufschwungphasen vor und nach der Jahrhundertwende wird dies deutlich erkennbar. Wichtige Produktionssparten haben ihren Ausstoß verdoppelt, verdreifacht, ja sogar verzehnfacht. Dennoch fällt Österreich im europäischen Vergleich deutlich ab, vor allem in der Relation zum wirtschaftlichen Hauptkonkurrenten, dem Deutschen Reich, das eine geradezu explosive Expansion durchmacht. Man ersieht auf einen Blick aus den Wirtschaftsdaten auch die ganze Abhängigkeit der Habsburgermonarchie in dem politischen Bündnissystem, das die Konstellation des drohenden Weltkrieges erkennen läßt. Noch deutlicher wird der Abstand zwischen Österreich und Deutschland in den Ausstoßziffern der Koksproduktion erkennbar, die ja Leitzahlen für die Stahlproduktion, also die Grundstoffindustrie der gesamten Hochindustrialisierung und vor allem der Kriegsindustrie, sind. Österreich ist auch, was die Umschichtung der Agrarbevölkerung in den industriellen Wirtschaftssektor anbelangt, weit im Rückstand.

Der rasche Fortschritt beeinflußt das Leben der Gesellschaft, des Staates und der Parteien, aber ebenso bleibt die Hemmung, die Verzögerung dieses Fortschritts im Verhältnis zu den voraneilenden Nachbarn nicht ohne Wirkung auf die Politik. Industrielle Entwicklung bringt Spannungen, schafft menschliches Leid, motiviert Widerstand, Rebellion, Umsturzbedürfnis; wirtschaftliche Entfaltung, Produktionssteigerung, das Aufkommen neuer Waren bilden die Voraussetzung für die zaghafte Erfüllung sozialer Wünsche: höhere Löhne – vorerst nur für die Angehörigen der qualifizierteren Berufe –, kürzere Arbeitszeit, bessere Lebensbedingungen. Die österreichische Wirtschaft um die Jahrhundertwende bietet Fortschritt mit der einen wie der anderen Konsequenz; daß dieser Fortschritt

»Moderne Zyklopen«. Nach einem Gemälde von Richard Fuhrn

gehemmt, im Vergleich zu gering ist, mildert die einen, verschärft die anderen Folgen.

Zwischen der Entwicklung der staatlichen Wirtschaftsideologie und dem Werden der politischen Bewegungen ergibt sich auch eine bemerkenswerte Wechselwirkung: Österreich hat bis 1873 den Nutzen des Liberalismus überschätzt und seine Gefahren übersehen. Das hektische Korrektiv nach der Beendigung der liberalen Ära ist aber nur in engen Bereichen eine Hinwendung zur Zukunft: Mit der Abwertung des Liberalismus geht auch ein Teil des Entwicklungsenthusiasmus verloren. Die Kurskorrekturen der langen Regierungsperiode des Grafen Taaffe sind der Versuch, vorliberale Produktions- und Zusammenlebensformen wiederzubeleben. Das lindert die von der schrankenlosen Profitwirtschaft geförderten Verelendungstendenzen, bringt für die Arbeiter ansatzweise sozialen Schutz, bewahrt die noch überlebenden Bauern vor dem Ausverkauf ihres Erbes, gibt dem städtischen Gewerbe neue Hoffnung. Aber weil die Korrektur nicht mit vorwärtsgewandtem Blick erfolgt, würgt sie auch wichtige Expansionschancen ab. Die Regierung kann die Monopolisierungsschübe der Wirtschaft nicht in ihr

System einordnen: Die Zahl der Kartelle steigt von 1880 bis zum Weltkrieg von vier auf 200. Der Staat geht aber gegen die Aktiengesellschaften, die für ihn der ökonomische Inbegriff des verdächtig gewordenen Kapitalismus sind, mit Steuern vor, die bis zu viermal höher sind als etwa in Deutschland. Das bedeutet, daß sich wesentliche Entwicklungstendenzen aus der protektionistischen Habsburgermonarchie zur europäischen Konkurrenz verlagern.

Die geistigen Voraussetzungen für den technischen Fortschritt und damit für die industrielle Innovation sind dabei in den Zentren der Donaumonarchie erstklassig. Und jene sind ihrerseits Folge des auch im internationalen Vergleich hohen wissenschaftlich-kulturellen Niveaus. Aber viele der bedeutendsten Erfinder konnten schon in der frühindustriellen Phase den Durchbruch zum Erfolg schaffen, unter ihnen Madersperger (Nähmaschine 1814), Ressel (Schiffsschraube 1829), Mitterhofer (Schreibmaschine 1866). Jedenfalls gewährleistet das hohe Niveau österreichischer Ingenieurausbildung, daß das Land wenn schon nicht quantitativ, so doch qualitativ zur europäischen Spitze gehört.

Die Maschinenindustrie behauptet in den letzten Jahrzehnten der Monarchie ihre führende Stellung, die Dampfturbine tritt überall, wo kraftvolle, schnelle und genaue Rotation erforderlich ist, an die Stelle auch der hochentwickelten Dampfmaschinen. Benzin- und Dieselmotor revolutionieren die Fabriken und beginnen, den Verkehr zu verändern. Das Zeitalter der Elektrizität hat jedenfalls in den städtischen Zentren voll eingesetzt. Die ersten Wasserkraftwerke werden gebaut. Das elektrische Licht geht an und überstrahlt das (durchaus noch moderne) Gaslicht des Auer-Welsbach-Glühstrumpfes. Vorerst leuchtet Edisons Kohlenfaden, dann übertrumpft Auer von Welsbach 1898 in Wien seine eigene Erfindung und setzt der elektrischen Glühbirne den Osmium-Faden ein.

Nach den bereits Jahre zurückliegenden ersten Versuchen beginnt 1897 die Elektrifizierung der Wiener Straßenbahn, 1904 folgt die Stubaibahn, 1911 die Mariazellerbahn. Die achtziger Jahre bringen den städtischen Zentren die ersten Telefonapparate, in den Neunzigern entwickelt sich der internationale und interkontinentale Fernsprechverkehr. Seit 1890 kann man zwischen Wien und Budapest, von 1894 an von Wien nach Prag und Berlin telefonieren. 1904 wird in Graz die erste drahtlose Tonübertragung durchgeführt: Das Radiozeitalter kündigt sich an.

Auch in Österreich erfüllt sich der Menschheitstraum vom Fliegen, und Österreicher gehören zu dessen Pionieren: 1901 zerschellt auf dem Wienerwald-Stausee ein erstes Versuchs-Flugzeug, 1906 gelingt Igo Etrich mit seiner »Taube« der erste Flug in der Monarchie.

In den letzten Jahrzehnten des 19. Jahrhunderts wird die Photographie durch den Zelluloid-Film populär, 1896 werden Kaiser Franz Joseph die ersten photographischen Laufbilder vorgeführt. Die Schallplatte tritt ihren Siegeszug an, und zum erstenmal werden berühmte menschliche Stimmen unsterblich.

Die Einlaufstellen der Patentämter quellen über: Utopien von gestern werden zur Realität. Am schnellsten, wenn sie sich auf Waffen beziehen und für den Krieg bestimmt sind.

Österreich lernt fliegen: Start der »Etrich-Taube« im Jahre 1906

Etrichapparat mit 120 HP Aerodaimler

Da stehen sie und regen schwer die Glieder
in den durchdampften Räumen der Fabrik.
Ein jeder senkt auf seine Arbeit nieder
den noterstarrten, teilnahmslosen Blick.

Sie sind nicht Menschen mehr, sind nur Maschinen,
die in dem vorgeschrieb'nen Stundenkreis
sich drehen müssen, ohne daß von ihnen
nur einer seine Kraft zu schätzen weiß.

Sie können nimmer ihre Hände spannen
nach ihrer Tage mühevollem Tun
um eigne Werke; was sie je begannen,
muß halbvollendet tot im Dunkel ruhn.

Sie schaffen abertausend Gegenstände,
sie machen viele Dinge stark und groß;
doch ist nicht Gott im Regen ihrer Hand
und was von ihnen kommt, ist seelenlos.

Alfons Petzold (1882–1923): poetischer Kämpfer für die
Menschlichkeit in den Jahren der technischen Triumphe

ALS EIN FÜNFZIG-MILLIONEN-REICH geht der Habsburgerstaat seinem Ende entgegen, nachdem die letzte unheilschwangere Gebietserweiterung durch die legistische Einverleibung Bosniens und der Herzegowina vollzogen ist. Am Ungleichgewicht der Nationalitäten hat sich nichts zum Vorteil geändert. Die „Herrenvölker", die der Doppelmonarchie den Namen geben, sind insgesamt in der Minderheit, selbst innerhalb der beiden Reichsteile sind die Deutschen mit 24 Prozent Anteil an der Gesamtbevölkerung der Monarchie und die Ungarn mit 20 Prozent jeweils in der Minderheit.

Abgesehen von der erwähnten Annexion ist die Überschreitung der 50-Millionengrenze, die Österreich-Ungarn nach Rußland und Deutschland zum flächengrößten beziehungsweise volkreichsten Staatengebilde Europas macht, das Ergebnis eines seit Jahrzehnten ungleichmäßigen, aber insgesamt stetigen Bevölkerungswachstums. Sein Hauptschub ergibt sich in den letzten Jahrzehnten des 19. Jahrhunderts durch

die erfolgreiche Bekämpfung von Seuchen und Volkskrankheiten, insbesondere durch die Verringerung der Kindersterblichkeit – ein Erfolg der weltberühmten Wiener Medizinischen Schule und der ernsthaften Bemühungen um bessere sanitäre Verhältnisse; auch die jedenfalls im Durchschnitt kontinuierliche Steigerung des Pro-Kopf-Einkommens und insbesondere der Lebensmittelversorgung spielt wohl eine entscheidende Rolle.

Die Statistik der Sterbefälle zeigt in den letzten Jahrzehnten der Monarchie Rückgänge in bezug auf die meisten Todesursachen. Eine leichte Steigerung in den Rubriken »Herzkrankheiten« und »Krebs«, also jener Krankheiten, die man im absoluten Elend nicht erlebt, widerspricht nicht der Gesamttendenz. Die schlimmste Seuche der Armen, die Tuberkulose, fordert allerdings so viele Opfer wie eh und je – ein Hinweis auf die durch Bevölkerungswachstum und Verstädterung kaum verbesserten Wohnbedingungen des Proletariats.

Auswandererschicksal in der Karikatur: So empfangen die arrivierten Früheinwanderer den mittellosen Spätankömmling – Hunderttausende verzweifeln und müssen im Zwischendeck die bittere Rückreise antreten

Um die Jahrhundertwende zeigt sich zumindest im österreichischen Reichsteil und ganz allgemein in den fortgeschritteneren Zonen die der allgemeinen bevölkerungspolitischen Regel entsprechende Gegenwirkung, die den Wachstumsschub abflachen läßt. Die Geburtenzahl geht allmählich zurück: Im Durchschnitt bringt eine Frau 1890 noch fünf, 1910 nur noch vier Kinder zur Welt.

Der zweifellos vorhandene Zuwachs an Konsumkraft verteilt sich aber höchst ungleich: Je weiter weg von den Zentren Wien, Budapest und Prag, umso geringer ist die Verbesserung des Lebensstandards. Ungleich aber vor allem in bezug auf die sozialen Klassen: Wo Reichtum ist, wächst Reichtum zu, die Armut wird durch die allmählich engmaschiger werdenden sozialen Fangnetze gemildert, aber keineswegs abgeschafft. Schließlich entscheidet auch die Zugehörigkeit zur einen oder anderen Wirtschaftsbranche über den Anteil an der Wohlstandssteigerung: Der größte Teil des Landproletariats – noch immer die Hälfte der Gesamtbevölkerung – spürt kaum eine Verbesserung, ja wird durch die in diesem Bereich besonders starke Bevölkerungsvermehrung auf immer engerem wirtschaftlichen Überlebensraum zusammengedrängt.

Wie gering in diesen benachteiligten Bereichen die Chancen sind, auf irgendeinem noch so mühsamen Weg Anschluß an den Fortschritt zu finden, zeigen die Auswandererzahlen dieser Jahre. Die Faszination des fernen Amerika, die Vision von einem ganz anderen Leben in einer neuen Welt, hat mehr Anziehungskraft als die Verlockung der nahen Großstadt. Vom Beginn der großen Krise in den siebziger Jahren bis zum Weltkrieg wandern drei bis vier Millionen Menschen nach Übersee aus – der größte Teil in die USA. Viele von ihnen scheitern.

Auch die große Masse der Dienstboten in den Häusern der Aristokratie und des Bürgertums bleibt ebenso auf der untersten Stufe der sozialen Skala wie die durch den neuerlichen Sog der Industrialisierung in die Großstädte gezogenen Taglöhner- und Hilfsarbeitermillionen. Sozialen Aufstieg gibt es nur für die Elite der Arbeiterschaft.

Aber auch hier täuscht das Bild, wenn man etwa die aus der Statistik ablesbare Verdoppelung der Nominallöhne innerhalb zweier Jahrzehnte ins Auge faßt. Der allgemeine, insbesondere landwirtschaftliche Protektionismus bewirkt eine allgemeine Teuerung.

Was sich in den siebziger und achtziger Jahren beim Entstehen der hochindustriellen Konzernbetriebe und ihrer qualifizierten Arbeiterschaft angedeutet hat, wird nun voll erkennbar: Die Elite der Arbeiter und Angestellten überschreitet nach und nach den Drittel-Rand der relativ Bevorzugten. Das heißt für diese nun nicht mehr nach Zehntausenden, sondern schon nach Hunderttausenden und allmählich Millionen zählenden klassenbewußten Arbeiter eine Existenz, die ein neues Selbstverständnis ermöglicht, ein hartes, entbehrungsreiches Familienleben in Wohnungen, die zumindest den Traum einer späteren Arbeiter-Wohnkultur zulassen, ein Leben mit soviel Freizeit, daß Bildung, kultureller Genuß und Erlebnis der Natur nicht mehr unerreichbar sind. Diese Arbeiter-Elite prägt die bescheidenen Nahziele der Bewegung: Was nun noch ein Vorzug ist, soll Mindeststandard des proletarischen Lebens werden.

Diese ermutigte Vorhut der Arbeiterschaft, die es wagt, den Kopf zu heben, sieht in der bürgerlichen Welt, die den Hauptanteil der Gütervermehrung konsumieren kann, faszinierende Ziele eines neuen Lebens. Im Zuge des allgemeinen geistigen Aufbruchs, der sich in den Kulturzentren der Monarchie vollzieht, ist der Körper entdeckt worden: Sport wird zum Ideal aller, für die die Lebenszeit nicht lediglich dazu da ist, Geld zu verdienen, sondern auch dazu, Geld auszugeben. Eine Sportart nach der anderen wird modern: Badestrände werden erschlossen, der Skilauf nimmt – in Österreich für die ganze Welt – seinen Anfang, aus dem romantischen Bergsteig-Hobby einiger weniger wird die Wanderbewegung. Die perfektionierten Eisenbahnnetze, für die Reichen aber auch das Auto und der Luxus-Dampfer, werden Vehikel des Tourismus. Die Welt, die man nur aus Reisebeschreibungen gekannt hat, wird auf einmal erreichbar. In den verschiedenen politischen Bewegungen entstehen sportliche Vorfeld-Organisationen. Die tschechischen Sokols geben ein eindrucksvolles Beispiel: Ihre Massen-Sportfeste motivieren die Arbeiter-Sportkultur einer ganzen Generation; noch ist die Zeit fern, in der diese enthusiastische Kollektiv-Sportdemonstration einen bösen politischen Beigeschmack bekommen wird. Der Mensch, wie ihn der Jugendstil darstellt, will Wirklichkeit werden.

Begeisterung für das „neue Leben": ein Arbeiter-Radfahrverein

WIE EIN SCHIFF MIT GEBROCHENEM STEUERRUDER treibt die Monarchie nach der Lahmlegung des eben vom Stapel gelaufenen Fünf-Kurien-Parlaments in die letzten Jahre des ausgehenden Jahrhunderts. Der Kaiser ernennt nacheinander zwei Aristokraten seines persönlichen Vertrauens zu Regierungschefs, den Freiherrn Paul von Gautsch und nach dessen baldigem Scheitern den wegen seiner Härte berüchtigten Statthalter Böhmens, den Grafen Leo Thun-Hohenstein. Es wird, so gut es eben noch geht, im alten repressiven Stil der Taaffe-Ära administriert, Verbote, Verhaftungen, Prozesse, Beschlagnahmen häufen sich, und doch ist das Regime zahnlos. Der Reichsrat macht sich durch Obstruktion immer wieder arbeitsunfähig, der Nationalitätenstreit, insbesondere in bezug auf die böhmische Sprachen-Frage, kulminiert, die Sprachenverordnung Badenis wird aufgeschoben, ohne daß irgendeine andere Lösung in Sicht ist. Die Verfassung schrumpft auf den Paragraphen 14. Zur abermaligen Ausrufung des Ausnahmezustandes hat das Regime angesichts der gigantischen Entfaltung der Massenparteien keine Kraft. Auch das Gespenst des Anarchismus kann in den österreichischen Landen, in denen sich die Parteien ihrer eigentlichen demokratischen Stärke bewußt geworden sind, nicht mehr beschworen werden, obwohl der internationale Terrorismus ringsum unter den Machthabern Schrecken verbreitet. Tragisch-paradoxerweise trifft die blutige Hand der Anarchie, die die k. u. k. Staatspolizei Jahrzehnte vorher leichtfertig benutzt hat, um die Bürgerrechte beseitigen zu können, erst im Jahre 1898 unvermittelt das Kaiserhaus: In Genf wird die Kaiserin Elisabeth von einem verrückten Fanatiker bei einem Spaziergang mit einer Feile erstochen. Franz Joseph ist von diesem Tag an in seinem persönlichen Leben so allein wie in der Politik; der Thronfolger Franz Ferdinand, vom Kaiser wegen seiner unstandesgemäßen Ehe zum Verzicht auf den Thronanspruch seiner Nachkommen gezwungen, wartet im Belvedere auf den Tag, an dem der alte Monarch in Schönbrunn die Augen schließt.

Ein halbes Jahrhundert ist vergangen, in dem die Monarchie keine Vision einer aussichtsreichen Zukunft, nicht einmal ein Konzept des Überlebens gefunden hat. Die einzigen, die in diesen Jahren ernsthaft und mit Kompetenz über eine mögliche Zukunft des Vielvölkerstaates nachdenken, sind die Sozialdemokraten. Nach einer mehrjährigen intellektuellen Vorarbeit auf höchstem Niveau, in der die jungen Nachwuchspolitiker Karl Renner und Otto Bauer hervortreten, geht die Sozialdemokratie mit einem großangelegten Nationalitätenprogramm an die Öffentlichkeit. Die intensive Beschäftigung mit dieser Frage ist auch eine Schicksalsaufgabe der Arbeiterbewegung. Die Aufgliederung der Partei in nationale Organisationen, 1897 auf ihrem 6. Parteitag beschlossen, wäre ja der Anfang vom Ende der Gesamtpartei, könnte sie nicht am Beispiel ihres eigenen familiären Zusammenlebens demonstrieren, wie die österreichische Völkerfamilie ihr Haus zu bestellen hätte. Das Nationalitätenprogramm ist daher das dominierende Thema des ersten von der Parteireform vorgesehenen Gesamtparteitages, der im September 1899 in Brünn abgehalten

wird. Das kühne Konzept einer Völkerdemokratie wird in der Parteitagsresolution formuliert:
»Die *endliche Regelung der Nationalitäten- und Sprachenfrage in Österreich im Sinne des gleichen Rechtes und der Gleichberechtigung und Vernunft* ist vor allem eine *kulturelle Forderung*, daher im Lebensinteresse des Proletariats gelegen; sie ist nur möglich in einem *wahrhaft demokratischen Gemeinwesen, das auf das allgemeine, gleiche und direkte Wahlrecht gegründet* ist, in dem alle feudalen Privilegien im Staate und in den Ländern beseitigt sind, denn erst in einem solchen Gemeinwesen können die arbeitenden Klassen, die in Wahrheit die den Staat und die Geselligkeit erhaltenden Elemente sind, zu Wort kommen; die *Pflege und Entwicklung der nationalen Eigenart aller Völker in Österreich ist nur möglich auf der Grundlage des gleichen Rechtes und unter Vermeidung jeder Unterdrückung*, daher muß vor allem anderen jeder bürokratisch-staatliche Zentralismus ebenso wie die feudalen Privilegien der Länder perhorresziert werden.
Unter diesen Voraussetzungen, aber auch nur unter diesen, wird es möglich sein, in Österreich an Stelle des nationalen Haders nationale Ordnung zu setzen, und zwar unter Anerkennung folgender leitender Grundsätze:
1. Österreich ist umzubilden in einen *demokratischen Nationalitätenbundesstaat*.
2. An Stelle der historischen Kronländer werden *national abgegrenzte Selbstverwaltungskörper* gebildet, deren Gesetzgebung und Verwaltung durch *Nationalkammern*, gewählt auf Grund des allgemeinen, gleichen und direkten Wahlrechtes, besorgt wird.
3. Sämtliche Selbstverwaltungsgebiete einer und derselben Nation bilden zusammen einen national einheitlichen Verband, der seine *nationalen Angelegenheiten völlig autonom* besorgt.
4. Das Recht der *nationalen Minderheiten* wird durch ein eigenes, vom *Reichsparlament* zu beschließendes Gesetz gewahrt.
5. Wir anerkennen kein nationales Vorrecht, verwerfen daher die Forderung einer Staatssprache; wie weit eine Vermittlungssprache nötig ist, wird ein Reichsparlament bestimmen.« (Zitiert in: Brügel)

»Tatsächlich fehlt sowohl den tschechischen wie den deutschen Nationalisten jede einigende Idee, jede Geschlossenheit. Sie lösen sich auf in

Der junge Otto Bauer (1881–1938)

zahlreiche Fraktiönchen und jedes derselben in einzelne disziplinlose Lokalgrößen, deren Einbildung ebenso turmhoch wie ihre Unbedeutendheit abgrundtief ist. Deutsche und Tschechen können also den Weg zum einfachen und klaren Nationsrecht nicht finden, sie irren beide in dem Labyrinth historischer und phantastischer Staatsrechte einher und schwanken von einem dieser Wandelgebilde zum anderen. Da sie sich jedoch auf kein Programm einigen können, sind sie bereit, miteinander eine Art Politik zu üben, die Politik der Gewalt!« (K. Renner: »Der deutsche Arbeiter und der Nationalismus«)
»Man hat keine Antwort auf die große Frage, wenn man das Problem der nationalen Minderheiten nicht zu lösen vermag. Der nationale Haß aber, der die österreichische Bevölkerung und vor allem das österreichische Kleinbürgertum erfüllt, ist nun ursächlich begriffen. Er ist ein

Karl Renner (1870–1950) als Parlamentsbeamter mit seiner Frau

Erzeugnis jenes schmerzvollen, Gegensätze und Kämpfe erzeugenden Prozesses der Umsiedlung der Bevölkerung, er ist nichts als eine der vielen Gestalten des sozialen Hasses, des Klassenhasses, den die gewaltige Umwälzung gebiert, die der moderne Kapitalismus überall in der alten Gesellschaft hervorgebracht hat. Nationaler Haß ist transformierter Klassenhaß.

Mit dem tschechischen Kleinbürgertum zieht auch die tschechische Intelligenz in die deutschen Industriegebiete. Auch dem Arzt, dem Advokaten winkt in den Industriestädten mit ihrer schnell wachsenden Volkszahl höheres Einkommen. Auch hier wird die Nationalität Prinzip der Konkurrenz. Der tschechische Arzt und Advokat nimmt dem deutschen Kollegen die Kundschaft der tschechischen Minderheit; der Konkurrenzneid der deutschen Kollegen wird zu nationalem Haß. Hier aber wird nicht nur die Nationalität, sondern geradezu der nationale Kampf zum Konkurrenzmittel. (...)

Wenn die Tausende tschechischer Arbeiter, die im deutschen Industriegebiete Arbeit suchen müssen, dort keine Volksschulen für ihre Kinder finden; wenn Städte, in denen die Mehrheit der Bevölkerung der tschechischen Nation angehört, dank dem plutokratischen Gemeindewahlrecht von der deutschen Bourgeoisie beherrscht werden, die den tschechischen Arbeiterkindern Bürgerschulen verweigert; wenn der tschechische Arbeiter in den Ämtern und vor den Gerichten nicht in seiner Sprache sein Recht suchen kann, so ist es selbstverständlich, daß die tschechische Arbeiterpartei für die Befriedigung der nationalen Bedürfnisse des tschechischen Proletariats kämpfen muß. Dadurch gewinnt sie Anteil an den nationalen Machtkämpfen; die Ideologie des nationalen Machtkampfes dringt in die Arbeiterschaft ein.« (O. Bauer: »Die Nationalitätenfrage und die Sozialdemokratie«)

Mit diesem Programm geht die Sozialdemokratie in das 20. Jahrhundert und in den Wahlkampf des Jahres 1901. Mit der Jahrhundertwende endet auch die klägliche Episode der Repressions-Regierungen; der Kaiser versucht, durch die Ernennung eines weitaus aufgeschlosseneren Regierungschefs, des Bürgerlichen Dr. Ernest v. Koerber, neue Wege zu beschreiten. Die Lockerung der obrigkeitlichen Unterdrückung gibt der Arbeiterbewegung eine Chance, ihre Organisation weiter auszubauen. Dennoch ist die Werbekraft der auf dem Höhepunkt ihres Glanzes stehenden Lueger-Partei und die gemeinsame Wirksamkeit der nunmehr eindeutig verbündeten christlichsozialen und konservativen Kräfte unter hemmungslosen antisemitischen Parolen noch größer als bei den ersten Wahlen zum Fünf-Kurien-Parlament. Auch die deutsch-chauvinistische Variante des Antisemitismus kommt voll zum Zuge. Die Sozialdemokraten verlieren 4 von ihren 14 Mandaten, die Christlichsozialen werden noch stärker, die Fraktion der alldeutschen Schönerer-Partei wächst von 8 auf 21 Mandate. Victor Adler verfehlt abermals sein Mandat, kommt allerdings vier Jahre später im Wahlkreis Reichenau bei einer Nachwahl zum Zug. Eine besondere Chance deutet sich außerhalb der fünften Kurie an: Karl Seitz wird im Wahlkreis Korneuburg-Floridsdorf in die Städtekurie gewählt.

»DAS ZIEL IST NICHTS, DIE BEWEGUNG IST ALLES.« Diese Parole des deutschen Ideologen Eduard Bernstein, der alle anderen führenden Köpfe der deutschen Sozialdemokratie, vor allem Karl Kautsky, energisch widersprechen, beschäftigt in den Jahren um die Jahrhundertwende auch die Köpfe der besten politischen Denker Österreichs. Vom Bismarck-Staat dafür verfolgt, hat Bernstein den Marxismus seit Jahrzehnten unermüdlich und in enger Freundschaft mit allen Großen der Internationale, insbesondere mit Friedrich Engels, vertreten; nun tritt er dem klassischen und, wie er meint, orthodox gewordenen Thesengebäude des Marxismus, das im Erfurter Programm pointiert niedergelegt ist, kritisch entgegen und reißt damit eine Kluft auf, die an die in den vorangegangenen Generationen überbrückten Abgründe zwischen Selbsthilfe- und Staatshilfetheorie, zwischen sozialliberalem Opportunismus und kompromißlosem sozialistischen Radikalismus und schließlich zwischen gemäßigtem Realismus und Anarchismus erinnert. Die österreichische Partei, die von Victor Adler immer wieder auf die Notwendigkeit der praktischen politischen Auseinandersetzung eingeschworen wird, indem er mit großem verbalen Geschick an allen spitzfindigen rhetorischen Gegensätzen vorbeiargumentiert, hat sich diese Auseinandersetzung nicht gewünscht, sie kann sich ihr aber auch nicht entziehen. Die Diskussion über das neue Gegensatzpaar revisionistische und fundamentalistisch-revolutionäre Auffassungen gibt dem durch die Nationalitätendebatte beherrschten geistigen Raum der Arbeiterbewegung eine zweite Dimension.

Eduard Bernstein wendet sich nicht gegen die Klassenkampftheorie an sich, auch nicht gegen die materialistische Geschichtsauffassung als solche. Er hat nur mit einer Konsequenz, die seine Freunde nicht aufbringen oder die sie aus durchaus ernstzunehmenden theoretischen wie strategischen Gründen für schädlich halten, drei grundlegende Systemfehler des Marxismus entdeckt, die ihm gerade in den Jahren des politischen Aufstieges der Sozialdemokratie und der spürbaren Annäherung an die reale politische Macht in die Augen stechen.

Erstens erkennt Bernstein die Zielvorstellung der »vom Kopf auf die Beine gestellten« Hegelschen Dialektik als zutiefst unbefriedigend:

Warum sollte nach einem durch die ganze Weltgeschichte gehenden Prozeß der Klassenkämpfe, der dialektischen Spannungen, die zwar jeweils von Thesen und Gegenthesen zu neuen Synthesen finden, aber immer wieder in neue Thesenpaare aufgespalten werden, nach dem Sieg des Sozialismus für den Rest aller Zeiten ein paradiesischer Ruhezustand eintreten? Und wäre diese Ruhe denn tatsächlich die Ruhe eines neuen Garten Eden? Bernstein sieht

Eduard Bernstein (1850–1932), der weitblickende Häretiker des Marxismus

in dieser Endziel-Vorstellung des Marxismus ein Erbe der utopischen Sozialisten; genauer gesagt: Durch diese Konzeption ist für ihn der klassische Marxismus trotz seiner wirtschaftswissenschaftlichen Inhaltsfülle eine letzte Form des utopischen Sozialismus. Bernstein versteht den Sozialismus als dynamisch, evolutionär, selber widersprüchlich, wandlungsfähig, entwicklungsträchtig.

Zweitens erblickt Bernstein den Pferdefuß in der keinen Widerspruch duldenden Voraussage der unvermeidlichen Hervorbringung der sozialistischen Gesellschaftsordnung durch die kapitalistische. Wäre dieser Prozeß wirklich vorbestimmt, warum sollte man dann überhaupt dafür kämpfen? Eben weil dieser Kampf so offenkundig unerläßlich, so hart und sein Ausgang so unsicher ist, hält Bernstein den fatalistischen Aspekt des klassischen Marxismus für falsch und irreführend.

Schließlich scheint Bernstein die Theorie von der zunehmenden Verelendung des Proletariats und der dadurch unabwendbar werdenden Katastrophe unrichtig und schädlich zu sein: Zeigen nicht die politischen und gewerkschaftlichen Erfolge der jungen Sozialdemokratie, daß die Verelendung gemildert werden kann und gemildert wird? Kann der Kapitalismus nicht allmählich absterben, sich verwandeln, in den Sozialismus „hineinwachsen"? Müßte man nicht als konsequenter Anhänger der Verelendungs- und Katastrophentheorie alle Fortschritte und Erleichterungen für die Arbeiterschaft verhindern, um so rasch wie nur möglich zur Katastrophe zu gelangen – eine Auffassung, die ja von den Anarchisten sehr konsequent zu Ende gedacht worden ist.

Im übrigen sieht Bernstein die vielen Rückwirkungen des proletarischen Aufstiegskampfes auf das Gesamtsystem. Heute könnten wir sagen: Bernstein enthüllt den Marxismus als eine „self-destroying prophecy", als eine Voraussagung, die sich durch ihre eigene Wirksamkeit widerlegen muß. Praktisch stellt Bernstein fest, daß die Klassen nicht nur immer weiter auseinanderklaffen, sondern daß sich neue Zwischenschichten bilden, daß sich nicht nur alte Reste des Gewerbes und der Landwirtschaft halten – in Österreich durch besonderen Protektionismus geschützt –, sondern daß die Hochindustrialisierung neue Mittel-Strukturen braucht

und ins Leben ruft; in diesem Argument ist die gewaltige Neuentwicklung des „dritten Sektors", der Dienstleistungsbetriebe und -berufe also, noch nicht enthalten.

Der Zorn, der über Bernstein in der deutschen Sozialdemokratischen Partei hereinbricht, hat ein erkennbares Motiv: Bernstein hat viel unleugbare Wirklichkeit aufgedeckt, er hat die Sozialdemokratie als die erfolgreiche Reformbewegung definiert, die sie ist; er hat aber damit das überhöhte ideologische Bewußtsein der großen geistigen Gemeinschaft und ihrer Führer offenkundig beleidigt oder überfordert. Neben Lawinen von fachlich-exegetischen Argumenten, die nun über ihn niedergehen, trifft ihn ein schwer widerlegbarer praktischer Vorwurf: Nehmen wir uns nicht, wenn wir der Bewegung den Blick auf den Gipfel durch den Nebel des Zweifels trüben, für den vor uns stehenden politischen Entscheidungskampf die entscheidende Kraft? – Bernstein antwortet: Verscheuchen wir mit unseren irrigen marxistischen Dogmen nicht unnötigerweise große Teile des durchaus proletarisch lebenden Mittelstandes, der Bauernschaft, der öffentlichen Berufe? Treiben wir nicht unnötigerweise große Teile des Proletariats, die wir zur Mehrheitsbildung brauchen, in nationalistische, konfessionelle Kleinbürger- und Agrarier-Parteien?

Am 2. Gesamt-Parteitag der österreichischen Sozialdemokratie wird der »Revisionismusstreit« ohne allzugroßes Engagement, aber mit großem intellektuellen Ernst ausgetragen, wobei die Partei im wesentlichen nach dem Vorbild der deutschen Partei Bernstein kritisch gegenübersteht.

Victor Adler setzt sich in Briefen und Gesprächen mit seinen deutschen Freunden für eine Entschärfung des Konfliktes ein, dessen Notwendigkeit ihm, dem Pragmatiker, dem Synthetiker, als zweifelhaft erscheint. Victor Adlers Kompromißfähigkeit sieht wie in allen vergleichbaren Situationen einen Ausgleich durch realistische Praxis und emotionell-phantasieanregenden Verbalismus. So hat er vor der großen Hainfeld-Einigung den Anarchisten den Wahlrechtskampf schmackhaft gemacht: als gute Agitationsmethode, wenn er zu nichts anderem gut sein sollte. So hat er die Partei zu einer Zeit, als sie zu einer totalen Konfrontation mit der Staatsgewalt logistisch einfach nicht imstande war,

Das Geburtstagsgeschenk der Wienerberger Ziegelarbeiter an Victor Adler kann als ein verspätetes Dokument des »Revisionismusstreites« gewertet werden: Die Montage zeigt den Aufstieg des elenden „Ziegelböhm" zum selbstbewußten, gebildeten Arbeiter. Die Reihenfolge gibt Eduard Bernstein recht, denn nach der vulgärmarxistischen Verelendungstheorie müßten die Bilder umgekehrt aufeinanderfolgen

den Generalstreik als »letzte Waffe« ein- und damit vorerst ausgeredet. Nun gesteht er zu, daß Bernstein viele Aspekte der Wirklichkeit richtig sieht und daß man seine Einwände ernst nehmen soll. Im Prinzip wendet er sich aber gegen eine scharfe Abkehr von den bisherigen Vorstellungen, die so tief ins Bewußtsein der Arbeiter-Elite eingedrungen sind, das ideologische Band früher gegnerischer Fraktionen bilden und die jedenfalls wertvolle Kampfemotionen mobilisieren.

»Der Fehler Bernsteins liegt unserer Meinung nach darin, daß er oft offene Türen einrennt und mit großem Aufwand an Wissen und Scharfsinn neben manchem Falschen einen ganzen Haufen Wahrheiten sagt, die niemand leugnet, und daß er dadurch den Schein erweckt, als würden diese Wahrheiten in der Partei nicht anerkannt. (...) Wie auch jeder einzelne von uns darüber denken mag, ob die „Katastrophe" fern oder

nah ist, wir setzen alle Kräfte an die langsame Hebung der Lebenshaltung und der politischen Macht des Proletariats, als ob sie allein das „Endziel" wäre, und wir arbeiten so fieberhaft rastlos daran, als ob morgen die „Katastrophe" vor der Tür stünde. Wie lang oder wie kurz der Weg zum Ziel sein mag, wir wissen es nicht, aber auf der Luftlinie können wir nicht marschieren, so sicher sie die kürzeste ist, sondern auf den unebenen und krummen Wegen der gegebenen Verhältnisse müssen wir, wie Engels sagt, „in hartem, zähem Kampfe von Position zu Position langsam vordringen". (...) Weil wir aber den Weg nicht in seiner ganzen Strecke übersehen können, weil wir uns vielleicht allzu hoffnungsfreudig über seine Länge täuschten, sollen wir uns und den Unseren den Ausblick auf den ragenden Gipfel versagen, dem wir in unsäglicher Mühsal zusteuern? (...)
In einem schon nach dem Parteitag erschiene-

nen Artikel im „Vorwärts" hat Bernstein den österreichischen Sozialdemokraten die Ehre angetan, sie „Meister jenes Opportunismus" zu nennen, den er für das Ideal der Taktik hält. Es ist richtig, daß wir (...) auf schwierigem Boden manchen erfreulichen Fortschritt gemacht haben; wenn er aber meint, daß wir dabei den Blick unaufhörlich auf den Boden gesenkt haben, um nur ja keine Unebenheit zu übersehen, und daß wir uns den Ausblick auf die Ziele der Bewegung verstellen, dann irrt er sich.«

»Wer es vermöchte, dem Proletariat das Bewußtsein seines unteilbaren Anspruches auf sein ganzes, volles Recht zu trüben, wer es satte Befriedigung über Teilerfolge lehren könnte, wer es verführte, über der Not des Tages seine Wurzeln, über dem nächsten Schritt sein Ziel zu vergessen, der würde ihm seine beste Kraft nehmen. Wir, die „Radikalen", die „Orthodoxen", die „Revolutionären", sind die letzten, die nicht jeden kleinsten Vorteil für die Arbeiterklasse heißesten Bemühens wert erachten, aber wir schätzen den Erfolg jedes Kampfes nach der Möglichkeit, die er gibt, weiter zu kämpfen, und alle die mühselige Gegenwartsarbeit bekommt ihre Weihe und ihre Würde einzig von ihrem Werte, den sie für die Erreichung unserer letzten Ziele hat. Das Bewußtsein des absoluten Rechtes des Proletariats ist aber untrennbar von dem Bewußtsein des absoluten Unrechtes seiner Gegner. Was diesen Gegensatz, der im Klassenkampf zum Ausdruck kommt, scharf empfinden läßt, ist eine Quelle der Kraft für den proletarischen Kampf, und wäre es bitterste Verfolgung. Was diesen Gegensatz verdunkelt, verschleiert, vernebelt, das ist, und wäre es ein noch so schmackhafter Bissen vom Tisch der Mächtigen, eine Gefahr, eine Quelle der Lähmung seiner Energie. Das kämpfende Proletariat sagt niemals ja zu dieser Ordnung, zu diesem Staat, und der rebellische Trotz ist sein Element, seine treibende Kraft. Wer ihm den nehmen will, wer in superklugem Skeptizismus ihm den Spatzen in der Hand plausibel machen will, der bringt ihm Schaden, mag er es noch so ehrlich meinen.« (»V. Adlers Aufsätze ...«, VI. Heft)

Der Parteitag beschließt trotz der Absage an Bernstein ein modifiziertes Programm, das den Kampf um die reale Staatsmacht herausstreicht. In der Debatte wird allerdings jedes Zugeständnis an den Revisionismus bestritten.

DIE SCHRIFT AN DER WAND wird immer deutlicher, auch der alte Kaiser kann sie schon buchstabieren. Sein Versuch, das Fünf-Kurien-Parlament durch die behutsame Hand des Ministerpräsidenten Koerber zu einem Instrument der sozialen Besänftigung und der nationalen Entspannung zu machen, ist gescheitert. Koerber wird in vier Jahren von der wechselweisen Obstruktion der deutschen und slawischen Fraktionen des Reichsrates zermürbt, die Arbeiterbewegung baut in dieser Zeit eine Organisation auf, die durch keinen restaurativen Kurswechsel mehr aus der Wirklichkeit zu verbannen ist, auch die christlichsoziale und die deutschnationale Bewegung verlangen nach Anerkennung ihres realen politischen Stellenwertes nicht im Kurien-Ghetto eines „Parlamentes im Parlament" sondern in einer echten Volksvertretung. Vermutlich ist Franz Joseph innerhalb der aristokratisch-klerikal-bourgeoisen Herrscherkaste der Doppelmonarchie der erste, dem die Notwendigkeit einer Kapitulation in der Wahlrechtsfrage voll zu Bewußtsein kommt. Nach dem Abgang Koerbers läßt er die Paragraph-14-Notverwaltung seines Reiches noch einmal durch den Freiherrn von Gautsch weiterführen, aber dieser weiß an der Wende zum Jahr 1905, als er wieder die Regierungsverantwortung übernimmt, daß er dazu ausersehen ist, für den Monarchen einen geordneten Rückzug zu organisieren.

Wer um diese Zeit noch in Zweifel sein sollte, wird durch die russische Revolution vom 18. Jänner eines Besseren belehrt. In St. Petersburg wird nach blutigen Zusammenstößen zwar nicht der Zar, wohl aber der alte Zarismus gestürzt. Nikolaus muß nachgeben und bereitet als letzte Rettungschance den vorläufigen Übergang zu einer konstitutionell verbrämten Monarchie vor.

In der Habsburgermonarchie kommt die Entwicklung durch eine krisenhafte Zuspitzung in Ungarn in Gang. Schon 1889 hat eine Verschwörung in Budapest die völlige Abtrennung Ungarns von Österreich, insbesondere die Loslösung der ungarischen von der österreichischen Armee zum Ziel gehabt; im grausigen Rätselspiel um den Tod des Kronprinzen Rudolf hat diese Verschwörung einen nicht belegbaren Stellenwert. Nun steht die Verselbständigung der ungarischen Armee wieder ernsthaft zur

Die Wahlrechtsdemonstration 1905, Manifestation der Arbeitermacht (Zeichnung von W. Gause)

Debatte. Der unmittelbare Anstoß ist die Frage der Kommandosprache; die treibenden Kräfte sind in der ungarischen Aristokratie zu suchen, die auch ihre Hegemonie über die slawische Mehrheit ihres Reichsteiles sichern will – ein Gegenstück zum zähen Kampf der Deutschen des österreichischen Reichsteiles gegen jede Emanzipation der Tschechen. Die Parallele macht dem Kaiser von vornherein jedes Einlenken unmöglich: Auch innerhalb des österreichischen Armeeteils bekämpft die Generalität einen immer wieder aufflackernden Widerstand gegen die deutsche Kommandosprache. Als eine stille Meuterei haben die tschechischen Reservisten bereits um die Jahrhundertwende begonnen, sich anläßlich ihrer Wiedereinberufung in die Kasernen beim Namensaufruf nicht mit »Hier!« sondern auf tschechisch mit »Zde!« zu melden. Der Kaiser hat diesen schwelenden Aufruhr nur mit der Androhung des Standrechtes niederhalten können. Gäbe er jetzt in Ungarn nach, wäre das das Ende der österreichisch-ungarischen Armee und somit des k. k. Staates.

Von den aufsässigen Adeligen bis aufs Blut gereizt, entschließt sich der Kaiser zu einem paradox scheinenden, „caesarischen" Gegenzug: Er kündigt als König von Ungarn die Einführung des allgemeinen, gleichen und geheimen Wahlrechtes an. Ein neues, durch die Huld des Königs zustandegekommenes Volksparlament soll die widerspenstigen Aristokraten in die Schranken weisen.

Ministerpräsident Gautsch eilt beim Bekanntwerden dieser Nachricht nach Ischl, wie es heißt, um den Kaiser umzustimmen. Er fürchtet die unvermeidlichen Auswirkungen auf Österreich – aber die hat der Kaiser offenkundig schon einkalkuliert. Gautsch gerät wegen seiner Intervention unter das Feuer der politischen Parteien, vor allem der Sozialdemokraten. Er leugnet – und hat damit eigentlich schon nachgegeben.

Die Wahlrechtsdemonstration 1905, gesehen durch die Linse des Photographen

Die sozialdemokratische Parteiführung sieht, daß die Zeit reif ist, weiß aber, daß angesichts des wütenden Widerstandes der Kurien-Privilegierten – allen voran des »Polenklubs«, des durch Autonomie besonders schlagkräftigen Interessenskartells der polnischen Aristokraten – noch nicht alles gewonnen ist. Nun muß die Arbeiterschaft die Offensive ergreifen. Und nun scheut sich Victor Adler nicht, jenes Wort ernstzunehmen, mit dem er vor Jahren die Heißsporne der Partei besänftigt hat: daß nämlich der Generalstreik ein »letztes Mittel« im Kampf um das allgemeine und gleiche Wahlrecht sei. Bei einer Reichskonferenz der österreichischen Sozialdemokratie sagt er: »So wie es töricht ist, das Eisen schmieden zu wollen, wenn es kalt ist, so wäre es Wahnsinn und Verbrechen, das Eisen nicht zu schmieden, wenn es glüht, und wir sind uns jetzt bewußt: Das Eisen ist heiß, jetzt muß es geschmiedet werden!«

Das sind die radikalsten Worte, die man jemals von Victor Adler gehört hat. Er erntet nun die Frucht seines zukunftssichtigen Umganges mit der schärfsten Waffe der Arbeiterbewegung. Jetzt, da diese Waffe gebraucht wird, ist sie noch nicht schartig, jetzt ist ihre Schärfe glaubhaft. Weil eben dieser Victor Adler, der so lange als „Bremser" kritisiert worden war, diese Worte spricht, haben sie so viel Wirkung wie der Generalstreik selbst. Deshalb kann er sie auch als Ultimatum aussprechen – zusammen mit der unüberhörbaren Hoffnung, daß die Regierung einlenken werde. In Böhmen bleibt es nicht beim Ultimatum: Die tschechischen Sozialdemokraten setzen für den 10. Oktober einen eintägigen Generalstreik an.

Am 26. September wird bei einer Abstimmung über die Dringlichkeit der Wahlrechtsdebatte indirekt klar, daß das allgemeine, gleiche Wahlrecht selbst im Kurien-Reichsrat bereits über eine Mehrheit verfügt.

Am 31. Oktober tritt in Wien ein Gesamt-Parteitag der Sozialdemokratie zusammen, der die entscheidenden Beschlüsse fassen soll. Während des Einführungsreferates von Dr. Ellenbogen platzt eine politische Bombe: Aus Moskau ist telegraphisch Nachricht eingetroffen, daß der Zar in einem Verfassungsmanifest das allgemeine, gleiche Wahlrecht versprochen und die Einberufung einer Duma, eines nationalen Parlaments, angekündigt hat. Der Zar hat also unter dem Schock der Jänner-Revolution mit noch größerer Konsequenz das getan, was Franz Joseph als König von Ungarn in Aussicht stellt. Auch seine Entscheidung enthält ein „caesaristisches" Motiv: Die Arbeiter- und vor allem die Bauernmassen des großen Rußland sollen durch die Gnade des Herrschers ein Gegengewicht gegen den unbequemen Adel bilden – und auch gegen jenes Bürgertum, das zu seiner Revolution um mehr als 100 Jahre später als das Bürgertum Frankreichs und nahezu 50 Jahre nach der Bourgeoisie Mitteleuropas angetreten ist.

Der Parteitag reagiert ergriffen und voller Leidenschaft. Die Delegierten stehen auf, die Deutschen singen die Marseillaise, die Polen die »Rote Fahne«. Franz Schuhmeier ruft unter dem Jubel der Delegierten: »Nach dieser Nachricht ist unser Platz auf den Straßen von Wien. Wir demonstrieren vor dem Parlament und vor der Burg!« – Die Demonstration wird machtvoll, Polizei und Militär bleiben in Reserve.

In diesen Stunden wird klar, wie zwingend notwendig Victor Adlers Haltung im revisionistisch-orthodoxen Theorienstreit gewesen ist. Was immer seine persönliche Meinung in dieser Frage gewesen sein mag, er wußte, daß diese entscheidende Mobilisierung der Massen bevorstand und daß die Entscheidungsschlacht nur mit vollem Engagement der Herzen und unerschüttertem Vertrauen in generationenalte gemeinsam erstrittene Werte gewonnen werden konnte: »Wenn es dazu kommen sollte, daß wir in die Lage kommen, nicht nur unser Leben täglich dem Dienste des Proletariats zu widmen, sondern auch im Dienste des Proletariats zu beenden, so sage ich Ihnen ganz ruhig und ganz nüchtern: *Österreich hat den Wert des Lebens in diesem Österreich sosehr vermindert, es hat unser Leben so vergällt und zum Ekel gemacht, es hat uns*

Als die Polizei eingreift, ist der Photograph nicht dabei, wohl aber der Zeichner

WAHLNVMMER DER ARBEITERINNEN-ZEITVNG

Nº 8   16 JAHR

*jede Möglichkeit, menschlich zu leben, so einge-
schränkt, daß dieses Leben keine bessere Widmung
haben kann, als geopfert zu werden, um den Völkern
ein neues Leben, das des Lebens wert ist, zu bereiten.*
(Stürmisch hervorbrechender, lang andauernder
Beifall.) Sie hören von mir sonst nicht solche
Worte (Richtig!), ich bin kein Mensch, der sich
zu großen Redensarten fortreißen läßt; ich bin
ein nüchterner, vielleicht allzu nüchterner
Mensch, aber ich habe einen festen Grundsatz:
in jedem Moment das zu tun, was dieser
Moment notwendig macht, nicht mehr, aber
auch nicht weniger; und wir stehen in einem
Moment, wo es notwendig ist, *alles mit allem
durchzusetzen.«* (»V. Adlers Aufsätze, . . .«, VII.
Heft)
Weil sich Victor Adler an die Spitze der Offensive gestellt hat, ist ihm die Autorität eines
Feldherrn zu eigen, der über das Wann, Wo und
Wie entscheiden kann. Das weiß die Partei, das
weiß aber auch die Regierung. Und trotz allen
Zuspitzungen ist klar, daß Adler zwar den großen Sieg haben will, aber nicht den großen
Kampf. Er hat also auch das höchste Vermitt-
lungsprestige, als er Kontakt mit der Regierung
aufnimmt. Die Situation ist für beide Seiten
dramatisch: Unmittelbar nach dem Abschluß
des Gesamtparteitages ist es in Wien und Prag
bei großen Versammlungen und Demonstrationen zu schweren Zusammenstößen mit der Polizei gekommen. Als Demonstranten von den
Sophiensälen zur Hofburg marschieren wollen,
geht die Polizei mit blanker Waffe gegen sie vor;
es gibt 100 Verletzte. Zwei Tage später ziehen
die Arbeiter über den Ring und hissen auf den
Fahnenstangen des Parlaments rote Fahnen. Für
den 28. November 1905, den Tag der Parla-
mentseröffnung, ist ein ganztägiger Generalstreik ausgerufen; die Regierung hält eine kleine
Bürgerkriegsarmee in Reserve und macht die
Hofburg zu einer Festung.
Aber der Tag der großen Arbeitsniederlegung
wird nicht nur eine einzigartige Demonstration
der Kraft, sondern auch der Disziplin: Eine
Viertelmillion Arbeiter zieht unter einem Meer
von roten Fahnen schweigend über die Ring-
straße; niemand will die Hofburg stürmen. Im
Reichsrat gibt Ministerpräsident Gautsch die
Details der Regierungsvorlage bekannt, durch
die schleunigst das allgemeine und gleiche
Wahlrecht eingeführt werden soll. Die Arbeiter-
Bewegung hat gesiegt.
Ein Jahr zäher, erbitterter Kämpfe und Intrigen
in den Ausschüssen des Parlaments steht bevor.
Victor Adler ringt als einziger Sozialdemokrat im
Verfassungsausschuß um jedes Detail des neuen
Wahlgesetzes. Die Kurien-Privilegierten leisten
Widerstand bis zum Letzten. Der »Polenklub«
führt schließlich sogar den Sturz des Ministerpräsidenten Gautsch herbei. Aber von nun an ist
es nicht mehr so wichtig, von welchem Nothelfer der Kaiser die Regierung bilden läßt.
Am 1. Dezember 1906 wird das neue Wahlrecht
beschlossen und für den Mai 1907 sind die
ersten Wahlen angesetzt. Die Sozialdemokraten
führen, beflügelt von ihrem offenkundigen
historischen Erfolg, einen glanzvollen Wahlkampf.
Eine halbe Million Wähler geben der Sozialdemokratie ihre Stimme. Mit 87 von 516 Abgeordneten zieht die Sozialdemokratische Partei in
den neuen Reichsrat ein. Nachwahlen bringen
zwei weitere Mandate.

ALS „GARSTIGES" KIND liegt Friedrich Adler, neun Monate nach der märchenhaften italienischen Hochzeitsreise seiner Eltern im Jahre 1879, in der Wiege; so schildert ihn in humorvoller Liebe seine schöne Mutter in ihren Erinnerungen. Der winzige Stammhalter will sich keine Haare wachsen lassen, und als endlich der erste Schopf zu erkennen ist, meint der Vater, jetzt schaue der Bub aus wie Bismarck. Mit jedem Jahr, das Friedrich heranwächst, wird er Bismarck unähnlicher und seinem Vater ähnlicher: Legt man die Photos von Vater und Sohn im gleichen reifen Lebensalter nebeneinander, glaubt man eineiige Zwillinge vor sich zu haben. Was die Natur als Vater-Sohn-Idylle darstellt, enthält den Keim einer Vater-Sohn-Tragödie. Das Generationendrama ist die Wiederholung der Schicksalsinszenierung, die Victor Adler als Sohn des Salomon Markus Adler erlebt hat. Was die beiden aufeinanderfolgenden Vater-Sohn-Konstellationen verbindet, ist die sowohl für die jahrtausendealte Tradition jüdischer Familien wie im besonderen für das 19. Jahrhundert typische besondere Liebes- und Respektbindung des Sohnes zum Vater, allerdings mit verkehrtem Vorzeichen: Victor Adler hat eigentlich alles anders machen wollen und alles anders gemacht, als sein Vater gewünscht und ersehnt hat. Er ist nicht der erfolgreiche Erbe und Mehrer eines Millionenvermögens geworden, sondern ein Armenarzt, den es bald in die für den alten Adler unbegreifbare Welt des Proletariats gezogen hat. Er hat sich von der Religion seiner Ahnen abgewandt und die Akzeptanz eines deutschnationalen Freundeskreises gesucht. Doch erst nach dem Tod des Vaters ist Victor der Sozialdemokratie beigetreten. Friedrich Adler hingegen will von Anfang an so sein wie sein Vater. Er ist von frühester Kindheit an begeistert für alles, was er aus der Welt der Politik aufsaugen kann. Er leidet nicht im geringsten unter dem wirtschaftlichen Abstieg der Familie. Als zwei Ziegelarbeiter eines Abends Victor Adler über ihre furchtbaren Arbeitsbedingungen berichten, sitzt Friedrich unter dem Tisch und vergießt heiße Tränen des Mitgefühls für das Elend, von dem er hört. Der Vater tröstet ihn: »Wein nicht, Fritzi, wenn Du groß sein wirst, hilfst du, daß es den Menschen nicht mehr so schlecht geht ...« Bei einem feierlichen Marsch zum Denkmal der Märzgefallenen hält der

Friedrich Adler im Alter von 20 Jahren

kleine Friedrich ergriffen die Kranzschleife. Jede Verurteilung des Vaters ist für den Buben ein Fest: Voller Stolz berichtet er seinen Spielgefährten darüber; die Gefängniszeiten lassen den Vater als einen Heros erscheinen. Mit acht Jahren darf er mithelfen, die ersten Nummern der »Gleichheit« zu falzen. Zornig verkriecht er sich, als ihm die Mutter verbietet, am 1. Mai 1890 an der Prater-Demonstration teilzunehmen, weil sie Zusammenstöße mit der Polizei befürchtet. Und gerade diese totale Harmonie, diese völlige Identifikation mit dem Vater, enthält den Keim des Konflikts: Der Arzt Victor Adler muß nämlich in jenen frühen neunziger Jahren, als Emma Adler seelisch zusammenbricht und mit einer schweren Depression in ein Sanatorium eingeliefert wird, mit Sorge erkennen, daß die offenkundige erbliche Belastung der Familie auch den hochtalentierten und aufgeweckten Friedrich nicht verschont. Der Bub zeigt Symptome einer Herzerkrankung, die auch das Nervensystem angreift und immer wieder zu schweren Erschöpfungszuständen führt. Victor Adler, selber von seinem Herzleiden gezeichnet, will dem Kind die Vielfachbelastung eines Politikerlebens ersparen. Er strebt für ihn eine technisch-kaufmännische Ausbildung an, die in ein ruhigeres Leben münden soll. Daraus ergibt sich ein erbitterter, über viele Jahre dauernder Konflikt.

Sowohl der psychiatrisch gebildete Vater wie der umfassend wissenschaftlich beschlagene Sohn sind sich später im klaren, daß ihr Problem geradezu ein Gegenbeispiel für die klassische Ödipus-Situation ist: Dieser Ödipus darf nicht so werden wie sein Vater, deshalb empört er sich gegen ihn.

Friedrich Adler will nach der Realschulmatura alle bürgerlich-intellektuellen Chancen wegwerfen und als Arbeiter das Proletarierschicksal suchen – eine im Zeitgeist liegende Haltung, die man eine Generation später bei Ludwig Wittgenstein und Karl Popper wiederfinden kann. Jetzt aber kommt die übermächtige väterliche Autorität ins Spiel. Victor Adler schickt den Sohn zum Chemie-Studium nach Zürich. Friedrich gehorcht und freundet sich dann doch mit der Wissenschaft an. Sein hoher Intellekt ist eher unterfordert, er wechselt zur Physik, weil es ihn zu den Höhen der um diese Zeit im Umbruch befindlichen theoretischen Physik und der Erkenntnistheorie zieht – immer mitmotiviert von seiner politischen Leidenschaft: Was er anstrebt, ist eine philosophische Verknüpfung des naturwissenschaftlichen, mechanischen Materialismus mit dem historischen Materialismus der marxistischen Lehre. Dabei gerät er allerdings in den Bannkreis des antimaterialistischen Wiener Wissenschaftsgenies Ernst Mach und widmet sich mit dem gleichen Eifer der Verknüpfung des »Machismus« mit dem Marxismus – eine Symbiose, die später im »Wiener Kreis« zu voller Blüte und zu Weltruhm gelangen wird. Friedrich Adler steht nicht allein. Mit der Gründung des »Kampf« 1907 erhalten die österreichischen sozialdemokratischen und marxistischen Intellektuellen erstmals auch eine Plattform für einen internationalen Diskurs. Wie wichtig das philosophische Anliegen Friedrich Adlers ist, die wissenschaftliche Fundierung des Sozialismus nicht in einer verengten, weltfernen Trivialauffassung eines mechanistischen Materialismus zu suchen, wird innerhalb der Schule des Austromarxismus durch die Arbeit Max Adlers – er ist weder mit Friedrich Adler noch mit dem Individualpsychologen Alfred Adler verwandt – glanzvoll demonstriert werden: Max Adler bemüht sich insbesondere um den Nachweis, daß Karl Marx selbst unter Materialismus nicht die bloße geist-negierende, philosophisch dürre Umkehrung des Hegelschen Idealismus,

sondern eben jene Bejahung der wirklichen Welt gemeint hat, die für die Denkarbeit der späteren Wiener Philosophie so wichtig ist.

Friedrich Adler befindet sich mit seinem Denken nicht in einem Elfenbeinturm. Die Frage nach der Haltbarkeit des naturwissenschaftlichen, mechanischen Materialismus als philosophischer Basis des historischen Materialismus beschäftigt die großen Geister der revolutionären Bewegungen in allen zivilisierten Ländern, vor allem in Rußland. Für Lenin ist die Frage so wichtig, daß er das bedeutendste philosophische Buch seines Lebens gegen Mach schreibt – und dabei übrigens auch Friedrich Adler angreift.

Worum geht es? Der klassische naturwissenschaftliche Materialismus sagt vereinfacht: Es gibt nur Materie, der Geist ist eine Einbildung. Er lehnt damit den Idealismus ab, der – wiederum vereinfacht – erklärt: Sicher ist nur, daß wir denken, daß es also den Geist gibt, die Materie ist eine bloße Vorstellung des Geistes. Mach dagegen nimmt den aus dem Mittelalter kommenden Gedankenfaden des Positivismus auf und betont: Die Welt ist das, was wir durch unsere Sinne, also empirisch erfahren und überprüfen können; die Frage, ob es Materie und Geist bzw. Materie oder Geist gibt, ist gegenstandslos. Mach, einer der größten Naturwissenschaftler seiner Zeit, gründet auf dieser Philosophie eine umfassende Wissenschaftstheorie. Sein kritisches Denken über Raum und Zeit führt zur Relativitätstheorie seines Schülers Albert Einstein. Sein ebenbürtiger Gegner ist freilich nicht Lenin, der den Materialismus retten will (Es gibt nur die materielle Welt; was wir in unserem Geist erleben, sind „Photographien" dieser Welt), sondern der geniale Ludwig Boltzmann. Im Wiener Titanenstreit zwischen Mach und Boltzmann geht es vordergründig um die Atomtheorie.

Boltzmann, der die Realität der Atome als sicher annimmt, unterliegt vorerst gegen Mach, der auf Grund seines Positivismus die Atomtheorie ablehnt. (»A Atom – Hab'n S' ans g'sehn?«) Boltzmann zerbricht an dem Streit und nimmt sich das Leben, ehe sich die Richtigkeit seines Denkens glanzvoll bestätigt.

Friedrich Adler ist in die Auseinandersetzung mit Boltzmann nicht verwickelt; es ist sein Züricher Studienkollege Albert Einstein, der neben

Victor Adler im Zenit seiner Autorität und Beliebtheit, aber auch vor den schwersten Prüfungen seiner Laufbahn – hier im Kreis einer Gruppe von Arbeitern

der Relativitätstheorie den Beweis für Boltzmanns These liefert. Friedrich Adlers Schicksal ist mit dem Albert Einsteins schließlich eng verbunden: Als er, Privatdozent an der Universität, seine Existenz in Zürich durch Bewerbung um eine freie Professur absichern will, ist Einstein sein Gegenkandidat. Adler gibt kampflos auf und wird Chefredakteur des sozialdemokratischen Züricher »Volksrechtes«.

Damit sind die Würfel gefallen: Friedrich Adler nimmt ein Angebot an, das ihm der stellvertretende Obmann der österreichischen Sozialdemokratie, Karl Seitz, möglicherweise ohne Wissen seines Vaters, gemacht hat. Er geht nach Wien als Parteisekretär.

Seine nunmehr definitive Entscheidung für die Politik entspricht seiner unverminderten Leidenschaft. In Friedrich Adlers Leben ist die Politik sehr früh an die Stelle der Religion getreten, er besitzt so etwas wie einen politischen Glauben.

Zur Religion selbst hat er turbulente, aber ober-

flächliche Beziehungen. Seine Mutter berichtet, wie Victor Adler nach der Geburt seines ersten Sohnes in Zorn und Gram in einem Zimmer auf und ab geht, weil er sich nicht entschließen kann, das Kind nach dem Brauch seiner Väter beschneiden zu lassen. Mit sieben Jahren wird Friedrich nach dem Übertritt seiner Großeltern zum Katholizismus ebenso wie sein Vater protestantisch getauft, sein Pate ist Engelbert Pernerstorfer. Die Familie ist vom Religionswechsel tief berührt. Die Großeltern werden in Rom sogar vom Papst empfangen, dieser schenkt der Frau einen Rosenkranz. Friedrich selbst bleibt von der Religion unberührt, wird später konfessionslos – und muß sich dann doch im Jahre 1903, nachdem er sich in seine russisch-jüdische Studienkollegin Katherina Jakoblewna Germanischkaja, »Kathia«, unsterblich verliebt hat, auf Wunsch der Brauteltern nach jüdischem Ritus trauen lassen.

Das Ehepaar lebt in Zürich wie schon Friedrich Adler als Junggeselle in jämmerlichsten mate-

Verteilung von Kohle vor dem magistratischen Bezirksamt für den dritten Bezirk

riellen Verhältnissen. Es kommen drei Kinder; elterliche Hilfe überbrückt die ärgste Not. In Wien findet die Familie Adler dann Boden unter den Füßen.

Friedrich muß mit einer politischen Lage fertig werden, die einer finalen Krise zusteuert und seinem alten, schwerkranken Vater die letzten Energien abverlangt. Victor Adler hat in der Frage der Berufswahl seines Sohnes eine definitive Niederlage erlitten. Er fügt sich, er mag seine Schwiegertochter und seine Enkelkinder, und er genießt die Wiedervereinigung der Familie. Politisch aber geht der Vorhang über dem letzten schicksalhaften Akt des Vater-Sohn-Dramas auf.

NOCH IST DIE NEUE ZEIT NICHT DA. Während die Partei organisatorisch wächst und erstarkt, während sie auf ihren großen Sieg in der Wahlrechtsfrage hinarbeitet und schließlich erfolgreich um ihn kämpft, wächst die Ungeduld, ja die Enttäuschung der Arbeitenden über ihre existentielle Lage. Jetzt, da es politisch aufwärts geht, da 87 Sozialdemokraten im Reichsrat sitzen und im wirtschaftlich-gewerkschaftlichen Kampf zumindest für die qualifizierte Vorhut des Proletariats zweifellos Fortschritte zu erzielen sind, jetzt wird das verbleibende Elend der großen Masse, die Stagnation im Ausbau des sozialen Systems noch unerträglicher als in den Jahren der absoluten Ohn-

In der »Arbeiterinnen-Zeitung« schreibt Adelheid Popp als ein „weiblicher Max Winter", aus der politischen Frauenbewegung rückt sie neben Victor Adler in die vorderste Reihe der Parteiführung (Bild: Ansprache vor arbeitslosen Frauen)

macht. Dies sind daher die Jahre, in der die Lage der arbeitenden Klassen erst voll und vorbehaltlos aufgedeckt wird. Auge, Ohr und Stimme in diesem späten Prozeß der vollen Wirklichkeitsenthüllung ist die »Arbeiter-Zeitung«, unterstützt von einer immer größeren Schar von periodischen Parteiblättern. Victor Adler hat mit seinen Ziegelarbeiter-Reportagen ein Beispiel gesetzt. Ihm folgt nun eine Generation von talentierten und ernsthaften Sozialreportern. Die bedeutendsten sind Max Winter und – in der »Arbeiterinnen-Zeitung« – Adelheid Popp.

»Es ist der bethlehemitische Kindermord des Kapitalismus. Die in diesem Zweige der Lam-

penarbeit verwendeten Kinder sind ungezählt. Wo es Kinder gibt – und wo an solchen Elendsstätten gäbe es nicht Kinder! –, da werden sie von ihren Erzeugern rücksichtslos zu dieser Arbeit herangezogen. Das Lampenarbeiterkind hat kein Recht auf Jugend. Gleich dem Kinde des schlesischen Webers ist es ausgeschlossen von allen Freuden der Kinderzeit und selbst den unschuldigsten (...) Es muß in der heißen, verpesteten Luft sitzen und anfädeln und anfädeln, bis es schlaftrunken zusammenknickt (...) Aber nicht alle Lampenarbeiter lassen ihre Kinder anreihen (...) Bekommen die Kinder auf ihren Bettelgängen gleich nur Knödelwasser geschenkt, sind sie dennoch besser daran, als säßen sie daheim beim Anreihen (...) So sind also im Lampendrückerland jene Eltern noch die vernünftigeren, die ihre Kinder betteln schikken. Ein Staatsorganismus aber, der solchen grauenhaften Zuständen kein Ende machen kann, ist faul und schlecht – eine Gesellschaftsordnung, die solche Zustände nicht nur billigt, sondern schafft, ist eine unsittliche, eine barbarische, selbst dann, wenn einzelne Mitglieder dieser Gesellschaft sich der von ihren Eltern Mißhandelten annehmen (...) In der Lampendrückergegend gibt es kein einziges Arbeiterkind, das nicht schon in zartester Jugend entsetzlichen Qualen ausgesetzt wäre, Qualen, die nicht nur durch die Schuld der Eltern heraufbeschworen wurden, sondern durch den menschen- und kindermordenden Kapitalismus. Hier ist das Zutodemartern der Kinder Massenerscheinung!«

»Früh Zichorienkaffee, Mittags geriebene Erdäpfel oder Wassersuppe oder Sauersuppe, Abends wieder Zichorienkaffee; zu jeder Mahlzeit Brot und das alltägliche Menü ist fertig. In einem Hause treffen wir neun Personen: Drücker, Anreiherinnen und einen Schieferbrucharbeiter. Alle sind thätige Menschen. Ihr „Lieblingsessen" muß Sauersuppe, das ist in Wasser gelöster Sauerteig, sein. Eine der Frauen rechnet mir vor: 1 Pfund Schwarzmehl kostet 4 kr., von einem Pfund bekommt sie sechs Portionen Suppe. Ein Teller Suppe samt Erdäpfel kostet sie Alles in Allem 4 kr. Dazu ein Stück Brot, und der Mittagstisch ist gedeckt. Heute haben sie große Reinigungsarbeit. Es geht schon auf Mittag und ich sehe kein Feuer im Herd. Ich frage, wann sie kochen werden. Da lacht das hochschwangere Weib vor mir auf und sagt: „Heute nichts. Wir haben keine Zeit." Das Lachen der Einen theilt sich bald Allen mit. Sie finden es ungeheuer komisch, daß sich Einer um ihre Lebensverhältnisse kümmert.«

»Von diesen (1.595 Versicherten – Anm. d. Verf.) starben im Jahre 1900 33 Mitglieder und 726 erkrankten, also 45 Perzent. Am schlimmsten war das Verhältniß im Chodauer Betrieb der Firma Haas und Czizek, in dem auf 513 Versicherte 19 Todesfälle und 305 Erkrankungen entfallen. Wenn ich wiederhole, daß dieser Betrieb einer der wenigen ist, in die mir der Eintritt aus „prinzipiellen" Gründen verwehrt wurde, so wird Jeder gleich mir die Gründe errathen können. Sie sind in den Krankheitsziffern wiedergegeben. Die Sterblichkeit in diesem Betrieb war dreimal so groß als in den beiden anderen und 59 unter 100 Arbeitern erkrankten im Laufe des Jahres. Da ist es dann freilich klug, „prinzipiell" zu sein. Den größten Perzentsatz von Erkrankungen überhaupt weist der Betrieb in Poschesau aus. Von 339 Arbeitern erkrankten 290, das sind 85,54 Perzent.«

»Zusammen mit der öffentlichen Miethzinsrate und dem Aufwand für den Magen wird der Arbeiter also in normalen Zeiten 19 Kr. 75 H. in der Woche ausgeben. Im Durchschnitt beträgt sein Lohn 23 Kr. 23 H., es werden ihm somit noch 3 Kr. 48 H. zur Deckung aller übrigen Bedürfnisse und Nothwendigkeiten bleiben. Davon muß er die Beiträge für die Krankenkasse und Organisation bestreiten, sich manche Kleinigkeit (Stock, Schirm) kaufen und für manche große Auslagen (Überkleider für den Winter), dann für Arzt und Apotheke für Frau und Kinder aufkommen, davon soll er sich sein Krügel Bier, seine Pfeife Tabak kaufen und kleine Geschenke für die Frau und Kinder zu Weihnachten und Geburtstag erübrigen, kurz, er soll – Unmögliches leisten ... Das ist aber wohlgemerkt ein Porzellanmaler, der den durchschnittlichen Höchstlohn von 23 Kr. verdient. Wie ergeht es den Anderen, denen, die den Niedestlohn heimbringen, die nicht 23 Kr., sondern nur 14 Kr. verdienen, oder den Hilfsarbeitern, deren Löhne zwischen 6 und 25 Kr. schwanken, deren durchschnittlicher Lohn nicht einmal 12 Kr. beträgt?«

> Und an' Erdäpfelsterz,
> Und an' Erdäpfelsterz,
> Und an' Erdäpfelsuppen,
> Und an' Erdäpfel drein.
> (Vers über das Holzknechtessen)

»Während der zwölfstündigen Schicht gibt es wenig Ruhepausen. Diese verbringen sie in der „Bude", einem stark geheizten, kleinen, niederen Raum beim Einserofen, der kaum für zehn Menschen Luftraum hat, auch nur zu kurzem Aufenthalt, der aber für 20 Sitzgelegenheit bietet. Da sitzen sie dann drinnen und würgen ihre Erdäpfel oder sonst etwas hinunter, was sie mitgebracht haben, um sich während der Arbeit zu „stärken". Ein scharfer Dunst von Schnaps und Rauch schlägt dem entgegen, der diese vollkommen ungenügende Erholungsstätte betritt. Das Auge muß erst den Rauch durchdringen, bis es die Elendsgestalten, die um die zwei Tische herumsitzen, gewahr wird ... Man denke sich dazu als Gegensatz die reichbesetzte Tafel des Direktors, die Behaglichkeit eines angenehm erwärmten, hellerleuchteten luftigen Speisesaales, die Blumen da und dort, das Silbergeschirr, das kostbare Porzellan ...«

»Es ist etwa 8 Uhr, als nach und nach Frauen und Kinder mit Körben am Arm anrücken. Sie bringen den Sklaven der Puddelöfen das Nachtessen – in Reindln, Häferln und kleinen runden Schüsseln. Auf der Bank neben uns hat ein etwa achtjähriges Blondschöpferl Platz genommen. Das fadenscheinige Kleiderl ist durch ein großmaschiges Umhängtuch sichtbar. Mit der kleinen Anna ist eine Frau gekommen, die Mutter der Kleinen und die Gattin des rußigen Mannes, der dort unverwandt in die Gluth starrt und dabei das Eisen rührt ... Da er nach der anderen Stange langte, sah er seine Lieben. Ein Gruß mit Blicken, dann rührt er weiter. Endlich ist er – frei. So denken wir wenigstens. Er tritt zur Bank, hebt die Kleine zu sich, küßt sie und wendet sich dann der Mutter zu. Diese reicht ihm ein nasses Tuch. Damit fährt er sich über das schweißig-rußige Gesicht, wischt sich die Hände ab, trocknet sich und fängt mit der Gabel einen Brocken aus dem Reindl heraus, das die Frau neben das Kind auf die Bank gestellt hatte. Hastig führt er den Bissen zum Munde und greift im nächsten Moment wieder zur Stange, um das Eisen zu rühren ... So geht das etwa eine halbe Stunde fort. Bissen um Bissen kaut er während der Arbeit. Zwischen Bissen und Bissen vergehen Minuten. – Was er ißt? Sauerfleisch mit Kartoffeln – eine Volksküchenspeise! – Endlich kann er die „Tafel aufheben", wie es in der Sprache der Gesellschaftsschichte heißt, zu der die Aktionäre und Direktoren der „Alpinen" zählen ...«

»Unser Nachtlager. Es bestand aus einem vielleicht schon ein Jahrzehnt nicht frisch gefüllten Strohsack, einigen Strohpolstern und einigem alten Gelump zum Zudecken: Nicht Decken, sondern alten Kleidern, Mänteln, Unterröcken. Auf dem Strohsack lagen wir alle drei in der Kälte des ungeheizten Vorzimmers und um wenigstens die Kopfstelle etwas höher zu

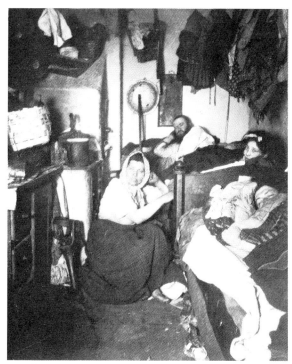

Es gibt nun Arbeiterwohnungen, aber sie sind überbelegt. Ein „Familienleben" ist kaum möglich (Photo: Drawe)

haben, schob ich mir lange einen hölzernen Stiefelknecht unter. Unter Tags war dieses unser Bett in einem Kasten versperrt. Nie wurde es gelüftet, nie das Stroh durchgeschüttelt, nie erneuert. So war denn dieser Strohsack ein Flohsack und wären wir nicht gar so müde gewesen, bis die Schlafenszeit kam, wir wären nie zur Ruhe gekommen.« (Aus verschiedenen Berichten Max Winters, zitiert in S. Riesenfellner: »Der Sozialreporter«)

»Die Brennerei wird durch Gas besorgt und zwar müssen die Arbeiterinnen eng an den Ofen gepreßt sitzen, in welchem das Gas brennt, zur wärmeren Jahreszeit läuft den Frauen der Schweiß über den ganzen Körper. Als einmal einige Fremde die Fabrik besichtigten und in die Brennerei kamen, fragten sie entsetzt, ob die Frauen jeden Tag bis 7 Uhr arbeiten müssen. Es ist schon öfter vorgekommen, daß Brennerinnen bewußtlos zusammenbrachen, infolge der Schwächung durch die Hitze, was man allerdings nicht zugeben will.« (A. Popp: »Die Lage der Arbeiter und Arbeiterinnen in der Korkstoppel-Industrie«, in: »Arbeiterinnen-Zeitung«, 18. 11. 1892)

EINE EINLADUNG IN DIE HOFBURG verursacht unmittelbar nach der Wahl 1907 einen schweren Gewissenskonflikt in der siegreichen sozialdemokratischen Partei. Der Kaiser hat alle neuen, nach dem allgemeinen und gleichen Wahlrecht gewählten Reichsratsabgeordneten zur Verlesung der Thronrede geladen, also auch die 87 sozialdemokratischen Mandatare mit Victor Adler an der Spitze. Nach allen geschriebenen und ungeschriebenen Regeln, die seit drei Sozialistengenerationen gelten, ist es bis dahin undenkbar gewesen, dem Monarchen höflich und ehrerbietig gegenüberzutreten. Allerdings ist ebenso ohne Beispiel, daß die Kaiser den Repräsentanten der Sozialdemokratie eine solche Ehrung hätten zuteil werden lassen. Victor Adler, aber auch alle maßgeblichen Parteiführer, mit denen er sich berät, ringen sich zu einem pragmatischen Standpunkt durch, der der langfristigen realpolitischen Gesamtstrategie entspricht. So wie es am Siedepunkt des Wahlrechtskampfes möglich geworden ist, wenigstens einen Tag lang vom Kampfmittel des umstrittenen Generalstreiks Gebrauch zu machen, so muß es jetzt, nach dem Sieg, möglich sein, die staatstragende und zukunftsorientierte Politik der Sozialdemokraten durch einen Akt distanzierter Höflichkeit zu unterstreichen. Die Teilnahme am Empfang in der Hofburg wird zwar freigestellt, ein großer Teil der sozialdemokratischen Abgeordneten folgt aber Victor Adlers Beispiel und ist dabei.

Victor Adler hat bei seiner Entscheidung nicht nur protokollarisch-atmosphärische, sondern auch Überlegungen mit weiterer räumlicher und zeitlicher Perspektive im Sinn: Vor allem geht es ihm darum, Franz Joseph in der Frage des allgemeinen Wahlrechtes für Ungarn auf seinem Königsversprechen festzunageln, das für den Sieg des Wahlrechtskampfes in Österreich von so großer Bedeutung gewesen ist. Es geht dabei um das politische Klima in der Gesamtmonarchie, also letztlich um eine späte Chance zur Bewältigung des Nationalitätenproblems nicht gerade nach dem Rezept, aber doch im Geist der sozialdemokratischen Nationalitätenprogrammatik. Und innenpolitisch ist die Zusammensetzung und politische Akzentuierung der künftigen Regierung von großer Bedeutung. Victor Adler und seine vom Wahlsieg bewegte Partei wissen zwar, daß sie im neuen Reichsrat nicht die geringste Chance zu einer Mehrheitsbildung haben, aber sie können und müssen doch vorerst hoffen, daß wichtige Anliegen der Arbeiterschaft, darunter die Ausdehnung der den Angestellten gewährten Altersversicherung auf die Arbeiter, verwirklicht werden. Das alles soll nicht durch eine sinnlose Trotzhaltung von vornherein verdorben werden.

Die Entscheidung der österreichischen Partei führt zu einem recht bitteren Zwist mit den deutschen Sozialdemokraten. Diese bringen für die elastische Haltung Victor Adlers kein Verständnis auf. In Deutschland wäre ein Treffen der sozialdemokratischen Fraktion mit Kaiser Wilhelm von beiden Seiten undenkbar. Der Briefwechsel in dieser Frage ist ein pragmatisches Gegenstück zum Theoriestreit um den Häretiker Eduard Bernstein – mit dem Unterschied, daß Victor Adler und die Mehrheit der österreichischen Sozialdemokratie jetzt die deutschen Einwände als Rabulistik empfinden.

»Das wichtigere aber noch ist, daß der Kaiser, mit dessen Hilfe wir in Österreich die Junker besiegt haben, in Ungarn in einem Krieg auf Leben und Tod mit den Junkern steht, und daß wir den ungarischen Genossen geradezu tölpelhaft in die Suppe spucken würden, wenn wir, um einer deklamatorischen Demonstration willen, die Position des Kaisers und die Sache des Wahlrechtes schwächen würden (...) Niemand ist ja konservativer als wir Revolutionäre. Sozialdemokraten ist es gewiß nicht möglich, mit Kaiser Wilhelm im selben Raum zu atmen. Dies ist jedoch mit Franz Joseph möglich, ohne daß sie ihrer Würde und ihrer prinzipiellen Haltung das Geringste vergeben.« (V. Adler an K. Kautsky, zitiert in: J. Braunthal: »Victor und Friedrich Adler«)

»Der „Gang in die Hofburg" war etwas, was aus sehr reiflicher Überlegung gemacht wurde. Es hat sich ja nicht gehandelt um einen Besuch in der Hofburg, sondern es hat sich darum gehandelt, endlich zu dokumentieren, daß wir uns von niemand wehren lassen, an dem ersten Akt des Parlaments, der die Thronrede ist, teilzunehmen. (...) Wenn es heute noch Parteigenossen gibt, die niemals damit einverstanden sein werden, so verstehe ich deren Gefühle, und ich bin der letzte, der diese Gefühle irgendwie lächerlich machen wollte; aber die sozialdemokratische Politik darf sich nicht mehr vom

Gefühl leiten lassen, sondern sie schreibt der Verstand vor (...) Ich bin auch im sozialdemokratischen Verband unbedingt dafür gewesen, nicht vielleicht weil ich so genußsüchtig bin, um in die Hofburg zu gehen oder dem Volke einmal zu zeigen, wie ich unter dem Zylinder aussehe (...) Die Folgen und besonders der Zorn unserer christlichsozialen Gegner haben es dann auch deutlich gezeigt, daß es ein kluger Schachzug war, daß wir einmal so frei waren, in die Hofburg zu gehen. Die österreichische Sozialdemokratie ist heute so stark, daß vor ihr nicht verschlossen werden kann das Tor der letzten Hütte, sondern auch aufgemacht werden müssen die Tore der Hofburg. (...) Der Kaiser kann uns nicht kompromittieren, so wenig als wir ihn kompromittieren können. Es ist lediglich eine Sache der Taktik, und die Taktik war gut und hat uns genützt.« (Franz Schuhmeier, zitiert in: Brügel)

Innerhalb der österreichischen Partei bringt die Entscheidung kein Problem. Auch die eher radikal Gesinnten sind einverstanden.

Der einzige, der nun mit einiger Häme sein Spottwort von der »k. k. Sozialdemokratie« hätte wiederholen können, Dr. Lueger, hat allen Grund, dies nicht zu tun: Die Christlichsozialen gehen, um die Sozialdemokraten, die stärkste Fraktion, des Anspruches auf den Präsidentensessel des Reichsrates zu berauben, eine Vereinigung mit den Klerikalen ein und sind von nun an die konservative Sammlungspartei des Landes.

Die Neustrukturierung der Parlamentslandschaft nach weltanschaulich-klassenbezogenen Gesichtspunkten kann aber die verbleibenden und sich ständig verschärfenden Nationalitätenspannungen nicht zurückdrängen. Der neue Reichsrat bleibt wie der alte durch wechselweise Obstruktion gelähmt, die rasch wechselnden bedeutungslosen Regierungen bleiben bei der § 14-Administration, alle Hoffnungen auf eine für das arbeitende Volk ersprießliche Gesetzgebungsarbeit erweisen sich als trügerisch. Die Regierung Beck bemüht sich 1908 um eine Politik größerer Offenheit, scheitert aber an den reaktionären Kräften.

Victor Adler wird auch außerhalb des Parlaments in allen Hoffnungen enttäuscht: Die russische Revolution, die für den österreichischen Wahlrechtssieg Geburtshilfe geleistet hat, wird

Victor Adler – »Hofrat der Revolution«, wie er sich selber scherzhaft in einem Brief bezeichnet

niedergeschlagen, das russische Parlament bleibt ein Potemkinsches Dorf und wird dann aufgelöst. Die ungarischen Magnaten bringen Franz Joseph von allen Wahlrechtsplänen ab. Als Gegenleistung verzichten sie vorerst auf die ungarische Kommandosprache und die Spaltung der Armee; faktisch gewinnen sie Einfluß auf die österreichische Außen- und Gesamtpolitik und verwirklichen ihre separatistischen Absichten nach der Salamischeiben-Methode. Was aber sowohl für die Monarchie wie für das Gesamtkonzept der Sozialdemokratie noch wesentlich verhängnisvoller wird, ist die unaufhaltsame Zuspitzung des Nationalitätenkonfliktes, der 1908 durch die provokative Annexion – dreißig Jahre nach der militärischen Okkupation – Bosniens und der Herzegowina durch Österreich sinnlos angeheizt wird. Die Slawen werden nun sowohl im Süden wie im Norden des Reiches zu einem nicht mehr beherrschbaren Unruheherd.

Die Wirksamkeit der nationalen Gravitationsfelder erfaßt auch die Arbeiterbewegung. Unmittelbar nach dem großen Sieg des solidarischen Konzeptes einer „kleinen Internationale" in loyaler Verbundenheit mit der großen treten die ersten Haarrisse in der österreichischen Sozialdemokratie auf. Der Streit kommt aus dem gewerkschaftlichen Lager: Die schon seit längerem unzufriedenen tschechischen Gewerkschafter wollen sich selbständig machen und lehnen die Zugehörigkeit zu der von Wien aus geführten Gesamtgewerkschaftsleitung ab. Alle Schlichtungsversuche Victor Adlers bleiben vergeblich. Schließlich wird sogar die Internationale eingeschaltet, aber ihre zur Solidarität mahnende Meinungsäußerung bestärkt nur die Absicht der Tschechen, sich selbständig zu machen. Die Spaltung der Gewerkschaften steckt auch die Partei an. Victor Adlers doppeltes Lebenswerk, die Einigung der Fraktionen und die Einigung der Nationalitäten in einer gemeinsamen sozialdemokratischen Partei, hat vorerst in der nationalen Dimension eine schwere Niederlage erlitten.

Österreich erweist sich als die »kleine Welt, in der die große ihre Probe hält«: Die Nationalitätenfrage – in europäischen Größenordnungen heißt das: die Kriegsgefahr – wird zum bedrückenden Hauptthema der Internationale auf den Kongressen, die 1907 in Stuttgart und 1910 in Kopenhagen abgehalten werden. Der Kampf um die Bewahrung der Internationalität ist auch ein Kampf um die Erhaltung des ideologischen und strategischen Konsenses: Von den drohenden Kriegswolken am Horizont grollt der Donner kommender fraktioneller Zerreißproben. Alle Flügelprobleme der Vergangenheit projizieren sich in die erkennbar werdende bolschewistisch-menschewistische Konfrontation, die vorerst das zwischenrevolutionäre Rußland erfaßt. Zunächst tritt Lenin gemeinsam mit den Exponenten des linken Flügels der europäischen Parteien bei den beiden internationalen Kongressen in Stuttgart und Kopenhagen auf. In der Frage der Erhaltung des Friedens geht es wieder um die Generalstreik-Problematik. Ein französischer Antrag steht zur Debatte, der die Organisation von Massenstreiks zur Verhütung von Kriegen anregt. Die meisten Redner sind skeptisch: Werden die Staaten nicht gerade in einer Situation militärischer Höchstspannung alle Repressions-

mittel gegen eine rebellierende Arbeiterschaft einsetzen? Ein Antrag wird schließlich angenommen, den Lenin mit Rosa Luxemburg eingebracht hat: Die Parteien werden verpflichtet, mit den ihnen am wirksamsten scheinenden Mitteln einen Kriegsausbruch zu verhindern. Lenin sichert sich also die Zustimmung der Internationale zu der von der russischen Partei gewählten Vorgangsweise. Auf dem Kongreß in Kopenhagen tritt Lenin in der Diskussion über den gemeinsamen internationalen Fortschritt am Beispiel der Genossenschaften in Aktion: Er legt Wert darauf, daß die »Expropriation der Kapitalisten« an erster Stelle zu stehen hat. Er bleibt mit dieser Auffassung in der Minderheit. Lichtblick von diesen beiden Kongressen, die in eine bessere, wenn auch fernere Zukunft weisen: eine feierliche Resolution gegen die Todesstrafe, ein erster internationaler Kongreß der sozialdemokratischen Jugend, an dem für Österreich Robert Danneberg teilnimmt, sowie eine erste internationale Frauenkonferenz, in der Österreich unter anderem durch Adelheid Popp vertreten ist. Sie setzt sich auch im Plenum des Kongresses für das Frauenstimmrecht ein, das in den bisherigen Wahlrechtskämpfen auch auf seiten der Sozialdemokratie grob vernachlässigt worden ist.

Victor Adlers Vorbehalt gegen die Ansätze zum Kommunismus, gemischt mit Vorurteilen gegen Frauen in der Politik, belegt ein sarkastisches Wort, das Luise Kautsky erzählt:

»Als ich bei Bebels Leichenfeier in Zürich 1913 mit ihm (Victor Adler) auf der Straße ging, kamen uns Clara Zetkin, Angelica Balabanoff und Rosa Luxemburg entgegen. „Aha", sagte er zu mir, „da kommt der hysterische Materialismus."«

Natürlich hatten Frauen auch in der Sozialdemokratie mit männlichen Vorurteilen zu kämpfen. Emmy Freundlich erzählt über Victor Adler:

»In der Zeit, da große Hüte Mode waren, lagen einmal während einer Sitzung des Frauenreichskomitees unsere großen Hüte auf dem Tisch im Vorzimmer. Dr. Adler ging daran vorbei und sagte: „Menschen, die so etwas aufsetzen, die wollen noch das Wahlrecht haben!"«

Anna Boschek weiß hingegen über Victor Adlers Aufgeschlossenheit zu berichten:

»Ich glaube, es war bei derselben Konferenz, als Genosse Adler zu den Männern sagte: „Genos-

Schon selber vom nahen Tod gezeichnet, Victor Adler 1913 auf dem Weg zum Begräbnis August Bebels
(links Luise Kautsky und Kathia Adler)

sen, es ist auch eine Parteiarbeit, wenn der Mann zu Hause bleibt und die Kinder hütet, damit die Frau auch einmal zu einer Versammlung gehen kann."« (Alle drei Anekdoten zitiert in: A. Tesarek)

Für Österreich bedeutsamstes Ergebnis des Kopenhagener Kongresses: Es wird beschlossen, die nächste Tagung – ihr kommt in Anbetracht der wachsenden Kriegsgefahr historische Bedeutung zu – 1913 in Wien abzuhalten. Victor Adler opfert seine schwindenden physischen Kräfte, um diesen Kongreß vorzubereiten, er

versucht auch noch den letzten Rest von Zusammengehörigkeit zwischen den auseinanderfallenden nationalen Parteiteilen Österreichs zu retten, um die Internationale würdig empfangen zu können. Die Verschärfung der Situation macht aber 1912 eine außerordentliche Konferenz der Internationale notwendig, die in Basel zusammentritt; die Wiener Tagung wird auf den Sommer 1914 verschoben. Die Partei – Friedrich Adler ist mit der Aufgabe betraut worden – bereitet sich voll Optimismus vor, selbst als die Schüsse von Sarajewo bereits gefallen sind.

Hungerdemonstration 1910: Das Transparent rechnet der Regierung die Teuerung vor

DER HUNGER KOMMT VOR DEM KRIEG: Die allerletzten Friedensjahre der Habsburgermonarchie bringen inmitten einer fabelhaften Hochkonjunktur, die eigentlich eine allgemein spürbare Hebung des Lebensstandards rechtfertigen würde, paradoxe Versorgungsschwierigkeiten auf dem Lebensmittelsektor. Die durch die protektionistischen Neigungen der Regierung bewirkten und durch die politische Stärkung der Bauernvertreter verschärften Preissteigerungen bei Nahrungsmitteln schmälern auf schmerzliche Weise die Haushaltungsbudgets aller Familien und verurteilen die ärmsten Bevölkerungsschichten zum Hunger. Es kommt zu Krawallen und zu schweren Zusammenstößen mit der Polizei. Es gibt Todesopfer, die Justiz verhängt drakonische Strafen. Die Lage drückt schwer auf die Stimmung der organisierten Arbeiterschaft: Ist das die Frucht des erfolgreichen politischen Kampfes? – Auch eine verfehlte Handelspolitik zwischen den Reichshälften und eine Stagnation des Wirtschaftsverkehrs mit den Balkanstaaten, die sich aus der politischen Hochspannung ergibt, spitzen die innenpolitische Situation zu und erhöhen ihrerseits die Spannung an den Grenzen.

Die Wahlen 1911 haben kurz davor eine Niederlage der christlichsozialen Partei gebracht, die nach dem Tod Dr. Luegers mit schweren Nachfolgeproblemen zu kämpfen hat; die Sozialdemokraten gewinnen in Wien und Niederösterreich Mandate, verlieren aber in anderen Reichsteilen, sodaß sich die Fraktion insgesamt von 89 auf 82 Abgeordnete reduziert. Die Schlagkraft der Sozialdemokratie ist aber durch die nationale Spaltung weiter geschwächt.

Im bürgerlich-agrarischen Lager werden die geschlagenen Christlichsozialen von den Gruppierungen des »Deutschen Nationalverbandes« beerbt, der im parlamentarischen Raum die Radikalisierung der Nationalitätenkonfrontation auf seiten der Deutschen erkennen läßt. Freilich eint diesen Verband nichts als ein zum Teil defensiver deutscher Chauvinismus, was im Spottvers des deutschradikalen Abgeordneten Pacher zum Ausdruck kommt:

Der eine saß, der andere stand,
Der stimmte für, der wider.
Das ist der Nationalverband.
Stimmt an das Lied der Lieder!

Das neugewählte Parlament siecht wirkungslos und zerstritten bis zu seiner kriegsbedingten Auflösung dahin. Bedeutendes Wetterleuchten in der Folge der Hungerkrawalle: Als dieses Thema am 5. Oktober 1911 im Reichsrat erörtert wird, feuert der Tischlergehilfe Nikolaus Njegusch Wawrak von der Galerie fünf Revolverschüsse auf den Justizminister Hochenburger ab, ohne ihn zu treffen. Njegusch, ein psychisch labiler Mensch, empörte sich, weil er den Minister während der Debatte über die grausamen Gerichtsurteile gegen Hungerdemonstranten lachen sah.

Die Folge ist ein Parlamentsskandal: Die bürgerlichen Parteien machen die Sozialdemokraten und ihre Reden für den Anschlag auf Hochenburger verantwortlich. Der Attentäter wird später zu sieben Jahren Kerker verurteilt und stirbt im Gefängnis.

Die emotionelle Aufladung des politischen Klimas wird am 11. Februar 1913 offenkundig, als der Bruder des als gemäßigt renommierten christlichen Arbeiterführers Leopold Kunschak, Paul Kunschak, den Wiener Volkstribunen Franz Schuhmeier meuchlings durch Revolverschüsse ermordet. Das Begräbnis Schuhmeiers wird eine einzigartige Solidaritätsdemonstration der Wiener Arbeiter.

Ein Jahr vor dem großen Morden: Exzeß der Gewalt – die Ermordung des Arbeiterführers Franz Schuhmeier

DIE LETZTEN TAGE DER MENSCHHEIT, wie Karl Kraus die Zeit des Hineinschlitterns in den Weltkrieg und das große Morden selbst nennt, haben nicht erst im August 1914 begonnen. Man kann ihren Anfang im Jahr 1908 orten – in dem Jahr, da im ganzen Reich mit unbeschreiblichem Pomp und totaler Mobilisierung aller für Jubelfeste rekrutierbaren Untertanen das 60jährige Regierungsjubiläum Franz Josephs begangen wird. Es ist – wie bereits berichtet – auch das Jahr der Annexion von Bosnien und der Herzegowina und der dadurch bewirkten Konfrontation mit allen Slawen des eigenen Reiches sowie nach außen mit dem Königreich Serbien und somit indirekt mit dessen Schutzmacht Rußland. Das seit der Jahrhundertwende geknüpfte Bündnissystem, das einerseits die Habsburgermonarchie an Hohenzollern-Deutschland kettet und andererseits die englisch-französische Entente mit dem Zarenreich verbindet, tritt nun auf den Generalstabskarten deutlich hervor. Die wechselweisen Aggressions- und Präventionsschlag-Pläne liegen in versiegelten Kuverts in den Tresors der Generalstäbe; der Inhalt der österreichischen Absichten ist durch den Verrat des Obersten Redl dem russischen Oberkommando und seinen Verbündeten bestens bekannt.

Der jubilierende Kaiser, der seinem 80. Lebensjahr entgegenaltert, wird zwar immer mehr zur Legende, verliert aber ständig an Einfluß: Seine Minister können weder mit noch ohne Parlament wirksam regieren. Immer wieder hat man den Eindruck, daß die Monarchie von Budapest aus, vom starken ungarischen Ministerpräsidenten Stephan Tisza, regiert wird. Und in Wien, wo das Schloß Schönbrunn einen Großteil des Jahres leer steht, weil der Monarch in Ischl weilt, sitzt im Belvedere ein Gegenkaiser, der ambitionierte Thronfolger Franz Ferdinand. Er muß ernst genommen werden, weil ihn ja der Ratschluß des lieben Gottes täglich zum Herrscher machen kann, und er nützt diese Situation. Vom Typus her ist er ein Fürst, der besser ins 18. als in jenes 20. Jahrhundert paßt, für das der unglückliche Kronprinz Rudolf vielleicht wie geschaffen gewesen wäre. Franz Ferdinands aristokratischer Hochmut ist schon seit seiner Jugend legendär. Er hat nie versucht, jene Geschichte zu dementieren, die der Abgeordnete Pernerstorfer ohne Namensnennung, aller-dings vor einem wissenden Auditorium im Reichsrat erzählte: die Geschichte von jener »hochgestellten Persönlichkeit«, die mit einer Jagdgesellschaft ein Bauernbegräbnis zu einem wüsten Scherz benutzt hat. Die Jäger ließen die Pferde über den Sarg springen. Franz Ferdinand ist leidenschaftlicher Jäger – nicht Waidmann, sondern Schießer. Bei manchen Jagden beträgt seine Strecke bis zu hundert Stück Wild, das ihm ein Bataillon von Treibern vor die Flinte scheucht.

Franz Ferdinand hat sich das formale und praktische Oberkommando über die Armee gesichert; er ist der eigentliche oberste Kriegsherr. Sein Zukunftskonzept sieht die Erweiterung der Doppelmonarchie auf eine Dreier-Monarchie vor: Im Süden soll ein habsburgisches südslawisches Reich entstehen, dessen Traumgrenze bei Konstantinopel liegt. Dieser Dreiecksplan unterscheidet sich von jenem, mit dem der Ministerpräsident Hohenwart 1871 gescheitert ist, ganz wesentlich: Hätte damals die Wenzelskrone auf dem Haupt Franz Josephs die Tschechen ins Reich einbinden und auf Kosten der dominierenden deutschen Minderheit den Ungarn gleichstellen sollen, so geht es jetzt um eine imperialistische Expansion, die, wäre sie erfolgreich, die Ungleichgewichte im Völkergemisch des Habsburgerstaates vollends unausgleichbar machen würde.

Innenpolitisch greift Franz Ferdinand ohne Bedachtnahme auf die jeweiligen Stabilisierungsabsichten des regierenden Monarchen nachdrücklich ein. Er läßt Ministerpräsidenten abservieren, die ihm zu fortschrittlich erscheinen; wenn es nicht anders geht, in direktem Bündnis mit der Christlichsozialen Partei und den konservativen Zeitungen. Die Sozialdemokraten betrachten Franz Ferdinand als größte Gefahr im Staat.

Nach dem Konzept des Belvederes und des Generalstabs ist die militärische Aktion zur „Züchtigung" Serbiens unvermeidlich. Man weiß die Deutschen in Treue hinter sich – an eine Kettenreaktion im gegnerischen Lager glaubt man nicht.

Als am 28. Juni 1914 in Sarajewo die tödlichen Schüsse auf Franz Ferdinand und seine Gemahlin Sophie fallen, ist dies zwar eine Weltsensation ersten Ranges, aber die Konsequenz ist der großen Öffentlichkeit noch nicht erkennbar. Die

29. Juni 1914, Sarajevo. Die tödlichen Schüsse fallen, aber der Friede ist noch nicht verloren: Der Krieg wird in der Hexenküche der chauvinistischen Propaganda gemacht

Österreicher sind beeindruckt, aber nicht sehr gerührt. Im Prater und in Grinzing spielen die Schrammeln. Die Zeitungen erscheinen mit obligatorischem Trauerrand, der Kaiser läßt erkennen, daß ihm nicht das Herz gebrochen ist, die Hofschranzen sorgen beim Begräbnis dafür, daß man den minderen Stand der morganatisch verheirateten Erzherzogin Sophie erkennt.

Die hektische Tätigkeit Friedrich Adlers zur Vorbereitung des bevorstehenden Kongresses der Internationale in Wien ist also keineswegs naiv. Trotz der seit Jahren drohenden Gefahr ist der große Krieg immer wieder vermieden worden. Vielleicht kann sogar der bevorstehende Kongreß einen entscheidenden Beitrag zur Entspannung leisten.

Im innersten Kreis der Entscheidungsträger sind aber die Würfel bereits gefallen. Bemerkbar wird der Umschwung durch die systematische Aufheizung der öffentlichen Meinung. Während die

sozialdemokratischen Blätter noch ganz auf der Linie der letzten internationalen Beschlüsse vor jeder Zuspitzung warnen, schreien christlichsoziale und andere bürgerliche Blätter nach Rache. »Serbien muß sterbien!« hallt es durch das Land. Karl Kraus hat dieses wahnwitzige Vergeltungsgeschrei für die Nachwelt festgehalten.

Das Instrument der Brandstiftung wird ein Ultimatum an Serbien, obgleich die scharfen Polizeiuntersuchungen gegen die Attentäter keinen einzigen schlüssigen Beweis für die unmittelbare Veranlassung des Mordes durch den serbischen Staat ergeben haben. Das Ultimatum ist so abgefaßt, daß kein Staat der Welt es uneingeschränkt akzeptieren könnte. Serbien unterwirft sich einigen wichtigen Forderungen und ruft den Internationalen Gerichtshof im niederländischen Haag als Schiedskommission an. Dessen Spruch wird nicht abgewartet: Am 28. Juli 1914 – in Brüssel tagt noch in fieberhaftem Eifer das

Büro der Sozialistischen Internationale und sucht letzte Auswege – übermittelt Österreich Serbien die Kriegserklärung. Und dann geht die Kettenreaktion so weiter, wie es die bösartigsten Planspiele vorsehen: In kürzester Zeit stehen Österreich und Deutschland mit Rußland, Frankreich und England im Krieg; Italien wird auf seiten der Gegner ein Jahr später in die Auseinandersetzung eingreifen, die USA werden England zu Hilfe kommen. Die in Wien gezündete Fackel hat den Weltbrand entfacht. Aber auch sehr kritische Beobachter lassen nicht gelten, daß der Ausbruch der Weltkatastrophe allein Werk einer Clique von Bösewichten in den Machtzentren der Habsburgermonarchie ist. So schreibt der Historiker Ludwig Brügel unmittelbar nach dem Krieg unter dem frischen Eindruck des Geschehens:

»Im letzten Jahrzehnt vor 1914, im Jahrzehnt der ungeheuren Kriegsrüstungen aller Staaten Europas, in der Zeit der Gliederung der Bündnisse der beiden europäischen Mächtegruppen, Dreibund und Vierverband, in den Jahren des Russisch-Japanischen Krieges, des italienisch-türkischen Raubkrieges in Tripolis und schließlich in den Balkankriegen, war in allen Ländern der gierige imperialistisch-kapitalistische Gedanke verstärkt worden, der in seinen frevelhaften Absichten und Zielen keines der Länder des sogenannten zivilisierten Europa außerhalb des Kreises seiner Berechnungen stellte. Mit einem geradezu teuflischen Raffinement hatte vor allem die *internationale Schwerindustrie*, die Hauptnutznießerin aller kriegerischen Konflikte, in den Völkern den Boden für Kriegs- und Eroberungsgelüste gelockert und vorbereitet, und bald hier, bald dort die brennbaren Konfliktstoffe aufgehäuft, so daß es nur eines einzigen Funkens bedurfte, um den Weltbrand lichterloh aufflammen zu lassen. Dazu kam die mehr oder minder unfähige, frivole oder mitunter gar boshafte *Diplomatie*, die mit Intrigen und Treibereien aller Art förmlich nach geeigneten Konfliktursachen Auslug hielt, um so Kriegsanlässe zu schaffen. Mit Recht wurde daher von diesem Zeitalter gesagt, daß es die Ära der Vorbereitungen für einen künftigen ungeheuren Krieg gewesen, für einen Krieg, der die ganze Welt in seinen Bereich ziehen sollte. Die deutlichste Sprache sprechen die *Budgets für den Heeresaufwand* in allen Staaten Europas, selbst in

solchen Staatswesen, die gemeiniglich als durchaus pazifistisch galten, wie die Schweiz, Holland und die drei skandinavischen Staaten. (...)

Der Telegraph trug blitzschnell Lüge und Haß in alle Weiten, eine von den Mächtigen genährte und von ihnen abhängige Presse stand überall zu Gebot, wo es galt, Haß und Lüge unausgesetzt in die Seelen zu träufeln; zu gleicher Zeit wurden die härtesten Kriegsgesetze von den Herrschenden beschlossen, um Menschlichkeit und Freiheit gewaltsam zu ersticken, Galgen aufzurichten für die Widerstrebenden und Standgerichte zu etablieren für freiheitlich und menschlich Fühlende!

Als ob ein furchtbarer Zauber entfesselt worden sei, wurde in der ganzen Welt und in allen Zungen Mord und Gewalt einmütiger Wille der Völker und wie durch Zauber gebannt, verstummte allerorten die reine Menschlichkeit, erstarb alles, was einst mit Stolz das Weltgewissen genannt worden war. Nirgends ein Halt in dem jämmerlichen Zusammenbruch alles sittlichen Empfindens, kaum daß sich hie und da, wie die Stimme des Predigers in der Wüste, eine Stimme der Menschlichkeit erhob! Es war ein zügelloses Wüten der entfesselten grausamen Mächte des imperialistischen Kapitalismus, die ihre Armeen mit den furchtbarsten Waffen ausgerüstet, die Wirtschaft, Kunst und Wissenschaft, Glauben und Heiligtümer in ihren Dienst zwangen und den Donner der Kanonen als Worte und Gebote Gottes ausgaben. Ein Chaos der Begriffe und Seelen, alles aufwühlend und zerstörend, öffnete seine Abgründe, Millionen von Menschen erbarmungslos hinabschleudernd ... (...)

Das so sorgfältig vorbereitete Wüten traf all die Parteien und Menschen, die den Krieg auf das tiefste verabscheuten, schwer. Nirgends winkte Hilfe vor dem Furchtbaren, weder bei – Gott noch bei den Menschen! Die Vertreter Gottes auf Erden waren sogar die ersten, die die Lehren Gottes verleugneten und noch mehr, die sie ins Gegenteil verkehrten. „Du sollst nicht töten!“ wurde in den Kirchen aller Bekenntnisse dahin ausgelegt, daß das Gebot nunmehr zu lauten habe: „Du sollst töten, soviel du nur kannst!“« (Brügel, Bd. 5)

Was Brügel hier im besonderen anspricht, die Macht des internationalen, unter nationalisti-

So sieht die sozialistische Internationale ihre Aufgabe und ihre Chance: Die Solidarität aller wird den Frieden retten

schen Deckmäntelchen sich verbergenden Großkapitals über die Hirne und Herzen der Menschen, ist, wie sich zeigt, am Beginn dieses Jahrhunderts ungeheuer groß. Karl Kraus schreibt in seinen »Letzten Tagen der Menschheit« keine Satire, sondern verdichtet nur die entsetzliche Wirklichkeit einer epidemisch um sich greifenden kollektiven geistigen Umnachtung.

Von diesem Massenwahn, der mit einem sofortigen Umkippen aller politischen Macht und Beeinflussungsmöglichkeit einhergeht, bleibt auch die Arbeiterbewegung nicht verschont – und dies in geradezu unfaßbarer Weise. Wenn man in den alten Bänden der »Arbeiter-Zeitung« die Nummern von der Wende des Juli zum August 1914 durchblättert, ringt man fassungslos um Verständnis.

Noch am 25. Juli, am Tag des Abbruches der diplomatischen Beziehungen zu Belgrad, druckt die »Arbeiter-Zeitung« eine Resolution der Parteivertretung ab, in der es heißt:

»In furchtbar ernster Zeit richten wir, Parteigenossen, heute das Wort an euch! Die Gefahr einer kriegerischen Verwicklung mit Serbien rückt in immer unheimlichere Nähe, und bevor der Tag um ist, an dem euch unser Wort erreicht, kann der Krieg schon ausgebrochen sein! Die österreichisch-ungarische Regierung hat in Belgrad ein Ultimatum überreichen lassen, ein letztes Wort, das an diesem Samstag um sechs Uhr abends seine Erfüllung finden muß, wenn die blutige Entscheidung durch die todbringenden Waffen vermieden werden soll. An einem dünnen Faden hängt die Erhaltung des Friedens und wenn der Faden reißt, wenn Serbien die Bedingungen, die ihm Österreich-Ungarn diktiert, nicht hinnimmt und annimmt, so ist der Krieg da, der Krieg mit dem Schrecken und Jammer, mit dem Leid und Kummer, die er im Gefolge hat! Und da es vor allem die breiten Massen sind, die seine furchtbaren Lasten tragen, so ist die Entscheidung, die sich da nun vorbereitet, der Einsatz an Gut und Blut des Volkes!

Mußte es so kommen? Auch wir Sozialdemokraten, die Vertreter des werktätig schaffenden Volkes, verschließen unser Auge nicht vor dem schweren Unrecht, das die serbischen Machthaber an Österreich begangen haben. Wie wir, aus unseren prinzipiellen Auffassungen heraus, die alle schnöden Gewalttaten zurückweisen, die Mordtat von Sarajevo verurteilen, so verurteilen wir auch alle die, die an ihr Mitschuld tragen. Wir erkennen an, daß Österreich-Ungarn im Rechte ist, wenn es von der serbischen Regierung die strafgerichtliche Verfolgung der Mitschuldigen begehrt; wir verstehen es, daß Österreich-Ungarn von Serbien Bürgschaften verlangt, daß dem unterirdischen Wühlen gegen die Sicherheit und Ruhe des österreichischen Staatenverbandes Einhalt getan werde, daß mit der fördernden Duldung, die die Machthaber in Serbien dieser Losreißungsbewegung entgegenbringen, gebrochen werde.

Aber wir sind überzeugt, daß die serbische Regierung *diesen* Forderungen Österreich-Ungarns, die durch das Völkerrecht sanktioniert sind, keinen Widerstand entgegensetzen hätte können, keinen Widerstand auch entgegengesetzt hätte. (...) Deshalb erklären wir (...) als die Vertreter der deutschen Arbeiter in Österreich, *daß wir für diesen Krieg die Verantwortung nicht übernehmen*, daß wir für ihn und für alles, was ihm an furchtbar ernsten Folgen entsprießen mag, denjenigen die Verantwortung zuschieben, die den verhängnisvollen Schritt, der uns vor den Krieg stellt, ersonnen, unterstützt und gefördert haben.

Zu dieser Feststellung und Erklärung sind wir um so mehr verpflichtet und gedrängt, als die Völker in Österreich seit vielen Monaten ihrer verfassungsmäßigen Rechte beraubt sind und der Tribüne entbehren, von der aus sie ihren Willen künden könnten. Angesichts der Gefahr eines Krieges, der von allen Angehörigen des Staates die volle Hingabe von Gut und Blut in Anspruch nimmt, erscheint *die planmäßige Vergewaltigung des Volkswillens*, wie sie in der Ausschaltung des Parlaments liegt, um so erbitterter und aufreizender. Wie, es sollte nicht jeden aufrechten Mann in diesem Staat erregen, daß sich selbst in diesem Schicksalsaugenblick, da uns ein Ringen auf Tod und Leben droht – denn wer kann es ermessen, was dem Krieg mit Serbien noch alles nachfolgt! –, der *Absolutismus einer volksfremden Bürokratenregierung* breitmachen darf und alles unterlassen wird, was die Völker in Österreich einander näherbringen und ihnen die Möglichkeit gemeinsamer, schöpferischer Arbeit im Dienst des Volkswohls bieten könnte! (...)

Wir protestieren gegen ein Regierungssystem, das keine Achtung vor den grundgesetzlich verbürgten Rechten des Volkes hat; wir protestieren gegen eine Regierungstätigkeit, die die Nationen mit Unmut, das Volk mit Verzweiflung erfüllt! Mit dem stärksten Nachdruck erheben wir die Forderung, *daß auch dem Volke gegeben werde, was dem Volke gehört*, daß die verfassungswidrige, staatsverwüstende und volksschädliche Herrschaft der Regierung Stürgkh, die Gesetz und Verfassung zu Boden tritt, ein Ende nehme! (...)

Wir lehnen jede Verantwortung für diesen Krieg ab; feierlich und entschieden beladen wir mit ihr diejenigen, die ihn, hüben wie drüben, angestiftet haben und entfesseln wollten! Und wir wissen uns darin einig mit den klassenbewußten Arbeitern der ganzen Welt und nicht zum wenigsten mit den Sozialdemokraten Serbiens! Feierlich bekennen wir uns zu der Kulturarbeit des internationalen Sozialismus, dem wir ergeben bleiben im Leben und verbunden bis zum Tode.«

Der Tag der deutschen Nation.

Die Sitzung des Reichstages.

Diesen Tag des vierten August werden wir nicht vergessen. Wie immer die eisernen Würfel fallen mögen — und mit der heißesten Inbrunst unseres Herzens hoffen wir, daß sie siegreich fallen werden für die heilige Sache des deutschen Volkes —: das Bild, das heute der deutsche Reichstag, die Vertretung der Nation, bot, wird sich unauslöschlich einprägen in das Bewußtsein der gesamten deutschen Menschheit, wird

Spekulationen, Schacherkoalitionen, denen jede sittliche Idee fehlt. Hier ein einig kraftvoll bewegtes Volk; die Weltgeschichte müßte den Lauf rückwärts nehmen, wenn den Deutschen nicht ihr Recht würde!

Der Weltkrieg der Entente gegen Deutschland.

Wie könnte man Worte finden! Die Ereignisse

Militärdecken werden genäht: In ganz Europa müssen die Frauen die Last des Krieges tragen
Linke Seite: Die Arbeiter-Zeitung am »schwarzen Tag«, dem 5. August 1914

AM 5. AUGUST 1914 jedoch erscheint als Kommentar zur Zustimmung der deutschen und österreichischen sozialdemokratischen Abgeordneten zur Bewilligung der Kriegskredite in derselben Zeitung ein Leitartikel von Friedrich Austerlitz unter dem Titel »Der Tag der deutschen Nation«:

»Diesen Tag des vierten August werden wir nicht vergessen. Wie immer die eisernen Würfel fallen mögen – und mit der heißesten Inbrunst unseres Herzens hoffen wir, daß sie siegreich fallen werden für die heilige Sache des deutschen Volkes –: das Bild, das heute der deutsche Reichstag, die Vertretung der Nation, bot, wird sich unauslöschlich einprägen in das Bewußtsein der gesamten deutschen Menschheit, wird in der Geschichte als ein Tag der stolzesten und gewaltigsten Erhebung des deutschen Geistes verzeichnet werden. Und dem gesamten

Europa, von dem sich ein so beträchtlicher Teil zu dem Vernichtungskampf wider das Deutsche Reich rüstet, wird dieser Tag zum Bewußtsein bringen, daß in dem Kampfe um seine staatliche Unabhängigkeit, in dem Kampfe um seine nationale Ehre Deutschland einig ist und einig bleiben wird bis zum letzten Blutstropfen. Ob die Diplomatie richtig gehandelt, ob es so kommen mußte, wie es gekommen, das mögen spätere Zeiten entscheiden. Jetzt steht das deutsche Leben auf dem Spiel und da gibt es kein Schwanken und kein Zagen! Das deutsche Volk ist einig in dem eisernen, unbeugsamen Entschluß, sich nicht unterjochen zu lassen, und nicht Tod und Teufel wird es gelingen, dieses große, tüchtige Volk, unser deutsches Volk, unterzukriegen! Diese Sitzung des Reichstages, in der es aussprüht von Mut und Kraft, zeigt den Feinden, daß sie in ihrem listigen Unterminieren der Sicherheit des Staates auf ein ganzes Volk stoßen, auf ein Volk voll eiserner Kraft und erzener Ausdauer!

Mann für Mann haben die deutschen Sozialdemokraten für die Anleihe gestimmt. Wie die gesamte internationale Sozialdemokratie ist auch unsere reichsdeutsche Partei, dieses Juwel der Organisation des klassenbewußten Proletariats, die heftigste Gegnerin der Kriege, die leidenschaftlichste Anhängerin der Eintracht und Solidarität der Völker. Und sie hat auch nichts unversucht gelassen, was diesen Weltkrieg, der nun vor allem der Krieg gegen deutsches Wesen ist, hätte abwenden können, was der Menschheit diese furchtbare Erschütterung des gesamten Erdenbaues erspart hätte. Ihre Schuld ist es wahrlich nicht, wenn das Deutsche Reich und mit ihm die ganze europäische Welt die Kriegsgeißel verspürt. Aber da das deutsche Vaterland in Gefahr, da die nationale Unabhängigkeit des Volkes bedroht, tritt die Sozialdemokratie schützend vor die Heimat hin, und die „vaterlandslosen Gesellen", die „rote Rotte", wie sie der Kaiser einst schmähte, weiht dem Staate Gut und Blut der arbeitenden Massen. Die Arbeiter denken nicht an die schnöde Behandlung, die ihnen der preußische Junkerstaat zufügt, nicht des tausendfältigen Unrechts, des Hohnes, der Verfolgungen, die ihnen Tag um Tag werden; sie denken nur an das geliebte deutsche Volk, das in Not ist und das die Kraft der Arbeiter braucht; und furchtlos und mutig stellen sie sich an seine Seite. Sie mäkeln nicht und feilschen nicht; nie hat eine Partei größer und erhebender gehandelt als diese deutsche Sozialdemokratie, die sich des überernsten Augenblicks wert und würdig gezeigt hat.

Und so zieht das deutsche Volk einig in den Kampf um die Bewahrung seines staatlichen und nationalen Daseins. Auf der anderen Seite elende Spekulationen, Schacherkoalitionen, denen jede sittliche Idee fehlt. Hier ein einig kraftvoll bewegtes Volk; die Weltgeschichte müßte den Lauf rückwärts nehmen, wenn den Deutschen nicht ihr Recht würde!«

Was war geschehen? – Wer mit historischem Abstand diese Zeilen liest, muß zumindest zu jener Kritik kommen, die Friedrich Adler – er legt sofort seine Funktion als Parteisekretär nieder – später formuliert:

»In allen Ländern, so weit wir sehen können, bis auf vereinzelte rühmliche Ausnahmen, ist die Internationale geschlagen worden ... Die nationale Ekstase hat überwältigt das internationale proletarische Bewußtsein. Die Führer des Proletariats hätten die Pflicht gehabt, anstatt in die Reihen der Hurra-Kanaille einzuschwenken, die Kraft aufzubringen, diesen Krieg mit Zähneknirschen als ein Attentat auf die Internationale des Proletariats über sich ergehen zu lassen.« (»Friedrich Adler vor dem Ausnahmegericht«)

Warum hat Friedrich Austerlitz nicht zumindest mit den Zähnen geknirscht? Warum hat er gejubelt? – Es ist bald klar, daß bei der Abfassung dieses Artikels zweifellos auch ein schwerer persönlicher Fehler des großen, bewährten und noch weitere Jahrzehnte hochangesehenen Journalisten passiert ist. Aber es war kein Alleingang. Austerlitz hat mit heillos überschießenden Worten, aber korrekt die politische Linie wiedergegeben, zu der sich die Parteiführung, auch Victor Adler, entschlossen hatte.

Hauptmotiv: Die Internationale hat, bis zur letzten Stunde kämpfend, ihr letztes Pulver verschossen, in keinem der in den Krieg hineingeratenen Länder besteht auch nur die geringste Chance, den Gang der Dinge zu wenden. Jeder Versuch, sich gegen die anlaufenden Militärmaschinerien zu stellen, muß blutig scheitern. Die grausamen Einzelaktionen gegen Widerspenstige demonstrieren die Realität, der Mord an dem tapferen Friedensbefürworter Jean Jaurès in Paris zeigt den Blutdurst des aufgeputschten politischen Pöbels. Auch ein nicht unbeträchtlicher Teil der Arbeiter wie ihrer Führung ist der ultrachauvinistischen Propaganda auf den Leim gegangen, sodaß in Wahrheit schon länger zwei Haltungen in der Partei einander gegenüberstehen. Die Führung beugt sich vor dem Orkan – und diese Schwäche wird mit Kraftworten überkompensiert, die die nun völlig desorientierte und wehrlose Arbeiterschaft zum Stillhalten, ja zum Mitmachen auffordern.

Tiefsitzende Emotionen schlagen durch: Da ist die Verbundenheit mit der großen sozialdemokratischen Partei Deutschlands, eigentlich schon eine Abhängigkeit, die der staatlichen Abhängigkeit der schwächeren von der stärkeren Monarchie entspricht; da wirken die sentimentalen Erinnerungen an jenen liberalen deutschen Nationalismus nach, der einstens auf den Barrikaden des Jahres 1848 ein hoher gemeinsamer

Hunger an den Fronten, Hunger in der Heimat: Menschenschlangen vor einem Bäckerladen

Wert war, verbunden mit der bangen Ahnung, daß den Deutschen beider Länder irgendein gemeinsames Schicksal zugedacht sein könnte. Vielleicht hat auch das jahrelange selbstentäußernde Ringen mit den slawischen Nationalitäten innerhalb der Monarchie und die mühsame gemeinsame Willensbildung der Sozialisten der schon seit langem gegeneinander aufmarschierenden europäischen Länder zu viel Energie verbraucht; und möglicherweise bricht nun auch verdrängter Zorn gegen die anscheinend so verständnislosen Brüder und Kampfgefährten auf, die längst von der Solidarität Abschied genommen haben.

Wichtigstes, aus damaliger Sicht schlagendes Argument: Nun, da die Kriegsfurie entfesselt ist, können Beschwörungen nichts mehr nützen. Sollte die zaristische „Dampfwalze" erfolgreich ins Rollen kommen, dann ist gewiß jeder Fortschritt in Europa für eine oder mehrere Generationen versperrt. Dasselbe Denkschema facht allerdings den jäh entflammten Chauvinismus der Arbeiter in den Entente-Staaten ebenso an: Erfolgreich wird die Angst vor einer triumphierenden wilhelminischen Barbaren-Invasion genützt, und diese Furcht wird auch prompt durch den Überfall auf das neutrale Belgien bestätigt.

In der Folge findet die darniederliegende Partei inmitten der Kriegsschrecken allerdings wieder auf eine einigermaßen vertretbare Linie zurück, der schwerkranke Victor Adler formuliert sie mit realistischem Blick und argumentativem Geschick: Das Ziel ist der baldige Friede, was vermieden werden muß, ist die Niederlage. Links von dieser defensiven Bejahung des Krieges versammelt sich ein internationalistischer Flügel, dessen geistiger Führer Friedrich Adler ist – Otto Bauer ist als Reserveleutnant an die Ostfront geschickt worden und aus dem Leben der Partei vorübergehend verschwunden. Andererseits bekennen sich innerhalb der bei Reichskonferenzen erkennbar werdenden Konsensmehrheit einige bedeutende Arbeiterführer zu einer auf Sieg zielenden Politik, insbesondere Engelbert Pernerstorfer, in dem die Emotionen seiner politischen Jugend wach geworden sind, und Karl Renner, der mit seiner Haltung die Zukunftskonstellation in einer Nachkriegswelt einkalkuliert. Friedrich Adler bleibt mit seiner Gruppe jeweils in einer Eins-zu-zehn-Minderheit. Dennoch widersteht Friedrich Adler der Versuchung, in die Schweiz oder nach Deutschland zu gehen, wo ihm verlockende Redakteursposten angeboten worden sind. Er agitiert in schärfstem Gegensatz zu seinem Vater; an der Liebe und, wie Victor Adler sagt, an der tiefen Freundschaft zwischen Vater und Sohn ändert das aber nichts.

Die Dinge gehen nicht in allen Ländern nach demselben Schema vor sich: In Rußland verweigern die Sozialdemokraten die Zustimmung zum Krieg. Sie befinden sich allerdings in einem zwischenrevolutionären Zustand und wissen, daß ein Sieg des Zarismus ihr absolutes Ende, seine Niederlage aber ihre historische Chance ist. Auch die italienischen Sozialisten wehren sich unbeugsam gegen die Kriegspolitik ihrer Regierung. Dem so erkennbaren Makel der österreichischen Partei steht die Erhaltung ihrer Einheit gegenüber – als Chance für die Zukunft und in positivem Gegensatz zu den meisten anderen Ländern, in denen sich die Sozialdemokratie nach dem Schock der Kriegsbejahung spaltet.

Die pazifistischen Dissidenten finden in Zimmerwald in der Schweiz bei mehrfachen Zusammenkünften eine Verständigungsbasis und bilden eine Art Ersatz-Internationale, die sich als Gewissensinstanz etabliert und – als Folge der Parteispaltung insbesondere in Deutschland – auch der Keim der künftigen kommunistischen Parteibildung wird.

INDESSEN FORDERT DER KRIEG furchtbare Opfer an Blut, Schmerz, Leid und Entbehrungen. Die »Mittelmächte« Deutschland und Österreich-Ungarn erzielen erste militärische Erfolge, können aber den Krieg wirtschaftlich nicht durchhalten. In der Habsburgermonarchie stellt sich heraus, daß für die Lebensmittelversorgung im Krieg nicht die geringsten umfassenden strategischen Planungen existieren: Die Einberufungen verhindern, daß die Ernte eingebracht wird, ein an sich agrarisch autarker Staat muß sein Volk dem Hunger überantworten. Die Regierung des Grafen Stürgkh geht über die durch den Kriegszustand begründbaren staatlichen Maßnahmen weit hinaus: Das Land stöhnt unter einer uneingeschränkt absolutistischen Militär- und Polizeidiktatur; als einziges im Krieg befindliches Land unterdrückt Österreich den Parlamentarismus vollkommen. Die Zensur unterbindet nicht nur jede kritische Meinung, sondern auch jede Information. Besonders gegen diese Exzesse des Stürgkh-Regimes richten sich die von Victor Adler formulierten Resolutionen einer im Jahre 1916 abgehaltenen Reichskonferenz. Friedrich Adler bleibt mit einer schärferen Resolution« nahezu allein. Auch auf einer Konferenz der Wiener Partei am 19. Oktober 1916 findet sich Friedrich Adler isoliert. Am nächsten Tag nimmt er den seit langem vorbereiteten Revolver aus der Lade, lädt ihn durch und geht mittags ins Hotel Meißl & Schadn, wo Ministerpräsident Stürgkh täglich sein Mittagessen einzunehmen pflegt.

»Der erste Gedanke, man müßte eigentlich sagen, der erste Reflex – man führt kein Tagebuch und muß es erst wieder rekonstruieren –, der erste Gedanke überhaupt eines Attentats ist gekommen, wie ich zum Militär eingerückt bin. Das war etwa im Februar oder März 1915. (...) Ich (...) bin herzleidend und bin nach dreizehn Tagen weggeschickt worden. Aber ich stand auf einmal vor dem Problem: man gab mir ein Gewehr; also du wirst auf Menschen schießen? Und da war das erstemal der Gedanke: Im Krieg werde ich nicht schießen. Ich habe das keinem Menschen gesagt, ich habe solche Worte nie gebraucht, aber innerlich war ich überzeugt, ich werde im Kriege nicht schießen, ich werde das nicht tun, und wenn's zum Schießen kommt, dann gegen den Feind im eigenen Lande, der

Wien: **5** Heller.
Wien: Monatlich K 1.50
mit Zustellung ins Haus.

Provinz: **6** Heller.

17. Jahrgang. Nr. 6040.

Illustrierte Kronen Zeitung

Verantw. Red.: R. Eisenmenger. Buchdruckerei und Zeitungsverlag G. Davis & Co., Wien, IX. Pramergasse 28. Verantwortl.: R. Eisenmenger.

Administration:
IX/1. Pramergasse 28, Tel. 15744.
Stadtbureau:
I. Schauerstraße 19. Telept. 7927.

Wien, Sonntag den 22. Oktober 1916.

Redaktion: Wien, IX/1, Pramergasse 23.
Red.-ord. Tel. 17800. Lokal-Tel. 14350. Manuskripte werden nicht zurückgestellt.

Provinz-Abonnement
vierteljährlich **5** Kronen.
Bestellungen für weniger als drei
Monate werden nicht angenommen.

Siegreiche Kämpfe in der Dobrudscha. — Unsere Verbündeten in die feindliche Hauptstellung eingedrungen. — 3000 Russen gefangen.

Ermordung des Minister= präsidenten Grafen Stürgkh.

Beim Mittagessen im Hotel „Meißl & Schadn" erschossen.

Der Attentäter — Dr. Friedr. Adler.

mir der näherstehende ist und den ich für viel wichtiger halte als den äußeren Feind momentan. (...)

Es war eine Dame hinter dem Tisch des Grafen Stürgkh. Es ist dort eine Säule, ein Durchgang zwischen Säule und Wand, durch den man durchschießen könnte, und durch diesen Durchgang hat man sie durchgesehen, und ich habe mir gesagt, wenn ich danebenschieße, ich weiß ja nicht, ob ich nicht zittere, könnte ich die Dame treffen, und ich sagte mir, das kann ich nicht tun, das ist eine Gefährdung eines ganz Unschuldigen, und das will ich nicht tun. (...)

Ich habe nicht gezielt, das weiß ich. Das Korn, oder wie man das beim Zielen nennt, das habe ich nicht gebraucht, das weiß ich sicher, sondern ich habe nur die Hand ausgestreckt. Es war so nahe, daß das nicht nötig war. Die Zielrichtung ist nicht optisch hergestellt worden, sondern durch die Hand. Daß die Hand gezittert hat, das glaube ich nicht. (...)

Es saßen in dem rückwärtigen Saal, also dort, wo die Dame gesessen ist, die ich nicht gefährden wollte, an einem Tische einige hohe Offiziere, ich glaube, es waren deutsche Offiziere. Und der Gedanke, die werden in dem Momente, wenn das geschieht, die Säbel ziehen und gegen mich losgehen, war vielleicht schon eine halbe Stunde früher da, und hatte auch eine Rolle gespielt unter den Umständen, insbesondere, daß Kellner nicht da waren, daß die Herren Zeitungen gelesen haben und beschäftigt waren, unmittelbar vor dem Attentat. Aber dieser Gedanke hat mich dann vollständig beherrscht. Und ganz klar erinnere ich mich, daß das die entscheidende Rolle gespielt hat, wie ich im Vorraum war, von den Menschen umringt war und mir gesagt habe: Jetzt muß ich mich ganz zusammennehmen. (...) über mir war ein Säbel. Da habe ich gerufen: Ich bin Dr. Adler, ich stelle mich dem Gericht. Ich wollte durch diesen Ruf auf die Leute Eindruck machen (...) Auf einmal war ich nämlich frei. Alle Leute, die mich umringt hatten, waren weg, und mein Gedanke war, das habe ich dadurch bewirkt, daß ich die Leute angeschrien habe. Es war aber nicht deswegen, sondern darum, weil der Revolver losgegangen war, und daraufhin sind die Leute zerstoben, und ich war frei.« (»Friedrich Adler vor dem Ausnahmegericht«)

DER TODKRANKE VICTOR ADLER bricht unter der schrecklichen Nachricht fast zusammen, dennoch nimmt er den Kampf um das Leben seines Sohnes auf. Erster Entschluß, den er gemeinsam mit Friedrich Austerlitz faßt: Das Attentat muß als Folge einer plötzlichen Geistesverwirrung dargestellt werden; nur so hat Friedrich Adler eine geringe Chance, vor den sechs Richtern des Ausnahmegerichtes – die Geschworenengerichtsbarkeit ist ja aufgehoben – mit dem Leben davonzukommen. Friedrich Adler, nach dem Gelingen seines Anschlages entspannt und gefaßt, denkt nicht daran, diese Chance zu nutzen. Er legt Wert darauf, daß er seine Tat in voller Verantwortung ausgeführt hat. Als Wahnsinnstat wäre sie ja für ihn, für das Land und für die internationale Arbeiterbewegung nutzlos.

Noch ehe Friedrich Adlers Prozeß angesetzt werden kann, zeigt die Uhr der Geschichte die letzte Stunde der Monarchie an: Am 21. November 1916 stirbt Franz Joseph im 68. Regierungsjahr, 86 Jahre alt. Die Völker seines Reiches wissen, daß mit dem alten Kaiser die Monarchie prunkvoll zu Grabe getragen wird. Der junge Thronfolger Karl entläßt sofort den Ministerpräsidenten Koerber, der nach der Ermordung des Grafen Stürgkh von Franz Joseph noch einmal geholt worden ist, um einen Ausweg aus der Politik des totalen Kriegsabsolutismus zu finden. Koerber sagt über seinen letzten Besuch beim neuen Monarchen: »Ein Dreißigjähriger, der wie ein Zwanzigjähriger aussieht und wie ein Zehnjähriger redet.«

Für Friedrich Adler stehen unter dem unsicheren, hilflos auf Beendigung des Kriegs bedachten Regime die Dinge besser, als er zum Zeitpunkt der Tat annehmen konnte. Dazu kommt dann im Frühjahr 1917 die erste Phase der Russischen Revolution: Der Zar wird abgesetzt – später samt Familie ermordet –, die vorerst bürgerliche Republik setzt den Krieg fort, aber die Dinge sind im Gang.

Am 18. Mai 1917 steht Friedrich Adler vor dem Ausnahmegericht. Einer der großen politischen Prozesse der Weltgeschichte rollt an. Der Vorsitzende behandelt den Angeklagten mit außerordentlichem Respekt. Er gibt ihm für seine Verteidigungsrede sechs Stunden Zeit. Von einer solchen Rede sind natürlich nur Kernsätze wiederzugeben:

»Ich bin also nicht nur ausgerüstet mit dem Gutachten der Gerichtspsychiater, sondern ich bin auch ausgerüstet mit einem Fakultätsgutachten, aus dem hervorgeht, daß meine Zurechnungsfähigkeit außer Zweifel steht. Ich bin mir aber vollständig klar darüber, daß auch heute der Kampf, den ich in der Untersuchungshaft gegen meinen Verteidiger bezüglich der Zurechnungsfähigkeit zu führen hatte, noch nicht erledigt ist und daß er auch heute versuchen wird, diese Argumente vorzubringen. Ich möchte daher von vornherein erklären, daß ich keinerlei Verantwortung für das übernehme, was der Herr Verteidiger hier sagt, und daß ich entschlossen bin, ihm entgegenzutreten, wenn er versuchen wollte, diese Argumente in einer mir nicht entsprechenden Weise vorzubringen. Der Herr Verteidiger hat von seiner Amtspflicht ausgehend selbstverständlich die Pflicht, für die Erhaltung meines Leibes zu sorgen. Ich habe hier die Pflicht, für meine Überzeugung einzutreten, die mir eine viel wesentlichere Sache ist als die, ob während dieses Krieges in Österreich ein Mensch mehr aufgehängt wird oder nicht. Es handelt sich für mich um eine viel ernstere und tiefere Sache als um die, mit der sich der Herr Verteidiger hier beschäftigen wird. Ich möchte also von vornherein sagen: Ich habe diese Tat mit Überlegung vollbracht. Ich habe sie durch einundeinhalb Jahre nach allen möglichen Richtungen auf ihre Konsequenzen hin bedacht. Es ist also nicht eine Tat, die aus dem Augenblick hervorgegangen ist, sondern es ist eine ganz klar überlegte Tat. Ich habe diese Tat vollbracht in dem vollkommen klaren Bewußtsein, daß damit mein Leben abgeschlossen ist. (...)

Ich möchte nun, meine Herren, auf eine Stilübung der Staatsanwaltschaft eingehen, die man uns als Anklageschrift vorgelesen hat. Als man mir sie zum erstenmal im November vorlas, mußte ich direkt herauslachen bei der Stelle, wo es heißt: „Die Verwerflichkeit des Mordes als politisches Kampfmittel kann bei Gesitteten, kann in einem geordneten Staatswesen nicht Gegenstand der Erörterung sein.“ Der Herr Staatsanwalt hat es sich wirklich außerordentlich leicht gemacht. Er geht über das wirkliche Problem einfach hinweg, indem er die Voraussetzung einschiebt: in einem geordneten Staatswesen. Ich bin mit dem Herrn Staatsanwalt ganz einverstanden, daß in einem geordneten Staatswesen wirklich der Mord kein politisches Kampfmittel sein kann. Ich bin vollständig derselben Meinung. Die Voraussetzung aber, die hier zu prüfen ist, ist die Frage, ob wir in einem geordneten Staatswesen leben. (...)

Und ich möchte darauf aufmerksam machen – ich kann ja auf alle Details nicht eingehen –, daß es gerade der Zustand der Justiz in Österreich gewesen ist, der von Kriegsbeginn an auf mich auf das empfindlichste gedrückt hat, in mir immer wieder das Gefühl der verletzten Ehre hervorgerufen hat, das Gefühl der Schande, ein Österreicher zu sein. (...)

Ich will Ihnen von vornherein offen und klar sagen, welchen Standpunkt ich vom ersten Tage dieses Krieges an Österreich gegenüber eingenommen habe. Ich sage nicht, daß es begeisternd ist, Österreicher zu sein, sondern ich halte es für ein Schicksal, das man ertragen muß. (...)

Meine Herren, wir Sozialdemokraten, und nicht nur ich – der viel schlimmer ist als die anderen Sozialdemokraten –, sondern die ganze Partei hat sich immer zu dem Grundsatz bekannt: Österreich wird ein demokratischer Nationalitäten-Bundesstaat sein, oder es wird nicht sein. Entweder kann sich Österreich zu jenen Formen der Demokratie entwickeln, die in der kapitalistischen Epoche nötig sind, wo die Bürger nicht mehr als Untertanen behandelt und nicht mehr regiert werden können von einer Obrigkeit, oder, wenn das nicht möglich sein sollte, dann wird und muß es schließlich eben doch zugrunde gehen. Wir Sozialdemokraten sind der Meinung gewesen, es ist möglich, daß sich Österreich zur Demokratie entwickle, und gerade die Sozialdemokraten haben sich die größte Mühe gegeben, immer wieder zu beweisen, wie man sich auf dem Boden der Demokratie in diesem Staate einrichten könnte, wie die Völker miteinander auskommen könnten.

Aber meine Herren, das waren unsere Wünsche. Heute wissen wir nicht, was aus diesem Staate im Kriege noch werden wird, wissen wir nicht, wie der Krieg endet. Vor allem wußte ich am Anfang des Krieges nicht, ob Österreich liquidiert werden oder ob es weiter bestehen wird. Ich stand und stehe auf dem Standpunkt, daß wir mit beiden Eventualitäten zu rechnen haben. Ich habe keine dieser Eventualitäten gefördert, sondern ich habe mich auf den Standpunkt der striktesten Neutralität gegenüber Österreich gestellt. Ich habe gesagt, unsere Sache, die Sache des Sozialismus, ist eine so große Sache, eine so viel größere als die irgendeines temporären Staatsgebildes, daß wir ihr Schicksal nicht verknüpfen oder es gar kompromittieren dürfen durch die zu enge Verflechtung mit dem Schicksal eines Staates.(...)

Und wenn Sie verstehen wollen, was mich hierher geführt hat, dann ist es die Tatsache, daß dieser Geist der biederen Verlogenheit in meine Partei, in die Sozialdemokratie, Eingang gefunden hat, daß er in ihr repräsentiert ist durch diesen Doktor Karl Renner, der nichts anderes darstellt als einen Lueger in der Sozialdemokratie, der den Geist der Prinzipienlosigkeit, den Geist der Gaukelei in unsere Partei gebracht hat, daß man sich immer schämen muß, das auf sich sitzen zu lassen. In der Kriegszeit war all meine Energie darauf gewendet, den Schmutz abzuschütteln, der von diesen Politikern auf das gebracht worden ist, was mein ganzes Innerstes, was immer mein Leben erfüllt hat. Vieles, was ich getan habe, war der Versuch, immer wieder mich in Gegensatz zu stellen zu jenen, die den Geist der Partei verraten haben. Das ist die wirkliche Quelle (...) meiner Tat: (...) sie war ein Protest, einer der Proteste (...) gegen diesen Geist der österreichischen Verlogenheit, der in die Partei eindrang. (...)

Das eine Gutachten der Psychiater, das hier nicht verlesen werden wird, sagt: Ich bin „charakteriologisch abnorm", und das Fakultätsgutachten sagt: Ich „weiche im Charakter von der Norm ab". Ich gestehe, daß das relativ richtig ist. Ich weiche im Charakter von der österreichischen Norm ab, ich bin dem Charakter nach kein Österreicher (...), ich weiß nur nicht, für wen das eine Schande ist. (...)

Im ersten Verhör habe ich schon angegeben, daß ich im Hotel Meißl & Schadn ausgerufen habe: „Nieder mit dem Absolutismus! Wir wollen den Frieden." Diesen Ruf hat niemand gehört. Es gibt keinen Zeugen, der ihn bestätigt. Diesen Ruf hat auch sonst in Österreich nie jemand gehört, obwohl ich diesen Ruf vor dem Attentat sehr oft in Wort und Schrift ausgestoßen habe. Höchstens der Herr Staatsanwalt und sein Rotstift hat Kenntnis davon genommen. Den Ruf „Nieder mit dem Absolutismus, wir wollen den

Frieden" hat man nicht gehört, die Schüsse aber hat man gehört. Schon auf der ersten Seite des Verhörprotokolls finden Sie, daß ich, als ich gefragt wurde, was ich mit dem Attentat wollte, sagte: ich wollte demonstrieren für einen Frieden ohne Kriegsentschädigungen und ohne Annexionen. (...)

Ob England die Weltherrschaft haben soll oder Deutschland, scheint die Frage zu sein. Aber für sie gibt es keine definitive Lösung. Denn eine solche Weltherrschaft gebiert notwendig neue Kriege, neue „Unabhängigkeitskriege". Dieser Standpunkt bedingt den ewigen Krieg um die Macht zwischen den imperialistischen Bourgeoisien. Der Standpunkt der Internationale aber ist ein höherer Standpunkt als jener, weil an ihn der Gedanke der Zukunft der Menschheit geknüpft ist. Wir haben immer gesagt, daß wir nicht nur die Klasseninteressen der Arbeiter vertreten, in der Art wie bürgerliche Parteien etwa die Interessen des Kleinbürgertums vertreten, sondern daß, indem wir den Klassenkampf des Proletariats führen, wir für die Sache der Menschheit kämpfen. Denn nach unserer Auffassung ist in der historischen Situation, in der wir uns befinden, der Aufstieg der Menschen geknüpft an den Aufstieg der sich als Einheit fühlenden, ihrer historischen Mission bewußten Arbeiterklasse. (...)

Wir waren im Juli 1914 in den vorbereitenden Arbeiten für den Internationalen Kongreß. Es sollten nach Wien tausend Delegierte aus der ganzen Welt kommen, um gegen den Krieg und für die Internationale zu demonstrieren. Es war geplant, in der Arbeiter-Zeitung Artikel von Parteigenossen aus verschiedenen Ländern zur Bekräftigung der internationalen Solidarität der Arbeiterklasse zu veröffentlichen. Und nun erschien auf einmal in der Arbeiter-Zeitung vom 5. August 1914 ein Artikel, der die Aufschrift trägt: „Der Tag der deutschen Nation", ein Artikel, der sich vollständig auf den Boden des Krieges und nicht nur das, auf den Boden der nationalen Idee stellt, der – vielleicht gar nicht bewußt – mit dem Internationalismus bricht. (...)

Ich habe natürlich nicht die kindische Vorstellung gehabt, daß ich durch meine Tat etwa den Absolutismus in Österreich beseitige oder den Frieden in die Welt bringe. Das ist mir nicht im geringsten eingefallen. Ich bin kein Anarchist geworden. Der Anarchismus glaubt, daß die

Friedrich Adlers große Rede vor dem Ausnahmegericht: Der Angeklagte klagt an

individuelle Aktion eine solche Rolle in der Welt spielen kann. Ich habe das nie geglaubt und glaube es heute nicht, sondern ich stehe auf dem Standpunkt des Massenkampfes, der „mit allen zweckdienlichen Mitteln" zu führen ist, in den normalen Zeiten des Friedens mit parlamentarischen Mitteln zu führen ist, wenn es ein Parlament gibt, wenn es aber keines gibt, wenn der Absolutismus alles vernichtet hat, dann eben auch zu führen ist mit Gewalt, und zwar als Kampf um die Verfassung von der Masse zu führen ist. Ich stehe heute noch auf dem Standpunkt, daß dieser Massenkampf der entscheidende ist und entscheidend sein muß und daß meine Tat eine ganz bescheidene Individualaktion gewesen ist, nicht, um den Massenkampf zu ersetzen – das ist mir nicht eingefallen –, auch nicht, um den Massenkampf auszulösen, wie gewisse meiner Freunde geglaubt haben, die mich zu erklären versuchten, indem sie annah-

men, ich habe offenbar den irren Gedanken gehabt, wenn ich unvermittelt eines Tages gegen den Stürgkh losgehe, werde plötzlich das Volk aufstehen und die Revolution machen. Ich habe natürlich nicht einen Moment daran gedacht, eine Massenaktion in diesem Moment auszulösen, sondern das, was ich wollte, war, die psychologische Voraussetzung künftiger Massenaktionen in Österreich zu schaffen, die Disposition zu ihnen wieder herzustellen. Ich wollte nicht durch meine Tat Revolution machen, davon war gar keine Rede, sondern ich wollte die Möglichkeit einer Revolution erzielen, die Voraussetzungen schaffen, daß auch diese Leute doch einmal Stellung nehmen müssen zu diesem Gedanken. (. . .)

Meine Herren! Ich habe ja schon gesagt, daß das ja im wesentlichen nicht bloß ein Attentat gegen Stürgkh war, sondern ein Attentat gegen die österreichische Moral, daß die Sache viel tiefer geht, daß ich zeigen wollte, daß man sich das nicht gefallen lassen dürfe, wie man es sich tatsächlich immer gefallen lassen hat. Ich möchte aber sagen, daß Graf Stürgkh ein Gegner war, den ich in gewissem Sinne geachtet habe, weil er nämlich nicht von dieser österreichischen Immoral angekränkelt war. Er war aus anderem Holze als die, die sich ihn gefallen ließen. Er war kein Mann der Politik des Fortwurstelns, das einst Taaffe zum Regierungsprogramm erhoben und das durch den Baron Beck zur Meisterschaft ausgebildet wurde, sondern er war ein Mann, der mit klarer Absicht und bewußt Österreich in einen absolutistischen Staat verwandeln wollte und der mit klarer Überlegung und fester Hand auf dieses Ziel zusteuerte. Ich sage, meine Herren, ich stehe nicht auf dem politischen Standpunkte des Grafen Stürgkh, aber er war ein Gegner, den man achten konnte und mit dem man unerbittlich kämpfen mußte, er war ein Mann, der sich auf den Boden der Gewalt gestellt hat und kein österreichischer Lehmpatzen, wie sie sonst üblich sind. Er war ein Mann, den man wegbringen mußte, den ich (. . .) in keiner Weise kränken wollte und dessen Charakter ich in gewisser Hinsicht die Achtung nicht versagen kann. Die Achtung versage ich bloß den Österreichern, die sich den Stürgkh gefallen ließen, ohne sich zur Wehr zu setzen, und die durch ihr Verhalten gezeigt haben, daß jedes Land den Stürgkh hat, den es verdient. (. . .)

Ja, meine Herren, ich bekenne es, ich war immer der Meinung, daß das gewaltsame Töten von Menschen untermenschlich ist und daß wir alle noch in der Zeit der Barbarei leben, da wir gezwungen sind, Menschen zu töten. (. . .) Der Krieg ist untermenschlich. Und ich leugne nicht: Die Revolution ist auch untermenschlich. So lange es nötig ist, Menschen zu töten, anstatt daß die Menschen miteinander durch den Geist höher kommen in der Welt, solange leben wir in einer Welt der Barbarei, der Untermenschlichkeit. Unsere Auffassung ist immer gewesen: Wir verabscheuen den Mord, die gewaltsame Tötung von Menschen; denn wir arbeiten, wie unser Meister Marx gesagt hat, in der Deklaration der Internationale bei Ausbruch des Siebziger-Krieges – „für eine neue Gesellschaft, die nach innen keine andere Politik kennt als die Arbeit, weil sie nach außen keine andere Politik hat als den Frieden". Das war das, was uns immer erfüllt hat, das war unser Programm. Aber trotzdem ich auf diesem Standpunkt stehe, weiß ich, daß wir nicht Utopisten sein dürfen, denn diese Gesellschaft, in der es keinen Mord gibt, wollen wir erstreben, aber wir dürfen uns nicht der Täuschung hingeben, daß diese Gesellschaft schon da ist. Wir müssen uns klar sein und uns danach orientieren, daß wir noch in der Barbarei leben und unser Verhalten in allen Fragen danach einrichten, um aus dieser Welt der Barbarei herauszukommen. Sicher, wir wollen die neue Gesellschaft, die Gesellschaft ohne Mord und Gewalttat, aber wir müssen alle Mittel anwenden, um zu ihr zu gelangen. Denn ebenso, meine Herren, wie Sie überzeugt sind, (. . .) daß die Söhne des Landes – und es sind ja nicht nur Söhne, sondern leider auch schon Väter, alte Männer, bis über 50 Jahre – draußen im Schützengraben stehen, ihr Leben hingeben und andere Leben auslöschen müssen, (. . .) ebenso sage ich, müssen Sie verstehen, daß wir unser Leben einzusetzen haben für unsere Ziele, um aus der Gesellschaft der Barbarei, in der wir leben, hinauszukommen. Und wenn man diese Frage bejaht, dann ist nicht nur berechtigt der Krieg, dann ist auch berechtigt die Revolution. Meine Herren! Es gibt zwei große Lebensanschauungen, zwei große Ideenkreise, die miteinander ringen in der Welt und die für mich in meiner Jugend eine große Rolle gespielt haben, die mir nahegegangen sind und mich zur Entscheidung gedrängt haben. Die eine ist die große Lehre des Christentums: Man soll nicht töten, des wirklichen Christentums – nicht wie es vertreten wird von Leuten, die das Christentum schänden –, sondern jenes wirklichen Christentums, wie es der Papst in diesem Kriege zu vertreten versucht hat, wie es verkündet worden ist von Tolstoj lange vor dem Kriege; man soll dem Übel nicht widerstreben, man soll sich töten lassen, man soll aber niemals Hand anlegen, weder im Kriege noch in der Revolution. Tolstoj hat sich gegen beide – gegen Krieg und Revolution – konsequent gewendet. Diese Lehre hat mir in meiner Jugend sehr viel zu schaffen gemacht, sie ist sehr nahegegangen und sehr nahegelegen. (. . .) Wenn man aber zur historischen Erkenntnis kommt, daß man noch kein wirklicher Christ sein kann und darf in der Zeit der Barbarei, in der Zeit der Untermenschlichkeit, in der Zeit der Unkultur, in der wir leben, dann gibt es nur einen konsequenten Standpunkt; wenn wir wirklich noch töten müssen und getötet werden, dann kann der Mord kein Privilegium der Herrschenden sein, dann sind auch wir zu den Mitteln der Gewalt berechtigt. Wenn es wahr ist, daß die Zeit der Menschlichkeit noch nicht gekommen ist, dann wollen wir Gewalt wenigstens nur üben im Dienste der Idee der Menschheit. (...)

Wir leben in einer Zeit, wo die Schlachtfelder von Hunderttausenden Toten bedeckt sind und Zehntausende Menschen in den Meeren liegen. (...) Aber wenn dann einmal ein Mensch fällt, der die Verfassung in Österreich vernichtet hat, der alles Recht und Gesetz zu Boden getreten hat, wenn einer der Schuldigen an allem Entsetzlichen fällt, da tritt man mir entgegen und sagt plötzlich: Heilig ist das Menschenleben! Da erinnert man sich plötzlich an das fünfte Gebot: Du sollst nicht töten! (...)

Ich weiß nicht, was geschehen wird, ob ich bald sterbe oder schließlich zu endlosem Vegetieren verdammt sein werde. Aber wenn es ernst wird mit dem Beschluß, den Sie jetzt fassen werden, dann habe ich nur den einen Wunsch, daß ich meine Nerven und Sinne zusammenhalte bis zu jenem letzten Momente, wie ich sie bisher zusammengehalten habe, damit auch von mir einmal jene Worte des Dichters gesagt werden können, die einer viel größeren revolutionären Tat gewidmet waren:

Auf den Lippen den Trotz und den
                      zuckenden Hohn,
Noch im Sterben rufend: die Rebellion!
So ist er mit Ehren erlegen.

Alle aber, die ich liebe und deren Liebe mein Glück gewesen ist, alle Freunde und Kampfgenossen in allen Teilen der Welt erinnere ich zum Abschied und zum Trost an die tiefe und reine Wahrheit des Ostergrabes:

Nicht alle sind tot, die begraben sind,
Denn sie töten den Geist nicht, ihr Brüder!«

Der Prozeß vor dem Ausnahmegericht wird in Österreich durchaus in seiner historischen Bedeutung erkannt. Die »Arbeiter-Zeitung« druckt auch die Passagen der Adler-Rede ab, die die Kriegspolitik der Partei erbarmungslos kritisieren. Erst an den folgenden Prozeßtagen wird auf höhere Intervention hin staatlich zensuriert.

Der Tod des alten Kaisers 1916 läßt das Ende erkennen und wendet das Schicksal des Attentäters

DAS URTEIL IST VORHERSEHBAR: Das Gericht verhängt die Todesstrafe, das Berufungsgericht verwandelt diese aber in eine 18jährige Kerkerstrafe. Nun weiß Friedrich Adler, daß er nur auf Kriegsdauer hinter Gefängnismauern sitzen wird. Er wird als politischer Häftling behandelt, liest Tag und Nacht, verfolgt die Politik, beschäftigt sich aber auch intensiv mit physikalischen und erkenntnistheoretischen Themen; unter anderem glaubt er einen fundamentalen Irrtum Albert Einsteins aufgedeckt zu haben, doch Einstein widerlegt ihn.

Mit jedem Monat, der verstreicht – im November erobern in Moskau die Bolschewiki die Macht, und Lenin strebt einen Frieden mit den Mittelmächten an –, wird Friedrich Adler im Bewußtsein breiter Teile der Bevölkerung immer mehr zum Helden. Die Bedeutung seiner Tat erfährt auch durch seine Gegner eine differenzierte Würdigung. Niemand bezweifelt die lauteren und idealistischen Motive. Der Mord an Ministerpräsident Stürgkh wird als einer der klassischen Tyrannenmorde der Geschichte erkannt. Dazu kommt, daß Friedrich Adler offen vorgegangen ist, keinen Fluchtversuch unternommen und seine Tat gerade wegen ihres Sinnes in keiner Phase beschönigt hat. In der Zwischenzeit wird klar, daß das Opfer des At-

tentats wirklich eine Persönlichkeit gewesen ist, die den Krieg mit allen seinen entsetzlichen Folgen zu verantworten hatte. Die schlagartige Veränderung der politischen Landschaft, noch verstärkt durch den Wechsel auf dem Kaiserthron, ist für jeden fühlbar: Der Reichsrat tritt zusammen, ein sozialdemokratischer Parteitag darf stattfinden. Kurzum: Die Tat, die in der Sorge der ersten Stunde als eine Wahnsinnstat entschuldigt werden sollte, erweist sich als eine von klarsichtiger Entschlossenheit und Weitsicht – vielleicht als die einzige bedeutsame Gewalttat dieses Krieges, die *nicht* von Wahnsinn umnachtet war. Die Schmach des moralischen Zusammenbruches der österreichischen wie der internationalen Sozialdemokratie zu Kriegsbeginn ist durch die Revolverschüsse Friedrich Adlers zwar nicht ausgelöscht, aber gemildert.

Ein schwerer, furchtbar schwerer Preis ist für die Verirrung der Internationale gezahlt worden: Die Sozialdemokratie, die durch die Bejahung des Krieges und durch die Aufgabe der internationalen Solidarität die eine Grundvoraussetzung ihres politischen Ethos verloren oder in Frage gestellt hat, sieht durch die Tat ihres ehemaligen Parteisekretärs Friedrich Adler ihr zweites Fundament, das Postulat der absoluten Humanität und Gewaltlosigkeit, relativiert.

Vor allem die Zivilbevölkerung sehnt das Ende des Krieges herbei

ZWEI HOFFNUNGEN halten den todgeweihten »Doktor« am Leben: Er will den Frieden erleben und in der ersten Stunde des neuen Staates an den großen Weichenstellungen mitwirken. Und er will seinen Sohn Friedrich noch einmal als freien Menschen in die Arme schließen dürfen. Als Arzt weiß er, daß seine Tage im buchstäblichen Sinne des Wortes gezählt sind. Seine chronische asthmatische Bronchitis raubt ihm den Schlaf und zwingt ihn an jedem Morgen, eine Stunde zu husten, damit seine Atemwege wieder die Lungen notdürftig versorgen können. Sein schwaches Herz kann den Kreislauf nicht mehr bewältigen, seine Beine sind bis zu den Knien angeschwollen. Als Arzt weiß er aber auch, in welchem Ausmaß sich der menschliche Wille den Körper untertan machen kann. Victor Adler befiehlt sich weiterzuleben. Immer wieder muß er viele Wochen in Kuranstalten zubringen, um sich die Kraft für ein paar Tage zu holen. An diesen Tagen aber führt er die österreichische Arbeiterbewegung wie seit Jahrzehnten. Er bringt die ungeheure integrative Kraft auf, nach allem, was passiert ist, das Auseinanderbrechen der Partei zu verhindern.

Seit Friedrich Adler hinter Gittern auf den letzten Tag der Monarchie wartet, ist die kriegskritische Linke führerlos, aber ihr Anliegen wird durch den rapiden Fortgang der Ereignisse bald zu einem Anliegen eines großen Teils der Partei, vor allem der Jungen und der Frauen.

Die Frauenbewegung hat während des Krieges einen gewaltigen Aufschwung genommen, die Frauen haben die ganze furchtbare Last an der „Heimatfront" getragen, sind aber nicht in finstere Verzweiflung verfallen, sondern haben sich politisch aufgerichtet. Die »Arbeiterinnen-Zeitung« erreicht gegen Kriegsende eine höhere Auflage, als sie vor dem Krieg hatte. Der »Frauentag« wird während der Kriegsjahre jeweils festlich begangen. Auf dem ersten Parteitag im Krieg, der am 19. Oktober 1917 zusammentritt, spricht für die Linke, also für die Fraktion des eingekerkerten Friedrich Adler, Gabriele Proft. Sie plädiert leidenschaftlich für die Einheit der Partei:

»Die Erfahrungen des Krieges haben die Arbeiterparteien aller Länder in verschiedene, einander bekämpfende Richtungen geschieden. Die großen Fragen, die die Arbeiterparteien *aller* Länder bewegen, mußten und müssen auch im

Victor Adler, todgeweiht, sammelt seine letzte Lebenskraft, um die Monarchie zu überleben

Schoße der deutschen Sozialdemokratie in Österreich aufgeworfen werden. (...) Die österreichische Linke betrachtet sich (...) als einen Zweig einer großen internationalen Bewegung, die innerhalb der gesamten sozialistischen internationalen Bewegung, die innerhalb der gesamten sozialistischen Internationale um Geltung ringt, jener internationalen Bewegung, die in den Zimmerwalder Konferenzen ihren organisatorischen Ausdruck gefunden hat.

Der *erste*, der in Österreich den Kampf für die Grundsätze aufgenommen hat, die wir hier heute vertreten, war unser Freund und Genosse Friedrich Adler. (...) Wir halten fest an der alten Überzeugung, daß die Arbeiterklasse ihre Befreiung nicht durch individuelle Heldentaten erringen kann, sondern durch den organisierten Kampf der Massen selbst; aber wir bekennen uns zu jenen Grundsätzen dieses Massenkampfes, die Friedrich Adler in seinen Abhandlungen im „Kampf" und in seiner Verteidigungsrede vor Gericht ausgesprochen hat.

Wir streben nicht die Spaltung der Partei an. Wir wollen *innerhalb der Partei,* innerhalb ihrer Organisationen unsere Ansichten verbreiten, ihnen die Mehrheit der Parteimitglieder gewinnen und auf diese Weise die Haltung der Partei verändern.« (Zitiert in: Brügel)

In die Resolution wird die Formulierung der Kriegskritiker aufgenommen, daß ein »Frieden ohne Gebietsabtretungen und ohne Entschädigungen« anzustreben sei. Ansonsten befaßt sich der Parteitag mit einer Fülle von Forderungen, deren Erfüllung die Kriegswirtschaft überwinden soll, aber auch mit allgemeinen sozialen Fragen – als ob schon Frieden sei und der Aufbau eines Staates unter maßgeblichem Einfluß der Sozialdemokratie bereits begonnen hätte.

Die Kriegsbeendigungsformel des Parteitages wird von Bedeutung, als im Jänner 1918 die Friedensverhandlungen der Mittelmächte mit der Lenin-Regierung wegen Gebietsforderungen stocken. Politische Streiks brechen aus, eine unkontrollierbare vorrevolutionäre Situation ist im Entstehen. Spontan, entgegen den Intentionen und Absichten von Partei und Gewerkschaften, nimmt die Streikbewegung immer größere Ausmaße an: Am 19. Jänner 1918 streiken allein in Wien etwa 100.000, in Niederösterreich 150.000, in Böhmen 50.000, in Ungarn 300.000

Arbeiter. Der Streik überrascht auch die „Linke" in Ausmaß und Dauer, zugleich entstehen die ersten Ansatzpunkte einer neuen Organisationsform der Arbeiter: der Arbeiterräte nach russischem Vorbild. Victor Adler versucht, dem Streik ein konkretes Ziel zu geben – ihn aber damit auch unter Kontrolle zu bringen: Dabei ist es vor allem erforderlich, keinen „Rückschlag" spürbar werden zu lassen und das Militär nicht zu einem Gegenschlag zu provozieren. Victor Adler setzt bei der Regierung eine Verhandlungsführung durch, die auf Annexionen und Kontributionen verzichtet.

Spätfolge des Jännerstreiks: Spaltung zwischen der sozialdemokratischen Linken und den „Linksradikalen", die dann die Basis für die Bildung der KPÖ im Herbst 1918 abgeben.

Nun, da der Krieg unter furchtbaren Qualen und Entbehrungen der Soldaten wie der Zivilbevölkerung seinem Ende entgegenhinkt, steht die Frage nach der Zukunft der Staatengemeinschaft des Habsburgerreiches mit aller Schärfe zur Debatte und überdeckt die kaum noch aktuelle Problematik der Kriegspolitik. Die Führung des linken Flügels hat indessen Otto Bauer übernommen. Victor Adler hat ihn bald nach dem endgültigen Sieg der bolschewistischen Revolution durch skandinavische Vermittlung aus einem russichen Kriegsgefangenenlager geholt. Dies zumindest war ihm Lenin schuldig: Hatte doch Victor Adler zu Kriegsbeginn für den im russischen Grenzgebiet von österreichischen Truppen unter Spionageverdacht zusammen mit seiner Gefährtin festgesetzten russischen Arbeiterführer durch massive Interventionen die Freiheit erwirkt, ihm die Emigration in die Schweiz ermöglicht und wahrscheinlich das Leben gerettet.

Otto Bauer ist wie Karl Renner profund mit dem Nationalitätenproblem vertraut, sind doch die Arbeiten der beiden damals jungen Politiker die Voraussetzung für das Brünner Nationalitätenprogramm der Sozialdemokratie gewesen. Ihre Grundidee ist die gleiche geblieben: ein „Commonwealth" demokratischer, national autonomer Staaten unter einem dem Geist des Jahrhunderts entsprechenden Dach. Was aber jetzt weit auseinandergeht, ist die Einschätzung der realen Möglichkeiten: Renner hat noch nicht die Hoffnung auf eine Erneuerung der in der Habsburgermonarchie vereinigten Völkergemein-

Dr. Viktor Adler   Wien,   7/11   191 3
VI, Blümelgasse 1

Mein letzter Wille!

Wollte ich gerade heute dergestalten
meine Wünsche niederzuschreiben, wo ich
nicht recht. Denn obwohl ich fühle, daß es überloddt
geht, denke ich doch immer an das Leben über
nicht an den Tod. Denn ich liebe das
Leben — trotz alledem — aber ich fürchte
den Tod absolut nicht. Heut ist für mich gerade
Gegenstand der Betrachtung.

Vielleicht macht es über den Ueberzeug
noch unserem Tode leichter, wenn ich
ein ganze nothwendig selbstverständliche
Dinge festsetze. Ich besitze außer

schaft mit all ihren politischen, wirtschaftlichen und kulturellen Vorteilen aufgegeben; wenn man will, ist sein Engagement für die Kriegspolitik der Monarchie von der Erwartung bestimmt, eine letzte Chance für eine solche Völkergemeinschaft nach dem gemeinsam durchlittenen Krieg zu bewahren. Otto Bauer hingegen ist überzeugt, daß sämtliche Völker der Monarchie absolut souveräne Staatsbildungen anstreben. Daraus ergibt sich die Konsequenz, daß die Deutschen der sterbenden Monarchie vorerst einen deutschen Staat anstreben müssen und daß ihr Ziel die Vereinigung mit einem demokratischen Nachkriegsdeutschland sein müsse. Victor Adler hängt wie Renner noch immer an der Idee eines republikanischen Bundesstaates souveräner Nationen, wenigstens sollte es ein Staatenbund sein. Bald hat die Wirklichkeit die Spekulationen überholt. Deutsch-Österreich bleibt allein und geht daher den von Otto Bauer vorgezeichneten Weg.

Ende Oktober kommt eine letzte Initiative Kaiser Karls: Jetzt verspricht er seinen Völkern jene nationale Autonomie, die dem Brünner Nationalitätenprogramm der Sozialdemokratie entspricht. Aber was seinerzeit ein Stützbalken für die morsche Monarchie gewesen wäre, ist jetzt nicht einmal mehr ein Strohhalm.

Noch aber muß der tiefe Graben zwischen den bürgerlich-konservativen und deutschnationalen Parteien des ehemaligen Reichsrates einerseits und den Sozialdemokraten andererseits überbrückt werden. Eines der Hindernisse ist, daß die bürgerlichen Parteien noch immer an die Aufrechterhaltung einer konstitutionellen Monarchie glauben. Trotzdem tritt am 21. Oktober 1918 im Niederösterreichischen Landhaus die provisorische konstituierende Nationalversammlung zusammen. Karl Seitz wird einer der drei Präsidenten und hält die Eröffnungsansprache. Victor Adler spricht noch einmal die Bruderstaaten der sterbenden Monarchie an, stellt aber im Sinn der letzten Parteibeschlüsse fest: Ist ein Zusammengehen mit den Ländern des alten Gebildes nicht möglich, dann soll sich Österreich als ein Sonderbundesstaat dem Deutschen Reich eingliedern. Die Versammlung setzt eine Art provisorischer Regierung ein: Karl Renner als Leiter der Staatskanzlei (Bundeskanzler), die 13 Staatsämter (Ministerien) werden auf die Parteien und einige Fachleute aufgeteilt. Victor

Adler ist Staatssekretär (= Minister) für Äußeres, Ferdinand Hanusch für Soziales. Die Wahl einer Konstituierenden Nationalversammlung wird ausgeschrieben.

Victor Adler nimmt an einer Sitzung des Staatsrates teil, erwirkt aber, daß er von Otto Bauer, seinem Unterstaatssekretär, vertreten werden kann. Er spürt, daß dies seine letzten Tage sind. Der 2. November bringt zwei Höhepunkte: Kaiser Karl beauftragt seinen noch immer amtierenden Ministerpräsidenten Lammasch, den Staatsrat einzuladen. Karl Seitz berichtet darüber:

»Der Staatsrat hatte (...) dringende Beratungen und ließ dem Kaiser mitteilen, daß er nach ihrer Beendigung kommen werde.

Einige Stunden später kamen wir nach Schönbrunn – Victor Adler in unserer Mitte. Wie hoch überragte die säkulare Gestalt dieses kleinen gekrümmten Mannes doch alle, die um ihn versammelt waren! Müde, matt, mit geschwächtem Herzen schleppte er sich mühsam die breiten Schloßtreppen hinauf. Mitten im Aufstieg überfiel ihn ein Schwächeanfall. Er taumelte, wir stützten ihn. Die Kaiserin, die davon vernahm, bot ihre Hilfe an. Aber „unser Doktor" hatte sich bald wieder gefunden. Eine ungeheure Willenskraft schoß plötzlich in ihm auf, er bezwang das schier verlöschende Herz und nahm mit letzter Kraft die Stiege.

Vor uns öffneten sich die Flügel zum kaiserlichen Kabinett. Ein junger, schreckensbleicher Mann stand vor uns: es war der Kaiser. Hinter ihm, in ersterbender Ehrfurcht, als gälte sie dem mächtigen Herrscher eines großen Reiches, sein Begleiter.

Was hatte uns der Kaiser zu sagen? Er teilte uns mit, daß die Front nicht mehr zu halten sei. Er zeigte uns an Hand von Operationsplänen, daß sich die eingesprengten ungarischen Teile der Armee zurückgezogen und die Linien dadurch wie ein Sieb durchlöchert hatten. Ein sofortiger Waffenstillstand sei unabweislich. Er bitte uns um unsere Zustimmung, daß der Waffenstillstand geschlossen werde. Die Entscheidung werde uns vielleicht schwerfallen, er wolle uns Gelegenheit zu einer internen Beratung bieten, worauf er sich zurückzog.

Nun, es bedurfte keiner langen Erörterungen. Die Vertreter aller Parteien, der Sozialdemokraten, der Christlichsozialen Vereinigung und des

Aus den Tagebüchern der Emma Adler

Das Amnestiegesuch, vom Justizminister Vitorelli unterzeichnet, wurde Donnerstag Vormittag an die Kabinettskanzlei gerichtet. Die Erledigung folgte augenscheinlich sofort. Die Amnestierung war schon vom Justizminister Schauer in Aussicht genommen worden. Am nächsten Morgen fuhr Victor in Begleitung von Karl und Mila zur Westbahn, um Fritz abzuholen. Ich blieb zu Hause, um die Wohnung aufräumen zu helfen und ein Frühstück vorzubereiten. Eigentlich in erster Linie, weil ich nicht so wie Victor in gehobener Empfangsstimmung war. Ich hatte weder früher noch später die Tat von Fritz so verzeihend und begreifend wie Victor betrachten können. Ich hatte alttestamentarische Vorstellungen. Ich bin darüber nie hinausgekommen, habe mich darüber nie trösten können, daß mein Sohn einen anderen Menschen getötet hat. Ohne daß ich je mein Gefühl Fritz gegenüber in Worte kleidete, erriet er es mit seiner Feinfühligkeit. Er war sehr gekränkt und stellte mich eines Tages heftig zur Rede. Er nahm meine Hand in die seine und drückte sie derart, daß ich noch jetzt den Druck zu spüren glaube, rollte die Augen und sagte: »Die ganze Welt verzeiht mir, nur Du nicht ...«

✳

Nur noch neun Tage sollte Victors Leben währen. Wir alle waren ahnungslos, daß dieser härteste Schlag uns so bald treffen sollte. Fritz war fast nie daheim, alle rissen sich um ihn, Sozialdemokraten, Kommunisten stritten um seine Führerschaft. Er mußte Versammlungen abhalten, Sitzungen beiwohnen, und inzwischen vergingen die kostbaren, letzten Lebenstage seines Vaters. Ja, wir waren alle ahnungslos – nur Victor wußte, daß sein Ende nahe war. Sterbend übernahm er das Amt des Staatssekretärs für Äußeres, sterbend hielt er seine letzte Rede am 9. November 1918 im Staatsrat.

Kurz vor Victors Tod war ich bei einem Gespräch anwesend, das er mit Dr. Hartmann hatte, der gekommen war, sich nach Victors Befinden zu erkundigen; er fühlte sich sehr krank und schwach. Im Verlauf des Gespräches sagte Victor: »Ich fürchte mich nicht vor dem Sterben, Todesangst kenne ich nicht, an die Stelle von Todesangst ist bei mir die Angst getreten, die Fortschritte der Menschheit, die Errungenschaften auf allen Gebieten des Geistes, nicht zu erleben. Das allein ist's, was mich ängstigt.«

Es kam seine letzte Nacht. Wir, Fritz und ich, wußten nur, daß Victor noch kränker und schwächer geworden war, aber wir wußten nicht, daß der Tod ihn schon umklammerte. Wir wollten bei ihm wachen und jeder von uns eine halbe Nacht bei ihm verbringen. Ich schäme mich noch heute, wenn ich an mein Schlafbedürfnis denke, das ich in jenen, seinen letzten Erdenstunden, kaum zu bannen vermochte. Mitten in der Nacht kam der Arzt um nachzusehen. Er gab dem Kranken eine Morphiuminjektion und versprach, mit dem Professor zeitlich früh wieder zu kommen.

Als ich gegen Mittag telephonisch angerufen wurde, sogleich hinzukommen, nahm ich einen Wagen, aber trotzdem ich den Kutscher zur Eile antrieb, kam ich zu spät, Victor war eine halbe Stunde früher gestorben. Er hatte zweimal nach mir verlangt. Ich fand ihn noch in der Stellung, in der er gestorben war. Er saß aufrecht im Lehnstuhl, seine Augen waren geschlossen, aber es schien, als schliefe er, ein sanftes, gütiges Lächeln verklärte sein Antlitz. Er schien verjüngt, die Spuren der Leiden und Schmerzen des Lebens waren wie fortgewischt. Dieser Anblick hatte etwas Tröstliches und Beruhigendes für den Augenblick. Der Tod war gnädig mit ihm verfahren.

Deutschnationalen Verbandes, waren einer Meinung: Die Macht, die den Krieg begonnen habe, müsse für ihn die Verantwortung bis zum Ende tragen. Es könne keine Rede davon sein, daß sich der Staatsrat Deutschösterreichs mit dieser Verantwortung belastet. Alle Mitglieder des Staatsrates baten Victor Adler, diesen Entschluß im Namen des Staatsrates dem Kaiser mitzuteilen.

Victor Adler übernahm nun auch diese Aufgabe und löste sie in der ihm eigenen unvergeßlichen Art des weisen, großen Staatsmannes. Er sprach ruhig, bedächtig jedes Wort wägend, aber jedes Wort zeugte von Kraft und Entschlossenheit. Daß unverzüglich der Waffenstillstand geschlossen werden müsse, stehe fest. Aber die Zumutung, das Volk Deutschösterreichs mit den Verbrechen der toten Monarchie zu belasten, das deutschösterreichische Volk mit der Monarchie zu identifizieren, diese Zumutung müsse der Staatsrat, durch den das Volk spreche, zurückweisen. Das alte Österreich stirbt, das neue will leben und in der Welt bestehen, ohne belastet zu sein mit dem blutigen Fluch, den das habsburgische Österreich auf sich geladen hat. Und er schloß seine Erklärung mit den Worten, die er mit einer unvergeßlichen Geste seiner Hand begleitete: „Der Faktor, der den Krieg begonnen, hat ihn auch zu beenden!"« (Zitiert in: Tesarek)

Der Bericht sagt nicht aus, woher Victor Adler diese allerletzte Kraft nimmt, die ihm hilft, die Treppen zu meistern: Am Morgen desselben Tages hat er auf dem Wiener Westbahnhof seinen Sohn Friedrich, der amnestiert aus Stein kam, umarmt.

Karl schließt am 3. November einen Waffenstillstand mit Italien, in den nächsten Tagen lassen auch die bürgerlichen Parteien die Monarchie fallen. Am 9. November hält Victor Adler seine letzte Rede:

»Alle Ereignisse stehen gegenwärtig unter dem geschichtlichen Geschehen der Stunde, und wir haben die Pflicht, gegenüber diesem Ereignis sofort schon in unserer Eigenschaft als Deutsche Stellung zu nehmen. Kaiser Wilhelm und sein Erbe haben abgedankt, es wird eine konstituierende Nationalversammlung einberufen, und der derzeitige Reichskanzler, der wahrscheinlich bis zur Entscheidung Vorsitzender des Regent-

rates sein wird, erläßt eine Proklamation, in der er die Ereignisse mitteilt und am Schlusse sagt, es werden allgemeine Wahlen für eine verfassunggebende Deutsche Nationalversammlung stattfinden. Das Wort „Reichstag" wird in diesem Moment nicht gewählt. Das ist doch sehr bezeichnend. Diese verfassunggebende Deutsche Nationalversammlung soll die künftige Staatsform des deutschen Volkes, einschließlich der Volksteile, die ihren Eintritt in die Reichsgrenzen wünschen sollten, endgültig feststellen. (...) *Wir können den heutigen Tag nicht vorübergehen lassen, ohne der Welt ein Zeichen zu geben.* Wenn der Reichskanzler Max von Baden ein so deutliches Zeichen der Einladung gibt, so haben wir zumindest die Verpflichtung, zu zeigen, ob wir geneigt sind, diese Einladung abzulehnen oder anzunehmen. Ich habe die Ehre, Ihnen einen Modus vorzuschlagen, der nicht gerade verbindlich ist, der aber doch sehr deutlich sagt, daß wir geneigt sind, einer solchen Einladung zu folgen. Ich schlage Ihnen vor, an den Reichskanzler Prinz Max von Baden folgendes Telegramm zu senden:

„Im Augenblick der großen geschichtlichen Wendung sendet der deutschösterreichische Staatsrat dem deutschen Volke seinen brüderlichen Gruß und die heißesten Wünsche für seine Zukunft. Der deutschösterreichische Staatsrat spricht die Hoffnung aus, daß an der Wahl der verfassunggebenden Deutschen Nationalversammlung, die die künftige staatliche Ordnung des deutschen Volkes bestimmen soll, auch das deutsche Volk in Österreich teilnehmen wird."« (Zitiert in: Brügel)

Adlers Antrag wird angenommen, in der Folge wird die Ausrufung der Republik auf den 12. November festgesetzt. Der Kaiser beugt sich und dankt am 11. November ab. An diesem 11. November erwacht Victor Adler mittags aus einem Dämmerschlaf, nachdem ihn eine Morphiumspritze von quälenden Schmerzen befreit hat. Er fragt: »Hat man mich entschuldigt bei der Sitzung?« und dann »Was ist mit Deutschland?« Friedrich, neben ihm stehend, berichtet von der Bildung einer deutschen Regierung. »Und die Waffenstillstandsbedingungen, sind sie hart?« – Er hört die Antwort nicht und denkt an die bevorstehende Staatsratsitzung. »Ja, da werde ich nicht mehr hingehen können. Man muß mich entschuldigen.« Wenige Minuten später ist er tot.

Der letzte Reichstag der Monarchie, der am 12. November 1918 zusammentritt, und die Proklamationsversammlung der neuen Republik, die am Nachmittag tagt, gedenken des großen Toten.

»In ihm ist lebendigste Wahrheit der Satz: Unser Sein bestimmt und bestimmte unser Bewußtsein, die lebendige Praxis der Klasse begründe und bestätige unsere Theorie. Es war die Stärke seiner Natur, daß der Arbeiter einzeln und die Arbeiterklasse als Ganzes in leibhaftiger Gegenständlichkeit immer als Erstbestimmendes vor seinem Auge und vor seinem Herzen stand, nicht vermittelt durch die Brille der ökonomischen Kategorie. Die Arbeiterklasse in ihrer revolutionierenden Praxis, intuitiv angeschaut, ihr Leiden als physischer Schmerz mitempfunden, ihr Denken liebevoll mitgedacht, ihre Willensregung sorgfältig beachtet und durch eine titanische Verstandeskraft auf den Weg der Tat gelenkt – und so täglich die neue, die induktive Probe, das naturwissenschaftliche Experiment auf die Richtigkeit unserer Lehrsätze angestellt: Das war Adlers Marxismus.

Am schärfsten kam diese seine Veranlagung zum Ausdruck in den denkwürdigen Diskussionen zu Kriegsbeginn, von denen schon gesprochen wurde. Die Austromarxisten verschiedener Richtung schlugen sich für und wider den Krieg mit Zitaten von Marx und Engels. Sie wollten aus den Weisheiten der Ahnen ableiten, was wir damals zu tun hätten. Da prägte Victor Adler, der aus der Besonderheit und Eigenheit jener Schicksalstage die Notwendigkeit, sich selbst zu bestimmen, zu erweisen sich bemühte, das unvergeßliche Wort: *„Wir selber sind Ahnen!“*«
(Karl Renner, zitiert in: Tesarek)

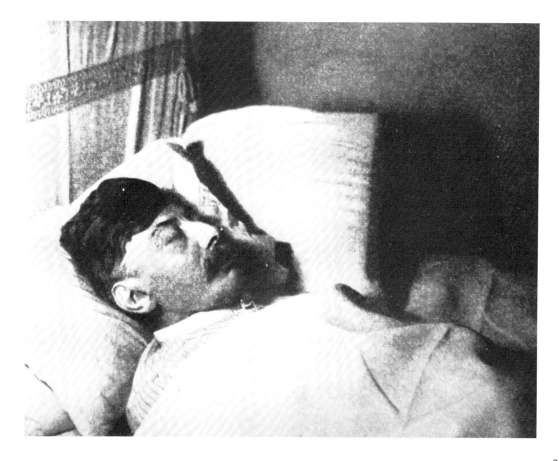

NICHT ALS ERBE seines Vaters, aber als Idol der neuerstandenen Partei tritt Friedrich Adler wieder in die politische Arbeit ein. Was zwei Jahre vorher in den Augen der Mächtigen eine todeswürdige Untat, in den Augen seiner Parteigenossen eine unverzeihliche Kurzschlußhandlung, in den Augen seiner besten Freunde jedenfalls ein historischer Akt von tiefer schicksalshafter Problematik war, scheint jetzt nichts anderes mehr zu sein als eine glanzvolle Heldentat. Zu viele Tote hat dieser Krieg aufgehäuft, als daß an der Tötung jenes Mannes, der einer der Hauptverantwortlichen für die Auslösung des Völkerschlachtens war, irgendeine Schuld haften könnte. Eine Schuld gegenüber der Arbeiterbewegung hätte die Tat Friedrich Adlers aber zur Folge haben können: die Schuld an einer Spaltung, wie sie in so vielen anderen Ländern erfolgte. Doch wie so vielen anderen bedeutenden Linken, allen voran Otto Bauer, ist ihm das eigentliche Lebenswerk seines Vaters, die Einheit der Arbeiterbewegung, heilig.

Und er beweist dies, als die Versuchung an ihn herantritt, Führer der neuen österreichischen bolschewistisch-kommunistischen Partei zu werden – einer jener Parteien, die Lenin folgend im Westen wie Pilze aus dem Boden schießen und mit denen dieser glaubt, nach russischem Muster Weltrevolution machen zu können. Friedrich Adler ist nicht nur sentimental an die österreichische Sozialdemokratie gebunden, er hält Lenins Weltrevolutionserwartung – wie sich bald herausstellt: zu Recht – für falsch und mißbilligt aus seinem Verständnis des Marxismus grundsätzlich den bolschewistischen Programmansatz einer Diktatur des Proletariats in einem unterentwickelten Land. Die Kommunisten werden ohne ihn nie zu einer ernstzunehmenden Kraft in Österreich; eine Straßenschlacht mit der Polizei, die 40 Menschleben fordert, setzt ihren Ambitionen ein vorläufiges Ende.

Die durch das Vermächtnis des Vaters bestimmte feste Haltung Friedrich Adlers gegenüber den Kommunisten ist am Beginn der zwanziger Jahre gerade deshalb von so tiefgehender Bedeutung für die Zukunft der österreichischen Sozialdemokratie, weil seine überragende Reputation am linken Flügel der Partei jede, auch die geringste separatistische Tendenz im Keim erstickt. Insoferne erhält die welthistorische

Bedeutung seines Tyrannenmordes auch eine ganz besondere Wirksamkeit für den Stellenwert der österreichischen Sozialdemokratie in jenen siebzig Jahren bis heute, die den siebzig Aufstiegsjahren bis zum Eintritt in die politische Verantwortung im Jahr 1918 folgen.

Nach jahrelangen Geburtswehen, wieder ständig der Versuchung ausgesetzt, mit der »Dritten Internationale« der Kommunisten zu kooperieren, wird Friedrich Adler der Sekretär der sozialdemokratischen Arbeiter-Internationale und versieht dieses Amt bis zu seiner Flucht vor Hitler. Er gehört führend zu dem glanzvollen Kreis der Ideologen des »Austromarxismus«, der die geniale Synthesefähigkeit Victor Adlers zur theoretischen Methode macht: Reformfreudig revidiert, aber nicht revisionistisch umgestülpt, wird die Lehre von Marx und Engels aus der ruhmvollen Vergangenheit mitgetragen und als Vision in eine erkämpfbare Zukunft projiziert. Die Gegenwart aber ist von politischem Realismus, von hartnäckiger Gewissenstreue, von unermüdlicher Arbeit erfüllt. Das »Rote Wien« ist das Werk dieses wirklichkeitsnahen Fleißes.

Eine einzige, allerdings schwerwiegende Gefahr bringt das im Geiste Victor Adlers mobilisierte synthetische Talent mit sich: So leicht sich die radikalen Worte und theoretischen Zielvorgaben im Bewußtsein der Partei in die humane, tolerante Praxis einfügen, sie sind doch für die Scharfmacher des anderen Lagers Vorwand zum Argwohn, Rechtfertigung der Aufrechterhaltung des latenten Bürgerkriegs, aus dem zuletzt eine blutige Konfrontation wird. In einer Zeit, da die aggressiven Worte in einer schrecklichen Weise dazu tendieren, sich blutig zu verwirklichen, wird offenbar, daß die durch die Virtuosität der internen verbalen Konfliktvermeidung erzielte Kompromißfähigkeit ihre Grenzen hat – angesichts politischer Gegner, deren Mord-Worte kompromißlos ernst gemeint sind.

Die andere unheilverheißende Belastung trägt die österreichische Sozialdemokratie durch ihre aus ihrer Geschichte herleitbare Illusion von der Verwirklichung eines demokratischen, fortschrittlichen gemeinsamen Vaterlandes der Deutschen mit sich. Diese Illusion, von der Victor Adlers letzte Fragen in seiner Todesstunde zeugen, wird schon 1920 durch das Friedensdiktat von St. Germain zerstört, aber die Wirkung der obsolet gewordenen Worte lähmt einen Teil der Widerstandskraft, die gegen den heranwachsenden Hitlerfaschismus gebraucht worden wäre.

Friedrich Adler, der vor Hitler in die USA flüchtet und sich dort jahrelang mit Hilfe der amerikanischen Gewerkschaftsbewegung um die anderen Emigranten bemüht, hat diese verhängnisvolle Konsequenz sicherlich durchschaut. Als einziger aber zieht er eine bedeutsame moralische Schlußfolgerung. Als die Alliierten in Jalta die Selbständigkeit Österreichs beschließen und damit die Diskussion zwischen den versprengten Emigrantengruppen über eine gemeinsame oder eine getrennte Zukunft der vom Nationalsozialismus befreiten deutschsprachigen Staaten beenden, verweigert sich Friedrich Adler dem bequemen Gedanken, Österreich habe daher die Chance, sich von der Mitverantwortung für den Krieg zu lösen. Er setzt durch, daß in den ersten Parteitagsbeschlüssen der 1945 wiedererstandenen österreichischen Sozialdemokratie nicht Österreich als erstes Opfer Hitlers dargestellt, sondern diese historische Märtyrerposition der deutschen Arbeiterschaft zuerkannt wird. Aber eine gemeinsame „Trauerarbeit", wie sie der Intention Friedrich Adlers entsprochen hätte, unterbleibt. Wie weitblickend seine Haltung war, wird vielen Österreichern erst zwei Generationen später bewußt, als die Dämonen der nicht vollständig aufgearbeiteten Vergangenheit auftauchen.

Dennoch steht ein bewegender, in seiner Schlichtheit triumphaler Abschied am Ende des Weges, den Friedrich Adler, wenn auch lange Zeit räumlich getrennt, inmitten der österreichischen Sozialdemokratie gegangen ist: 1952 nimmt er als umjubelter Festredner an den Feiern zum 100. Geburtstag Victor Adlers teil. Er kommt aus Zürich, wo er seine letzten Jahre verbringt, in ein Österreich, das zu sich selbst gefunden und seine Existenzfähigkeit entdeckt hat und dessen Kraft zur Überwindung einer bösen Vergangenheit durch viel historisches Glück belohnt worden ist; in ein Österreich, in dem der erfüllbare Teil dessen, was die schlichten Verse aus dem Jahre 1848 von »der Zukunft Fernen« begehrt haben, eben erfüllt wird: Brot, Arbeit, menschenwürdige Kindheit, menschenwürdiges Alter. So wenig. Und so viel.

EPILOG

Friedrich Adler über die vier Verszeilen Adolf Strodtmanns

»In einem Hinterzimmer der Wiener „Arbeiter-Zeitung" in der Rechten Wienzeile hatten sich am Abend des 20. März 1912 die Redakteure versammelt, um dem Leiter des gewerkschaftlichen Teiles, Dr. Adolf Braun, in so anspruchsloser und wenig zeitraubender Weise, wie er es für angemessen hielt, zu seinem fünfzigsten Geburtstag zu gratulieren. In seiner Dankrede erzählte Adolf Braun, wie er zum Sozialismus gekommen und welche entscheidene Rolle es gespielt, als er als junger Student, vom Arbeiterbildungsverein eingeladen, einen Vortrag zu halten, im Vereinslokal auf dem Alsergrund an der Wand, in großer Schrift gemalt, den Vers las:

Was wir begehren von der Zukunft Fernen?
Daß Brot und Arbeit uns gerüstet steh'n,
Daß uns're Kinder in der Schule lernen,
Daß uns're Greise nicht mehr betteln geh'n!

Diese Zeilen machten auf ihn so starken Eindruck, daß er an diesem Abend beschloß, zeit seines Lebens nur mehr der Sache der Arbeiterklasse zu dienen. (...) In diesem Zusammenhang erwähnte ich diese Episode in einer der letzten Reden, die ich im Winter 1945/46 vor meiner Rückkehr nach Europa in New York gehalten habe. Auch die Zuhörer dieses Vortrages interessierten sich für diese Reminiszenz, und als nach Schluß der Versammlung eine größere Gruppe von ihnen zusammenstand, fragte einer aus der jüngeren Generation: „Von wem ist eigentlich dieser Vers?"
Ich mußte bekennen, daß ich mir zwar den Wortlaut gemerkt, aber weder wisse, aus welchem Gedicht noch von welchem Dichter er stamme. Und ebenso wie mir ging es den anderen älteren österreichischen Genossen, die anwesend waren. Sie kannten den Vers, aber keiner erinnerte sich an den Namen des Dichters. Nur einer sagte schüchtern: „Ist es denn nicht aus einem Gedicht von Georg Herwegh?"
Am folgenden Tag sah ich in den Gedichten von Herwegh und in den großen Sammlungen sozialistischer Gedichte, in Henckells „Buch der Freiheit", in Diederichs „Von unten auf" und in dem

Friedrich Adler im Alter von 48 Jahren

Band, den die deutschen Sozialdemokraten unter dem Sozialistengesetz in den achtziger Jahren in Zürich unter dem Titel „Vorwärts" herausgegeben hatten, nach. Nirgends war eine Spur von diesem Vers zu finden.
Diese „literarhistorische" Frage kam mir wieder in Erinnerung, als ich einige Jahre später, wieder in Europa, in Adelheid Popps „Jugendgeschichte einer Arbeiterin" auf den Ursprung der – wie sich im folgenden zeigen wird – falschen Behauptung, daß der Vers von Herwegh herrühre, stieß. Jeder, der diese „Jugendgeschichte" liest, wird August Bebel zustimmen, der in dem Vorwort, das er dem – in den ersten zwei Auflagen anonym erschienenen – Büchlein mit auf den Weg gab, sagte: „Ich habe selten mit tieferer Bewegung eine Schrift gelesen als die unserer Genossin!" Am Schluß dieser Jugendgeschichte, die das erste Mal schon 1909 erschien, ist nun auch „der schöne Spruch Georg Herweghs, der so oft bei Arbeiterfesten die Wände schmückt", zitiert, und dann erklärt: „Wer wahrhaft den Willen hat, mitzuhelfen, daß Herweghs Worte zur Wirklichkeit werden, darf vor keiner Schwierigkeit zurückschrecken."

Der „Wunsch", mit dem Bebel sein Vorwort schloß, „diese Schrift möge in zehntausenden Exemplaren Verbreitung finden", näherte sich rasch der Erfüllung, und in späteren Auflagen zeichnete Adelheid Popp als Verfasserin und sagte im Vorwort zur vierten Auflage, die nach dem ersten Weltkrieg im Verlag der Buchhandlung „Vorwärts" in Berlin erschien:

„Wie sehr mich dieser Erfolg der ,Jugendgeschichte' beglückt, kann ich um so mehr sagen, als ihre Entstehung nicht mein Verdienst ist. Nicht einmal meine Idee. Genosse Dr. Adolf Braun, der damals in Österreich wirkte, ist es, dem ich die Anregung und die Ermutigung zu dieser Arbeit verdanke. Ohne seine Anfeuerung hätte ich nie gewagt, die Öffentlichkeit mit meinen Erinnerungen zu behelligen, da ich ja weiß, daß das Schicksal der Proletarierinnen um die Zeit, in der meine ,Jugendgeschichte' spielt, ein fast allgemeines war."

Diese Bemerkung brachte mir in Erinnerung, daß ich vor mehr als vier Jahrzehnten zufällig bei einem Gespräch zugegen war, in dem Adolf Braun anregte, Adelheid Popp möge den Schluß ihres Manuskriptes der „Jugendgeschichte" allgemeiner gestalten, als sie es ursprünglich niedergeschrieben. Ich glaube also fast mit Sicherheit schließen zu dürfen, daß die „Ernennung" Herweghs zum Dichter des Verses „Was wir begehren von der Zukunft Fernen?" nicht Adelheid Popp zur Last fällt, sondern der Überzeugung Adolf Brauns, daß der für ihn so bedeutungsvoll gewordene Vers nur von diesem großen Freiheitsdichter des deutschen Sozialismus stammen könne.

Die wirkliche Herkunft des Verses war schon vollständig in Vergessen geraten, als Adelheid Popp und Adolf Braun ihn zitierten. Sie wurde erst wieder festgestellt, als Andreas Scheu in seinen Lebenserinnerungen, die 1923 unter dem Titel „Umsturzkeime" in der Wiener Volksbuchhandlung erschienen, über sie berichtete. Ich habe damals, als vor 30 Jahren dieses ebenso reizvolle wie wichtige Buch erschien, es mit wirklicher Freude gelesen. Aber an Scheus Mitteilungen über den Verfasser des Verses konnte ich mich nicht mehr erinnern, als ich in der New-Yorker Versammlung danach gefragt wurde. Erst jetzt, als ich das Buch wieder zur Hand nahm, um etwas über Scheus Beziehungen zu William Morris nachzulesen, schlug ich durch Zufall gerade jene Seite auf, in der der Vers abgedruckt und die Umstände geschildert sind, die erklären, wieso er gerade in Wien so populär werden konnte.

Andreas Scheu, der im großen Hochverratsprozeß in Wien 1870 als einer der Hauptangeklagten wegen seiner Tätigkeit in der ersten großen Arbeiterbewegung in Österreich verurteilt worden ist, war vorher – Ende der sechziger Jahre – Sekretär der ersten „Arbeiter-Industrieausstellung". Charakteristisch für ihn ist folgende Episode, die Scheu in den „Umsturzkeimen" (Seite 141 bis 142) erzählt:

„Ich war mit Hilfe einiger Genossen so glücklich, es durchzusetzen, daß dem Unternehmen trotz dem Reichtum und der Fülle des Gebotenen sein proletarischer Charakter gewahrt blieb. Als im folgenden Jahre die Ausstellung ihrer Verwirklichung entgegenging, und wir im Hauptsaale der Gartenbaugesellschaft eine Kolossalbüste Ferdinand Lassalles aufgestellt hatten, auf die, von den Galerien herunter, der rote Fahnenwald unserer Arbeiterbildungsvereine wehte, da glaubte sich der damalige Handelsminister Banhans, dem man davon berichtet hatte, zu einem Eingreifen berechtigt ... Er frage uns bloß aufs Gewissen, ob wir es für taktvoll hielten, so viele und so rote Fahnen zur Dekoration des Saales zu verwenden, und die Büste eines politischen Agitators vom Kaliber Lassalles in so hervorragender, ja herausfordernder Weise zu placieren. Ich erwiderte darauf, daß es lauter Fahnen von ausstellenden oder unterstützenden Arbeitervereinen wären, und diese Vereine keine anderen als rote Fahnen hätten. Was seine Einwendung gegen Lassalle anlange, so wäre es uns freilich lieb, die Büste eines unserer Staatsminister aufstellen zu können; nur müßte dieser, um einen solchen Schritt unsererseits zu rechtfertigen, dann ebensoviel für das arbeitende Volk getan haben wie Ferdinand Lassalle. Diese meine Äußerung entwaffnete den gutmütigen Minister so vollständig, daß er uns mit der Bemerkung, er würdige vollkommen unsere guten Absichten, lächelnd entließ."

In Andreas Scheus Schilderung der Eröffnung der Ausstellung finden wir nun folgende Stelle (Seite 144):

„Die Eröffnung der ersten (es sollte zu keiner zweiten kommen) Arbeiter-Industrieausstellung

Ein weiter Sprung in unsere Zeit: Friedrich Adler anläßlich des 100. Geburtstages seines Vaters 1952 vor dem Republik-Denkmal in Wien

war ein Festtag aller Beteiligten. – Die Blumensäle der Gartenbaugesellschaft prangten im festlichen Eröffnungsschmuck, und alles, was in der Wiener Industrie und Journalistik einen Namen hatte, war gegenwärtig. Selbst Zierden der Universität, wie Professor Lorenz von Stein, ehrten die Ausstellung mit ihrer Erscheinung. Sie alle hatten gewiß nichts gegen die mehr als bescheidenen Forderungen, die in den Versen Gustav Lerois zum Ausdruck kamen, einzuwenden. Sie leuchteten in Lapidarschrift über dem Podium des Sängerchors und lauteten in der Übersetzung Albert Strodtmanns:

,Was wir begehren von der Zukunft Fernen?
Daß Arbeit uns und Brot gerüstet steh'n;
Daß uns're Kinder in der Schule lernen,
Daß uns're Greise nicht mehr betteln geh'n.'"

Aus dem Buche von Andreas Scheu erfahren wir, wann und wo der Vers zum erstenmal in Wien bekannt wurde, und daß dessen programmatische Tendenz schon bei diesem Anlaß hervortrat. Wir verstehen nun auch, wieso der Vers, während er in Wien durch lange Jahre Aufmerksamkeit erregte, in Deutschland ganz unbekannt blieb. Ferner erfahren wir von Scheu, daß der Vers aus einem französischen Gedicht stammt, sowie – wenn auch nicht ganz genau, so doch hinreichend – den Namen des Dichters und des Übersetzers ins Deutsche. Aber bezüglich der Frage, welchem Gedicht von Gustave Leroy – dies ist die richtige Schreibweise seines Namens – der Vers entnommen ist, macht er keine Andeutung. Das Suchen nach diesem Gedicht stieß zunächst auf erhebliche Schwierigkeiten. Die Gedichtsammlung „Vorwärts" (1886) bringt zwar vier Gedichte von Gustave Leroy, Henckell hat in sein „Buch der Freiheit" eines aufgenommen und auch A. Strodtmann als Übersetzer genannt, aber der Vers ist in keinem dieser Gedichte enthalten. Es war also nur möglich, daß in anderen Publikationen Strodtmanns die Übersetzung dieses Gedichtes zu finden sein werde. Und da zeigte sich, daß in der deutschen sozialistischen Literatur nirgends, soweit wir konstatieren konnten, jenes Buch von Adolf Strodtmann – nicht Albert, wie Scheu irrtümlich schreibt – genannt wird, das dieses Gedicht enthält, aber weit darüber hinaus wichtig für die Kenntnis der französischen Arbeiterdichtung ist. Diese Gedichtsammlung erschien in Hamburg unter dem Titel: „Die Arbeiterdichtung in Frankreich. Ausgewählte Lieder französischer Proletarier. In dem Vermaß der Originale übersetzt und mit biographisch-historischer Einleitung versehen, nebst einem Anhang Victor Hugoscher Zeitgedichte. Von Adolf Strodtmann".

Das Buch ist wahrscheinlich schon 1863, vielleicht erst 1864 (eine Angabe der Jahreszahl fehlt) – also in der Zeit des großen Aufschwunges der sozialistischen Bewegung durch Lassalles Gründung des „Allgemeinen deutschen Arbeitervereines", der im folgenden Jahre die Gründung der „Internationalen Arbeiter-Assoziation" durch Marx folgte –, erschienen und zeigt schon durch die Sprache, die es führt, durchaus den großen Optimismus, der damals die Arbeiterbewegung erfüllte. Dieses Buch ist heute, wie gesagt, vergessen – einzig die „Allgemeine Deutsche Biographie" erwähnt es in der ausführlichen Darstellung des Lebens und Wirkens Adolf Strodtmanns (36. Band, Seite 605–611, erschienen 1893). Denn Strodtmann, der fünfzigjährig 1879 starb, war nicht nur in der Frühzeit der sozialistischen Bewegung durch eine große Zahl revolutionärer Gedichte, nicht zuletzt auch durch sein bewegtes Leben – er wurde 1848 im Aufstand Schleswig-Holsteins gegen Dänemark verwundet und gefangengenommen, später als Privatdozent der Universität Bonn wegen eines seiner revolutionären Gedichte relegiert – sehr bekannt, sondern auch für die allgemeine Literaturgeschichte – er gab unter anderem auch eine Gesamtausgabe der Werke Heinrich Heines in 20 Bänden heraus – interessant. So verdanken wir dem Hinweis in

der „Allgemeinen Deutschen Biographie" (Seite 609) die Kenntnis seines Buches über „Die Arbeiterdichtung in Frankreich". In diesem Buch veröffentlichte Adolf Strodtmann auf 234 Seiten 89 Gedichte und Lieder in seiner Übersetzung aus dem Französischen. Er bezeichnet Gustave Leroy und Pierre Dupont als die „beiden anerkanntesten Volksdichter". Von diesen beiden stammt denn auch die weitaus größte Zahl der Gedichte, die er übersetzt hat, 33 von Leroy, 16 von Dupont. Bei jedem der Gedichte von Gustave Leroy ist (...) auch sein Beruf angegeben: Nähkastenarbeiter. Vorangeschickt ist dem Abdruck der Gedichte eine wertvolle Einleitung über das Wirken der einzelnen Dichter. Das Buch ist heute eine Rarität geworden, aber in größeren Bibliotheken noch zu finden. Damals, vor mehr als 80 Jahren, als Scheu einem der Gedichte vier Zeilen entnahm, war es neu, und er hat mit dem ihm eigenen Scharfblick eine Stelle ausgewählt, die er für seine Zwecke verwendbar hielt. Er wußte wohl, warum er vom Gedicht überhaupt schwieg, denn diese vier Zeilen sind der Anfang der dritten Strophe eines Gedichtes, das Gustave Leroy beim Ausbruch der Februarrevolution 1848 geschrieben. In der Übersetzung Strodtmanns lautet der Titel: „Gruß der jungen Republik!" und der Refrain am Ende jeder der sechs Strophen:

„Gegrüßt, gegrüßt! nun kann ich ruhig
                                    sterben –
O Republik, ich sah dein Angesicht!"«

(A. Magaziner [Hg.]: »Arbeiterkalender 1954«)

Anmerkung: Das Motto des vorliegenden Buches folgt in der Formulierung des zweiten Verses der literarisch gelungensten historischen Version (»Daß Arbeit uns und Brot gerüstet stehn«), gibt den vierten Vers jedoch „moderner" wieder (»unsere Alten« statt »uns're Greise«).

ADELHEID POPP
DIE JUGENDGESCHICHTE
EINER ARBEITERIN

Die nachfolgende »Jugendgeschichte einer Arbeiterin« ist eines der beeindruckendsten Dokumente aus der Zeit der »alten Partei«. Als Milieuschilderung ist sie auch unabhängig von der Tatsache, daß es sich um eine autobiographische Schrift der späteren »First Lady« der österreichischen Arbeiterbewegung handelt, äußerst wertvoll. Die Spielfilmteile der Fernsehdokumentation anläßlich der Hundertjahrfeiern der österreichischen Sozialdemokratie sind – auf der Basis dieser Selbstdarstellung – von Herbert Giese gestaltet worden. Die junge Wiener Schauspielerin Doris Hick überbrückt die Distanz von hundert Jahren mit beeindruckender Echtheit und Ähnlichkeit, die bewährte Ingrid Burkhardt steht ihr in den wichtigsten Szenen als die Frau des Wohnungsnachbarn, des sozialdemokratischen Schriftsetzers Wlk, zur Seite. Die Szenen des ersten Teils spielen in jenen Jahren, in denen die Familie Dvořak – noch vor der Geburt Adelheids – nach Wien einwandert. Was uns Adelheid Popp übermittelt, ist die authentische »Fremdarbeiter«-Geschichte des vorigen Jahrhunderts.

»Der meinige is' scho' seit Ostern in der Hauptstadt – weg'n Arbeit . . .«

Die meisten Menschen, wenn sie unter normalen Verhältnissen herangewachsen sind, denken in Zeiten schwerer Schicksalsschläge mit Dankbarkeit und Rührung an die schöne glückliche sorgenlose Jugendzeit zurück und seufzen wohl auch verlangend: Wenn es nur noch einmal so würde! Ich stehe den Erinnerungen an meine Kindheit mit anderen Gefühlen gegenüber. Kein Lichtpunkt, kein Sonnenstrahl, nichts vom behaglichen Heim, wo mütterliche Liebe und Sorgfalt meine Kindheit geleitet hätte, ist mir bewußt. Trotzdem hatte ich eine gute, aufopferungsvolle Mutter, die sich keine Stunde Rast und Ruhe gönnte, immer getrieben von der Notwendigkeit und dem eigenen Willen, ihre Kinder redlich zu erziehen und sie vor dem Hunger zu schützen. Was ich von meiner Kindheit weiß, ist so düster und hart und so fest in mein Bewußtsein eingewurzelt, daß es mir nie entschwinden wird. Was anderen Kindern Entzücken bereitet und glückseligen Jubel auslöst, Puppen, Spielzeug, Märchen, Näschereien und Weihnachtsbaum, ich kannte das alles nicht, ich kannte nur die große Stube, in der gearbeitet, geschlafen, gegessen und gezankt wurde. Ich erinnere mich an kein zärtliches Wort, an keine Liebkosung, sondern nur an die Angst, die ich, in einer Ecke oder unter dem Bett verkrochen, ausstand, wenn es eine häusliche Szene gab, wenn mein Vater zu wenig Geld nach Hause brachte und die Mutter ihm Vorwürfe machte. Mein Vater war jähzornig, er schlug dann die Mutter, die oft nur halb angekleidet fliehen mußte, um sich bei Nachbarn zu verbergen. Dann waren wir einige Tage allein mit dem grollenden Vater, dem man sich nicht nähern durfte. Zu essen gab es dann nicht viel, mitleidige Nachbarn halfen uns, bis die Mutter von der Sorge um ihre Kinder und den Hausstand getrieben, wieder kam.

Solche Szenen kehrten fast jeden Monat und auch früher wieder. Mein ganzes Herz hing an der Mutter; vor dem Vater hatte ich eine unbezwingliche Scheu, und ich erinnere mich nicht, ihn je angeredet zu haben, oder von ihm angesprochen worden zu sein. Meine Mutter sagte mir später, daß es ihn ärgerte, daß ich, das einzige Mädchen unter fünf am Leben gebliebenen Kindern, dunkle Augen wie meine Mutter hatte.

Ein Weihnachtsabend, an dem ich noch nicht ganz fünf Jahre alt war, ist mir noch immer in Erinnerung. Beinahe hätte ich dieses eine Mal einen Weihnachtsbaum bekommen. Meine Mutter wollte mir, ihrem jüngsten Kinde, auch einmal zeigen, was das Christkind ist. Wochenlang hatte sie immer einige Kreuzer zu erübrigen getrachtet, um ein kleines Kochgeschirr für mich zu kaufen. Der

Weihnachtsbaum war geschmückt mit bunten Papierketten, vergoldeten Nüssen und mit dem bescheidenen Spielzeug behängt. Mit dem Anzünden der Lichter wurde auf den Vater gewartet, der zum Fabrikanten gegangen war, um Ware abzuliefern. Er sollte Geld bringen. Es wurde 6 Uhr, dann 7 und endlich 8 Uhr, der Vater kam nicht. Wir waren alle hungrig und verlangten zu essen. Wir mußten die guten Mohnnudeln, Äpfel und Nüsse allein ohne den Vater essen, worauf ich zu Bette gehen mußte, ohne daß die Lichter auf dem Weihnachtsbaum gebrannt hätten. Die Mutter war zu mißgestimmt und zu sorgenvoll, um den Baum anzuzünden. Ich lag schlaflos in meinem Bette; ich hatte mich so auf das Christkind gefreut, und nun war es ausgeblieben. Endlich hörte ich den Vater kommen, er wurde nicht freundlich empfangen, und es kam wieder zu einer heftigen Szene. Er hatte weniger Geld gebracht, als die Mutter erwartet hatte, dann war er unterwegs in ein Gasthaus gegangen. Er hatte fast zwei Stunden zu gehen und wollte sich einmal erwärmen. Er war dann länger sitzen geblieben, als er zuerst gewollt und kam angetrunken nach Hause. Ich guckte bei dem Lärm, der sich nun erhob, von meiner Schlafstelle nach den Eltern – und da sah ich, wie der Vater mit einer Hacke den Weihnachtsbaum zerschlug. – Zu schreien wagte ich nicht, ich weinte nur, weinte, bis ich einschlief. (…)

Mein Vater wurde von einer bösartigen Krankheit, einem Krebsleiden, befallen, wodurch wir in große Not kamen. Im Krankenhaus wollte der Vater nicht bleiben; da er aber ärztliche Hilfe und Medikamente haben mußte, so verschlangen diese fast alles, was verdient wurde, und unsere Verhältnisse gestalteten sich immer jammervoller. So oft ich mit einem Rezept in die Apotheke geschickt wurde, klagte meine Mutter, wie lange das noch dauern würde. Eines Tages war es so weit, daß der Geistliche geholt wurde, um dem Vater die Beichte abzunehmen und ihn mit den Sterbesakramenten zu versehen. Das war für mich ein großes Ereignis. Alle Hausbewohner knieten in unserem Zimmer und wir mit ihnen. Weihrauch erfüllte die Luft, und das Schluchzen meiner Mutter war zwischen den Gebeten hörbar. Wenige Stunden später starb mein Vater. Die Mutter hatte es ihm nie vergessen, daß er ohne ein versöhnendes Wort für sie und ohne eine Ermahnung an seine Kinder gestorben war.

Ich empfand keine Betrübnis, ja, als ich die von einer wohlhabenden Familie geliehenen Trauerkleider mit Hut und Schleier trug, empfand ich weit eher ein Gefühl der Genugtuung, auch einmal so

»Bemisches Gsindl! Wird a nix find'n Arbeit mit ohne Deitsch...« (Kommentar des kroatischen Gendarmen, der am Schlagbaum die radebrechende Mutter Dvořak abfertigt.)

*»Werd' ja net keck! Anderthalb Kreuzer für 12 Dutzend Knöpf' sind ausg'macht...« – »'s war'n
doch 2 Kreuzer ausg'macht...« – »Is' schon gut, Kinder, tut's euch schön bedanken...«*

schön angezogen zu sein. Meine Mutter war jetzt die Ernährerin von fünf Kindern. Mein ältester
Bruder war wohl schon achtzehn Jahre alt, aber er konnte uns keine Stütze sein, da er ein im
Niedergange begriffenes Handwerk erlernt hatte. Er entschloß sich, sein Glück in der Fremde zu
suchen und schnürte sein Bündel. Zwei Brüder, die bisher mit dem Vater zu Hause gearbeitet
hatten, kamen in die Lehre, der jüngste zehnjährige ging in die Schule. (...)
Da mußte ich anfangen, verdienen zu helfen. Ich strickte Strümpfe für andere Leute und machte
Botengänge. Was sich nur bot, arbeiteten wir, um nicht der Not zu erliegen.
Als mein zweitjüngster Bruder endlich bei einem Perlmutterdrechsler Arbeit gefunden hatte, wurde
auch ich hinbeschieden, um über die Kinder zu wachen. Schließlich wurde mir das Knöpfeaufnähen
gelehrt, und ich nähte nun Perlmutterknöpfe auf Silber- und Goldpapier. Das war jetzt immer meine
Beschäftigung, wenn ich aus der Schule kam und auch an schulfreien Tagen. Wenn ich hundertvier-
undvierzig Knöpfe, zwölf Dutzend, aufgenäht hatte, so hatte ich einen und einen halben Kreuzer
verdient. Auf mehr wie auf 27 Kreuzer in der Woche habe ich es nicht gebracht.
Am Neujahrstag mußte ich in unserem Dorfe und in die Umgebung Neujahr wünschen gehen. Das
war eine von der ärmsten Bevölkerung geübte Sitte. Man ging nur zu den als wohlhabend oder reich
bekannten Familien und sagte dort einen Wunsch auf, wofür man eine Belohnung erhielt. Ich
fürchtete mich ganz entsetzlich vor den Hunden, die die Häuser der Reichen bewachten, aber ich
war doch bemüht, möglichst viel Geld nach Hause zu bringen. Oft ging ich zu einer Tür hinein, wo
soeben ein anderes, ebenso mißbrauchtes Kind herausging. Starb ein Schulkind aus einer reicheren
Familie, so wurde eine Anzahl armer Kinder bestimmt, die dem Sarge in einem besonderen Zuge zu
folgen hatten. Dafür bekam man zehn Kreuzer Belohnung. Einmal, als ich meiner schlechten
Schuhe wegen nicht in die Schule ging, schickte die Lehrerin zu uns, daß ich doch zum Begräbnis
einer reichen Mitschülerin kommen solle, da ich für diese Teilnahme den hiefür ausgesetzten Betrag
erhalten würde. Und ich ging den weiten, schmutzigen, aufgeweichten Weg mit meinen Schuhen,
die keine Sohle mehr hatten, um diese wenigen Kreuzer zu bekommen.
In dieser Zeit, da wir in so großem Elend lebten, wurde viel von einer *Herzogin* gesprochen, die in

»Gnädigste Frau Herzogin! – Weil meine Mutter nicht schreiben kann, so schreibe ich. Ich kann nicht in die Schule gehen, weil ich keine Schuhe habe . . .«

einem etwa eine Stunde entfernten Dorf ein Schloß bewohnte. Man erzählte gern von ihrer Wohltätigkeit. Eine Menge Menschen sollte sie durch ihre Freigebigkeit schon glücklich gemacht haben. Alles, was ich in Märchen von guten Feen gehört hatte, schien in dieser Frau verkörpert zu sein. Meine Mutter ließ sich an sie ein Gesuch schreiben, das vom Bürgermeister und dem Pfarrer unterschrieben wurde. Es dauerte nicht lange, so erhielten wir eine Unterstützung von fünf Gulden. Meine Mutter war unendlich glücklich über diese Hilfe und sann nach, wie sie sich dafür bedanken könnte.

Es wurde auch die Frage besprochen, ob ich nicht Schuhe bekäme, wenn die Herzogin wissen würde, wie schlecht die meinigen seien. Ich mußte einen Brief schreiben, der ungefähr so lautete:

Gnädigste Frau Herzogin!
Weil meine Mutter nicht schreiben kann, so schreibe ich, daß sie sich für die fünf Gulden untertänigst bedanken läßt. Ich bin zehn Jahre alt und kann oft nicht in die Schule gehen, weil ich keine Schuhe habe. Und ich möchte so gerne in die Schule gehen.

Wie auf eine glückspendende Fee wartete ich jetzt Tag um Tag auf eine Nachricht von der Herzogin. Und wirklich. Es kam die Botschaft, daß ich zur Oberlehrerin des Dorfes kommen sollte, in dem sich das Schloß befand. Diese schickte mich zu einem Schuhmacher, und mir wurde Maß genommen für neue Schuhe. Nach einer Woche durfte ich sie mir im Schlosse holen. Die Oberlehrerin belehrte mich vorher, daß ich »Hoheit« oder, wenn ich mir dieses Wort nicht merken sollte, »Gnädigste Frau Herzogin« sagen müßte.

Und so wanderte ich dahin, über die mittlerweile schneebedeckten Wege, die zum Schlosse führten. Ich trug Holzpantoffel an den Füßen, einen grünen Rock, und über ein dünnes Jäckchen hatte ich ein Tuch von meiner Mutter geschlungen. Auch den Kopf hatte ich in ein Wolltuch gehüllt. Aufgeregt, bang klopfenden Herzens, ging ich durch die Allee von hohen, mächtigen, uralten Bäumen dem Schlosse zu. Schon die Mauern, die es umgaben, flößten mir Gefühle ein, die ich heute vielleicht mit scheuer Ehrfurcht bezeichnen würde. Der Portier, wie ihn die Leute nannten, ließ mich ein und schickte mich eine breite prächtige Treppe hinauf. Teppiche lagen, wie ich sie noch in keiner Wohnung gesehen; grüne Gewächse schmückten die Wände. Oben nahm mich ein Herr in Empfang, der prächtig gekleidet war. Er trug Kniehosen und einen mit glänzenden Tressen besetzten Rock. »Das muß der Herzog sein«, dachte ich und beeilte mich, ihm die Hand zu küssen, wie mir die Mutter eingeschärft hatte. Er aber wehrte ab; später erfuhr ich, daß es der Kammerdiener war. Er geleitete mich weiter, und wir kamen bei einer Tür vorüber, durch deren Scheiben ich ein Mädchen erblickte, das genau so aussah wie ich. Ein ebenso grüner Rock und ein ebensolches Tuch wie ich hatte, hüllten ihre Gestalt ein. An den Füßen trug sie genau solche Holzpantoffeln, wie die meinen waren. Augen und Haare so dunkel, wie ich sie hatte, hatte auch das Mädchen.

Ich erzählte davon meiner Mutter, und wir rieten hin und her, wer das sein könnte. Da wir aber keine Ahnung von Spiegeltüren hatten, denn in einer solchen hatte ich mein Ebenbild gesehen, so standen wir vor einem Rätsel. – Der Kammerdiener hieß mich in einem mit Bildern geschmückten Korridor warten. Alsbald erschien eine junge Frau, die mir engelhaft schön erschien. Freundlich nahm sie mich bei der Hand und geleitete mich in ein großes Zimmer, in dem sich an den Wänden Bücher befanden. Zum erstenmal stand ich auf einem Fußboden, auf dem sich's wie auf Glatteis ging. Die Herzogin schob mir einen Stuhl zurecht und brachte selbst aus einem Nebenzimmer die für mich bestimmten Schuhe, die ich auf Geheiß anzog. Sie bemitleidete mich wegen meiner dünnen Kleider und gab mir eine Karte, die ich bei der Oberlehrerin abzugeben hatte und die den Auftrag enthielt, mir eine warme Jacke anfertigen zu lassen. Als ich die Jacke holte, frug mich die Herzogin nach unseren Verhältnissen, und ich erzählte ihr von meinem kranken Bruder. Sie versprach, einen Arzt zu schicken und gab mir Geld für die Mutter. Da ich ihre Frage, ob ich gerne lese, freudig bejahte, schenkte sie mir Bücher. (…)

Meine Mutter hatte im Frühjahr im Garten der Herzogin Beschäftigung erhalten, wodurch sich unsere Lage einigermaßen verbesserte. Aber nun rächten sich meine vielen versäumten Schulbesu-

»Eine warme dicke Jacke paßte. Ich durfte sie nach Hause nehmen.«

che. Da meine Mutter nicht schreiben konnte, war ich oft nicht entschuldigt worden. Die Schulleitung hatte die Anzeige erstattet, und meine Mutter wurde zu zwölf Stunden Arrest verurteilt. Da sie jetzt Arbeit hatte, wollte sie keinen Lohn verlieren und unterließ es, dem Auftrag zum Antritt der „Strafe" nachzukommen. Sie hielt es auch für unmöglich, daß man sie, das ehrliche Weib, das sich immer redlich durchgebracht hatte, einsperren könnte. Aber am Ostersamstag kamen um sechs Uhr früh zwei Gendarmen und holten sie. Sie war fassungslos, daß man ihr eine solche Schande zufüge, daß sie zwischen zwei Gendarmen durch die Straße gehen mußte. Trost fand sie nur im Bewußtsein, daß ihr ganzes Leben makellos und rein war. Nachher wurde sie zum Oberlehrer beschieden, und dieser machte ihr Vorstellungen, mich fleißig in die Schule zu schicken, da ich sehr begabt sei. »Aus mir könne etwas werden«, versicherte man. Auch mein Vormund mußte kommen. Dieser begnügte sich aber, mich zu ermahnen, brav und fromm zu sein. Was nützte das aber, wenn ich weder Kleidung noch Nahrung hatte, um die Schule besuchen zu können.

Als dieses Schuljahr zu Ende war, entschloß sich meine Mutter, in die Stadt überzusiedeln. Ich war nun zehn Jahre und fünf Monate alt und sollte nicht mehr in die Schule, sondern in eine Arbeit gehen. Die Leute rieten der Mutter ab; sie meinten, wenn wir in unserem Dorfe bleiben würden, würde mich die Herzogin etwas lernen lassen. Und wahrlich, in meinen Träumen hatte ich mir das eingebildet. Ich hatte mich schon als Kammerzofe gesehen, so sagte man mir, nennt man die hübsch gekleideten, mit zierlichen weißen Schürzen und Bändern geschmückten Mädchen, die ich oft im Schlosse sah. Auch Lehrerin wäre ich gerne geworden, und mein Vorbild erblickte ich da in meiner Lehrerin, einem schönen, feinen Fräulein, deren geschmackvolle Kleider ich immer bewunderte. Noch lange verfolgten mich allerlei phantastische Ideen, die alle mit der Herzogin zusammenhingen. Als ich schon den ganzen Tag fleißig arbeiten mußte, dachte ich noch immer an sie und meinte, sie müsse sich meiner erinnern, und wie im Märchen müßte sie mir mit einer Fülle von Glück und Herrlichkeiten erscheinen. Es blieben Träume. (…)

»Ein Kreuzer, zwei Kreuzer, zweieinhalb Kreuzer…« (Herrschaftliche Damen kassieren von den Kindern den Preis für das Heizmaterial.)

Als ich von der Schule mein Übersiedlungszeugnis erhalten hatte, das mich für reif erklärte, in die vierte Volksschulklasse überzutreten, war das meine ganze geistige Ausrüstung für das Leben voll Arbeit, das ich nun zu beginnen hatte. Nie hat jemand Einspruch erhoben, daß ich der gesetzlichen achtjährigen Schulpflicht entzogen wurde. Bei der Polizei war ich gar nicht angemeldet. Da meine Mutter nicht schreiben konnte, mußte ich die Meldezettel ausfüllen. Ich hätte mich selbstverständlich in die Rubrik: Kinder einzutragen gehabt, da ich mich aber für kein Kind mehr hielt, ich war ja schon Arbeiterin, so ließ ich diese Rubrik unausgefüllt und blieb polizeilich unangemeldet. Andere Leute beachteten diese Unterlassung auch nicht.

Wir zogen in die Stadt zu einem alten Ehepaar in eine kleine Kammer, wo in einem Bett das Ehepaar, im anderen meine Mutter und ich schliefen. Ich wurde in einer Werkstätte aufgenommen, wo ich Tücher häkeln lernte; bei zwölfstündiger fleißiger Arbeit verdiente ich 20 bis 25 Kreuzer im Tage. Wenn ich noch Arbeit für die Nacht nach Hause mitnahm, so wurden es einige Kreuzer mehr. Wenn ich frühmorgens um 6 Uhr in die Arbeit laufen mußte, dann schliefen andere Kinder meines Alters noch. Und wenn ich um 8 Uhr abends nach Hause eilte, dann gingen die anderen gut genährt und gepflegt zu Bette. Während ich gebückt bei meiner Arbeit saß und Masche an Masche reihte, spielten sie, gingen spazieren oder sie saßen in der Schule. Damals nahm ich mein Los als etwas Selbstverständliches hin, nur ein heißer Wunsch überkam mich immer wieder: *mich nur einmal ausschlafen zu können*. Schlafen wollte ich, bis ich selbst erwachte, das stellte ich mir als das Herrlichste und Schönste vor. Wenn ich dann manchmal das Glück hatte, schlafen zu können, dann war es erst kein Glück, dann war Arbeitslosigkeit oder Krankheit die Veranlassung. Wie oft an kalten Wintertagen, wenn ich abends die Finger schon so erstarrt hatte, daß ich die Nadel nicht mehr führen konnte, ging ich zu Bett mit dem Bewußtsein, daß ich morgens um so früher aufstehen müsse. Da gab mir die Mutter, nachdem sie mich geweckt, einen Stuhl in das Bett, damit ich die Füße warmhalten konnte und ich häkelte weiter, wo ich abends aufgehört hatte. In späteren Jahren überkam mich oft ein Gefühl grenzenloser Erbitterung, daß ich gar nichts, so gar nichts von Kinderfreuden und Jugendglück genossen hatte.(...)

Ich las gerne. Ich las wahllos, was ich in die Hände bekommen konnte, was mir Bekannte liehen, die auch nicht zwischen Passendem und Unpassendem unterschieden und was ich im Antiquariat der

»Paragraph 3 der Arbeitsordnung: Jeder Arbeiter hat sich treu, ehrlich, fleißig und wohlanständig zu betragen und den Aufträgen seiner Vorgesetzten pünktlich nachzukommen... Die tägliche Arbeitszeit richtet sich nach den Temperatur- und Witterungsverhältnissen...«

Vorstadt, für eine Leihgebühr von zwei Kreuzer, die ich mir vom Munde absparte, erhalten konnte. Indianergeschichten, Kolportageromane, Familienblätter, alles schleppte ich nach Hause. Neben Räuberromanen, die mich besonders fesselten, interessierte ich mich lebhaft für die Geschicke unglücklicher Königinnen. Neben »Rinaldo Rinaldini« (der mein besonderer Liebling war), die »Katarina Kornaro«, neben »Rosa Sandor« die »Isabella von Spanien«, »Eugenie von Frankreich«, »Maria Stuart« und andere. »Die weiße Frau in der Hofburg« zu Wien, alle Kaiser-Josef-Romane, »Die Heldin von Wörth«, »Kaisersohn und Baderstochter« vermittelten mir geschichtliche Kenntnisse. Ihnen reihten sich Jesuitenromane an und in weiterer Folge die Romane mit hundert Heften, vom armen Mädchen, das nach Überwindung vieler und grauenerregender Hindernisse zur Gräfin oder mindestens zur Fabrikantens- oder Kaufherrnsgattin gemacht wurde. Ich lebte wie in einem Taumel. Heft um Heft verschlang ich; ich war der Wirklichkeit entrückt und identifizierte mich mit den Heldinnen meiner Bücher. Ich wiederholte in Gedanken alle Worte, die sie sprachen, fühlte mit ihnen die Schrecken, wenn sie eingemauert, scheintot begraben, vergiftet, erdolcht oder gefoltert wurden. Ich war mit meinen Gedanken immer in einer ganz anderen Welt und sah nichts von dem Elend um mich her, noch empfand ich mein eigenes Elend. Da meine Mutter nicht lesen konnte, stand meine Lektüre unter keiner Kontrolle. So las ich mit 13 Jahren *Paul de Kock*, aber so harmlos ließen mich die frivolen französischen Erzählungen, daß ich bis in die kleinsten Details den Inhalt wieder erzählte und nicht begriff, warum mein Bruder und sein Kollege lachten, wo ich nichts Erheiterndes gefunden hatte. Eine Stelle habe ich noch immer im Gedächtnis. Ein Marquis hatte ein Mädchen in ein Gebüsch geführt, und da stand dann ungefähr: »Als sie wieder heraustraten, ging das Mädchen bleich und mit schwankenden Knien weiter. Einen letzten Blick warf sie nach dem Ort zurück, wo sie ihre Unschuld verloren hatte.« Was lachten da die zwei jungen Menschen, ohne daß ich eine Erklärung dafür fand.

Erzählen mußte ich sehr viel, ich erzählte sehr genau und wußte manche Dialoge fast wörtlich, als hätte ich alles auswendig gelernt. Ich erlangte als Erzählerin fast „Berühmtheit". Am Sonntag abend wurde ich zu meiner Lehrfrau geladen, um dort vorzulesen. Die Liebesabenteuer der »Isabella von Spanien« bildeten damals die Lektüre. Im Hause, wo ich wohnte, wurde ich von Familien eingeladen, um zu erzählen und meine Mutter und mein Bruder bereiteten mir wirklich Qual mit

»Paragraph 8: Sofortige Entlassung ohne vorherige Kündigung steht der Fabriksleitung zu, wenn der Arbeiter beharrlich seine Pflichten vernachlässigt ... oder die übrigen Arbeiter zum Ungehorsam, zu Auflehnung gegen das Aufsichtspersonal oder die Fabriksleitung zu verleiten sucht ...«

ihrer Lust, mich erzählen zu hören. Wenn alles im Bette lag, mußte ich erzählen, die anderen schliefen schließlich ein, ich aber wurde des Schlafes beraubt und lag dann in erregtem Zustand wach im Bette, in dem ich mich nicht rühren durfte, weil ich ja sonst die Mutter gestört hätte. Zudem hätte ich oft die Zeit lieber angewandt, um zu lesen, wenn ich schon nicht arbeiten mußte. Am Sonntag nachmittag, wenn ich vormittags in unserem bescheidenen Hauswesen geholfen hatte, las ich ununterbrochen, bis es dunkel wurde. Im Sommer ging ich mit meiner Lektüre auf den Friedhof, wo ich unter einer Trauerweide ruhend stundenlang weilte, ohne auf etwas anderes zu achten, als auf mein Buch. Wie haßte ich die *Sonntagsarbeit*, die ich oft zu machen hatte! Einen solchen Tag betrachtete ich als einen verlorenen und das bessere Abendbrot und das Gläschen Wein oder Bier, das ich als Entschädigung erhielt, betrachtete ich nicht als solche. –

Zwei Jahre blieb ich in der Lehre und erfuhr in dieser Zeit viel Kränkung, Härte und Herzlosigkeit. Man benützte mich als eine Art Aschenputtel. Ich mußte oft an Samstagen die großen Reinigungsarbeiten machen und noch heute fühle ich die Empörung wie damals, wenn ich daran denke, was man mir alles zumutete und wie man mich behandelte. Von dem ziemlich weit entfernten öffentlichen Brunnen mußte ich in einem schweren Holzgefäß das Wasser bringen. Die Wasserleitung im Hause hatte man damals noch nicht und ich ließ mir nicht träumen, daß es einmal eine solche Annehmlichkeit geben könnte. Oft erbarmten sich fremde Menschen meiner und halfen mir tragen. Meine Lehrfrau nahm den Standpunkt ein, ich müßte mich an alles gewöhnen, »denn eine gnädige Frau wirst Du ja doch nicht werden«, meinte sie. (...)

Einmal, ich war etwas über 13 Jahre alt und sah fast erwachsen aus, kam ich auf meiner Suche nach Arbeit in das Kontor eines Bronzewarenfabrikanten. Ein kleiner alter Herr, es war der Chef selbst, fragte mich nach meinem Alter, Namen und Familienverhältnissen und bestellte mich für den nächsten Montag. Ich erhielt einen Platz inmitten von zwölf jungen Mädchen und war endlich wieder in einem warm geheizten Raum. Ich wurde unterwiesen, wie man Kettenglieder aneinanderreiht und eignete mir bald Geschicklichkeit an. (...)

Ich habe schon erwähnt, daß wir nicht allein wohnten, sondern einen Kameraden meines Bruders bei uns hatten. Dieser, ein häßlicher, blatternarbiger, wortkarger Mensch, hatte angefangen, mir Aufmerksamkeiten zu erweisen. Er brachte mir kleine harmlose Geschenke, wie Obst und Bäckereien. Auch verschaffte er mir Bücher. Weder mir noch der Mutter fiel das auf. War ich doch erst vierzehn Jahre alt. Einmal an einem Feiertag kam der Bettgeher abends allein nach Hause und wir gingen schlafen, ohne daß mein Bruder da war. Ich lag neben der Mutter an die Wand gedrückt. Ich schlief noch nicht fest genug, denn plötzlich erwachte ich mit einem Schreckensschrei. Ich hatte über mir einen heißen Atem gespürt, konnte aber in der Finsternis nicht sehen, was es sei. Mein Schrei hatte die Mutter geweckt, die sofort Licht machte und die Situation erkannte. Der Bettgeher hatte sich von seinem Bette, dessen Fußende an unser Kopfteil stieß, erhoben und über mich gebeugt. Ich zitterte vor Schreck und Angst am ganzen Körper und ohne recht zu wissen, was der Mensch vorhatte, hatte ich den Instinkt, daß es etwas Unrechtes sei. Meine Mutter machte ihm Vorwürfe, auf die er fast nichts erwiderte. Als mein Bruder kam, den wir wachend erwarteten, gab es noch eine aufregende Szene und dem Schlafkollegen wurde gekündigt. (...)

Einige Wochen nach diesem mich erschütternden Vorfall wurde ich von einer schweren Ohnmacht befallen. Als ich durch ärztliche Bemühungen das Bewußtsein erlangt hatte, quälten mich Angstvorstellungen. Der Arzt fand den Fall sehr schwer, er schloß auf eine Nervenerkrankung und auf der Klinik, wohin mich die Mutter führte, forschte man nach der Lebensweise meines Vaters und Großvaters und schien den übermäßigen Alkoholgenuß meines Vaters mit für die Ursache meiner Erkrankung zu halten. Man fand mich im höchsten Grade unterernährt und blutleer und riet mir, viel Bewegung in frischer Luft zu machen und mich gut zu ernähren. Das waren die Heilungsmittel, die der berühmte Kliniker empfahl. Wie sollte ich seine Anordnungen befolgen? –

Alles, was ich bisher an Entbehrung, Arbeit und Kränkung durchgemacht hatte, wurde durch die folgende Zeit weit übertroffen. In die Bronzefabrik sollte ich nicht mehr zurück, diese Beschäftigung sei Gift für mich, hatten die Ärzte erklärt. Nun sollte ich wieder Arbeit suchen, nachdem meine Gesundheit gebessert schien. Ich lebte aber in beständiger Furcht. Ich fürchtete mich, einen Schritt

»Sterben zu können, war mein sehnlichster Wunsch . . «

allein vor die Türe zu machen, immer und immer hatte ich das Gefühl, wieder bewußtlos zu werden. *Sterben* zu können, war mein sehnlichster Wunsch. (...)

Da man sich über mein Leiden nicht klar war, kam ich auf das Beobachtungszimmer der psychiatrischen Klinik. Ich war mir damals der furchtbaren Bedeutung nicht bewußt, als halbes Kind unter Geisteskranken leben zu müssen. Es war ja, so paradox es klingen mag, die beste Zeit, die ich bis dahin verlebt hatte. (...)

Am fünften Tage wurde ich in die Verwaltungskanzlei beschieden, wo ich gefragt wurde, ob ich denn niemand habe, der für mich sorgen würde, denn hier könnte ich nicht bleiben; wenn mich niemand übernehmen würde, müßte ich in meine Heimatsgemeinde gebracht werden. Ich kannte meine »Heimatsgemeinde« nicht, ich war nie dort gewesen und verstand auch die Sprache nicht, die dort gesprochen wurde. Mir war ganz entsetzlich zumute und der Wunsch, doch sterben zu können, kam wieder über mich. Ich stammelte, daß ich ja doch eine Mutter habe, die arbeite und daß ich selber seit meinem zehnten Jahre immer gearbeitet habe. Ich erhielt eine Karte, auf der ich schreiben mußte, meine Mutter möge mich schleunigst holen, da ich sonst nach Böhmen gebracht würde. Am nächsten Tag ging ich mit meiner armen Mutter, der nichts Schweres erspart geblieben war, nach Hause. (...)

Nun war ich wieder daheim und sollte jetzt das *Weißnähen* erlernen.

Es wurde eine einmonatige Lehrzeit vereinbart, und gestützt auf die Hoffnung, mir damit eine bessere Zukunft zu ermöglichen, zahlte meine Mutter gerne das geforderte Lehrgeld. Ich kam wieder zu einer Zwischenmeisterin, die eine Anzahl Mädchen beschäftigte. Der Herr Gemahl arbeitete nichts, er brachte die meiste Zeit im Kaffeehaus zu und ließ sich von seiner Frau den Unterhalt verdienen. Die Frau nützte die Mädchen unglaublich aus. Ich sollte in vier Wochen das Weißnähen erlernen, was tat ich aber statt dessen? Meine Mutter hatte, um mich für den besseren Beruf gehörig auszustatten, Opfer gebracht, die für ihre Verhältnisse ganz ungeheuere waren. Sie hatte dafür gesorgt, daß ich mich gefällig anziehen konnte, hatte das Lehrgeld im voraus erlegt und ernährte mich durch vier Wochen. Und ich? Ich wurde als Kindermädchen verwendet, ich spürte meine Arme nicht mehr, soviel mußte ich das kleine Kind der Lehrfrau herumtragen. Ich mußte stundenlang spazieren gehen, damit die anderen durch das Kindergeschrei nicht behelligt würden.

(. . .) Die gute Lehrfrau hatte nicht die Absicht, mich bei ihr arbeiten zu lassen, um mir wenigstens jetzt noch beizubringen, was sie mich zuerst nicht gelehrt hatte. Ganz im Gegenteil war es ihr darum zu tun, wieder ein anderes Mädchen für ihr Kind verwenden zu können und dafür noch Geld zu erhalten. Mit der Angabe, sie habe keine Arbeit und könne mich nicht beschäftigen, wurde ich weggeschickt. Meine Mutter wollte sich das nicht gefallen lassen, sie verlangte ihr Geld zurück oder Nachholen der Lehrzeit. Aber schließlich war jede Stunde, die sie auf diese Unterhandlungen verwendete, Arbeitsverlust und damit auch Geldverlust. So mußte ich nun auf die Suche gehen, um als „Weißnäherin" Beschäftigung zu finden. (…)

In dieser schweren Zeit wurde alles unternommen, wozu meiner Mutter geraten wurde. Ich mußte Bittgesuche schreiben, an den Kaiser, an Erzherzöge, die im Rufe besonderer Wohltätigkeit standen, und auch an andere reiche „Wohltäter". Da, wie ich erwähnte, meine Mutter nicht lesen und schreiben konnte, mußte ich die Bittgesuche verfassen, und ich tat es auf meine Weise. Ich erzählte einfach was war. Ich begann nach der üblichen Titulatur, so wie früher an die Herzogin: »Da meine Mutter nicht schreiben kann und es uns so schlecht geht.« Vom Kaiser erhielten wir fünf Gulden, von einem Erzherzog und von einem reichen Wohltäter ebensoviel. Das meiste davon ging auf, um meinem Bruder die notwendigsten Kleidungsstücke zu kaufen. Wovon aber leben? Vier Gulden verdiente jetzt die Mutter, davon sollten drei ernährt werden. (…)

Meine neue Arbeitsstätte war im dritten Stockwerk eines Hauses gelegen, in dem sich lauter industrielle Unternehmungen befanden. So hatte ich das Leben und Treiben eines Fabrikgebäudes noch nicht kennen gelernt, ich hatte mich aber auch noch nie so unbehaglich gefühlt. Alles mißfiel mir. Die schmutzige klebrige Arbeit, der unangenehme Glasstaub, die vielen Menschen, der ordinäre Ton und die ganze Art, wie sich die Mädchen und auch die verheirateten Frauen benahmen. (…) Die Fabrik war ziemlich weit von meiner Wohnung entfernt, und ich konnte mittags nicht nach Hause gehen. Da blieb ich mit den anderen Arbeiterinnen im Arbeitssaale; wir holten uns aus dem Gasthause Suppe oder Gemüse, für den Nachmittag hatten wir Kaffee mit. Ich setzte mich immer abseits und las in einem Buche. »Der Raubritter und sein Kind« war damals meine Lektüre, es waren 100 Hefte. Die anderen lachten über mich und spotteten über die »Unschuld«, da ich bei ihren Gesprächen verlegen wurde.

Sehr oft wurde von einem Herrn Berger gesprochen, der Reisender der Firma war und jetzt zurückerwartet wurde. Alle Arbeiterinnen schwärmten für ihn, so daß ich neugierig war, den Herrn zu sehen. Ich war zwei Wochen dort, als er kam. Alles war in Bewegung, und man sprach nur vom Aussehen des bewunderten Reisenden. Mit der gnädigen Frau kam er in den Saal, in dem ich arbeitete. Er gefiel mir gar nicht. Am Nachmittag wurde ich in das Kontor gerufen; Herr Berger schickte mich um etwas und machte dabei eine alberne Bemerkung über meine »schönen Hände«. Als ich zurückkam, war es schon dunkel, und ich mußte einen leeren Vorraum passieren, der nicht erleuchtet war und sich daher im Halbdunkel befand, da er nur Licht durch die Glastür erhielt, die in den Arbeitssaal führte. Herr Berger befand sich in dem Raum, als ich kam. Er nahm mich bei den Händen und frug mich teilnehmend nach meinen Verhältnissen. Ich antwortete ihm wahrheitsgetreu und erzählte von unserer Armut. Er sprach einige mitleidige Worte, lobte mich und versprach, sich für mich zu verwenden, damit ich mehr Lohn bekomme. Begreiflicherweise war ich hochbeglückt über diese Aussicht, die sich mir eröffnete, hatte ich doch nur zwei Gulden und fünfzig Kreuzer Wochenlohn, wofür ich täglich zwölf Stunden arbeiten mußte. Ich stammelte einige Dankesworte und versicherte, daß ich mich seiner Fürsprache würdig erweisen werde. Ehe ich noch recht wußte, wie es geschah, hatte mich Herr Berger geküßt. Mein Erschrecken versuchte er mit den Worten zu dämpfen: »Es war ja nur ein väterlicher Kuß.« Er war sechsundzwanzig Jahre alt und ich fast fünfzehn, von Väterlichkeit konnte also nicht viel die Rede sein.

Außer mir eilte ich an meine Arbeit. Ich wußte nicht, wie ich das Vorgefallene zu deuten hatte, den Kuß hielt ich für etwas Schimpfliches, aber Herr Berger hatte so mitleidig gesprochen und mir mehr Lohn in Aussicht gestellt! Zu Hause erzählte ich zwar von dem Versprechen, den Kuß verschwieg ich aber, da ich mich schämte, vor meinem Bruder davon zu reden. Mutter und Bruder freuten sich aber, daß ich einen so einflußreichen Protektor gefunden hatte.

Am nächsten Tag wurde ich von einer Kollegin, einem jungen blonden Mädchen, das mir am sympathischsten von allen war, mit Vorwürfen überhäuft. Sie warf mir vor, ich hätte sie bei dem Reisenden verdrängt; wenn bisher etwas für ihn zu tun oder etwas zu holen war, habe sie das getan; er habe sie geliebt, beteuerte sie unter Tränen und Schluchzen, und nun sei durch mich alles zu Ende. Auch die anderen Arbeiterinnen stimmten dem zu; sie nannten mich eine Heuchlerin, und die gnädige Frau selber fragte mich, wie mir die Küsse des »schönen Reisenden« geschmeckt hatten. Durch die Glastür war der Vorgang vom Abend vorher beobachtet worden, und er wurde in dieser, für mich kränkenden Weise gedeutet.

Ich war gegen die Sticheleien und Spottreden wehrlos und sehnte die Stunde herbei, wo ich nach Hause gehen konnte. Es war Samstag, und als ich meinen Lohn in Empfang genommen hatte, ging ich mit der Absicht nach Hause, am Montag nicht mehr zurückzukehren. (…)

Ich fand wieder Arbeit, ich ergriff alles, was sich bot, um meinen Willen zur Arbeit zu zeigen und habe noch manches durchgemacht. Endlich aber wurde es doch besser. Ich wurde in eine große Fabrik empfohlen, die im besten Rufe stand. 300 Arbeiterinnen und etwa 50 Arbeiter waren beschäftigt. Ich kam in einen großen Saal, in dem 60 Frauen und Mädchen arbeiteten. (…)

Wie traurig und entbehrungsreich das Los der Arbeiterinnen ist, kann man an den Frauen dieser Fabrik ermessen. Hier waren die anerkannt besten Arbeitsbedingungen. In keiner der benachbarten Fabriken wurde so viel Lohn gezahlt, man wurde allgemein beneidet. Die Eltern priesen sich glücklich, wenn sie ihre der Schule entwachsenen 14jährigen Töchter dort unterbringen konnten. Jede war bestrebt, sich vollste Zufriedenheit zu erwerben, um nicht entlassen zu werden. Ja, verheiratete Arbeiterinnen bemühten sich, ihre Männer, die jahrelang einen Beruf erlernt hatten, in dieser Fabrik als Hilfsarbeiter unterzubringen, weil dann die Existenz gesicherter war. Und selbst hier in diesem „Paradies" ernährten sich alle schlecht. Wer in der Fabrik über die Mittagsstunde blieb, kaufte sich um einige Kreuzer Wurst oder Abfälle in einer Käsehandlung. Manchmal aß man Butterbrot und billiges Obst. Einige tranken auch ein Glas Bier und tunkten Brot ein. Wenn uns vor der Nahrung schon ekelte, dann holten wir uns aus dem Gasthaus das Essen. Für fünf Kreuzer entweder Suppe oder Gemüse. Die Zubereitung war selten gut, der Geruch des verwendeten Fettes abscheulich, wir empfanden oft solchen Ekel, daß wir das Essen ausgossen und lieber trockenes Brot

»Frau Wlk, Frau Wlk! I darf mit auf'n Ball« – »Was ziagst denn an?« . . . »Jetzt bist a Fräulein!« . . . – »Jessas na, wo krieg i denn Schuh her?«

aßen und uns mit dem Gedanken an den Kaffee trösteten, den wir für den Nachmittag mitgebracht hatten.

Oft passierte der Fabrikherr den Hofraum, wenn wir dort unser Mittagessen einnahmen. Manchmal blieb er stehen und fragte, was es »Gutes« gebe. War er besonders gut gelaunt oder war die Arbeiterin, die er anredete, hübsch und verstand sie zu klagen, dann schenkte er ihr Geld, damit sie sich etwas Besseres kaufen könne. Das empörte mich immer; es erschien mir beschämend und reizte mich auf.

Wir versuchten es auch, in eine Auskocherei zu gehen. Da erhielt man für acht Kreuzer Suppe und Gemüse. Für weitere acht Kreuzer kauften sich manchmal zwei zusammen ein Stück gekochtes Fleisch. Ich ging auch einige Zeit in die Auskocherei, als ich noch einmal krank wurde und der Arzt wieder gute Nahrung für das wichtigste erklärte. Nachdem sich aber mein Zustand gebessert hatte und ich kräftiger geworden war, tat mir diese große Ausgabe wieder leid. Ich wollte ja Geld ersparen, um jederzeit einen Notpfennig zu haben. (...)

Manchem Mädchen geschah das Unglück, daß einer der Vorgesetzten ihr seine besondere Gunst schenkte. Plötzlich änderte er sein Verhalten. Sie konnte nichts mehr recht machen, sie avancierte nicht und bekam nicht mehr Lohn, dafür erhielt sie Verweise. Es wurde ihr mit Entlassung gedroht und so ein armes Mädchen war dann wie eine Gehetzte, bis sie es nicht mehr ertragen konnte und selber ging.

Von einigen, denen es so ergangen war, gingen dann Gerüchte um. Eine flüsterte es der anderen zu: Man habe sie in bestimmten Gassen in auffallenden Kleidern gesehen, oder sie habe sich zum Fenster hinausgelehnt, um Männer anzulocken. Da wurde dann immer über die Betreffende der Stab gebrochen und auch ich war entrüstet. Keine dachte daran, ob es denn anders gewesen wäre, wenn das Mädchen gleich zu Anfang den Widerstand aufgegeben und die Gunst des Vorgesetzten gewürdigt hätte?

Von einer geheimen und einer öffentlichen Prostitution wußte ich damals noch nichts, nicht einmal das Wort hatte ich je gehört. Später, als ich Ursache und Wirkung besser beurteilen konnte, habe ich auch über diese Mädchen anders zu denken angefangen, besonders als ich im Laufe der Jahre, die ich in der Fabrik arbeitete, manche ältere Arbeiterin kennen lernte, von der erzählt wurde, welchen Beziehungen zu einem Vorgesetzten sie ihre bevorzugte Stellung verdankte. Oder wenn andere einem Werkführer Szenen machten, weil er sie plötzlich zu drangsalieren begann, da er ihrer überdrüssig geworden war und sie am liebsten fortgehabt hätte, um ungehindert eine neue „beglücken" zu können. (...)

Nur eines fehlte mir jetzt zur vollständigen Zufriedenheit. Alle meine Kolleginnen waren gefirmt worden; sie erzählten, wie herrlich es dabei zugegangen sei und was sie von der Firmpatin für Geschenke bekommen hatten. Ich war aber nicht gefirmt worden, da meine Mutter zu stolz war, jemanden zu bitten, meine Patin zu sein. Sie selbst konnte mir nicht das erforderliche weiße Kleid und was sonst dazu gehörte, kaufen, so gerne sie es auch gewollt hätte. So hatte ich immer verzichten müssen. Wenn in den Zeitungen stand, daß sich in den Firmungstagen für irgend ein armes Kind ein Pate oder eine Patin gefunden hatte, so riet mir meine Mutter, ich solle auch mein Glück versuchen und mich zur Kirche stellen, oder ich müsse warten, bis ich genug verdiene, um mir alles selbst kaufen zu können.

Als ich sechzehn Jahre alt war und mir der erste Mann vom Heiraten sprach, da wandte ich allen Ernstes ein: Aber ich bin ja noch nicht gefirmt. Dieses Sakrament mußte nach meiner Anschauung eine richtige Katholikin empfangen haben, ehe sie an die Ehe denken durfte. Jetzt war ich siebzehn Jahre alt und wollte nicht länger warten. Eine junge Kollegin, die mit einem jungen Mann in besseren Verhältnissen verlobt war, wollte meine Patin werden. In einem Abzahlungsgeschäft kaufte ich mir ein schönes lichtes Kleid, elegante Schuhe, einen seidenen Sonnenschirm, feine Handschuhe und einen, das Ganze krönenden, blumengeschmückten Hut. Das waren Herrlichkeiten! Dazu die Fahrt im offenen Wagen, die Zeremonie in der Kirche mit dem bischöflichen Backenstreich, dann ein Ausflug, ein Gebetbuch und einige nützliche Geschenke. Nun kam ich mir erst ganz erwachsen vor. (...)

»Ich war knapp fünfzehn Jahre alt, als über Wien der Ausnahmezustand verhängt wurde . . .«

Da in meiner Umgebung viel davon gesprochen wurde, daß man durch eine Wallfahrt Erlösung von allen erdenklichen Sorgen erbitten könnte, so wollte auch ich dieses Mittel versuchen. Ich wollte an dem Gnadenorte recht inbrünstig beten um vollständige Befreiung von der gefürchteten Krankheit, die ich immer drohend vor mir sah, und um ein Zeichen, das mir die Gewährung meiner Bitte verheißen sollte. Zu Fuße gingen wir nach dem drei Stunden entfernten Wallfahrtsorte. Ich war von den frömmsten Empfindungen beseelt. (...)

Als ich im Beichtstuhl kniete, wußte ich nicht, was ich sagen sollte; der Priester wartete auf mein Sündenbekenntnis, mir aber fiel nichts Sündhaftes ein, das ich begangen haben sollte. Endlich stellte der Priester Fragen an mich, darunter solche, die mich verwirrten und verletzten. Ich antwortete auf alle mit nein und wurde mit einer geringen Buße entlassen. Diese betete ich ab, die Kommunion empfing ich aber nicht. Ich konnte mich trotz aller Frömmigkeit nicht zum Glauben an die Wunderwirkung der Hostie zwingen, obwohl ich noch an Gott und an eine göttliche Allmacht und auch an die Heiligen und ihre Fürsprache glaubte. Vor den Äußerlichkeiten hatte ich aber immer ein instinktives Gefühl der Abneigung und des Zweifels empfunden. Um so andächtiger betete ich vor dem gekreuzigten Jesus, der in einer Nische wie in einem Grabe lag. Bei der Anbetung war ein entsetzliches Gedränge. Alle rutschten auf den Knien, um die von Nägeln durchbohrten Stellen des hölzernen Erlösers zu küssen. Ich tat es auch und drückte meine Lippen auf die gleichen Stellen, die an diesem Tage schon Hunderte und aber Hunderte, Kranke und Gesunde, vor mir berührt hatten. (...)

Ich war knapp fünfzehn Jahre alt, als über Wien der Ausnahmezustand verhängt wurde. Eine der Kundmachungen, die begann: »Mein lieber Graf Taaffe«, war in der Gasse angeschlagen, in der ich arbeitete. Soviel ich mich erinnere, verbot sie auch das Beisammensein von mehreren Personen. Ich las höchst interessiert diese Proklamation und kam aufgeregt zu meinen Kolleginnen. Ich kann heute nicht mehr sagen, welche Stimmung mich da überkommen hatte, aber sehr gut weiß ich noch, daß ich auf unsren kleinen Arbeitstisch stieg und eine Anrede an die »Schwestern und Brüder« hielt, in der ich Mitteilung von der Verhängung des Ausnahmezustandes machte. Ich verstand ja eigentlich von der Sache nichts, hatte niemanden, der mit mir darüber redete und war überhaupt, bewußterweise, noch gar nicht demokratisch gesinnt. Damals schwärmte ich ja noch für Kaiser und Könige und hochgestellte Personen spielten in meiner Phantasie keine geringe Rolle. Aber alles, was Politik hieß, interessierte mich lebhaft. So machte ich sehr oft an Sonntagen Besuche bei einem

Bekannten meiner Mutter, einem alten Manne, weil mir dieser von Kriegen und historischen Vorkommnissen erzählte. Das mexikanische Kaiserdrama des österreichischen Erzherzogs Max wurde immer wieder erörtert. Schon als Lehrmädchen habe ich mir oft nichts zu essen gegönnt, um mir eine Zeitung kaufen zu können. Aber nicht die Neuigkeiten interessierten mich, sondern die politischen Leitartikel. Jetzt, wo ich einen beständigen Verdienst hatte, kaufte ich mir eine dreimal wöchentlich erscheinende Zeitung. Es war ein streng katholisches Blatt, das über die sich bemerkbar machende Arbeiterbewegung sehr abfällig urteilte. Seine Tendenz war, zur patriotischen und religiösen Gesinnung zu erziehen. Zwei Anschauungen rangen in mir um die Oberhand. Ich nahm warmen Anteil an allen Vorgängen in den fürstlichen Familien und war über Handlungen der Erzherzöge und über die Zustände der Prinzessinnen besser unterrichtet, als über Dinge, die meine nächste Umgebung betrafen. Ich trauerte mit Spanien um Alfons XII. und das Bild, das meine Zeitung mit Maria Christine brachte, wie sie sich mit ihrem Säugling im Arme den Untertanen zeigte, hob ich wie eine Reliquie auf. Um Alexander von Battenbergs willen wünschte ich Rußland Krieg und Niederlage und auch der Bulgarenfürst befand sich lange in meiner Bildergalerie. Der Tod des Kronprinzen von Österreich ging mir so zu Herzen, daß ich tagelang weinte. (...)

Die Anarchistenprozesse verfolgte ich aber mit leidenschaftlicher Anteilnahme. Ich las alle Reden, und da, wie das immer zu geschehen pflegt, *Sozialdemokraten*, die man eigentlich treffen wollte, unter den Angeklagten waren, so lernte ich deren Anschauungen kennen. Ich war begeistert. Jeder einzelne Sozialdemokrat, den ich aus der Zeitung kennen lernte, erschien mir wie ein Held. Daß ich selber ihre Mitkämpferin werden könnte, fiel mir gar nicht ein. So hoch und erhaben erschien mir alles, was ich von ihnen las, daß es mir phantastisch vorgekommen wäre, auch nur daran zu denken, daß ich unwissendes, unbekanntes und armes Geschöpf einmal tätigen Anteil an ihren Bestrebungen nehmen könnte. (...)

Später wohnten wir mit einem meiner Brüder, der geheiratet hatte, zusammen. Zu ihm kamen Kollegen, darunter einige intelligente Arbeiter. Sie lasen das Fachblatt ihrer Branche und auch ich hatte Interesse daran. Einer dieser Arbeiter war besonders intelligent und mit ihm sprach ich am liebsten. Er hatte viele Reisen gemacht und konnte manches erzählen. Er war der erste Sozialdemokrat, den ich kennen lernte. Er brachte mir viele Bücher und erklärte mir den Unterschied zwischen Anarchismus und Sozialismus. (...) Von diesem Arbeiter erhielt ich das erste sozialdemokratische Parteiblatt. Er kaufte es nicht regelmäßig, sondern nur wenn er gerade dazu kam, wie dies leider so viele machten. Ich aber bat ihn jetzt, jede Woche die Zeitung zu bringen und wurde selbst ständige Käuferin. Die theoretischen Abhandlungen konnte ich nicht sofort verstehen, was aber über die Leiden der Arbeiterschaft geschrieben wurde, das verstand und begriff ich und daran lernte ich erst mein eigenes Schicksal verstehen und beurteilen. (...) In Versammlungen war ich noch nicht gewesen, ich wußte gar nicht, daß Frauen in Versammlungen Zutritt hatten, außerdem widersprach es ganz meiner bisherigen Auffassung, allein in ein Gasthaus zu gehen. Mied ich doch fast jedes Vergnügen, jede Zerstreuung, um nur in keine Gesellschaft zu kommen, die meinen Empfindungen nicht zusagte. Auch meine Mutter schärfte mir immer ein: »Ein braves Mädel wird zu Hause gesucht.« So saß ich denn immer daheim, mit einem Buche oder einer Handarbeit beschäftigt, während ich noch halb unbewußt schon mächtige Sehnsucht nach dem Verkehr mit gleichgesinnten und gleichdenkenden Menschen empfand. In der Fabrik war ich eine andere geworden, seit sich meine Gedanken von der früheren, schwermütigen Sentimentalität etwas freigemacht hatten. (...) Jetzt wo ich ein Ziel vor mir hatte und wo ich ganz durchdrungen war von dem Gedanken, daß alle Menschen das wissen müßten, was mir bewußt geworden war, jetzt gab ich meine Zurückhaltung auf und erzählte meinen Kolleginnen alles, was ich über die Arbeiterbewegung las. (...)

Meine Tätigkeit blieb nicht unbemerkt; die Vorgesetzten wurden aufmerksam und man sprach von mir. Ich war aber ängstlich bemüht, keinen berechtigten Anlaß zu einem Tadel zu geben. Früher war ich so wie die anderen oft zu spät gekommen, jetzt gewöhnte ich mir Pünktlichkeit an. Meine Arbeit machte ich peinlich gewissenhaft, es war in mir instinktiv die Ansicht gereift, daß man, wenn man einer großen Sache dienen wolle, auch in kleinen Dingen seine Pflicht tun müsse. Ich hätte das damals noch nicht genau auszudrücken verstanden, aber tatsächlich war ich von dieser Anschau-

»Ja, glaubt's denn, i kann ka Red' halten? – ‚Arbeiterinnen! Habt ihr schon einmal über eure Lage nachgedacht? Leidet ihr nicht alle unter der Brutalität und Ausbeutung eurer Herrn? . . .'« (Adelheid Dvořak, in der Küche auf einem Schemel stehend, vor ihren Brüdern, die ungeduldig auf das Essen warten, aber dann doch beeindruckt zuhören.)

ung beherrscht. Wenn ich in den Pausen mit Wärme und Lebhaftigkeit den Inhalt meiner Zeitung vortrug und zu erklären versuchte, so kam es manchmal vor, daß einer der Kontrollbeamten vorüberging und kopfschüttelnd zu einem anderen sagte: »Das Mädel spricht wie ein Mann.«
Meine Zeitung holte ich mir jetzt jede Woche selbst. Als ich das erstemal den Verkaufsraum des sozialdemokratischen Blattes betrat, war mir zumute, als betrete ich ein Heiligtum. (...)
Obwohl in der sozialdemokratischen Zeitung über Religion wenig geschrieben wurde, so war ich doch von allen religiösen Vorstellungen frei geworden. Es war das nicht mit einem Male gegangen, es hatte sich langsam entwickelt. Ich glaubte nicht mehr an einen Gott und an ein besseres Jenseits, aber es kamen mir doch immer wieder Bedenken, ob es nicht vielleicht doch etwas gebe. An dem gleichen Tag, an dem ich mich bemüht hatte, meinen Kolleginnen zu beweisen, daß die Erschaffung der Welt in sechs Tagen nur ein Märchen sei, daß es einen allmächtigen Gott nicht geben könne, weil dann so viele Menschen nicht so harte Schicksalsschläge erdulden müßten, am Abend desselben Tages faltete ich doch wieder die Hände, wenn ich in meinem Bette lag und hob meine Augen zu dem Marienbild empor. »Vielleicht doch«, dachte ich unwillkürlich immer wieder. (...)
Meine sozialdemokratische Überzeugung wurde immer bestimmter und ich mußte in der Fabrik vieles erdulden. Mein unmittelbarer Vorgesetzter, der seine tyrannische Macht über unseren Saal ausübte, war immer brutal und mürrisch. Mir erschien er jetzt geradezu als ein Teufel. Er war der erste Mensch, den ich wirklich haßte und obwohl viele Jahre verflossen sind, seit ich seiner Machtsphäre entrückt bin, spüre ich noch heute allen Groll und allen Haß, wenn ich an ihn denke. (...) Wenn ich aufstand, um ein Glas Wasser zu holen, so ging er hinter mir her und blieb stehen, bis ich getrunken hatte, um mir dann wieder zum Tische zurück zu folgen. Jeder Schritt, den ich tat, jede Bewegung, die ich machte, wurde von ihm verfolgt. Eines Tages sprach mich mein Arbeitgeber an, um mir mitzuteilen, daß mein Vorgesetzter mit mir unzufrieden sei. »Denken Sie daran, daß Sie für eine alte Mutter zu sorgen haben«, sagte er zum Schlusse. Ich war so bestürzt und fassungslos, daß ich nicht sofort erwidern konnte. Als ich mich aber gefaßt hatte, suchte ich ihn wieder zu treffen und bat ihn, mir zu sagen, warum der Werkführer mit mir unzufrieden sei. Ich verwies darauf, daß meine Arbeit trotz häufiger Kontrolle immer in Ordnung sei. Der Fabrikant – als „Brotgeber" betrachtete ich ihn schon lange nicht mehr – sah mich einen Augenblick an, dann ging er mit den Worten: »Es ist gut, arbeiten Sie so wie bisher.«
Von der »Frauenfrage« hatte ich noch immer keine Ahnung. Darüber stand nichts in der Zeitung und eine andere Presse als die sozialdemokratische las ich nicht mehr. Ich kannte auch keine Frau, die sich für Politik interessiert hätte. Ich galt als eine Ausnahme und betrachtete mich selbst als eine. Die soziale Frage, wie ich sie damals verstand, hielt ich für eine Männerfrage und ebenso die Politik. Nur hätte ich gerne ein Mann sein mögen, um auch ein Anrecht auf die Beschäftigung mit Politik zu haben. Daß die Sozialdemokraten den Frauen die Gleichberechtigung mit dem Manne erkämpfen wollen, erfuhr ich zum erstenmal, als ich nach dem Hainfelder Parteitage der österreichischen sozialdemokratischen Arbeiterpartei das sozialdemokratische Programm las. Wie aber Frauen selbst an den Parteibestrebungen mitarbeiten könnten, wußte ich noch nicht. Da las ich eines Tages in der sozialdemokratischen Zeitung folgenden Artikel:
»„Das Weib im XIX. Jahrhundert", so betitelt sich ein großes Fest, das zu wohltätigem Zwecke abgehalten wurde. Der Hauptpunkt der originellen Schaustellung war die „Vorführung der Erwerbstätigkeit der Frau" (...); da sah man wohl die schmutzigen herabgekommenen Ziegelschlägerinnen, bewundert von den Verwaltungsräten der Aktiengesellschaft; oder die Spitzenklöpplerinnen mit ihrem Taglohn von 30 Kreuzern für 16stündige Arbeitszeit, bekomplimentiert von ihren Ausbeutern, den „Protektoren" der Spitzenindustrie; oder die Sklavinnen der Spinnereien und der Webereien und die Herren Ausbeuter machten wohl eben den Versuch, ihnen die Vorteile der Nachtarbeit klar zu machen; oder die armen Weiber, die in der Nagelschmiede stehen mit verschwielten und verbrannten Händen – sie alle getreten, ausgebeutet, abgerackert und zu Tode gehetzt. (...)«
Ich schlief nicht; wie Schuppen war es mir von den Augen gefallen und ich grübelte über das Gelesene nach. Ich kam aus dem Zustand der Erregung nicht heraus und alles in mir drängte nach

Betätigung. Ich konnte das Gelesene unmöglich für mich behalten, die Worte drängten sich mir förmlich auf die Lippen, wie ich reden wollte. Ich stieg zu Hause auf einen Stuhl und hielt eine Ansprache, wie ich es machen würde, wenn ich in einer Versammlung zu reden hätte. »Die geborene Rednerin«, urteilte man. Ein Kollege meines Bruders brachte mir Bücher aus der Bibliothek des Arbeitervereines, in dem er Mitglied geworden war. Wie beneidete ich alle, die sich betätigen konnten. »Wäre ich doch ein Mann«, wiederholte ich immer wieder. Daß ich auch als Mädchen in der sozialistischen Bewegung oder im politischen Leben überhaupt etwas leisten könnte, wußte ich damals noch nicht. Nie hörte oder las ich von Frauen in Versammlungen und auch alle Aufforderungen „meiner Zeitung" waren immer nur an die Arbeiter, an die Männer gerichtet. Als der *Pariser Sozialisten-Kongreß* die Arbeitsruhe an einem Tag als Kundgebung für den *Achtstundentag* beschloß, stand ich noch immer allein und konnte gar nichts für „die Sache" tun. Das, was ich meinen Kolleginnen erzählte, die Verbreitung der Zeitung durch mich, erschien mir so nichtig und so geringfügig, daß es mir keine Befriedigung bot. Später lernte ich erkennen, von welch unschätzbarem Werte gerade diese Tätigkeit für die Ausbreitung des Sozialismus ist.

Aus der Bibliothek des Arbeitervereins erhielt ich viele Bücher, die ernstes Nachdenken erforderten. (…) Ich arbeitete neun Bände Weltgeschichte durch und sogar das »Buch der Erfindungen« wollte ich studieren. Alle Bemühungen waren aber fruchtlos, ich konnte mich zu dieser trockenen Literatur nicht zwingen, nur der Abschnitt über die *Korkrinde* fesselte mich, da diese mit meinem Berufe im Zusammenhang war. Friedrich Engels' »Die Lage der arbeitenden Klassen in England« erschütterte mich tief und stärkte mein revolutionäres Empfinden. Eine kleine Broschüre: »Das Recht auf Faulheit« von Lafargue gefiel mir außerordentlich und als ich später in Versammlungen zu reden begann, gehörte sie zu meinem Material. (…)

Obwohl ich mich so viel mit Sozialismus beschäftigte, war ich noch immer in keiner Versammlung gewesen, ich verfolgte aber mit brennendem Interesse alle Berichte und kannte die Namen aller Redner. Endlich wollte ich aber doch einer Versammlung beiwohnen. Als zufällig an einem Sonntag eine Versammlung stattfand, bei der der bekannteste und hervorragendste Führer sprechen sollte, ging mein Bruder mit mir hin. Es war im Dezember und eine trockene Kälte hatte seit Wochen geherrscht. Viele Leute waren arbeitslos und sehnsüchtig wurde der Himmel beobachtet, ob denn noch immer kein Schnee zu erwarten sei. »Auch der Herrgott vergißt die armen Leute«, konnte man

»Obwohl ich mich so viel mit Sozialismus beschäftigte, war ich noch in keiner Versammlung gewesen…«

sehr oft aussprechen hören. An diesem für mich wichtigen Sonntag war der ersehnte Schnee gefallen. Man mußte sich förmlich durch die Schneemassen durcharbeiten. Die Versammlung war in einem großen Saale eines entlegenen Arbeiterbezirkes. Als wir kamen, standen die Menschen schon Kopf an Kopf; sie rieben sich die Hände und stampften mit den Füßen, um sich zu erwärmen. Ich hatte Herzklopfen und spürte, wie mein Gesicht glühte, als wir uns durch diese Menge drängten, um in die Nähe der Rednertribüne zu gelangen. Ich war das einzige weibliche Wesen im Saale und alle Blicke richteten sich erstaunt auf mich, als wir uns durchdrängten. (…)

Die Polizei duldete keine Frauen in diesen politischen Versammlungen und doch wollte ich so gerne einer beiwohnen. Einmal gelang es meinen Bitten, die Ordner zu überreden, mich einzulassen, doch mußte ich ganz rückwärts in einer Ecke bleiben. Zum erstenmal hörte ich hier vom sozialdemokratischen Standpunkt über den *Militarismus* reden. Und wieder fiel ein Teil meiner früheren Anschauungen in Trümmer. Bis dahin hatte ich den Militarismus als etwas Selbstverständliches und Unentbehrliches angesehen. Daß meine Brüder des „Kaisers Rock" getragen, hatte mich mit Stolz erfüllt und der wäre mir nicht als rechter Mann erschienen, der diese patriotische Pflicht nicht erfüllt hätte. Wenn ich mir in meinen Mädchenträumen den Mann vorstellte, der mein Gatte werden würde, dann gehörte auch die militärische Tauglichkeit zu den Eigenschaften, die er hätte besitzen müssen. Und jetzt fiel auch dieses Ideal. (…)

Auch in der Fabrik sammelte ich. Zuerst nur unter meinen engeren Kolleginnen, der Kreis wurde aber immer größer. Dazu kam die Propaganda für die Arbeitsruhe am 1. Mai. Diese brachte mich in einen Zustand fieberhafter Aufregung; ich wollte dafür tätig sein und suchte nach Gesinnungsgenossen. Unter den Arbeitern war mir einer aufgefallen, der einen breiten Hut trug, von ihm hoffte ich, daß er Sozialdemokrat sei. Ich spähte nach einer Gelegenheit, um mit ihm zu reden und unternahm Dinge, die ich sonst nie getan hätte. Die Arbeiter wuschen sich vor Arbeitsschluß im Hofraum die Hände. Auch viele Mädchen gingen dorthin. Ich hatte es nie getan, um nicht die Reden hören zu müssen, die dort geführt wurden und die mich verletzten. Jetzt mischte ich mich unter sie und es gelang mir, den Besitzer des breiten Hutes anzusprechen. Ich hatte mich nicht getäuscht. Er war ein ernster, intelligenter Arbeiter und Mitglied des Arbeitervereins. Wie war ich froh, einen Gleichgesinnten in der Fabrik zu wissen! Er bei den Männern, ich bei den Frauen, es mußte gelingen, die Arbeitsruhe am 1. Mai durchzusetzen.

Und doch gelang es nicht. Die Leute hingen zu sehr an dem Fabrikanten und konnten noch nicht begreifen, daß die Arbeiter aus eigener Entschließung etwas unternehmen könnten. Allen, die am 1. Mai nicht zur Arbeit kommen würden, wurde die Entlassung angedroht. Noch am letzten April bemühte ich mich, die Arbeiterinnen meines Saales zu einer gemeinsamen Kundgebung für die Arbeitsruhe am 1. Mai zu bewegen. Ich schlug vor, alle sollten, wenn der „Herr" erscheine, aufstehen und ich würde ihm unser Ansuchen vortragen. Das gemeinsame Aufstehen sollte die Solidarität bekunden. Viele waren mit mir aufrichtig einverstanden, aber die alten Arbeiterinnen, die schon Jahrzehnte in der Fabrik arbeiteten, fanden, man dürfe das dem „Herrn" nicht antun. Und so blieben alle sitzen, als er kam. Nun wollte ich allein, nur für mich, die Freigabe erbitten, abends wurde aber mitgeteilt: Wer am 1. Mai nicht arbeitet, kann bis Montag zu Hause bleiben. Das schreckte mich. Ich war ein armes Mädchen, der 1. Mai fiel auf einen Donnerstag, konnte ich eine halbe Woche verlieren? Schließlich wäre ich davor nicht zurückgeschreckt, aber ich hatte Angst, dann überhaupt entlassen zu werden, wo aber war wieder so gute Arbeit zu bekommen? Und was sollte aus meiner alten Mutter werden, wenn ich längere Zeit arbeitslos blieb? Die ganze trübe Vergangenheit stieg vor mir auf – und ich fügte mich. Ich fügte mich mit geballten Fäusten und empörtem Herzen.

Am 1. Mai, als ich in meinem Sonntagskleid zur Fabrik ging, sah ich schon Tausende von Menschen mit dem Maizeichen geschmückt in die Versammlungen eilen. Auch mein Bruder und sein Freund gehörten zu den Glücklichen, die feiern durften. Ich weiß nicht, welchen Schmerz ich mit jenem vergleichen könnte, der den ganzen 1. Mai nicht von mir wich. Wie wartete ich immer, daß die Sozialdemokraten kommen und uns im Sturme aus der Fabrik holen würden! Ich freute mich darauf, die anderen fürchteten sich. Die *Holzläden* vor den Fenstern durften den ganzen Tag nicht

»Die Polizei duldete keine Frauen in diesen politischen Versammlungen.«

geöffnet werden, damit man nicht mit Steinen die Fenster einschlagen könnte. Bei der nächsten Lohnauszahlung bekam jeder Arbeiter, jede Arbeiterin ein gedrucktes Formular, auf dem zu lesen war: »In Anerkennung für die Pflichttreue meines Personals am 1. Mai erhält jeder Arbeiter zwei Gulden, jede Arbeiterin einen Gulden Belohnung.« Ich trug meinen Gulden, den ich dem Unternehmer am liebsten vor die Füße geworfen hätte, in die Redaktion für den »Fonds der Gemaßregelten vom 1. Mai«.

Den nächsten 1. Mai feierte ich. Keinen Tag ruhte ich, ohne dafür Propaganda zu machen. (...) Kurz nachher hielt ich meine erste öffentliche Rede. Es war an einem Sonntagvormittag in einer Branchenversammlung. Ich sagte niemandem, wo ich hinging und da ich auch sonst öfter am Sonntagvormittag allein fortging, um eine Galerie oder ein Museum zu besuchen, so fiel mein Fortgehen nicht auf. Die Versammlung war von dreihundert Männern und von *neun* Frauen besucht, wie ich nachher aus dem Fachblatt erfuhr. Da in der betreffenden Branche die Frauenarbeit eine bedeutende Rolle zu spielen begann und die Männer das Angebot der billigeren weiblichen Arbeitskräfte schon spürten, so sollte in der Versammlung die Bedeutung der gewerkschaftlichen Organisation besprochen werden. Dazu war eine besondere Agitation unter den Arbeiterinnen entfaltet worden und obwohl Hunderte in einer einzigen Fabrik arbeiteten, waren im ganzen neun Frauen gekommen. Als der Einberufer das mitteilte und der Referent darauf Bezug nahm, fühlte ich große Scham über die Gleichgültigkeit meiner Geschlechtsgenossinnen. Ich nahm alle Ausführungen fast persönlich und fühlte mich davon getroffen. Der Redner schilderte das Wesen der Frauenarbeit und bezeichnete die Rückständigkeit, die Bedürfnislosigkeit und die Zufriedenheit der Arbeiterinnen als Verbrechen, die alle anderen Übel nach sich ziehen. Auch über die Frauenfrage im allgemeinen sprach er, und von ihm hörte ich zum erstenmal August *Bebels* Buch: »Die Frau und der Sozialismus« erwähnen.

Als der Referent geschlossen hatte, forderte der Vorsitzende auf, die Anwesenden sollen sich zu der wichtigen Frage äußern. Ich hatte das Gefühl, daß ich reden müßte. Ich bildete mir ein, alle Augen seien auf mich gerichtet, man warte, was ich zur Verteidigung meines Geschlechts zu sagen habe. Ich hob die Hand und bat um das Wort. Man rief schon »Bravo!« ehe ich noch den Mund aufgetan hatte, so wirkte der Umstand, daß eine Arbeiterin sprechen wollte. Als ich die Stufen zum

Rednerpult hinaufstieg, flimmerte es mir vor den Augen und ich spürte es würgend im Halse. Aber ich überwand diesen Zustand und hielt meine erste Rede. Ich sprach von den Leiden, von der Ausbeutung und von der geistigen Vernachlässigung der Arbeiterinnen. Auf letztere wies ich besonders hin, denn sie schien mir die Grundlage aller anderen rückständigen und für die Arbeiterinnen schädigenden Eigenschaften zu sein. Ich sprach über alles das, was ich an mir selber erfahren und an meinen Kolleginnen beobachtet hatte. Aufklärung, Bildung und Wissen forderte ich für mein Geschlecht und die Männer bat ich, uns dazu zu verhelfen.

Der Jubel der Versammlung war grenzenlos, man umringte mich und wollte wissen, wer ich sei; man hielt mich zuerst für eine Branchengenossin und forderte mich auf, so wie ich gesprochen habe, solle ich für das Fachblatt einen Artikel an die Arbeiterinnen schreiben. Das war nun freilich eine böse Sache. Ich hatte ja nur drei Jahre die Schule besucht, von Orthographie und Grammatik hatte ich keine Ahnung und meine Schrift war wie die eines Kindes, da ich ja nie Gelegenheit gehabt hatte, sie zu üben. Doch versprach ich, mich zu bemühen, den Artikel zustande zu bringen.

Ich war wie in einem Taumel, als ich nach Hause ging. Ein unnennbares Glücksgefühl beseelte mich, ich kam mir vor, als hätte ich die Welt erobert. Kein Schlaf kam in dieser Nacht in meine Augen. – Den Artikel für das Fachblatt schrieb ich; er war klein und nicht gewandt im Ausdruck. Er lautete:

Zur Lage der in Fabriken beschäftigten Arbeiterinnen.

Arbeiterinnen! Habt Ihr schon einmal über Eure Lage nachgedacht? Leidet Ihr nicht alle unter der Brutalität und Ausbeutung Eurer sogenannten Herren? Viele Lohnsklavinnen arbeiten vom grauenden Morgen bis in die späte Nacht, während Tausende ihrer Mitschwestern arbeitslos die Tore der Fabriken und Werkstätten belagern, weil es ihnen nicht möglich ist, soviel Arbeit zu erhalten, um sich vor Hunger zu schützen und ihren Körper notdürftig zu bekleiden. Und wie weit reicht der Lohn selbst für so lange anhaltende Arbeit?

Ist es der unverheirateten Arbeiterin möglich, ein menschenwürdiges Dasein zu führen? Und erst die verehelichte Arbeiterin? Ist es ihr möglich, trotz anstrengender Arbeit für ihre Kinder in erforderlicher Weise zu sorgen? Muß sie nicht hungern und darben, um für diese das Notwendigste herbeizuschaffen? So ist die Lage der weiblichen Arbeiter und wenn wir da müßig zusehen, wird sie sich nie zum Besseren wenden, im Gegenteil wir werden immer mehr getreten und ausgesogen. Arbeiterinnen! Zeigt, daß Ihr noch nicht gänzlich versumpft und geistig verkümmert seid. Rafft Euch auf, erkennt, daß sich männliche und weibliche Arbeiter zum gemeinsamen Bunde die Hände reichen müssen. Verschließt Euer Ohr nicht dem Rufe, der an Euch ergeht. Tretet der Organisation bei, die auch die Frauen zum wirtschaftlichen und politischen Kampfe erziehen will.

Besucht Versammlungen, leset Arbeiterblätter, werdet ziel- und klassenbewußte Arbeiterinnen in den Reihen der sozialdemokratischen Arbeiterpartei.

(...) Im Winter 1889/90 lernte ich Victor Adler kennen. Ich hatte schon viel von ihm gehört und auch seine »V. A.« gezeichneten Artikel in der »Gleichheit«, der unvergeßlichen Vorgängerin der »Arbeiterzeitung«, gelesen. Diese war auf Grund des Ausnahmegesetzes eingestellt worden. Die Broschüre über den Prozeß las ich mit großem Interesse, Victor Adlers Verurteilung zu vier Monaten Arrest verstärkte meine Sympathie und mein Wunsch ging dahin, ihn sprechen zu hören. Das geschah in einer Versammlung in Hernals, wo er über die kapitalistische Produktionsweise sprach. Der Eindruck dieser Rede auf mich war ein unauslöschlicher. (...) Mit meinem späteren Gatten Julius Popp verband ihn ein inniges Verhältnis. Sie trugen gemeinsam die Sorge um das Schicksal der »Arbeiter-Zeitung«, die bei den damaligen Zuständen schwer um ihre Existenz zu ringen hatte, die fast täglichen Konfiskationen belasteten das Blatt finanziell ganz ungeheuer und bedrohten ständig den Bestand. Mit unerhörtem Opfermut mußten die verantwortlichen Genossen fast stündlich um die finanzielle Existenz des Blattes kämpfen. Die beiden Männer, die sich während der Spaltung der Partei gefunden hatten, um sie zu einigen, mußten alle Stürme bestehen. Als ich im Sommer 1893 beim »Landesausschuß« – das war die Korporation führender Genossen für

»Ich hatte das Gefühl, daß ich reden müßte ... Ich bildete mir ein, alle Augen seien auf mich gerichtet ...«

Wien und Niederösterreich – den Antrag der Frauenorganisation auf Delegation einer Genossin zum Internationalen Kongreß nach Zürich zu vertreten hatte, da kam Victor Adler in die Sitzung, um den Genossinnen zu helfen. Als nach längerer, zum Teil sehr hitziger Debatte zugunsten der Frauen entschieden war, sagte er zu mir: »Liebe Genossin, wenn Sie wieder einmal gesiegt haben, so lassen Sie das die Besiegten nicht merken. Tun Sie so, als hätten die anderen recht behalten.« Diese Lehre konnte ich in meiner langjährigen Tätigkeit gar oft als richtig erproben.

Von Emma Adler wurde ich im Kochen und im Englischen unterrichtet, aber dann kam meine erste Mutterschaft. Damals machte ich noch die Wahlbewegung für die Fünfte Kurie mit.
Drei Wochen vor meiner schweren Stunde mußte ich noch am Parteitag im Wimbergersaal reden, weil es noch keine Delegierte gab, die die Interessen der Frauen und ihrer Presse vertreten hätte. Dr. Adler sprach damals scherzend von einer bevorstehenden »Tribünengeburt«. Mit Hilfe Emma Adlers war ich so geschickt gekleidet, daß der ästhetische Anblick nicht allzu schlimm war.
Als ich von Emma im Französischen unterrichtet wurde, erfuhr ich, daß ich ein zweites Kind zu erwarten hatte. Victor Adler scherzte: »Nur keine dritte Sprache!«

✳

Emma war eine enthusiastische Verehrerin Goethes. Anfangs der neunziger Jahre, als sie von der schweren Melancholie, die sie befangen hatte, geheilt war, reiste sie mit einem ihrer Brüder nach Weimar, um Festlichkeiten beizuwohnen, die dort in Erinnerung an Goethe stattfanden. Sie war als Werthers Lotte gekleidet und rief Aufsehen hervor. Der Großherzog ließ die Wiederverkörperung der Charlotte von Sesenheim zu sich bitten, aber Emma entzog sich der Einladung mit ihrem Bruder durch die Flucht. (Aus Adelheid Popps Aufzeichnungen)

Ich war Gegenstand allgemeiner Aufmerksamkeit geworden. In den Zeitungen wurde über meine Reden geschrieben, die Polizei lud mich vor, um mich über die Anklagen zu vernehmen, die ich in den Versammlungen über bestimmte Fälle von Arbeiterinnenausbeutung und Dienstbotenmißhandlungen erhoben hatte. Die Agitation nahm mich immer mehr in Anspruch. Ich war Vorstandsmitglied einer Arbeiterorganisation geworden und mußte an vielen Sitzungen teilnehmen. Ich war ganz erfüllt von meiner Tätigkeit und war zu jedem Opfer bereit. Gar oft mußte ich auf das Mittagessen verzichten, um abends das Sperrgeld zahlen zu können, wenn ich spät nach Hause kam. Da aß ich mittags um drei Kreuzer Suppe und ein Stück Brot dazu. Meine Mutter durfte aber nicht wissen, daß mich die Betätigung meiner Gesinnung Geld kostete. So mußte ich heimlich entbehren, um sie zu täuschen, denn hätte sie gewußt, daß es Geld erforderte, wenn ich in einer Versammlung eine Rede hielt, so wäre es mir noch schlimmer ergangen.

Die Bücher, die ich zum Lernen brauchte, lieh ich mir aus der Bibliothek des Vereins aus. Ich sprach über »Presse und Literatur«, über »Zweck und Nutzen der Organisation«, am liebsten aber über die »Lage der Arbeiterinnen«. Da sprach ich, was ich aus eigener Erfahrung wußte. Meine Leiden waren auch die Leiden der anderen. Da ich meine Tätigkeit unter so schwierigen Verhältnissen entfaltete, fühlte man um so mehr die Wahrheit, die aus meinen Worten sprach. Man fühlte aus ihnen die tiefste Not, die ich selber empfand. Wenn ich andere aneiferte, alle Hindernisse zu überwinden, so war das keine Phrase, weil ich selbst unausgesetzt im Kampf gegen ebenso schwere Widerstände war, gegen die materielle Not und gegen die seelische Pein, die ich durch meine Mutter zu erdulden hatte. Schon damals gab es die böswilligen Reden über die glänzende Lebenslage der sozialdemokratischen Führer. Meine Mutter hörte davon und da man ihr erzählte, daß in den Zeitungen auch ich eine Führerin genannt werde, so machte das meine Lage nur noch schlimmer. Warum bezahlte man nicht auch ihre Tochter so glänzend? So frug sie. Zu vielen Notlügen mußte ich da meine Zuflucht nehmen, um sie günstiger zu stimmen. Dabei litt ich aber unter der geringen Ernährung und unter der doppelten Anstrengung. Elf Stunden in der Fabrik arbeiten und zwei- bis dreimal in der Woche Sitzungen und Versammlungen besuchen, die damals, in der so stürmisch bewegten Zeit, immer ziemlich spät zu Ende gingen. Am schlimmsten ging es mir einmal, als ich Samstag abend in einem sehr entlegenen Bezirk über die »Frauenfrage« einen

»Is dir aufg'fall'n, daß s' net a Frau dabeig'habt haben? – Net a anzige Frau war in Hainfeld!«

Vortrag halten mußte und erst um zwölf Uhr nachts heimkam. Früh um fünf Uhr mußte ich aber schon wieder zu dem fast eine Stunde entfernten Bahnhof, um eine dreistündige Fahrt zu einer Versammlung in die Provinz zu machen. Wieder kam ich erst um Mitternacht nach Hause; wieder mußte ich eine Stunde gehen, ohne mich auch nur einmal im Tag satt gegessen zu haben. Zu Hause durfte ich davon nichts merken lassen; mit mühsam verhaltenen Tränen der Qual mußte ich es meiner Mutter noch so darstellen, als hätte ich an der Reise etwas verdient. (...)

Als ich wieder in die Provinz fuhr, gelang es mir, meine Mutter zur Mitfahrt zu bewegen. Wenn ich sie bei mir hatte, quälte mich die Angst weniger, ich fühlte mich geborgener. Zum erstenmal hörte sie mich da in einer Versammlung vor Hunderten von Menschen sprechen. Sie hörte den Beifall, der mir gezollt wurde, und hörte, mit welcher Anerkennung ernste Männer sich ihr gegenüber über mich äußerten. Sie weinte – aber nicht über den Inhalt meiner Rede, wie so viele andere, sondern aus Mitleid, weil sie den Eindruck hatte, daß das laute anhaltende Sprechen meiner Gesundheit schädlich sei. Den Sinn meiner Worte vermochte sie nicht aufzufassen. Sie, die nie eine Zeile lesen gekonnt und deren deutscher Sprachschatz infolge der böhmischen Abstammung nicht reichhaltig war, konnte gar nicht fassen, was ich zum Ausdruck gebracht hatte. Das hat mich immer geschmerzt, daß ich bei meiner Mutter, die ich so sehr liebte, keine verständnisvolle Teilnahme fand. (...)

Als ich bald darauf ausersehen wurde, meine ganze Zeit der Agitation unter den Arbeiterinnen zu widmen und an einer Zeitung für Arbeiterinnen mitzuarbeiten, erhielt ich von dem Fabrikanten ein Zeugnis, das mir Fleiß und außerordentliche Verwendbarkeit nachrühmte. Er händigte es mir mit den Worten ein: »Ich wünsche Ihnen, daß Sie in Ihrem neuen Wirkungskreis ebensoviel Anerkennung finden mögen.«

Ich war jetzt unendlich glücklich. Ich hatte den Wirkungskreis, der meine ganze Sehnsucht erfüllte, den ich aber für mich für unerreichbar gehalten hatte. Es war für mich das gelobte Land. Meine Mutter hatte keine Freude an meiner veränderten Lebensstellung. Ihr wäre es lieber gewesen, wenn ich in der Fabrik geblieben wäre und dann geheiratet hätte. Die alte Frau, die auf eine Kette von Leiden und Entbehrungen zurückblickte, die unter schrecklichen Verhältnissen alle zwei Jahre ein Kind geboren hatte, das sie dann sechzehn bis achtzehn Monate an ihren Brüsten nährte, um länger

»Ausgeliefert! Die Arbeiter-Zeitung is' ausgeliefert! Da gibt's nix mehr zum Beschlagnahmen...«

vor einem neuen Wochenbett bewahrt zu bleiben, diese Frau, die verkümmert und frühzeitig von harter Arbeit gebeugt war, konnte sich für ihre Tochter kein anderes Los vorstellen, als eine gute Ehe. Ihre Tochter gut zu verheiraten, war ihr Sinnen und Trachten und gar viel mußte ich ausstehen, als ich noch in die Fabrik ging, wenn ich mich gegen eine Ehe wehrte, die nur den Zweck gehabt hätte, mir mein Los zu erleichtern und mich von der Fabrik zu befreien. Heiraten und Kinder bekommen, sah sie als die Bestimmung des Weibes an. So sehr ihr anfangs die Lobreden, die sie über mich hörte, schmeichelten, ebensosehr änderte sich das, als sie einsah, daß ich mein ganzes Leben meinen Bestrebungen widmen wollte. Je mehr ich mich als Rednerin betätigte, um so unglücklicher wurde sie. (...)

Kam ich mit dem Gefühl der Befriedigung nach Hause, weil ich irgendwo nützlich gewirkt hatte, so wurde mir diese Freude verbittert durch den Hohn, den ich von meiner Mutter zu erwarten hatte. Ich lag oft stundenlang im Bett und weinte, weinte bittere Tränen, daß gerade mir das Schicksal so abhold war. (...)

Friedrich *Engels* bereiste den Kontinent und da lernte auch ich ihn kennen. Er war von gewinnender Freundlichkeit, so daß man gar nicht das Gefühl hatte, einem „ganz Großen" der Internationale gegenüber zu stehen. Da damals noch wenige Frauen in der Partei arbeiteten, die Führer aber die Mitarbeit der Frauen für nützlich hielten, so interessierte sich auch Friedrich Engels für meine Entwicklung. Da er mit mir sprach, so erzählte ich ihm auch von dem, was mir am meisten am Herzen lag, von meiner Mutter. Er wollte mir helfen und mir meinen Lebensweg erleichtern. Mit August *Bebel* kam er zu mir in meine bescheidene Vorstadtwohnung. Sie wollten der alten Frau begreiflich machen, daß sie auf ihre Tochter eigentlich stolz sein sollte. Aber meine Mutter, die nicht lesen und schreiben konnte und die von Politik nie etwas vernommen hatte, zeigte für die guten Absichten der beiden Führer kein Verständnis. Beide waren zwar in ganz Europa berühmt, ihre schriftstellerische und rednerische revolutionierende Tätigkeit hatte die Autoritäten der ganzen Welt in Bewegung gesetzt, an der alten armen Frau war sie aber spurlos vorübergegangen, sie kannte nicht einmal ihre Namen.

Als wir wieder allein waren, sagte sie geringschätzig: »So Alte bringst du daher.« (...)

Gerne hätte ich den Wunsch meiner Mutter, zu heiraten, erfüllt, aber ich vermochte nicht meine Ideale aufzugeben, nur um versorgt zu sein und um ein vor Not geschütztes Leben führen zu können. Ich war in meinem Denken zu selbständig geworden, war zu sehr von der Anschauung durchdrungen, daß der Sozialismus nicht nur notwendig sei, sondern welterlösend wirken würde. Mein Glaube daran war unerschütterlich geworden und wenn ich an die Ehe dachte, so träumte ich von einem Manne, der meine Ideale teilen würde. Von ihm erwartete ich nicht nur das Glück, das gleichdenkenden, für ein gleiches Ziel strebende Menschen beschieden sein kann, sondern auch Förderung meiner eigenen Entwicklung. Dieses Glück wurde mir beschieden. Ich bekam einen Mann zum Gatten, der meine Gesinnung teilte und dessen Charakter das Ideal erreichte, von dem ich geträumt hatte. (...)

Meine Mutter hatte sich gegen *diese* Heirat sehr gesträubt. Sie verzieh mir nicht, daß ich mir einen Mann gewählt hatte, der dem Alter nach mein Vater hätte sein können. Aber sie konnte sich der Vortrefflichkeit seines Charakters und der Würde seines Wesens nicht entziehen. Sie achtete ihn sehr und hatte später wirkliche Sympathie für ihn. Wie oft saß der müde, gehetzte Mann stundenlang mit ihr und versuchte ihr klar zu machen, welch herrliche Sache der Sozialismus sei. Er erzählte ihr von Christus und seinem Wirken, um ihr alles begreiflicher zu machen. Sie stimmte ihm oft bei, aber am nächsten Tag sprach sie wieder wie am vorhergehenden. Sie war zu alt, um noch neue Anschauungen begreifen zu können.

Als ich im vierten Jahr unserer Ehe mein erstes Kind erwartete, beschäftigte ich mich viel mit dem Hauswesen und löste die Mutter beim Kochen ab. Jetzt erregte das ihre Eifersucht, was sie zuerst so ersehnt hatte. Sie sah sich durch mich verdrängt und wenn mein Mann anerkennend von meinen Fähigkeiten als Hausfrau sprach, so versuchte sie meine Kenntnisse herunterzusetzen. Es war rührend, wenn ihr mein Mann auseinandersetzte, wie ehrend es für ihre Tochter sei, daß sie ohne Schule und Unterricht alles gelernt habe, was andern mühsam beigebracht werde. Ich litt sehr unter diesen Verfolgungen meiner Mutter, die nicht einer Bösartigkeit entsprangen, sondern dem Schmerz über die Enttäuschung, die sie an mir erlebt hatte. (...)

Als wir später Kinder hatten, meinte ich oft unter der doppelten Bürde zusammenbrechen zu müssen. Manchmal saß ich mit dem unruhigen Säugling im Arm beim Schreibtisch und schrieb Artikel, indes die ganze häusliche Arbeit noch zu tun war. (...)

Als ich einmal, nach meiner Verheiratung, eingesperrt war, es war wegen einer Kritik an der gegenwärtigen Institution der Ehe, da dachte ich, als ich einsam in meiner kahlen Zelle saß, keinen Augenblick daran, zu bereuen. Im Gegenteil, wenn ich beim Spaziergang in meiner einsamen Zelle in der Dämmerung auf und ab ging, was ich mit 14 Schritten bewältigen konnte, sann ich, wie ich die verlorene Zeit einbringen würde. Ich arbeitete an meiner sozialistischen Weiterbildung und las wissenschaftliche Bücher, wozu ich sonst keine Zeit hatte. Wenn mein Mann mich besuchen kam, so konnte ich nicht erwarten, das Parteiblatt zu lesen, das er mir heimlich zusteckte. Es war nicht angenehm in der Zelle mit dem Guckloch, durch das der Justizsoldat hereinsehen konnte, so oft es ihm beliebte. Wo ich mich fürchtete, wenn um sechs Uhr früh der Aufseher mit einem Gefangenen kam, um Wasser zu bringen; wo es mir den Schlaf raubte, wenn bei Nacht die Gasflamme brennen blieb, damit man mich durch das Guckloch jederzeit beobachten konnte. Beim Spaziergang im Hofe mußte ich zehn Schritte hinter den anderen Gefangenen gehen, damit sie mit mir, der „Politischen", nicht sprechen konnten. Und wenn doch eine zurückblieb, um mich anzusprechen und um den Grund meines Hierseins zu fragen, wie gemein und roh wurde sie da vom Aufseher beschimpft. Auf meinem Lager vermeinte ich auf Steinen zu liegen und alle Glieder schmerzten mich von der Härte, aber nie kam mir ein Gedanke der Reue. Tiefverwurzelt war mein Vertrauen, daß der schöne Spruch (...), der so oft bei Arbeiterfesten die Wände schmückt, durch die sieghafte Kraft des proletarischen Befreiungskampfes verwirklicht werden wird:

»Was wir begehren von der Zukunft Fernen?   Daß unsere Kinder in der Schule lernen
Daß Brot und Arbeit uns gerüstet stehn;   Und unsere Greise nicht mehr betteln gehn.«

(...) Das Ziel ist ungemein schön, es leuchtet so verheißend, daß nichts so schwer sein kann, um nicht doch die Kraft zu finden, es zu überwinden. Wenn es mir gelingen wird, in diesem Sinne mit meiner bescheidenen Arbeit zu wirken, dann habe ich mein Ziel erreicht.

Julius Popp

Adelheid Popp

In späteren Jahren schreibt Adelheid Popp, von Emma Adler ermutigt, über ihre Familie:
Beide Kinder hatten viel von ihrem Vater. Julius benahm sich wie ein Erwachsener in der Zeit meiner Verlassenheit. Er hatte ein so ernstes und gereiftes Wesen, daß ich mit ihm über alles sprechen konnte, was mich bewegte. Er konnte, ohne zu übertreiben, seinem jüngeren Bruder ein Beispiel sein, als der Vater fehlte. Aber der Vater fehlte doch. Wie oft sagte der Kleine: »Mammi, kauf uns einen Vater. Alle Kinder haben einen Vater.« Warum ich diesen Wunsch nicht erfüllte, lag in meiner Arbeit und in der Befürchtung vor dem Stiefvater. (...)
Als Julius siebzehn Jahre alt war, kam der Krieg. 1915 machte er die Notmatura und mußte einrücken. Ein Achtzehnjähriger! Ein Streiflicht auf seinen Charakter wirft es vielleicht, daß es sein Wunsch war, als Soldat die verschiedenen Nationalitäten Österreichs kennenzulernen. Da er als „Einjähriger" einrückte, ging er zuerst nach Znaim, dann nach Raab und schließlich in die Einjährigenschule nach Estergom. Von dort schrieb er mir: »Liebe Mama! Die Zeugnisse wurden verteilt. Moralisch bin ich der Erste, wenn ich auch der Dritte genannt werde. Aber der Erste ist der Neffe des Hauptmannes, der Zweite der Neffe des Obersten, ich der Dritte, bin also moralisch der Erste.« (...)
Dann ging es immer näher und näher dem wirklichen Krieg entgegen. Nach Bruneck, nach Levigo in Südtirol, zum Schluß nach Cavalese und von dort in das erste Gefecht am Busa Alta. Schon am 9. September 1916 erhielt ich einen Brief zurück mit der Aufschrift »Vermißt«. (...) Nach verzehrender Ungewißheit erhielt ich durch den Kompagniekommandaten folgenden Bericht: »Ich melde, daß Einj. Freiw. Zugsführer Julius Popp am 8. 10. 1916 in der Nacht im Angriff auf Busa Alta, Südspitze, Fleimstal, mehrfach schwer verwundet wurde. Die Spitze wurde um ein Uhr in der Nacht von

unseren Truppen genommen und mußte wieder plötzlich um 10 Uhr vormittags rasch geräumt werden. Knapp vor der Räumung wurde obgenannter Zugsführer verwundet und flüchtete in eine knapp hinter der Spitze stehende Baracke. Das Zurückgehen von Verwundeten war auf einem einzigen Klettersteig bei Tag mit großen Schwierigkeiten verbunden. Nach der Räumung blieb Zgf. Popp mit noch einigen Verwundeten in der Baracke. Da die Spitze verlorengegangen ist, setzte die eigene Artillerie ihr heftiges Feuer auf die Spitze fort, wobei auch die Baracke nicht geschont geblieben ist. Außerdem wurde dieselbe auch vom Feinde mit Handgranaten heftig bearbeitet. Unsere Verwundeten waren am Anfang stark hörbar. Der Feind näherte sich bei Tag der Baracke nicht. Zgf. Popp konnte als gefallen in der Verlustliste nicht ausgewiesen werden, da keine Zeugen da waren, die ihn als Toten gesehen hätten. Er war eine brave und beliebte Charge.«

Und diese Meldung blieb das einzige, was ich noch über meinen Sohn erfuhr.

Der Jüngere, Felix, war schon frühzeitig Sozialdemokrat. Der geistige Einfluß, den sein älterer Bruder auf ihn ausgeübt hatte, wurde immer größer, auch als dieser nicht mehr unter den Lebenden war. (…)

Im Oktober 1924 machte ich es möglich, daß Felix nach Berlin gehen konnte, um die Hochschule für Politik zu besuchen, da sein ganzes Wesen nach Politik drängte.

(Aus Adelheid Popps Aufzeichnungen)

Zurück zur dokumentarischen Wirklichkeit:
Adelheid Popp in den frühen Jahren der Ersten Republik als Abgeordnete im Parlament (vorne links)

Adelheid Popp bleibt in der Ersten Republik eine der führenden Politikerinnen der Sozialdemokratie. Bereits der erste Tag des neuen Staatswesens bringt einen Triumph für jene Frau, die am klarsten und leidenschaftlichsten ihre Stimme für das Frauenwahlrecht erhoben hat – auch in unbeirrbarer Kritik an ihrer eigenen Partei, die diese Forderung niemals ins Zentrum des politischen Kampfes gestellt hat. Zusammen mit der Proklamation der Republik Österreich am 12. November 1918 wird das allgemeine Wahlrecht auch auf die Frauen ausgedehnt. Bei den Wahlen zur konstituierenden Nationalversammlung am 16. Februar 1919 wählen zum erstenmal auch die Frauen. Das bedeutet einen taktischen Nachteil für die Sozialdemokratie, die dieses Recht errungen hat, aber einen historischen Durchbruch. Adelheid Popp ist unter den acht Sozialdemokratinnen, die in das Parlament gewählt werden.

Sie steht in der ersten Reihe des Kampfes um soziale Verbesserungen für die arbeitenden Frauen, zum Beispiel für ein modernes Hausgehilfinnengesetz. Ihre Bemühungen um ein ebenso neuzeitliches Ehe- und Scheidungsrecht allerdings stoßen auf den erbitterten Widerstand der Konservativen. Adelheid Popp, die sich in ihren Schriften voll innerer Bewegung zur ihrer eigenen, durchaus konventionellen Ehe bekennt, versucht mit ganzer Kraft den Grundsatz der schwedischen Frauenrechtlerin Ellen Key durchzusetzen: Liebe ist sittlich auch ohne Ehe, aber Ehe ist unsittlich ohne Liebe. Alle ihre Gesetzesanträge, die eine Erleichterung der Ehescheidung und eine Gleichberechtigung der Frau zum Ziel haben, scheitern an der konservativ-deutschnationalen Mehrheit. Die Gesetzesanträge sind in allen wichtigen Punkten fast identisch mit den Gesetzen, die erst in den siebziger Jahren auf sozialistische Initiative hin verwirklicht werden sollten.

Adelheid Popp führt auch einen unermüdlichen, aber damals ebenso erfolglosen Kampf gegen die Kriminalisierung der Frauen durch den Abtreibungsparagraphen 144. Sie selbst ist über den Verdacht erhaben, dieses Problem leicht zu nehmen. In ihren Erinnerungen erzählt sie offen, daß ihr wegen ihrer gesundheitlichen Schwäche nach der Empfängnis des zweiten Kindes ein medizinisch indizierter Schwangerschaftsabbruch angeraten wurde; sie hat ihn abgelehnt und das Kind zur Welt gebracht. Jenseits dieser moralischen Grundhaltung ist sie, eine der ersten Vorkämpferinnen für die Frauenrechte, sich aber bewußt, wie schwer die Drohung des Paragraphen 144 einseitig auf den Frauen und besonders schwer auf den Frauen der unbemittelten Bevölkerungsschichten lastet. Ihre Anträge, die auf Entkriminalisierung der Frauen hinauslaufen, finden keine Mehrheit. Auch in diesem Bereich dauert es ein halbes Jahrhundert, bis ihre Ziele verwirklicht werden.

Adelheid Popp erlebt noch die bittersten Jahre der politischen Gemeinschaft, die für sie das Leben bedeutet: 1939 stirbt sie in Wien.

NAMENREGISTER

LITERATURHINWEISE

Die folgende Buchliste versammelt ausgewählte wichtige Werke zum Thema. Leser, die sie interessierenden Fragen weiter nachgehen wollen, ziehen am besten die Bibliographien zu Rate, die in den meisten dieser Werke enthalten sind, oder wenden sich an einschlägige Bibliotheken (etwa jene der Wiener Arbeiterkammer oder des Karl-Renner-Instituts).

Zwei ausführlich zitierte Schriften, Emma Adlers Tagebuchaufzeichnungen und die Aufzeichnungen von Adelheid Popp aus ihren letzten Lebensjahren, werden als Konvolute der Nachlässe im Archiv des Vereins für Geschichte der Arbeiterbewegung, Wien, aufbewahrt und liegen in gedruckter Form nicht vor.

Friedrich Adler vor dem Ausnahmegericht. Hrsg. von J. W. Brügel. Wien 1967

Adler, Max: Wegweiser. Studien zur Geistesgeschichte des Sozialismus. Stuttgart/Berlin 1914

Victor Adlers Aufsätze, Reden und Briefe. 11 Hefte. Wien 1922–1929

Adler, Victor: Briefwechsel mit August Bebel und Karl Kautsky. Hrsg. von Friedrich Adler. Wien 1954

Victor Adler im Spiegel seiner Zeitgenossen. Hrsg. von Anton Tesarek. Neu hrsg. von Ernst K. Herlitzka. Wien 1968

Andics, Hellmut: Das österreichische Jahrhundert. Die Donaumonarchie 1804–1918. Wien 1986

Ardelt, Rudolf: Friedrich Adler. Probleme einer Persönlichkeitsentwicklung um die Jahrhundertwende. Wien 1984

Bauer, Otto: Die Nationalitätenfrage und die Sozialdemokratie. Wien 1907

Bauer, Otto: Werke in 9 Bänden. Wien 1975–1980

Braunthal, Julius: Geschichte der Internationale. 3 Bände. Hannover 1961, 1963, 1971

Braunthal, Julius: Victor und Friedrich Adler. Zwei Generationen Arbeiterbewegung. Wien 1965

Brügel, Ludwig: Geschichte der österreichischen Sozialdemokratie. 5 Bände. Wien 1922–1925

Deutsch, Julius: Geschichte der österreichischen Arbeiterbewegung. 3., ergänzte Auflage. Wien 1947

Deutsch, Julius: Geschichte der österreichischen Gewerkschaftsbewegung. 2 Bände. Wien 1929, 1932

Flanner, Karl: Die Anfänge der Wiener Neustädter Arbeiterbewegung 1865–1868. Wien 1975

Fuchs, Albert: Geistige Strömungen in Österreich 1867–1918. Neuausgabe, Wien 1984

Göhring, Walter: Der Gründungsparteitag der österreichischen Sozialdemokratie Neudörfl 1874. Wien/München 1974

Hamann, Brigitte: Rudolf. Kronprinz und Rebell. Wien/München 1978

Hannak, Jacques: Im Sturm eines Jahrhunderts. Eine volkstümliche Geschichte der Sozialistischen Partei Österreichs. Wien 1952

Hautmann, Hans / Kropf, Rudolf: Die österreichische Arbeiterbewegung vom Vormärz bis 1945. 2. Auflage. Wien 1976

Klenner, Fritz: Die österreichischen Gewerkschaften. 3 Bände. Wien 1951

Klose, Else: Zeittafel der österreichischen Arbeiterbewegung 1867–1934. Wien 1962

Konrad, Helmut: Nationalismus und Internationalismus. Die österreichische Arbeiterbewegung vor dem Ersten Weltkrieg. Wien 1976

Magaziner, Alfred: Die Bahnbrecher. Aus der Geschichte der Arbeiterbewegung. Wien/München/Zürich 1985

Magaziner, Alfred: Die Vorkämpfer. Aus der Geschichte der Arbeiterbewegung. Wien/München/Zürich 1979

Magaziner, Alfred: Die Wegbereiter. Aus der Geschichte der Arbeiterbewegung. Wien 1975

Mommsen, Hans: Die Sozialdemokratie und die Nationalitätenfrage im habsburgischen Vielvölkerstaat. Wien 1963

Neck, Rudolf: Arbeiterschaft und Staat im Ersten Weltkrieg 1914 bis 1918. 2 Bände. Wien 1964, 1968

Popp, Adelheid: Jugend einer Arbeiterin. Hrsg. von Hans J. Schütz. Berlin/Bonn-Bad Godesberg 1977 (Enthält: Die Jugendgeschichte einer Arbeiterin. Mit einführenden Worten von August Bebel. Nachdruck der 4. Auflage, Berlin/Stuttgart 1922. – Erinnerungen. Aus meinen Kindheits- und Mädchenjahren. Aus der Agitation und anderes. Nachdruck der 1. Auflage, Stuttgart 1915)

Popp, Adelheid: Der Weg zur Höhe. Die sozialdemokratische Frauenbewegung Österreichs. 2. Auflage. Wien 1930

Renner, Karl (ps. Rudolf Springer): Der Kampf der österreichischen Nationen um den Staat. Wien 1902

Steiner, Herbert: Die Arbeiterbewegung Österreichs 1867–1889. Wien 1964

Steiner, Herbert: Bibliographie zur Geschichte der österreichischen Arbeiterbewegung. Band 1: 1867–1918, Wien 1962; Band 2: 1918–1934, Wien 1967; Band 3: 1934–1945, Wien 1970

Steiner, Herbert: Die Gebrüder Scheu. Eine Biographie. Wien 1968

Der Weg aus dem Dunkel. Bilder aus der Geschichte der österreichischen sozialistischen Bewegung. Hrsg. von Oscar Pollak. Wien o. J. (1959)

Der Wiener Hochverratsprozeß von 1870. Mit Erinnerungen von Heinrich Scheu und einer Einleitung: Zur politischen und sozialen Geschichte 1848 bis 1870 von Karl Renner. Wien 1911

Das Zeitalter Kaiser Franz Josephs. (Katalog der Niederösterreichischen Landesausstellung, Schloß Grafenegg.) 2 Bände. Wien 1987